U0929717

老舍的国家意识与民族情怀

LAOSHE DE GUOJIA YISHI YU MINZU QINGHUAI

王本朝／主编

西南师范大学出版社
国家一级出版社 全国百佳图书出版单位

图书在版编目(CIP)数据

老舍的国家意识与民族情怀 / 王本朝主编. -- 重庆：西南师范大学出版社，2017.5
ISBN 978-7-5621-8780-6

Ⅰ.①老… Ⅱ.①王… Ⅲ.①老舍(1899－1966)－人物研究－文集②老舍(1899－1966)－文学研究－文集 Ⅳ.①K825.6－53②I206.6－53

中国版本图书馆 CIP 数据核字(2017)第 107884 号

老舍的国家意识与民族情怀
王本朝　主编

责任编辑：钟小族
封面设计：和艺创意
封面插图：李建卫
排　　版：重庆大雅数码印刷有限公司・夏洁
出版发行：西南师范大学出版社
地址：重庆市北碚区天生路 2 号
邮编：400715　市场营销部电话：023-68868624
网址：http://www.xscbs.com
印　　刷：重庆紫石东南印务有限公司
开　　本：787mm×1092mm　1/16
印　　张：19.75
字　　数：478 千字
版　　次：2017 年 5 月　第 1 版
印　　次：2017 年 5 月　第 1 次印刷
书　　号：ISBN 978-7-5621-8780-6

定　　价：68.00 元

目录

Contents

总体评价与综合考察

第二编 文本解读与创作阐释

材料钩沉与文学活动

第一编

总体评价与综合考察

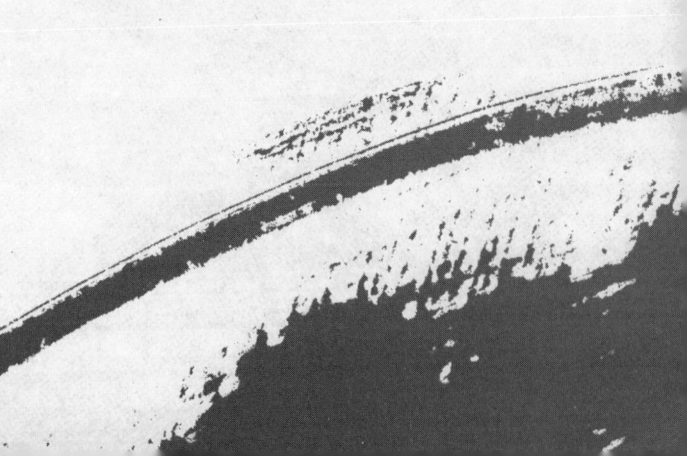

老舍抗战观扼要

◎关纪新

在70年前胜利结束的中国人民抵抗日本法西斯入侵的战争中，老舍以先前较少热衷政治的无党派知识分子身份，担当起中华全国文艺界抗敌协会首席负责人。而今，为了重新认知老舍与抗日战争重大历史之关联，有必要对老舍的抗战观进行更为明晰的观察。

建立中华全国文艺界抗敌协会并推选老舍担当该团体的最高代表——总务部主任，这一重大事项的动议及落实，具体过程是怎样的，至今仍属尚须研究的课题。综合已见的各种资料，史实大致是，在民族危亡关头，于历史上二度合作的国共两党，以及所有不同政治、思想、艺术派别的文学艺术家们，都曾不约而同地举起了赞同的手。这说明，此前老舍独立不倚、良善恤民的公众形象，尤其是他那无可挑剔的爱国主义者的身份，业已为世间确认。而随后七年间在"文协"总务部主任位置上的连选连任，更加证明老舍所秉持的抗战观及其全部言行，最大限度地代表了最大多数"文协"成员的时代抉择，始终获得大家充分认可。

老舍之抗战观，扼其要领，应包括以下基本点——

一、迎击外虏，绝不犹疑

"七七事变"之际，老舍是济南齐鲁大学教授。为国家尊严与自我气节所策动，他在《友来话北平》中喊出，在暴敌面前，知识阶层必须自警自励，实践救国宏愿，"别等着被别人捆起来收拾，且在手脚还自由的时候先扑奔敌人的喉头去！"[①]——与侵略者不共戴天，是老舍在中华民族抗战全过程一以贯之的决绝态度。

抗战初期，全民的应急总动员刻不容缓。作家老舍一反旧日不欲介入政治生活、在国内社会纷争中取旁观姿态的习惯，拍案而起，接续书写并发表大量文章与作品，向国民高声呼号，反复宣传"战则活，降则死"的道理。他呼吁："是战是和，是生是死，全由我们自己去选择决定。假如我们还想活，那就除了抗战别无可说。""有骨头的来呀，一起喊抗战到底！……我们既不怕死，还有什么可怕的呢？拿血清洗了江山，我们抗战到底！用血保卫祖宗创造下的伟业，用血为子孙换取和平自由……这是我们的宣传，我们的信仰，也是我们惟一的办法！"[②]

---

①老舍：《友来话北平》，《老舍全集》第14卷，人民文学出版社2013年版，第90页。

②老舍：《是的，抗到底！》，《老舍全集》第14卷，人民文学出版社2013年版，第105、111页。

天下兴亡,匹夫有责,是国人的传统观念。老舍青年时代旅居英伦,对西方现代人文精神中的国民意识,又有着用心的领会。此时强敌入侵,他把自己心底恪守的东西方文化汇通的国民意识,传递给人们:“国难期间,男女间的关系,是含泪相誓,各自珍重,为国效劳。男儿是兵,女儿也是兵,都须把最崇高的情绪生活献给这血雨刀山的大时代。夫不属于妻,妻不属于夫,他与她都属于国家。”①

为鼓动国人放下一己常态生存而投身抗日,老舍首先将希望寄托于广大下层人民。全民抗战的起始阶段,他写出许多直接面向平民百姓的作品:“中华自古重忠良,/为国捐躯美名扬。/英雄好汉原无种,/要有心肠赴战场……”②

二、文人抗敌,笔即是枪

国家危亡关头,作家艺术家均要经受严峻考验:能否立刻走出“拥抱缪斯”的昔日专心追求,去跟大众一道,决然担负起时代赋予的救亡使命?

老舍的回答格外醒目。曾经享有国内顶级作家位置的他,迅速转轨,一面夜以继日地创作“抗战文艺”,一面向他的读者、他的同行、他的同胞,阐释自己于抗战非常时期应有的文艺观念嬗变——

他说:“今天的一个艺术家必须以他的国民的资格去效劳于国家,否则他既已不算是个国民,还说什么艺术不艺术呢?最高伟的艺术家也往往是英雄,翻开历史,便能看到。艺术家的心是时代的心,把时代忘了的,那心便是一块顽石……”③

他说:“在战争中,大炮有用,刺刀也有用,同样的,在抗战中,写小说戏剧有用,写鼓词小曲也有用。我的笔须是炮,也须是刺刀。我不管什么是大手笔,什么是小手笔;只要是有实际的功用与效果的,我就肯去学习,去试作。我以为,在抗战中,我不仅应当是个作者,也应当是个最关心战争的国民;我是个国民,我就该尽力于抗战;我不会放枪,好,让我用笔代替枪吧。既愿以笔代枪,那就写什么都好;我不应因写了鼓词与小曲而觉得有失身分。”④

他还说:“在抗战时期已无个人可言,个人写作的荣誉应当改作服从——服从时代与社会的紧急命令——与服务——供给目前所需——的荣誉,证明我们是千万战士中的一员,而不是单单给自己找什么利益。”⑤

抗战初起,老舍迅即放下身段,配合亟需宣传国民投身反抗的形势需要,接连书写各种适合下层群众接受的通俗文艺作品。对于一些读者乃至朋友为他的艺术变轨表示的惋惜,老舍甚至坦诚地表示:“我觉得我的一段鼓词设若能鼓励一些人去拼命抗战,就算尽了我的微薄的力量。假如我本来有成为莎士比亚的本事,而因为乱写粗制,耽误了一个中国的莎士比亚,我一点也不后悔伤心。是的,伟大作品的感动力强,收效必大,我知道。可

①老舍:《致陶亢德·三》,《老舍全集》第15卷,人民文学出版社2013年版,第495页。

②老舍:《王小赶驴》,《老舍全集》第12卷,人民文学出版社2013年版,第565页。

③老舍:《艺术家也要杀上前去》,《老舍全集》第17卷,人民文学出版社2013年版,第244页。

④老舍:《八方风雨》,《老舍文集》第14卷,人民文学出版社1989年版,第286—287页。

⑤老舍:《写家们联合起来》,《老舍全集》第14卷,人民文学出版社2013年版,第102页。

是，在今日的抗战军民中，只略识之无，而想念书看报的正不知有多少万；能注意到他们，也不算错误。"[①]国家命运与个人成就，二者之间，他毫不犹豫地优先选择前者。

三、骨肉息兵，一致对外

中国的抗日战争，是在国内政治格局原本异常复杂、国共两党武装斗争如火如荼且未有结果的背景下爆发的。虽则经由"西安事变"达成了一致抗日的协议，国内股股政治暗流的激荡碰撞却仍时时发生。身为"文协"负责人的老舍，明辨全盘，坚持以其毫不动摇的态度、行为和书写，宣示着骨肉息兵、一致对外的鲜明主张。

认清"敌与友"在抗战过程中是个根本问题。1938 年 7 月，老舍的短篇小说《敌与友》在《抗战文艺》发表。它描写了中国北方一河相隔的张村和李村，多年来互相械斗，结下世仇；日本侵略军杀来，他们仍不能放弃彼此恩怨，"他们很恨日本鬼子，也不怕为打日本鬼子而丧命。可是，这得有一个先决的问题，张村的民意以为在打日本之前，须先灭了李村；李村的民意以为须先杀尽了张村的仇敌，而后再去抗日。"[②]读这篇作品，人们不能不联想到此前国民党政府"攘外必先安内"的方针，联想到抗战爆发而域内仍党争绵延的现实。爱国作家老舍在民族危亡时刻持守"中国人不打中国人"的信条。《敌与友》结尾，分别来自两个村的抗战军人，放弃传统仇隙，在抵御日军的战斗中互相搭救，终教两个村皆为之感化："为私仇而不去打日本，咱们的祖坟就都保不住了！"[③]张村人和李村人精诚团结，杀向了抗击外国强盗的沙场。

鉴于有某些个人和派别，虽大敌当前，依旧难以捐弃一己固有的恩恩怨怨，老舍断然表示："什么仇都可解，唯有日本与我们这笔血账永不能忘记。……这不是打仗，而是灭种灭族。此仇不报，难以为人。此耻不雪，日本将永远猪狗不如，而我们永为猪狗，任他屠戮。"[④]"合则胜，分则亡，我们必须把这个道理用警告、用说明、用激励，深深的达到每个人的心间。"[⑤]

在抗战最艰苦的相持阶段，老舍于 1943 年初发表了杂文《筷子》。文中写道，中国人吃饭擅用两根筷子，有外国人以为必是"一手拿一根筷子"。这篇寓意含蓄的短文，没有刻意点明一双筷子必得协力合作的事理，却话头一转，说"文化的宣传……会使人互相了解，互相尊重，而后能互相帮忙。……而只为目前某人某事做宣传，那就恐怕又落个一手拿一根筷子吧。"[⑥]如若结合国共两党 1941 年"皖南事变"后多所折冲的复杂局势，作者的心情委曲，或者不难蠡酌。

---

①老舍：《致陶亢德·五》，《老舍全集》第 15 卷，人民文学出版社 2013 年版，第 503 页。

②老舍：《敌与友》，《老舍文集》第 9 卷，人民文学出版社 1986 年版，第 355—356 页。

③老舍：《敌与友》，《老舍文集》第 9 卷，人民文学出版社 1986 年版，第 358 页。

④老舍：《此仇必报》，《老舍全集》第 14 卷，人民文学出版社 2013 年版，第 124 页。

⑤老舍：《写家们联合起来！》，《老舍全集》第 14 卷，人民文学出版社 2013 年版，第 104 页。

⑥老舍：《筷子》，《老舍全集》第 15 卷，人民文学出版社 2013 年版，第 384—385 页。

四、国土至重，国家至上

1938 年 9 月中旬，老舍连续发表几篇文章，来纪念 1931 年“九一八”国耻日。他痛陈对当年祖国东北大片国土沦丧的痛彻感受：“‘九一八’是国耻中最大的一个，因为不但丢失了东北四省的人民和土地，而且教暴日决定再用威吓的手段掠夺华北，甚至于全中国。”“中华在‘九一八’后，差不多是失去了立国的‘国格’。”①以失去“国格”，来指斥“九一八”带来的国耻，足以看出老舍对这一事变的愤怒已经无可化解，人们会由此感觉老舍对中华大地上的人民与国土的情感。老舍的爱国精神与国家意识，有个可视为其特征的地方，便是他对于中国的百姓是否沦为亡国奴，与国土是否被外人掠夺，持有高度的警觉。从抗战爆发前后老舍幡然变化的政治姿态，以至从文章中所看到的他对“九一八”悲剧结局的痛感（“失去了立国的‘国格’”），都明示着这一点。在老舍心里，国家由国内何人主政尚在其次，设使这主政者专注内战而置国民、国土陷他人之手于不顾，那便是完全丢掉了“国格”的表现。他坚持，中国的国土必须掌握在中国人的手中，此乃国本所系，国格所本。放任外寇来践踏中华任何一寸土地，都是绝然不可以忍受的。“打下去，同胞们！有血而不肯流，等于无血。江山是我们的，血是我们的，用自己的血收复自己的土地，别无良策。”②

也正是在这样的理念之上，老舍建立起他以“国家至上”为最高原则的旗帜鲜明的抗战观。他不但以“国家至上”为题目来写作品，更以国家至上的不二姿态，去支撑抗战期间个人的全部实践。

五、顾全大局，认同国府

老舍这样记录了 1938 年中华全国文艺界抗敌协会的成立：“这是，一点也不夸大，历史上少见的一件事。谁曾见过几百位写家坐在一处，没有一点成见与隔膜，而都想携起手来，立定了脚步，集中了力量，勇敢的，亲热的，一心一德的，成为笔的铁军呢？”③为此，他“快活的要飞了”。④

在国内各派政治力量、各种思想派别时而携手、时而摩擦的多年里，老舍始终持守一诚：“大敌在前，我们的一切都是为了抗战。凡是抗战的我都欢迎，不抗战，假抗战的不管什么人我都反对。”⑤他在“文协”的工作中，不党不派，力求公允，团结各方，有容有节，受到了上下左右的尊重。回顾抗战过程，身为文艺界抗敌协会首席负责人的老舍，与国共两党的关系，处理得都是很好、很得体的。

反观我们的研究，确曾经历过某一段时间，为了“打捞”老舍，证实他远非“反动分子”，便只去尽力挖掘和介绍老舍在抗战中批评国民党、亲近共产党的言行。其实那是有失客观与公正的。事实是，老舍虽在抗战前对国民党政府之丧权辱国颇为不满，抗战中，却不

---

①老舍：《中华在“九一八”后》，《老舍全集》第 14 卷，人民文学出版社 2013 年版，第 175 页。

②老舍：《起来干，不作亡国奴的人们》，《老舍全集》第 14 卷，人民文学出版社 2013 年版，第 181 页。

③老舍：《八方风雨》，《老舍文集》第 14 卷，人民文学出版社 1989 年版，第 288 页。

④老舍：《快活的要飞了》，《老舍文集》第 14 卷，人民文学出版社 1989 年版，第 111 页。

⑤萧伯青：《老舍在北碚》，《新文学史料》1979 年第 2 辑。

仅写过颂赞国民党官兵浴血抗战的《抗日将军李宗仁》《致台儿庄战士的慰劳书》《张自忠》《火葬》等诸多颇具影响的作品，还时常说："……我们有多少文字都是受了政府的委托而写制的。我们爱我们的国家，当然乐于服务。只有一二不明事理的人，住在国土上，拿着国家的薪水，而偏偏爱唱不近情理的高调，才会侮辱我们，说我们是'御用'机关。这个，我们不便去声辩什么；我们只知道尽力抗战，和与政府合作，是我们的天职；而我们的团体是有它存在的价值的。"

当然，老舍对当时中共方面的主张和作为，会更为倾心一些。有记载称，他对周恩来有着上佳印象，曾赞扬后者说："这就是共产党；没有别的，就是大公无私，为国，为民！对每个人都热情关注，目光四射！"①

1939 年，老舍以"文协"代表的身份，参加全国慰劳总会慰劳团北路分团活动，途经延安，《中国青年》杂志社征求题字，他以遒劲笔迹，写下"以全力打击敌人！"②——他的心，由衷期盼着国、共两党，皆以民族大义为重，精诚团结，以御外虏。

史实证明，直至 1945 年抗战结束，为了民族杀敌伟业顺利推进，老舍做到了无条件地顾全着全民抗敌大局，且认同以蒋介石为最高领袖的国民党政府的作用。当人们读到他在抗战后期书写的巨制《四世同堂》，会更加明白地看到这一点。

六、兄弟民族，多元竞发

中国的全民抗战，另外一重应有之义，即它是这片国土上多民族反抗外来侵略势力的共同抗争。出身于少数民族的老舍，对此保持着远超常人的清醒意识，其作品亦有上佳表达。他的"国家至上"精神理念的推行，不单涵盖对国家各个阶层的动员，也涵盖着对域内一切民族的呼唤。

《国家至上》，是老舍 1940 年应"回报救国协会"之约，与友人合作的表现回族人民抗日报国的话剧。老舍深知，缘于信仰、心理和习俗上的多种原因，回、汉两个民族在抗战爆发之后，各自虽都存有爱国救国之志，却碍于既往芥蒂，妨碍了精诚一致抗击外侮。话剧《国家至上》深入把握回族同胞的心理特征和行为方式，歌颂他们爱憎分明、勇于为国为民壮烈捐躯的精神风范。作品上演伊始，就得到回族群众的普遍首肯和赞誉。剧作反复宣扬"国家至上""我们都是中国人"的国民意识，更引发了各族观众的情感共振。这部戏直面社会现实，不回避题材"禁区"，是一部在国家危急关头，反映国内不同民族打通心理障碍、共图中华生存的戏剧精品。

他还在 1940 年发表过新诗《蒙古青年进行曲》，讴歌的仍是不分族群的中国人，都要为"国家至上"的理想而征战："马上如飞，越过瀚海，壮气无边！/蒙古青年是中华民族的青年！/国仇必报，不准敌人侵入汉北，也不准他犯到海南！/五旗（此字似应为"族"——引者注）一家，同苦共甘。""守住我们的家园，成吉思汗的家园！/展开我们的旗帜，蒙古青年！/叫长城南北，都巩似阴山，/中华民族万年万万年！"③

①吴组缃：《老舍的为人》，《十月》1992 年第 5 期。

②转引自张桂兴编撰《老舍年谱》上册，上海文艺出版社 1988 年版，第 322 页。

③老舍：《蒙古青年进行曲》，《老舍文集》第 13 卷，人民文学出版社 1988 年版，第 413 页。

旨在阐释"东方文化"的剧作《大地龙蛇》当中,老舍借剧里人物之口,特意点到:"我可以教你们看清楚,我们的百姓,而且是汉满蒙回藏各处的百姓,怎样万众一心地打败了敌人!"①作者期待着各民族竞相致力,去建立"一个活活泼泼,清清醒醒,堂堂正正,和和平平,文文雅雅的中国"②。

七、国际角逐,善恶明判

抗日战争是我国与日本之间的殊死拼搏。两国的较量,势必要牵扯到如何看待和对待敌方人民的问题。

老舍先前对日本这个国家的印象并不好,以致 31 岁书写南洋各民族儿童友谊和睦故事《小坡的生日》时,还在有意回避着当地的日籍儿童。而到了抗战时期,老舍的态度有了转变。这不仅因为他在抗敌行列里结识了作家鹿地亘等日本友人,更重要的是,老舍已经将自己的思想理念明显推进。

话剧《大地龙蛇》里面,塑造了与中国将士并肩抗战的日本籍战士——马志远。剧作者说明了他的身份:"投诚华军……不是俘虏。"当中国战士对他有些误解的时候,马志远坦然自我说明:"在那风雪的夜晚,我骑着我那相依如命的骏马,抱着我的枪刀,来投诚,来为正义报效。我不再受军阀们的盲目的指挥,不再为他们执行可怕的残暴。忘了我的战死沙场的光荣,我投诚给正义,毫不懊恼!你们的官长,亲手接过我的佩刀,亲手给我披上这抵抗风雪的皮袍。我常想:当正义胜利的时候,我将邀请你们去看我们开满了樱花的三岛;没有战争,只有友好,那时候咱们才会像天真的小儿,在一块儿饮酒欢笑!"③与写出马志远形象相呼应,老舍在《大地龙蛇·序》中讲道:"以言将来,我们因抗战必胜的信心,自然想到……以中华为先锋,为启示,东方各民族——连日本的明白人也在内——必须不再以隐忍苟安为和平,而应挺起腰板,以血肉换取真正的和平。"④相信在任何国度,哪怕是发动野蛮战争的敌国日本,其社会下层都会有热爱和平的良善本性,都会有人站到反侵略正义事业一边,乃是老舍抗战观的又一亮点。

在《四世同堂》里,于上百个形象各异的角色之中,老舍刻画了一位出场并不多、连名姓都没有留下的"日本老太婆"。她是个自幼无忧无虑的单身女人,到了晚年,却因战争缘故,被迫随亲来了中国,住进"小羊圈胡同"。在只有跟瑞宣两个人的时候,她用英语敞开心扉:"我是日本人,可是当我用日本语讲话的时候,我永远不能说我的心腹话。""我只须告诉你一句老实话,日本人必败!……我不能因为我的国籍,而忘了人类与世界。……杀戮与横暴是日本人的罪恶。"⑤这段描写,出现在小羊圈胡同孟石、仲石、钱太太、小崔、天佑、小文夫妇、桐芳等人接连惨死于日寇魔掌,人们仇日情绪高涨之际。作家正是在这个时刻,让瑞宣和他的邻里(也包括小说的读者)清楚地感受到,来自仇敌民族之下层民间的人性光彩。小说结尾,老舍更为这个故事补上意味深长的一笔。日本战败投降,老太婆主

①老舍:《大地龙蛇》,《老舍文集》第 10 卷,人民文学出版社 1986 年版,第 311 页。

②老舍:《大地龙蛇》,《老舍文集》第 10 卷,人民文学出版社 1986 年版,第 363 页。

③老舍:《大地龙蛇》,《老舍文集》第 10 卷,人民文学出版社 1986 年版,第 317 页。

④老舍:《大地龙蛇·序》,《老舍文集》第 10 卷,人民文学出版社 1986 年版,第 288—289 页。

⑤老舍:《四世同堂》,《老舍文集》第 5 卷,人民文学出版社 1983 年版,第 444—445 页。

动来给大家报信，却险遭邻里们的殴打。人们仇日，便把“所有的眼光一下子集中在日本老太婆身上。她不再是往日那个爱好和平的老太婆，而是个集武力，侵略，屠杀的化身”。此刻的老婆婆，“愿意忍辱挨打，减轻自己及其他日本人的罪过”，“她认为自己应当分担日本军国主义者的罪恶。虽说她的思想已经超越了国家和民族的界限，然而她毕竟属于这个国家，属于这个民族，因此她也必须承担罪责。……她知道，他们都是些善良的人，好对付，可是谁敢担保，他们今天不会发狂，在她身上宣泄仇恨？”[①]剑拔弩张之时，是瑞宣及时化解了局面。这时的瑞宣，显然是代表了作家老舍的立场和态度。

对各个国家、各个民族——无论彼此如何对立——都要明判其不同阶层善恶取向而杜绝一概否定的思维原则，是老舍抗战观的特点之一。这是一种原则，也是一种胸怀。话剧《大地龙蛇》末尾，启用幻想方式，写抗战胜利后的20世纪60年代，在中国明媚的海滨城市，爱好和平的国内国际诸民族代表同庆“和平节”，人们合唱：“从印度接来佛法，/放大了爱的光明，/从西域传来可兰，/发扬了清真洁净；/无为的老庄，/济世的孔孟，/多一分真理，/便多一分人生，/多一份慈善，/便多一分和平；/道理相融，/渗入人生，/善为至宝，/何必相争？/我们的心地和平，/我们建造了和平，/和平！和平！和平！”[②]老舍在艰苦卓绝的民族战争时期时时祈盼的，就是这种世界各个民族之间生息与共、信念相依的太平胜景。

八、文化启蒙，同步推开

老舍讲抗战，远非只图退敌御辱。在国家濒临危亡的岁月，他把倡导国民去关注自身精神文化省视及民族文化建设的内容，也作为其抗战观的内在成分。

笔者认同将中国人民反抗日本法西斯战争的过程确定为14年（自1931年“九一八”起），也希望把老舍的《大明湖》《猫城记》等均视为他的抗战文学作品。1932年上半年，“九一八”事变刚刚半年，老舍便蘸满苦痛地书写了《猫城记》这部在“矮人国”侵略下火星猫人亡国灭种的大悲剧。该作品艺术的不够成熟，不应冲兑掉它在中华民族现代反法西斯文学当中腾跃着的思想光芒。作者要将精神心灵的颓败，指作民族遭受侵略屈辱直至走向灭亡的可怕之路，用意是明白的。过去我们只是说，如果不读《猫城记》，便很难体验什么是老舍式的文化启蒙主义精髓，现在应当补充的是，不读《猫城记》，同样很难体验什么是老舍式完整抗战观的发端。正如作品中猫人小蝎所说：“糊涂是我们的要命伤……经济，政治，教育，军事等等足以亡国，但是大家糊涂足以亡种！”[③]作品向存有精神劣根性的被侵略民族拉响了警钟。老舍说：“猫人的糟糕是无可否认的。我之揭露他们的坏处原是出于爱他们也是无可否认的。”[④]

老舍认定，在抗战中“文艺工作者的动员是‘心’的动员”[⑤]，而这项动员，须从“救救这没有了‘灵魂’的中国人心”[⑥]开始。

---

①老舍：《四世同堂》，《老舍文集》第6卷，人民文学出版社1984年版，第267页、265页。

②老舍：《大地龙蛇》，《老舍文集》第10卷，人民文学出版社1986年版，第363页。

③老舍：《猫城记》，《老舍文集》第7卷，人民文学出版社1984年版，第453页。

④老舍：《我怎样写〈猫城记〉》，《老舍文集》第15卷，人民文学出版社1990年版，第190页。

⑤老舍：《文艺界动员情况述略》，《老舍全集》第18卷，人民文学出版社2013年版，第313页。

⑥老舍：《灵的文学与佛教》，《老舍文集》第15卷，人民文学出版社1990年版，第447页。

在《大地龙蛇·序》中，他进而指出："抗战的目的，在保持我们文化的生存与自由；有文化的自由生存，才有历史的繁荣与延续——人存而文化亡，必系奴隶。那么，在抗战中，来检讨文化，正是好时候，因为我们既不惜最大的牺牲去保存文化，则文化的力量如何，及其长短，都须检讨。""一个文化的生存，必赖它有自我的批判，时时矫正自己，充实自己，以老牌号自夸自傲，固执地拒绝更进一步，是自取灭亡。在抗战中，我们认识了固有文化的力量，可也看见了我们的缺欠——抗战给文化照了'爱克斯光'。在生死的关头，我们绝对不能讳疾忌医！何去何从，须好自为之！"①

检阅老舍抗战期间的大量作品，救亡与启蒙这两束现代思想的强光，常常紧密地交织在一处。

牢记民族曾经有过的被征服经历，与检讨被征服状态下的国民心理，是长篇小说《四世同堂》的主题。老舍扫描了中华"老"民族惨遭外敌征服之际的心灵幽微，以宏大篇幅的真切叙事告诉读者，如若不能从灵魂深处探明造成"老"民族被动挨打的潜在原因，中华民族的手脚便会长久地被捆绑着，中华的百姓就将越来越可能给他人当奴隶。老舍爱戴北平，而小说中却写出了如此冰冷的事实——"北平人倒有百分之九十九是不抵抗的"②。作者写道："这个文化也许很不错，但是它有显然的缺陷，就是，它很容易受暴徒的蹂躏，以至于灭亡。会引来灭亡的，不论是什么东西或道理，总是该及时矫正的。北平已经亡了，矫正是否来得及呢？"③他的笔下人物，讲过一席透辟的话："这次的抗战应当是中华民族的大扫除，一方面须赶走敌人，一方面也该扫除清了自己的垃圾。我们的传统的升官发财的观念，封建的思想——就是一方面想作高官，一方面又甘心作奴隶——家庭制度，教育方法，和苟且偷安的习惯，都是民族的遗传病。这些病，在国家太平的时候，会使历史无声无色的，平凡的，像一条老牛似的往前慢慢的蹭；我们的历史上没有多少照耀全世界的发明与贡献。及至国家遇到危难，这些病就像三期梅毒似的，一下子溃烂到底。"④这席话正是老舍的心声。作家希望，通过艰苦的抗日战争，为"老"民族的心态和精神，做一次深入挖掘与庄重洗礼，让中华民族文化史掀开新页，把保守、愚弱、可鄙的民族性格荡涤干净，建立足以引导国民灵魂走向刚健、壮美境界的精神系统。他在书里提出："诗人与猎户合并在一处，我们才会产生一种新的文化，它既爱好和平，而在必要的时候又会英勇刚毅，肯为和平与真理去牺牲。"⑤

1942 年，老舍在《抗战以来文艺发展的情形》中强调："有些人误认为抗战文艺，就是打仗的文艺，其实不然，因为抗战和建国是并进步的……一个伟大的作品，不但需要用热情去感动人，更需要一种崇高的理智去启发人。"⑥

考察老舍抗战观之基本要点，似当考虑到如下人文背景。

他的出身来历，在一定程度上产生了内在的拉动作用。他来自满洲的八旗兵社会及

①老舍：《大地龙蛇·序》，《老舍文集》第 10 卷，人民文学出版社 1986 年版，第 288—289 页。
②老舍：《四世同堂》，《老舍文集》第 4 卷，人民文学出版社 1983 年版，第 171 页。
③老舍：《四世同堂》，《老舍文集》第 4 卷，人民文学出版社 1983 年版，第 318 页。
④老舍：《四世同堂》，《老舍文集》第 5 卷，人民文学出版社 1983 年版，第 244 页。
⑤老舍：《四世同堂》，《老舍文集》第 5 卷，人民文学出版社 1983 年版，第 246 页。
⑥老舍：《抗战以来文艺发展的情形》，《老舍文集》第 15 卷，人民文学出版社 1990 年版，第 498 页。

家庭，先辈世代信守必以身家性命来报效国家社稷的精神传统，其个人更是从小便从流尽鲜血抗击外辱的父亲身上，得到了一生受用的根性教育，把“爱咱们的国”看作一个中国人活在世上的头等要务。而20世纪30年代日本法西斯对中国的再度入侵，将他的国仇家恨[①]，加倍点燃起来。

老舍在少年时期遇上辛亥革命，他的精神理路在随后较长阶段，保持着跟满族同胞尤其是满族知识阶层的相似性。他于总体上倾向于社会改良途径，致力于启蒙救民、教育救国，对国内政治的一应暴烈主张均取保守躲避态度。老舍的无党无派、独立不倚、洁身自重、温良内刚的处世方式，成了他在抗战爆发前后，受到广泛认定的人格标志。

在老舍的人生路上，恤民与爱国是两个最为突出的特征。17世纪中叶发生过的、自己先民参与了的、中世纪式的、靠血刃搏杀去完成政权更迭的思维，至清末时节已经为满洲社会所摒弃。[②] 以天下苍生为念的旧有价值观念，与戒除刀兵血拼、力促社会改良的现代人文选项，交互结合，形成了老舍前期的精神取向。他心存深度恤民的习性，却不欲提倡穷苦人采用暴力手段来改变处境。不过，老舍却又绝不是一位彻底的非暴力主义者，一旦外敌侵犯中华，他喊出的杀声总是比别人更加响亮。他的暴力取舍，是要明确区分杀伐对象究竟是中华骨肉还是外国侵略者的。[③]

老舍的抗战观，是与其民族观彼此沟通的。他是非政治家和民族学家的中国20世纪知识分子中，极难得的、具备超前民族观念的人。在抗战时期，他尽力提醒人们去认识中华民族是个由国内兄弟民族组成的多元集合体，“为中华打仗，/不分汉满蒙回藏！为中华复兴，/大家永远携手行”[④]，启发大家都来放弃顾盼自雄的民族狭隘心理，看到“光荣，/属于你，/属于我，/属于中华”[⑤]。同时，他还劝导不同宗教立场的持有者，敞开胸襟交融互动，精诚团结杀敌卫国。老舍民族观的发韧与形成，跟满族的坎坷历史以及他本人的经历与视野关系很大。他通过《国家至上》《大地龙蛇》等抗战作品，一抒心底长期沉积的有关民族问题的情感与理智。

老舍的抗战观，是这位20世纪杰出爱国者与中华文化名人思想观念的重要内容，也是与其不同阶段精神理路紧密勾连的必要环节。希望有更多的研究者向这一范畴投送关切。

（作者单位：中国社会科学院民族文学研究所）

---

①老舍父亲永寿，战殁于1900年反抗八国联军进犯北京城的战役。

②19世纪初清帝签约逊位并易政于民国的历史举动，曾受到社会上下广泛认定，便是一例。

③抗战之前与抗战之后，他都没有表示过赞同内战。抗战胜利后他接受美国政府约请前去讲学，一直滞留到国内战争结束才回国。在美期间他写诗道：“自南自北自西东，大地山河火狱中。各祷神明屠手足，齐抛肝脑决雌雄。晴雷一瞬青天死，弹雨经宵碧草空。若许桃源今尚在，也应铁马踏秋风。”（《赠吴组缃》，《老舍全集》第13卷，人民文学出版社2013年版，第593页。）

④老舍：《大地龙蛇》，《老舍文集》第10卷，人民文学出版社1986年版，第315页。

⑤老舍：《大地龙蛇》，《老舍文集》第10卷，人民文学出版社1986年版，第315—316页。

老舍散文中的抗战文化心理透视

◎谢昭新

1937年抗战全面爆发后，受战局的影响，北平、上海两个文化中心相继沦陷，大批作家被迫开始流亡。老舍适时“由青岛跑到济南，由济南跑到武汉，而后跑到重庆”，“到处，我老拿着我的笔”①，为抗战尽力，为抗战服务。在抗战中，老舍共发表了近百篇散文②，这些散文记录的“是流亡，是酸苦，是贫寒，是兴奋，是抗战”③，是他抗战文化心理和生命精神的真实反映。这些散文映现出来的老舍抗战文化心理层面，一是个人生命价值的实现，二是对家庭的眷恋保护，三是“国家至上”的爱国情怀，四是对民族复兴梦的追寻。

一

战争改变了老舍的日常生活及心理状态，战局的变化时时牵动着作家的精神世界。从1937年1月至6月，老舍散文中呈现的还是日常生活心理状态，他在青岛正常地进行写作，写小说、散文，多次在青岛青年会做学术、创作演讲，时而到公园一游，有时晚上还去看看电影，保持了作家日常生活较平稳的心态。但是到7月29日北平失陷、30日天津沦陷，青岛、济南吃紧。老舍在1937年7月11日发表的《友来话北平》中记述了老向，《实报》社社长管先生、周先生等从北平逃难至济南，谈及逃难中的遭遇，至友赵水澄过天津被敌人毒打，北平的平民遭轰炸，学生失踪，周先生说北平“尚无恐怖，只是恐慌”。平民的恐慌心理，文人、作家们的纷纷逃难，也促使老舍不得不作逃难的思考，逃难逃到哪里？逃难如何逃？老舍感到“顾虑而迟疑”④。这种由逃难而引起的“顾虑而迟疑”的心理，又紧紧围绕着个人与家庭问题而展开矛盾：“我独自逃亡吧，把家属留在济南，于心不忍；全家走吧，既麻烦又危险。这是最凄凉的日子。”⑤在这“最凄凉的日子”里，8月11日，老舍与夫人商定，家眷不动，他独自准备由青岛南下，但8月12日接陶亢德电：“沪紧缓来”，只好放弃“南去之

①老舍:《八方风雨》,《老舍全集》第14卷,人民文学出版社2008年版,第379页。

②据《老舍全集》第14卷所载,自1937年7月至1945年9月2日中国抗日战争暨世界反法西斯战争胜利结束,老舍共发表95篇散文,当然,全集不一定“全”,但笔者所论,即以这95篇散文为主体加之像《八方风雨》这样的记述抗战生活和心理情感的散文,大致百余篇,以此透视其抗战文化心理。

③老舍:《八方风雨》,《老舍全集》第14卷,人民文学出版社2008年版,第379页。

④老舍:《友来话北平》,《老舍全集》第14卷,人民文学出版社2008年版,第88页。

⑤老舍:《八方风雨》,《老舍全集》第14卷,人民文学出版社2008年版,第379页。

计，乃决去济南”[①]。11 月 15 日，老舍痛别妻子儿女，离济南去武汉。他到了武汉，还写了一首小诗，抒发了他与妻儿别离时的悲伤情景：“弱女痴儿不解哀，牵衣问父去何来？话因伤别潜成泪，血若停流定是灰。已见乡关沦水火，更堪江海逐风雷；徘徊未忍道珍重，暮雁声低切切催”。[②] 作家含泪与妻儿告别，弱女痴儿不堪与父分离，强忍心中悲痛互道珍重。他依依不舍离家逃难，开始谱写抗战期间实现人生价值的辉煌篇章。

是的，老舍别离妻儿独自逃难，并不是个人的心理恐惧、害怕敌人、逃避现实，而是为了坚守他在战时的生命价值观以及他的生命价值的实现。当老舍欲逃离济南时，在“心中盘旋”的问题即是一不做俘虏，二不当汉奸，一定要保住“一个读书人最珍贵的东西是他的一点气节”[③]。而这个最珍贵的文人的气节就是“奋斗的生活，光荣的死，活得有劲，死得有价值”[④]。那么如何实现这种生命的价值呢，首先就是要保住个人的生命，在《三个月来的济南》一文中，他不仅记述了逃离济南时的经过，而且表达了他逃难的意图是为了自救，“必先自救，而后能救国”，“逃亡激进了努力”，“奔往异地定会打回故乡”。并且他还进一步说明：“在这生死关头，真正爱国的人必须认清我们的长处，同时也必须承认我们的弱点。”[⑤]从军事上说，国民党的士兵是“非常优良的”，“兵是好兵”，但部队“没有新式武器，没有坚固的防御工事”，更重要的是当时的政府“没有想到全面抗战必须军民合作”，轻易放弃了“民间的力量”[⑥]。“北方军事上的失败有许多原因，可是军队与军队，军队与人民之间的毫无联络，民间的毫无组织，不能说不是致命伤。”[⑦]老舍在分析了“我们的长处”和“我们的弱点”后，即形成了他散文中的“歌颂与暴露”的情感旋律。

“歌颂英雄的战绩”是“战时文艺的常道”[⑧]。老舍满怀对抗战英雄的崇拜，突出了抗战文艺这一“常道”，满腔热情地歌颂抗战将士、抗战英雄。他在《轰炸》一文中，既暴露了日军对武汉的轰炸罪行，又记述了三次空战大捷，歌颂了我国空军英勇战斗、不怕牺牲的民族精神，“我们的空军没有惜命，自一开仗到如今，我们的空军是民族复兴的象征！”[⑨]在《张自忠将军的战绩与殉国经过述略》中，既记述了张将军的殉国经过，留下了珍贵的抗战英雄史料，又以英雄崇拜的心理歌颂张自忠的战绩，称张将军“从抗战到殉国，张自忠将军一贯的是战则在前，退则居后。这是舍身报国的决心，与‘身先士卒’的实践。每次战役，张将军都以必死的决心给敌人以有力的打击，以殉国的精诚感召部下去拼命。他战胜，他战死，都同样的光荣”[⑩]。随张将军殉国的官兵“不下百余人”，尤其令老舍敬仰的是高级参谋张敬，“张高级参谋敬，年壮气刚，始终随张将军督励士众……遇难时，张高级参谋已身中

①老舍：《南来以前一致××兄》，《老舍书信集》，百花文艺出版社 1992 年版，第 65 页。
②老舍：《八方风雨》，《老舍全集》第 14 卷，人民文学出版社 2008 年版，第 380 页。
③老舍：《八方风雨》，《老舍全集》第 14 卷，人民文学出版社 2008 年版，第 380 页。
④老舍：《大家都成为英雄吧》，《老舍全集》第 14 卷，人民文学出版社 2008 年版，第 345 页。
⑤老舍：《三个月来的济南》，《老舍全集》第 14 卷，人民文学出版社 2008 年版，第 94 页。
⑥老舍：《三个月来的济南》，《老舍全集》第 14 卷，人民文学出版社 2008 年版，第 98 页。
⑦老舍：《写家们联合起来》，《老舍全集》第 14 卷，人民文学出版社 2008 年版，第 104 页。
⑧田仲济：《中国抗战文艺史》，《田仲济文集》第 3 卷，江苏文艺出版社 2007 年版，第 11 页。
⑨老舍：《轰炸》，《老舍全集》第 14 卷，人民文学出版社 2008 年版，第 164 页。
⑩老舍：《张自忠将军的战绩与殉国经过述略》，《老舍全集》第 14 卷，人民文学出版社 2008 年版，第 248 页。

数刀，仍发手枪，毙敌数人，壮哉！"[①]老舍以对张自忠的崇拜为心理情感基础，还创作了话剧《张自忠》，在剧本的《写给导演者》一文中，老舍称"张将军在抗战中几乎是每战必胜"，剧本除了写"战争而外，他的治军方法，对百姓的态度，和他自己的性格，自然也都须描写"，全面写了他的"战功与人格"[②]，塑造了张自忠这一可歌可泣的民族英雄形象，用以表现伟大的抗战精神。他在为冯玉祥将军的《抗战诗歌集》作序时，高度赞扬冯将军的抗战精神。他说冯将军送给朋友的茶杯上面都写着："非抗日不能救国"，"他寝食不忘的是抗战，奔走呼号的是抗战。抗战第一，所以作诗也是为了抗战"[③]，以将军的抗战精神激励士气民气。

抗战英雄不仅来自军队的将士，也有许多来自民间，老舍对民间的抗战英雄同样加以热情歌颂。《归自西北》记述老舍随北路慰问团到陕甘绥等地慰劳抗战将士，当他行至豫西黄龙山等处，一向被称为"土匪窝"的地方如今"全无匪迹"，匪到哪里去了？老舍非常欣喜地告诉人们，"请到抗战英雄的行列中去探询"，由"匪"成为抗战英雄的情景，老舍感受到不仅是西北，而且整个中华民族"精神都是非常的焕发"[④]。在《悼赵玉三司机师》中，他同样怀着崇敬、爱戴的情感，悼念为抗战服务而牺牲的普通汽车司机，称他是为抗战而"光荣的死去"的英雄，"在抗战的今日，凡是为抗战舍掉自己性命的，便是延续了国家的生命"[⑤]。由为抗战服务"翻了车"而亡的汽车司机赵玉三，不禁让我们想起《四世同堂》中的司机钱仲石故意翻车摔死一车日本兵的壮举，二者可能有一种塑造抗战英雄人物的连带关系。

歌颂抗战英雄，高扬民族精神，成为老舍为抗战服务、为抗战尽责而实现人生价值的重要方面。与"歌颂"相对应的"暴露"，也同样能体现他宣传抗战、激励民气，做一个战时"文艺界尽责的小卒"的心理诉求，"生死有什么关系呢，尽了一名小卒的职责就够了"[⑥]。老舍在散文中"暴露"的对象有两个方面：一是暴露敌人的暴行；二是暴露社会民间存在的文化思想弱点。

老舍从战时生活出发，用大量的笔墨暴露了日本侵略者灭绝人道的暴行。随着作家战时的迁移，由济南而武汉而重庆，每到一地，他亲身经历的就是遭受敌机轰炸的残酷现实。老舍于1937年8月13日至济南时，济南已逃走20万人，"八月初与十月初的两次迁逃，使济南差不多成了空城"[⑦]。济南已变成灰色的济南，济南"已被敌人的炮火打碎"，"济南是久已死去，美丽的湖山只好默然蒙羞了"[⑧]。从老舍"吊济南"的悲愤声中，照见日本侵略者残害中国大好河山的暴行。在《且讲私仇》中，则直接控诉了日本鬼子在东北、在平津、在上海烧杀抢掳，"日本鬼子并不讲什么情理"，由天津打到上海"论万的杀人"[⑨]。"杀

①老舍：《张自忠将军的战绩与殉国经过述略》，《老舍全集》第14卷，人民文学出版社2008年版，第252页。
②老舍：《老舍文集》第10卷，人民文学出版社1986年版，第113页。
③老舍：《老舍文集》第15卷，人民文学出版社1990年版，第375页。
④老舍：《归自西北》，《老舍全集》第14卷，人民文学出版社2008年版，第226页。
⑤老舍：《悼赵玉三司机师》，《老舍全集》第14卷，人民文学出版社2008年版，第300页。
⑥老舍：《入会誓词》，《老舍全集》第14卷，人民文学出版社2008年版，第136页。
⑦老舍：《三个月来的济南》，《老舍全集》第14卷，人民文学出版社2008年版，第93页。
⑧老舍：《吊济南》，《老舍全集》第14卷，人民文学出版社2008年版，第115页。
⑨老舍：《且讲私仇》，《老舍全集》第14卷，人民文学出版社2008年版，第122页。

人放火，把自己变为野兽，把别人变成猪狗”，“正好证明了日本野蛮，中国文明”，而中国的抗战正好代表了“正义”[①]。这里既暴露了敌人的罪行，又张扬了中华民族的文明与正义。敌人的烧杀抢掳，“论万的杀人”，敌机的狂轰滥炸，使中国大地充满了血腥恐怖。《轰炸》一文记述了敌人对武汉的轰炸，仅 1938 年 7 月 19 这一天，民众被敌机轰炸得血肉横飞，“死伤过千”[②]。老舍在武昌也身受敌机轰炸之苦，为躲空袭炸弹，曾藏在华中大学图书馆的地窖里。《血债——敌机轰炸重庆》不仅记述了重庆遭受敌机“五月里四次轰炸”，而且表达了中国人民并没有被敌人的烧杀抢掳、狂轰滥炸吓倒，“中国人不怕饥荒，不怕死亡”的精神旗帜仍在中华大地上高高飘扬。更令人气愤的是日本侵略者把轰炸当作游戏，“用各种花样轰炸。有时候天天用一二百架飞机来炸重庆”，有时候用三五架一二架“自晓至夜的施行疲劳轰炸”。老舍说他随北路慰问团至陕西时，差一点被炸死，“在陕州，我几乎被炸死”[③]。敌人的轰炸，炸毁的是物质、人的肉体，但炸不掉中国人民的抗战精神、“抗到底”的勇气，“敌人能攻破我们的城池，但绝不能攻破我们的心”[④]。老舍虽遭受战争带来的流亡痛苦以及“几乎被炸死”的生命悲境，但他仍在险境中坚持抗战，“抗战第一，我的力量都在一支笔上，这支笔须服从抗战的命令”[⑤]，他“服从抗战的命令”，一直书写着抗战文章。

如果说敌机的轰炸给中国人民造成巨大的伤亡，但轰炸有时还可躲避，而日本侵略者制造的“饥荒”，则使成千上万的人无法逃避。当他的家属从北平逃出，来到重庆时，老舍在 1944 年 1 月 1 日发表的《新禧！新禧！》中写道：“我问儿女们可曾玩过走马灯？可曾吃过杂拌儿？他们没有玩过吃过。他们只告诉我，街上如何有饿死的人，和行人如何夺小孩和妇女手中拿着的食物。北平已不是我记忆中的乐园而是饥寒交迫的地狱。”[⑥]敌人在北平制造着人为的“饥荒”，将人民推向“饥寒交迫的地狱”。不单是北平，日本侵略者所到之处，都在人为地制造“饥荒”。老舍在逃亡中即看到了人民遭受“饥荒”的灾难，并亲身体验了“饥荒”的痛苦，乃至后来在国外写《四世同堂》的第三部《饥荒》时，才会有敌人在北平制造的地狱似的“饥荒”惨状，才会有北平人民与“饥荒”抗争，最终取得抗战胜利的欣喜情景。

老舍不仅用笔暴露敌人的罪恶，而且用笔暴露社会民间存在的文化思想弱点。在民族危亡之时，许多人认为捐点钱捐点物，“发点善心”即可聊以自慰了，老舍对如此“善心”不以为然，在《善心》中告诫民众不要只顾及“发点善心”，重要的是要“把前方战士放在你的心坎上”[⑦]，给抗战将士以精神的支持和心灵的慰藉。在《是的，抗到底》中既批判了那种麻木不仁、逍遥世外的思想行为，又批驳了那种“加入反共协定”与敌人“讲和”实则卖国的思想行为。老舍满怀希望奔赴抗战中心武汉，本想感受武汉积极抗战的精神状态，可眼下呈现的却是“消极抵抗”的景象，这让老舍感到痛心：武汉的“一切都在动、挤、乱，全无办法”，“武汉确实成了一切的中心，吃喝玩乐在其中矣！”由此他召唤人们“有血性者理当切

①老舍：《新气象新气度新生活》，《老舍全集》第 14 卷，人民文学出版社 2008 年版，第 137 页。

②老舍：《轰炸》，《老舍全集》第 14 卷，人民文学出版社 2008 年版，第 165 页。

③老舍：《八方风雨》，《老舍全集》第 14 卷，人民文学出版社 2008 年版，第 157 页。

④老舍：《友来话北平》，《老舍全集》第 14 卷，人民文学出版社 2008 年版，第 88 页。

⑤老舍：《这一年的笔》，《老舍全集》第 14 卷，人民文学出版社 2008 年版，第 165 页。

⑥老舍：《新禧！新禧！》，《老舍全集》第 14 卷，人民文学出版社 2008 年版，第 349 页。

⑦老舍：《善心》，《老舍全集》第 14 卷，人民文学出版社 2008 年版，第 85 页。

齿复仇”[①]。在《事情要大家做》中特别指出“最可怕的倒不是现有的这一批大小汉奸，而是这种怕汉奸心理的普遍”，“汉奸真可怕”是一种可耻的心理，汉奸不是“可怕”的问题，而是“可恨”“可杀”[②]！在敌人的轰炸中，人们普遍的心理是生命不能自保，“胆寒，愤恨，渺茫，飘忽”[③]，对这种普遍的文化心理，老舍唤醒他们要复仇雪耻，“以雪耻复仇的决心答复狂炸”[④]。老舍在成都，看到成都人平和从容的生活现状和心理状态，希望成都人克服这种“从容”的心理，在抗战中“能更紧张一些”。“只是街平，房老，人从容，是没有多大用处的。北平的陷落，恐怕就是吃了‘从容’的亏”[⑤]。在整个抗战期间，老舍都是用笔宣传抗战，唤醒民众，激励民气，让人们的精神感奋起来，勇敢地投入抗战洪流中去。

二

抗战时代只允许时代选择作家而作家无力选择时代，作家的文学创作只能服从时代的需要而不能游离于时代之外，老舍呼吁作家们的写作要“服从时代与社会的紧急命令”[⑥]。他紧随时代，服务抗战，不仅在散文中突出“歌颂与暴露”的主题，显现作家的责任感，实现作家的生命价值，而且积极从事抗战文艺运动和抗战文艺创作，以实现他的“奋斗的生活”“活得有劲”的生命价值。抗战需要结成广泛的民族统一战线，在“中华全国文艺界抗敌协会”未成立之前，老舍就在济南撰文召唤“文艺家联合起来”，有组织地开展“集团创作”，“用文艺作品作一种抗战的武器”[⑦]。“文协”成立后，“文艺界已恢复了他们的常态，文协包括了全国各派的作家，开始以集体的力量为抗战而服役”[⑧]。早已盼望作家们联合起来的老舍，对“文协”的成立更充满了一般作家所未有的心理情感和价值期盼。他在《我们携起手来》一文中，向人们表露了他参加“文协”筹备会的心情，“我快活，而有些泪横在心中”[⑨]，他心里“快活得要飞了”[⑩]。在《记“文协”成立大会》一文中，更表露了自抗战以来前所未有的欣慰心情，“今天不但文人们和和气气的坐在一起，连抗日的大将也是我们的会员呀”[⑪]（抗日的大将指冯玉祥）。文人们多么需要“文协”，“文协”为全国各派作家带来了联合起来从事抗战文艺创作的新机遇，而作为被全国各派作家推选出来的“文协”的总务部主任（实际上的总负责人）[⑫]，他更负有“文协”全部工作的责任担当。在《关于“文

①老舍：《到武汉后》，《老舍全集》第14卷，人民文学出版社2008年版，第127页。
②老舍：《事情要大家做》，《老舍全集》第14卷，人民文学出版社2008年版，第85页。
③老舍：《轰炸》，《老舍全集》第14卷，人民文学出版社2008年版，第164页。
④老舍：《以雪耻复仇的决心答复狂炸》，《老舍全集》第14卷，人民文学出版社2008年版，第222页。
⑤老舍：《在成都》，《老舍全集》第14卷，人民文学出版社2008年版，第206页。
⑥老舍：《写家们联合起来》，《老舍全集》第14卷，人民文学出版社2008年版，第102页。
⑦老舍：《写家们联合起来》，《老舍全集》第14卷，人民文学出版社2008年版，第103页。
⑧田仲济：《中国抗战文艺史》，《田仲济文集》第3卷，江苏文艺出版社2007年版，第27页。
⑨老舍：《我们携起手来》，《老舍全集》第14卷，人民文学出版社2008年版，第130页。
⑩老舍：《快活得要飞了》，《老舍全集》第14卷，人民文学出版社2008年版，第133页。
⑪老舍：《记“文协”成立大会》，《老舍全集》第14卷，人民文学出版社2008年版，第145页。
⑫“文协”没有会长和理事长，只规定了常务理事分担各部的主任，老舍是总务部主任，事实上，就是对外的代表，和理事长性质差不多，主持全协会的日常工作。

协”》[①]一文中，记述了“文协”的艰难困境以及他为“文协”所做的艰苦努力：“文协”穷，靠借款、捐款。因为穷，办事难。办事再难，但大家精诚团结，还是办了许多有利抗战的事，办会刊，慰劳将士，开茶会，讨论会，座谈会等等，全都落在老舍身上，而老舍又是在“家，国，穷，病”[②]的现状下，为“文协”卖命、为“文协”尽责的，他的生命价值在“文协”的生成发展中闪耀出光芒。

老舍在抗战中的生命价值还表现在他对《抗战文艺》的巨大贡献上。他把《抗战文艺》视为“五四”新文艺的传承与发展，“新文艺假若是社会革命的武器，现在它变成了民族革命抵御侵略的武器”[③]。老舍在《八方风雨·抗战文艺》中特别记叙了《抗战文艺》的发展历程、刊物的宗旨及其特色。它的发展经历：最初是三日刊，出到5期改为周刊；在武汉出了20期(连同4期周刊)，自17期起，即在重庆复刊。重庆印刷条件差，用的都是“土纸”，从“文协”周年纪念日起，由周刊改为半月刊，后来又改为月刊。到日本投降时，共出了70期。老舍提供的刊物发展史料，为之后对抗战文艺研究以及文学史的研究所接受。关于“文协”的办刊宗旨，老舍说：它是“在抗战文艺的大前提下，容纳全体会员的作品，成为‘文协’的一面鲜明的旗帜”。它的特色：“它要稳健，又要活泼；它要集思广益，还要不失了抗战的，一定的目标；它抱定了抗战宣传的目的，还要维持住相当高的艺术水准；这不大容易做到。可是，它自始至终，没有改变了它的本来面目。始终没有一篇为发泄自己感情，而不顾及大体的文章”。而且《抗战文艺》发表的文章，均集中于两个问题：“一个是如何教文艺下乡与入伍，一个是怎么使文艺效劳于抗战”[④]。从老舍对《抗战文艺》的真实记述中，我们看到了《抗战文艺》与老舍生命相连，体味到了《抗战文艺》每一页所蕴含的老舍的抗战精神和生命价值。

抗战时代，由于受战争的影响，作家们不可能静下心来，从容地进行文学创作，战前日常生活状态下写作的心态被打破，因而作家文学创作的艺术形式、风格都发生了重大变化。老舍把抗战文艺称为“怒吼的文艺”[⑤]，为创作这种“怒吼的文艺”以达到为抗战服务的目的，老舍特别强调文艺必须“住脚民间”，用民间的言语道出民间的热情与共感[⑥]。因此，面向民间，从事通俗化的文学创作，成了老舍抗战时期的重要艺术追求。老舍说：“在抗日战争以前，无论怎样，我绝对想不到我会去写鼓词与小调什么的。抗战改变了一切，我的生活与我的文章也都随着战斗的急潮而不能不变动了。”[⑦]他又说：“在战争中，大炮有用，刺刀也有用；同样的，在抗战中，写小说戏剧有用，写鼓词小曲也有用。我的笔必须是炮，也须是刺刀……我不因写了鼓词与小曲而觉得有失身份”[⑧]。老舍在武汉的8个多月时间里，就写了10篇鼓词、6出旧戏、1部旧型通俗小说和好几个小曲、快板。后来到了重庆，

①老舍：《关于“文协”》，《老舍全集》第14卷，人民文学出版社2008年版，第167页。

②老舍：《生日》，《老舍全集》第14卷，人民文学出版社2008年版，第208页。

③老舍：《八方风雨·抗战文艺》，《老舍全集》第14卷，人民文学出版社2008年版，第389页。

④以上均引自老舍：《八方风雨·抗战文艺》，《老舍全集》第14卷，人民文学出版社2008年版，第390－391页。

⑤老舍：《一年来之文艺》，《老舍全集》第14卷，人民文学出版社2008年版，第151页。

⑥老舍：《三个月来的济南》，《老舍全集》第14卷，人民文学出版社2008年版，第99页。

⑦老舍：《我怎样写通俗文艺》，《老舍文集》第15卷，人民文学出版社1990年版，第218页。

⑧老舍：《八方风雨·写鼓词》，《老舍全集》第14卷，人民文学出版社2008年版，第386页。

他将这些在武汉用"旧瓶装新酒"的办法写成的通俗文艺作品，选出了3篇鼓词(《王小赶驴》《张忠定计》《打小日本》)、4出京剧(《新刺虎》《忠烈图》《王家镇》《薛二娘》)、1篇通俗小说(《兄妹从军》)，汇印成册，共6万字，取名为《三四一》。此书在重庆3个月内连出5版，很受民众欢迎。除了这些通俗文艺作品，老舍还创作了戏剧、小说，据他自己在《八方风雨》中所记：抗战中，写了"鼓词，十来段。旧剧，四五出。话剧，八本。短篇小说，六七篇。长篇小说，三部。长诗，一部。此外还有许多篇杂文"①。而且这些作品大都是在贫穷、头晕、贫血中写出来的，它们生动地展示了老舍的抗战精神和生命价值。

老舍个人生命价值的实现，不仅体现在他所从事的抗战文艺运动和抗战文艺创作上，而且还体现在他对抗战文艺的价值评价和理论的探讨上。老舍在抗战期间发表了许多篇有关"文协"工作的文章和会务报告，及时对抗战文艺进行经验总结，以促进抗战文艺的健康发展。在《三年来的文艺运动》一文中，认为"抗战文艺，在全部中华历史上，甚至世界史中，还没有与它相同的运动"②。它的成因：一是"时代的伟大"：伟大的时代产生了伟大的抗战文艺；二是"战争的性质"决定了文艺"必为抗战与胜利的呼声"；三是抗战文艺传承了新文艺为革命的传统；四是抗战文艺是为社会的需要而产生发展起来的。抗战文艺呈现的新面貌：一是具有清醒的责任感；二是具有乐观的心态，"抗战文艺是胜利的信心"；三是直接为"百姓士兵"服务；四是有组织地开展文艺运动。抗战文艺有其独特的价值，但也存在不足，老舍提出批评说它在人事方面：团结各派作家"有极大的成功"，但由于受客观条件的限制，培养青年作者做得不够。在文艺方面，"抗战文艺的质和量都还差得很多"。对抗战文艺"质"方面有一种态度是否定，将抗战文艺视为抗战八股；又一种是肯定的态度，说它是军事第一，胜利第一，宣传抗战有功。老舍对这两种批评均不赞成，他主张对抗战文艺要以"客观的态度去探讨"，"精深与俗浅，艺术与宣传，抗战中必须兼容并纳"③。在《文章下乡，文章入伍》中，他充分肯定并高度评价了"文协"提出这一口号的意义：新文艺发展了二十多年，"它在扫荡封建的思想上，在培植革命的精神上，的确是树立了不少功绩"。可是群众与新文艺太隔膜了，"一个村子里连鲁迅这个光耀的名字都不知道"，而抗战文艺则弥补了新文艺的缺陷，以"文章下乡，文章入伍"为导向，将"精神食粮必须普遍的送到战壕内与乡村中"④。抗战文艺走的是战时文艺的"正路"，它具有"爱国家民族的诚意"，团结一致抗敌的精神，自家的语言形式风格。"顺着这条正路往下走，它将由狭小而伟大"⑤。所以，创建伟大的抗战文艺，成为老舍抗战文化心理的价值追求。

三

实现个人生命价值，固然是老舍抗战文化心理的诉求，而对家庭的眷恋保护、"国家至上"的爱国情怀以及对民族复兴梦的追寻，更是老舍抗战文化心理的核心价值和情感表现的主体内容。

---

①老舍：《八方风雨·写与游》，《老舍全集》第14卷，人民文学出版社2008年版，第402页。

②老舍：《三年来的文艺运动》，《老舍文集》第15卷，人民文学出版社1990年版，第417页。

③老舍：《三年来的文艺运动》，《老舍文集》第15卷，人民文学出版社1990年版，第424页。

④老舍：《文章下乡，文章入伍》，《老舍文集》第15卷，人民文学出版社1990年版，第469页。

⑤老舍：《略谈抗战文艺》，《老舍文集》第15卷，人民文学出版社1990年版，第472页。

前文已论及老舍在离家逃亡时的矛盾心理和凄凉情感，从中已透视出他对家的依恋。他爱家、顾家，“离家之时，他将绝大部分的积蓄都留给了妻子，为得让她日后用以养婆母和抚养孩子们，随身带出 50 块钱”[①]。何以离家？老舍说他“从家里跑出来，是为作一点有助抗战的事”，但离别妻儿后“四年没有听见她的语声了”[②]，又经常忍受思念的痛苦。老舍每到一地，妻儿形象总是蕴藏在心中，他眷念“家”、顾盼“家”。他爱家、恋家、爱妻子、爱儿女的情感非常深厚。老舍从离家的第一天起，就记叙了他坐在拥挤的车厢里，惦记着家属妻儿：“我猜想着，三个小孩大概都已睡去，妻独自还没睡，等着我也许回去！”“后来接到家信，才知道两个大孩子都不肯睡，他们知道爸走了，一会儿一问妈：爸上哪儿去了呢？”[③]爱家爱妻儿的情感，真切动人。他恋家爱家的情感在“生日”那天更加波动起来。他说在日常生活状态下，每逢生日，朋友们是要来庆贺的。可如今是战乱、贫穷，无法也无心过生日。他想给家人写信，但“家信非常难写，多少多少的心腹话，要说给最亲爱的人；可是，暴敌到处检查信件”，他担心书信“有被焚化了的危险”，因而写家信的欲望只好作罢，“我搁下了笔。想起妻与儿女，想起沦陷区的惨状……”。他心里非常忧伤。他又“想到接出家眷的问题”，可接家眷的路费无法解决。家信既不能写，他又不愿“空过这一天”，那就在写文章中过一下“穷人的生日”吧。但是，“写几个字，抹了；再写，再抹；看一会儿桌头上小儿女照片，想象着她们怎样念叨：‘爸的生日，今天！’而后，再写，再抹……”。写作不成，思家成疾，只好把这因思家而生成的“头痛”作为生日“自献的寿礼”[④]！生日中的思家心理一波三折，感人肺腑。他在北碚养病，“既病，又值新年，故有游离之感”，作小诗一首，以寄思乡之情：“雾里梅花江上烟，小山峡外又一年；病中逢酒仍须醉，家在卢沟桥北边！”[⑤]老舍说他在抗战中，家属留在北平，“我自己在武汉，在陪都，都随着大家庆贺年节，可是我的心却在北平”[⑥]。在《八方风雨·想北平》中，以七律《乡思》中的“无限乡思秋日晚，夕阳白发待归鸦”诗句，寄托无限乡思之情。思乡恋家情感之深，给作家带来忧伤、痛苦。而家属的到来，又使老舍欣喜，“家”给了他动力。老舍在《八方风雨》中记述：“家眷由北平逃到了重庆”，妻儿到了他身边，向他讲述了北平沦陷后的情况，提供了有关素材，触动了老舍写《四世同堂》的愿望。老舍说他从 1944 年元月开始写《四世同堂》，这一年就写了 30 万字，可见，“家”的动力在一定程度上催生了《四世同堂》。

老舍爱家，恋家。但家、国相连，“为国卖命，事体更大，使家庭吃点亏，也就无法”[⑦]。他更爱国、爱中华民族。老舍从小就由父亲与八国联军巷战而阵亡的事件，培育了他痛恨外敌、保家卫国的朴素的爱国情感。后来在学校所受的“修身、齐家、治国、平天下”的儒家文化精神的教育，更使他的国家、民族观念增添了忧国忧民、救国救民的民族忧患意识和民族复兴精神。“五四”运动使他认识到：“反封建使我体会到人的尊严，人不该作礼教的奴隶；反帝国主义使我感到中国人的尊严，中国人不该再作洋奴。这两种认识就是我后来

①关纪新：《老舍评传》，重庆出版社 1998 年版，第 290 页。

②老舍：《自述》，《老舍全集》第 14 卷，人民文学出版社 2008 年版，第 260 页。

③老舍：《八方风雨》，《老舍全集》第 14 卷，人民文学出版社 2008 年版，第 381 页。

④老舍：《生日》，《老舍全集》第 14 卷，人民文学出版社 2008 年版，第 207－209 页。

⑤老舍：《自谴》，《老舍全集》第 14 卷，人民文学出版社 2008 年版，第 263 页。

⑥老舍：《新禧！新禧！》，《老舍全集》第 14 卷，人民文学出版社 2008 年版，第 348 页。

⑦老舍：《致友人书》，《老舍书信集》，百花文艺出版社 1992 年版，第 69 页。

写作的基本思想与情感。”①因此，在老舍的文学创作中始终贯穿着爱国思想、民族精神。早期长篇小说《二马》通过老马、小马在英国遭受民族歧视的独特感受（同时也是老舍自身的感受），表达了“国家衰弱，抗议是没有用的；国家强了，不必抗议，人们就根本不敢骂你”的民族自强意识和强烈希望中国富强起来的民族振兴精神。二十年代，老舍在英国期间时时关心中国的命运与前途，他说：“我们在伦敦的一些朋友天天用针插在地图上：革命军前进了，我们狂喜；退却了，懊丧。”②爱国情感在国外表现强烈，回国后，三十年代的小说大都以暴露、批判现实为主调，但在暴露、批判中蕴涵着忧国忧民的爱国情感、民族精神。到了抗战时期，老舍的满腔爱国热情和强烈的民族精神在其作品中表现得更加突出、更加鲜明。

“国家至上”，国家、民族的利益高于一切，为国家、民族献身，这是老舍抗战散文中反复张扬的爱国意识、民族精神。抗战初期，老舍就召唤民众要把国家放在心上，国家至上，“国家是我们今日的爱人，我们必须为她死，为她流血”③。“有国家，全好；亡了国，全完”④，鼓动全民抗战，精忠报国，“要做今天的岳武穆，文天祥”⑤。老舍“以热血写出民族挣扎的真象”⑥，激励士气民气，坚强抗战精神，弘扬中华民族的爱国主义传统。同时他还告诫民众：“爱国家爱民族须先明白国家与民族”⑦，要让广大民众明白中国是最讲文明的，中华民族是热爱和平的，“中华文化精神是忠恕仁义，孝悌廉耻，能宽恕别人的过错，而不能屈膝受辱”，中华民族自古以来，就有抵御外敌的不屈不挠的抗争精神，“中华民族是明礼知耻的民族，人民肯用血去争取解放与自由”⑧。老舍召唤人们“日本强盗来了，我们便迎杀上去”，“我们非全心全力杀上去不可”⑨。老舍在散文中，多次鼓动全国人民要复仇雪耻，对日本侵略者发动的“灭种灭族”的民族大仇，“此仇必报”！“有血性者理当切齿复仇”⑩。老舍在《述志》中联系自身遭受的战争灾难，下定决心要向侵略者复仇。老舍说：“一·二八”上海的大火，“烧掉了我的《大明湖》，七七后，敌人又劫夺了我所有的书籍字画与文稿”。他痛恨敌人，要报仇雪恨，“我想报个人的仇，同时也想为全民族复仇”⑪。他在散文中时常透露为全民族复仇，为国捐躯的“死而后已”的精神情操。他自身具有民族骨气，又特别向民众宣传要保持民族骨气，他说：“有骨头的人才肯为国捐躯，有骨头的人才肯死里求生；有骨头的今日死，有骨头的明日生；这就是民族的复活。”⑫他在重庆时，准备敌人如果打进来，滚滚的嘉陵江“便是我的归宿！我决不落在日寇手里，宁死不屈！”⑬老舍此间还写了不

①老舍：《“五四”给了我什么》，1957年5月4日《解放日报》。

②老舍：《我怎样写〈二马〉》，《老舍文集》第15卷，人民文学出版社1990年版，第173页。

③老舍：《新气象新气度新生活》，《老舍全集》第14卷，人民文学出版社2008年版，第139页。

④老舍：《善心》，《老舍全集》第14卷，人民文学出版社2008年版，第85页。

⑤老舍：《战》，《老舍新诗选》，花山文艺出版社1983年版，第85页。

⑥老舍：《“一·二八”感言》，《老舍全集》第14卷，人民文学出版社2008年版，第204页。

⑦老舍：《血点》，《老舍全集》第14卷，人民文学出版社2008年版，第200页。

⑧老舍：《以雪耻复仇的决心答复狂炸》，《老舍全集》第14卷，人民文学出版社2008年版，第222页。

⑨老舍：《新气象新气度新生活》，《老舍全集》第14卷，人民文学出版社2008年版，第139页。

⑩老舍：《到武汉后》，《老舍全集》第14卷，人民文学出版社2008年版，第127页。

⑪老舍：《述志》，《老舍全集》第14卷，人民文学出版社2008年版，第324页。

⑫老舍：《是的，抗到底!》，《老舍全集》第14卷，人民文学出版社2008年版，第107页。

⑬萧伯青：《老舍在武汉、重庆、北碚》，《新文学史料》1979年第2期。

少诗篇，以抒发报国雪耻、扫荡日寇的雄心壮志和死而后已、为国捐躯的爱国情怀："忍听杨柳大堤曲，誓雪江山半壁仇"（《贺全国文艺界抗敌协会成立》）；"死而后已同肝胆，海内飞传荡寇旗！"（《沔县谒武侯祠》）可以说，"国家至上"的爱国意识，为国捐躯的民族精神，成为老舍抗战时期文学创作的中心主题。

为国家、民族献身只是老舍抗战文化心理的核心价值的一个重要层面，还有一个重要层面就是老舍对民族复兴梦的追寻。老舍在《双十》文中，就明确表示："为了民主政治，为了国民的共同福利，我们每个人须负起两个十字架——耶稣只负起一个：为破坏、铲除旧的恶习，积弊，与像大烟瘾那样有毒的文化，我们必须预备牺牲，负起一架十字架。同时，因为创造新的社会与文化，我们也须准备牺牲，再负起一架十字架。"[①]为创造新的社会与文化，必须树立民族复兴的信心，"我们须在民族复兴的信念，与驱击暴敌的努力中，造出一种新的风气，新的生活精神"[②]。在民族危亡之时，老舍常常"默祷民族的复兴"[③]。他从台儿庄我军对日作战的胜利中，发觉"在血染过的战场上会生出民族复兴的新芽来"[④]。为了民族的复兴，老舍放眼把抗战与建国联系起来思考问题，认为学生是"国宝"，他不反对把青年学生送到战场上去，但更强调要把青年学生用到"建国"上来，"建国的伟业不仅需要力与血，更需要智与才"[⑤]，主张把青年学生送到后方，让他们多学些知识与技能，以备将来建国之用。为了民族的复兴，老舍甚至提出了"新的西北"建设方略。他把西北视为一块宝地，提出移民到西北，建设新西北，具体途径办法：一是略通民族语言；二是培养人才；三是种树与开渠，美化环境，开发水利；四是禁私与禁烟（这一条实际上是我们今天讲的反腐问题）[⑥]。你看，老舍为民族复兴梦的设计，多么具有超前之远见。而且在他的民族复兴梦中，充满着对真理、文明、和平、自由的追求，"人类文化的明日，恐怕不是家家造大炮，户户有坦克车，而是要以真理代替武力，以善美代替横暴"[⑦]。如果我们将老舍追寻民族复兴"梦"的散文篇章与其剧作《大地龙蛇》联系起来读，就可以看到老舍对民族复兴"梦"的追寻，不仅有民族的识见，而且具世界的眼光。老舍在《大地龙蛇·序》中说剧本表现的"文化是三段——过去，现在，将来；抗战也是三段——自己抗战，联合东亚的各民族，将来的和平"。尤其是第三幕写"中华胜利后，东亚和平的建树"，"写了天下太平"[⑧]。戏的结尾以游行合唱之曲，表达了作家对于世界和平的畅想：文化的将来，中华民族和东亚各民族建立友谊，那将是一个天下太平的世界，是一个"美满的生活，坚定的生活，教真理正义，管领着人生"的世界，是一个"世界和平！永久的和平！"和谐温馨的"大同世界"！

（作者单位：安徽师范大学文学院）

①老舍：《双十》，《老舍全集》第14卷，人民文学出版社2008年版，第366页。
②老舍：《新气象新气度新生活》，《老舍全集》第14卷，人民文学出版社2008年版，第138页。
③老舍：《到武汉后》，《老舍全集》第14卷，人民文学出版社2008年版，第125页。
④老舍：《致台儿庄战士》，《老舍书信集》，百花文艺出版社1992年版，第77页。
⑤老舍：《国宝》，《老舍全集》第14卷，人民文学出版社2008年版，第172页。
⑥老舍：《西北是块宝地》，《老舍全集》第14卷，人民文学出版社2008年版，第229—231页。
⑦老舍：《可爱的成都》，《老舍全集》第14卷，人民文学出版社2008年版，第315页。
⑧老舍：《大地龙蛇·序》，《老舍文集》第10卷，人民文学出版社1986年版，第291页。

抗战文艺的伟大旗手——老舍先生

◎郝长海

一

老舍先生是我们中华民族一位杰出的伟大的爱国作家。在纪念中国人民抗日战争胜利 70 周年之际，我们应该特别怀念老舍先生！

在老舍先生一生的创作中，我们可以清晰地感受到他那执着而强烈的国家意识和民族情怀。早在五四新文化运动中老舍就“明白了一些救亡图存的初步办法。反封建使我体会到人的尊严，人不应该做礼教的奴隶；反帝国主义使我感到中国人的尊严，中国人不该再作洋奴”①。反帝爱国，是老舍一生创作的永恒主题。20 世纪 20 年代老舍在英国东方学院任教期间创作的长篇小说《二马》中，在对古老的国民性进行批判的同时，就揭露和批判了当时英国人普遍存在的对中国人的种族歧视，表达了强烈的民族情感。

30 年代回国之初，老舍在济南街头看到 1928 年日本侵略者残杀五千中国军民的“五三”惨案遗痕后，创作回国后的第一部长篇小说《大明湖》时，老舍放弃了幽默，以“五三惨案”为背景，写了下层人们的不幸，敌人的残杀（这部作品毁于“一·二八”战火中，未能出版）。1931 年日本帝国主义制造了“九一八”事变，老舍目睹了国民政府“军事与外交的种种失败”和不抵抗政策造成大片国土沦丧，感到异常愤恨和失望，挥笔创作了一部感时忧国之作——寓言体小说《猫城记》。在作品中，老舍通过对火星上的“猫国”被“矮子兵”无端侵吞，而一些达官贵人则争先恐后卖国求荣的描写，警告广大读者，我们的国家已面临“亡国灭种”的危险，拳拳爱国之心真是令人潸然泪下。这一时期创作的《讨论》《日本撤兵了》《空城计》等短篇小说和诗文，对国民党弃城逃跑的行径给予了辛辣的揭露和讽刺。

以上所述，充分说明老舍的抗战文艺创作在 1931 年“九一八”事变前后就已开始了。这也说明老舍对日本野心的认识和对国家民族命运的担心是非常敏感和强烈的。老舍的抗战文艺创作是和中国人民伟大的抗日战争同步进行的。

二

老舍先生的爱国情怀是与时俱进的。当 1937 年“七七”事变发生后，强烈的爱国之

①老舍：《“五四”给了我什么》，《老舍全集》第 14 卷，人民文学出版社 1999 年版，第 656 页。

情，使老舍立即放下两部长篇小说的创作，并辞去教职，毅然决然地告别弱妻幼子（当时舒济5岁，舒乙3岁，舒雨出生还不到两个月），提只箱子，于11月15日晚挤上了南下的列车，奔赴抗战的中心武汉，全身心地投入全民族抗战的洪流，开启了抗战文艺伟大旗手的航程。

冯玉祥将军对老舍先生的爱国壮举十分钦佩，曾赋一首打油诗给予高度赞扬：

老舍先生到武汉，
提只提箱赴国难，
妻子儿女全不顾，
赴汤蹈火为抗战！
老舍先生不顾家，
提个小箱子撵中华。
满腔热血有如此，
全民团结笔生花！

11月18日到汉口后，老舍立即以笔为枪，投入抗战的洪流，废寝忘食，不停地创作。只要能起到动员国民奋起抗战，能减轻一些受伤士兵的痛苦，老舍都尽全力去创作。他向民间艺人学习通俗文艺的写作技巧，力求把抗战文艺写得通俗易懂，他只求为国尽力，而不考虑自己应当写什么。“假若写大鼓书词有用，好，就写大鼓书词。艺术么？自己的文名么？都在其次，抗战第一。我的力量都在一支笔上，这支笔须服从抗战的命令。……我设若因此而被关在艺术之神的寺外，而老去伺候无名英雄们，我必满意，因为我的笔并未落空。……在今日，我以为一篇足以使文人淑女满意的巨制，还不及使一位伤兵能减少一些痛苦寂寞的小品。”①在这一思想指导下，在整个抗战期间老舍创作了大量的通俗读物，编写了许多曲艺作品供艺人演唱。许多作品已经散失，其中结集出版的仅有通俗文艺集《三四一》，内收三篇鼓词：《王小赶驴》《张忠定计》《打小日本》；四篇京剧：《新刺虎》《忠烈图》《王家镇》《薛二娘》；一篇小说：《兄妹从军》。老舍说：“在战争中，大炮有用，刺刀也有用，同样的，在抗战中，写小说戏剧有用，写鼓词小曲也有用。我的笔须是炮，也须是刺刀。我不管什么是大手笔，什么是小手笔；只要是有实际的功用与效果的，我就肯去学习，去试作”，“我不应因写了鼓词与小曲而觉得有失身份。”②

老舍认为“抗战文艺是民族的心声”，它“除了抗战国策，抗战文艺不受别人的指挥，除了百姓士兵，它概不伺候，因此，它得把军歌送到军队中，把唱本递给老百姓，把戏剧放在城中与乡下的戏台上，它绝不是抒情自娱，以博同道们欣赏谀读，而是要立竿见影，有利于抗战”。③ 这期间他所作的每一首诗、一篇随笔、一封书信、一次演讲、一则小品、相声、鼓词、一篇小说、一部话剧……都与抗战有关，都洋溢着强烈的抗战的时代气息，表现出他满腔的爱国情怀。老舍就是以这样的心态，在日寇的狂轰滥炸中，拖着虚弱的病体（贫血、头

①老舍：《这一年的笔》，《老舍全集》第14卷，人民文学出版社1999年版，第151页。

②老舍：《八方风雨》，《老舍全集》第14卷，人民文学出版社1999年版，第381页。

③老舍：《三年来的文艺运动》，《老舍全集》第16卷，人民文学出版社1999年版，第683页。

晕、阑尾炎），练就了小说、诗歌、散文、话剧、曲艺等文学创作的十八般武艺，成为样样精通的“全能型”作家。老舍自己统计在抗战中，他相继创作发表了“鼓词十来段，旧剧四五出，话剧八本，短篇小说六七篇，长篇小说三部，长诗一部，此外还有许多篇杂文。”具体作品如下：《火葬》（1944），《蜕》（未完成），《惶惑》（《四世同堂》第一部），《偷生》（《四世同堂》第二部），《火车集》（1938），《贫血集》（1944）等小说；《残雾》（四幕话剧—1940），《张自忠》（四幕话剧—1941），《面子问题》（三幕话剧—1941），《大地龙蛇》（三幕话剧歌舞混合剧—1941），《国家至上》（四幕话剧，与宋之的合著—1943），《归去来兮》（五幕话剧—1943），《谁先到了重庆》（四幕话剧—1943），《桃李春风》（又名《金声玉振》与赵清阁合著—1943）等八部话剧；还创作了大量的通俗文学作品，如：鼓词、坠子、相声、数来宝、儿歌小调，以及大量的诗歌、杂文、散文。结集出版的有：《三四一》（1938），《剑北篇》（1942）。

老舍自豪地说：“什么伟大不伟大，什么美好不美好，诚心用笔当作武器的便是伟大，能打动人心而保住江山的便是美好。”①他说：“我准知道有不少的人是喜欢读与抗战无关的作品的。可是，我不肯走这条路。文艺不能，绝对不能装聋做傻！”“救国是我们的天职，文艺是我们的本领，这二者必须并在一处，以救国的工作产生救国的文章。”②

这里我们需要特别注意到老舍的抗战文艺创作，一方面是在激发国人的爱国激情，鼓动人们奋起抗战保家卫国；一方面是在告诫和启发同胞，在抗战中要保存和光大我们中华民族的文化，要重塑我们中华民族的精神和灵魂，即把救亡和改造国民性紧密结合起来。“抗战的目的，在保持我们文化的生存与自由；有文化的自由生存，才有历史的繁荣与延续——人存而文化亡，必系奴隶。”“文化的生存，必赖它有自我的批判，时时矫正自己，充实自己；以老牌号自夸自傲，固执的拒绝更进一步，是自取灭亡。在抗战中，我们认识了固有文化的力量，可也看见了我们的缺欠——抗战给文化照了‘爱克斯光’。在生死的关头，我们绝对不能讳疾忌医！何去何取，须好自为之！”③

长篇小说《四世同堂》中的祁家，是北京市民社会的一个缩影。他们有着安分守己、心地善良、谦和礼让等美好品德，但由于长期受封建传统的束缚，也形成了因循苟安、缺乏创造和改变历史的英雄气概等性格弱点。善良的祁老人作为北京市民文化性格的化身，在北平沦陷后，自作聪明地认定“北平的灾难过不去三个月”，只要准备三个月的粮食和咸菜，“就是天塌下来，祁家也会抵抗的”。面对严峻的形势，他无所动心，而孩子玩的“兔儿爷”如今不见了，市场不如以前了……这一切使他伤心，令他落泪；他的三孙子瑞全因参加抗日在他七十五大寿时，没回来给他磕头，他感到不快；他二孙子瑞丰当了伪教育局的科长，他感到高兴，以为他建造的房子风水好。祁老人的喜怒哀乐，充分体现了“大事上没是非，小事上动感情”的市民文化特点。

祁瑞宣是祁老人的长孙，是一个知识分子。在国难当头之际，他有心要为国效力，但他又深深地囿于传统的伦理观念，不能把为家尽孝的担子放下。“他受过新教育，可是须

①老舍：《我们携起手来》，《老舍全集》第14卷，人民文学出版社1999年版，第125页。

②老舍：《大时代与写家》，《老舍全集》第16卷，人民文学出版社1999年版，第531页。

③老舍：《大地龙蛇·序》，《老舍全集》第9卷，人民文学出版社1999年版，第376—377页。

替旧伦理尽义务”,他只能在惶惑、苦闷、悲愤中偷生。作为祁瑞宣形象和性格的延续者陈野球性格懦弱,精神萎靡,苟且偷生。他把自己的性格缺陷,归因于传统文化:“我们的文化或者只能产生我这样因循苟且的家伙,而不能产生壮怀激烈的好汉!我自己惭愧,同时我也为我们的文化担忧。”

老舍以忧国忧民的急切心情,通过一个个鲜活的形象告诫人们:

“这次的抗战应当是中华民族的大扫除,一方面须赶走敌人,一方面也该扫除清了自己的垃圾。我们的传统的升官发财的观念,封建的思想——就是一方面想做高官,一方面又甘心作奴隶——家庭制度,教育方法,和苟且偷安的习惯,都是民族的遗传病。这些病,在国家太平的时候,会使历史无声无色的,平凡的,象一条老牛似的往前慢慢的蹭;我们的历史上没有多少照耀全世界的发明与贡献。及至国家遇到危难,这些病就象三期梅毒似的,一下子溃烂到底。”①

小羊圈胡同的人们经过“亡城”后的屈辱和生与死的洗礼,终于从惶惑和偷生的苦闷中觉醒起来:青年司机钱仲石开车摔死了一车敌人,自己也壮烈牺牲;诗人钱默吟,任敌人严刑拷打而不失节,勇敢地进行抗日宣传;在惶惑、苦闷、悲愤中偷生的祁瑞宣接受地下工作者的任务,成为一名抗日分子;连在“大事上没鼎非,小事上动感情”的市民文化的典型代表人物祁老人也敢于横眉怒斥汉奸了。

小羊圈胡同的十几个家庭的成员在八年中的苦难、不幸和牺牲,觉醒、反抗与新生,涵盖了北京市民文化的全部内容,在这一意义上,《四世同堂》是一部具有里程碑意义的优秀作品。老舍怀着满腔爱国激情创作的丰厚的抗战文艺作品,充分展现了他作为伟大旗手的卓越才华和对重塑中华民族精神改造国民性格的良苦用心。

三

作为抗战文艺的伟大旗手,老舍在以自己的作品为神圣的抗日战争做出巨大贡献的同时,还肩负起团结全国爱国作家,建设文艺界的统一战线的重任,为文艺界的大团结和统一战线做出了不朽的贡献。

抗战爆发后,大批文艺工作者聚集到武汉。为了把这些人组织起来,1938 年 3 月 27 日在汉口成立了全国文艺界的统一战线组织——中华全国文艺界抗敌协会(简称文协)。在文协筹备阶段,国共两党均希望老舍出面来主持文协的工作。老舍态度极为明确而坚定地说:“我就是一个抗战派。”在成立大会上,老舍以其高尚的人格和为抗战勇于牺牲的精神被推举为常务理事,并担任总务部主任,总管文协会务工作,成为名副其实的抗战文艺的伟大旗手。他在《入会誓词》中庄严地向祖国和人民宣誓:“我是文艺界的一名小卒,十几年来日日操练在书桌和小凳之间,笔是枪,把热血洒在纸上。可以自傲的地方,只是我的勤劳;小卒心中没有大将的韬略,可是小卒该做的一切,我确是做到了。以前如是,现在如是,希望将来也如是。……你们发令吧,我已准备好出发。生死有什么关系呢?尽了

①老舍:《四世同堂》,《老舍全集》第 5 卷,人民文学出版社 1999 年版,第 659 页。

一名小卒的职责就够了!"①

从1938年文协成立到1945抗战胜利，在这7年中，老舍不辞辛苦，以多病之躯日夜操劳，大小事情均亲力亲为:想尽办法筹集活动经费，开展丰富多彩的具有震撼意义的大型活动;他把文协的机关刊物《抗战文艺》，办成抗战时期影响最大存在时间最久的唯一大型刊物;他举办抗战通俗文艺讲习班，并亲自授课和创作;他提倡和组织作家们开展"文章下乡，文章入伍"活动，并参加了全国慰劳总会北路分团慰劳团，在近半年的时间里，途经川、鄂、豫、陕、宁、青、甘、绥八省30多个市县，行程两万余里，慰问抗日军民;他发动组织各界人士多次举行义演义卖募捐等活动，支援抗战前线、援助贫病作家;他多次召开纪念屈原、纪念鲁迅等有纪念意义的大型会议，彰显弘扬中华民族的爱国主义精神;他积极支持各地文协分会的工作，鼓励人们要坚定抗战必胜的信心。

凡此种种，充分展现了老舍作为抗战文艺伟大旗手的卓越领导才能和组织协调能力，以及处理复杂局面、统领全局的将帅之才。

老舍对全国文艺界统一战线所做出的巨大贡献，得到了文艺界同仁的高度评价:

(1)邵力子等先生1944年在《老舍先生创作生活二十年纪念缘起》中写道:

"中国新文艺的基础渐见奠定了，老舍先生便是我们新文艺的一座丰碑。先生的创作生活事实上是与中国新文艺同时发轫，也将与中国新文艺日益堂皇而永垂不朽。""尤其自神圣的抗日战争发动以来，先生不辞劳瘁地来创作，为宣传为团结，献出了他全部精神和力量。文艺界抗敌协会的成立与发展，主要便是他所护育出的硕大的成果。这是值得我们永远纪念的。"②

(2)茅盾先生曾盛赞老舍先生对文协的贡献:

"如果没有老舍先生的任劳任怨，这一件大事——抗战的文艺界的大团结，恐怕不能那样顺利迅速地完成，而且恐怕也不能艰难困苦地支撑到今天了。这不是我个人的私言，也是文艺界同人的公论。"③

(3)阳翰笙先生说:"文协是我们全国文艺作家的一面团结抗战的旗帜，六年以来你艰撑着这面大旗，我深知你流的汗最多，出的力最大，而且受的气也算不少，可你的精力并没有白费，……你的苦心你的劳绩，谁都会深深的铭记在心里的。"④

(4)重庆《新华日报》在1944年4月17日发表的《作家的创作生命》的短评中，是这样评价老舍先生的:"他在抗战七年来为文艺界团结所尽的力量是值得人们永远追忆的，……他曾屡次为文艺界生活的困难而向社会呼吁，但他同时又斩钉截铁地说:'尽管贫穷，我们要咬紧牙关忍受，要保持清高，不可变节。'我们深信，老舍先生的这种热诚的声音是会一天天更加响亮起来，得到更大的反响的。"⑤

---

①老舍:《入会誓词》,《老舍全集》第14卷，人民文学出版社1999年版，第129—130页。

②邵力子等:《老舍先生创作生活二十年纪念缘起》,《老舍研究资料》(上)，北京十月文艺出版社1985年版，第243页。

③茅盾:《光辉工作二十年的老舍先生》,《老舍研究资料》(上)，北京十月文艺出版社1985年版，第247页。

④阳翰笙:《一封向老舍先生致贺的信》,《老舍研究资料》(上)，北京十月文艺出版社1985年版，第254页。

⑤曾广灿，吴怀斌:《老舍研究资料》(上)，北京十月文艺出版社1985年版，第245页。

无需再一一引述抗日战争时期文艺战线上的权威们的评价和赞誉了，以上所引，已足以证明老舍先生是抗战文艺的伟大旗手了！

在我们举国隆重纪念中国人民抗日战争胜利七十周年的今天，我们应该高呼：老舍先生是抗日战争时期文艺战线上英勇无畏的英雄！

抗战文艺的伟大旗手——老舍先生永垂不朽！

（作者单位：吉林大学文学院）

论老舍的抗战鼓词

◎杨剑龙

1937年,“七七”卢沟桥事变发生时,老舍在青岛中断了长篇小说《病夫》和《小人物自述》的写作。为了宣传抗战,老舍想用民间文艺的形式宣传,准备以鼓词创作呼唤民众。他结识了京韵大鼓名家白云鹏、张小轩等,认真向他们学习鼓词。1937年11月5日,老舍毅然只身离开济南奔赴抗日中心武汉。老舍在汉口遇见了大鼓艺人富少舫、董莲枝和她的丈夫郑先生,“和他们认识之后,我便开始写鼓词”[①]。1938年3月27日,全国文艺界抗敌协会在汉口成立,老舍被推举为常务理事兼总务部主任,主持文协的日常工作直至抗战胜利。

老舍在抗战期间,除了创作话剧《张自忠》《面子问题》《大地龙蛇》等,长诗《剑北篇》,长篇小说《四世同堂》和短篇小说及散文以外,他还投入了诸多精力从事抗战鼓词的创作,创作了《张忠定计》《游击战》《新“拴娃娃”》《二期抗战》《王小赶驴》《打小日本》《文盲自叹》《陪都赞》《赞国花》《贺新约》[②]等。

一

鼓词是指以鼓、板击节说唱的曲艺形式,起源于明代,兴盛于清代之后。老舍指出,清末以后,由于鼓词“一人一弦一唱,开销较省”和“有雅俗共赏之妙”,“在这短短的三十来年的变动中,能日见峥嵘者,唯有大鼓”[③]。鼓词有京韵大鼓、西河大鼓、梅花大鼓、乐亭大鼓、东北大鼓、山东大鼓、上党大鼓、北京琴书、河南坠子、温州鼓词、澧州大鼓等数十种,老舍认为在众大鼓中,京韵大鼓因其音调高亢富于刺激、整洁雄壮颇能传神而列于榜首。京韵大鼓是由河北省沧州、河间一带流行的木板大鼓和流传于八旗子弟间的“清音子弟书”发展而来,形成并流行于北京、天津等地。京韵大鼓的主要代表人物是刘宝全、白云鹏、张小

①老舍:《八方风雨》,胡絜清编《老舍生活与创作自述》,人民文学出版社1982年版,第382页。

②《张忠定计》(1937年12月28日《大时代》第2期)、《游击战》(1938年2月21日《文艺月刊》战时特刊第1卷第7期)、《新“拴娃娃”》(1939年4月25日《大风》第35期)、《二期抗战》(《抗战日报》1938年5月20日)、《王小赶驴》(1938年5月16日《文艺阵地》第1卷第3号)、《打小日本》(1938年2月15日、22日《大时代》第6、7号合刊)、《文盲自叹》(原载《不识字的苦》“民众文库”第一辑,上海大中国图书局1947年3月版)、《陪都赞》(1942年5月9日《新蜀报》副刊“蜀道”第712期)、《赞国花》(1942年12月《好男儿》第4期)、《贺新约》(《中央日报》《扫荡报》联合版1943年2月5日)。

③老舍:《关于大鼓书词》,《文艺战线》十月刊第1卷第8期,1938年2月。

轩，被称为刘、白、张三大流派。

老舍在谈到通俗文艺创作时，他说："在抗日战争以前，无论怎样，我绝对想不到我会去写鼓词与小调什么的。抗战改变了一切。我的生活与我的文章也都随着战斗的急潮而不能不变动了。'七七'抗战以后，济南失陷以前，我就已经注意到如何利用鼓词等宣传抗战这个问题。"[①]老舍在济南时，由于抗战时局的紧张，他就想到如何用民间文艺形式宣传抗战。老舍去拜访京韵大鼓的代表人物白云鹏与张小轩，与他们讨论鼓书的作法。到武汉后，抗战文艺协会倡导文章下乡、文章入伍，老舍想到用鼓词宣传抗战，他说："对于鼓词等，我可完全是外行，不能不去请教。于是，我就去找富少舫和董莲枝女士，讨教北平的大鼓书与山东大鼓书。"[②]冯玉祥将军收容了三位由河南逃来唱坠子的，老舍就向他们学习坠子的句法，写了三千多句的抗战故事，后来再也找不到原稿了。富少舫被称为"山药蛋"，先后从师"滑稽大鼓"创始人张云舫和京韵大鼓创始人白云鹏学艺，1916 年 20 岁时成为职业艺人。富少舫所唱曲目除承继师傅张云舫的之外，还有他改编的旧曲目和新编新曲目。董莲枝是梨花大鼓艺人，绰号"盖山东"，她 19 岁到南京闯荡，最拿手的段子是《闻铃》和《悲秋》，久负盛名于南京秦淮河，有唱词集《梨花大鼓书词初编》出版。

抗战时期，老舍开始正式跟随富少舫先生学大鼓书。好几个月，才学会了一段《白帝城》，对于写鼓词有了把握。老舍说："几年中，我写了许多段，可是只有几段被富先生们采用了：《新"拴娃娃"》（内容是救济难童），富先生唱。《文盲自叹》（内容是扫除文盲），富先生唱。《陪都巡礼》（内容是赞美重庆），富贵花小姐唱。《王小赶驴》（内容是乡民抗敌），董莲枝女士唱。以上四段，时常在陪都演唱。其中以《王小赶驴》为最弱，因为董女士是唱山东梨花大鼓的，腔调太缓慢，表现不出激昂慷慨的情调。于此，知内容与形式必求一致，否则劳而无功。"[③]老舍从事通俗文学的创作，是一心为了参与抗战，为了鼓舞民众投身于抗战。虽然他竭尽全力创作大鼓词，但是他内心也有矛盾和痛苦。老舍在《制作通俗文艺的苦痛》一文中说："写新小说，假若我能一气得一二千字；写大鼓词我只能一气写成几句。着急，可是写不出；这没有自由，也就没有乐趣。幸而写成一篇，那几乎完全是仗着一点热心——这不是为自己的趣味，而是为文字的实际效用啊！"[④]抗战成为主宰老舍文学创作的关键，他可以为抗战而牺牲、而尽力，他是将他的笔用作枪炮的。老舍说："在战争中，大炮有用，刺刀也有用，同样的，在抗战中，写小说戏剧有用，写鼓词小曲也有用。我的笔须是炮，也须是刺刀。我不管什么是大手笔，什么是小手笔；只要是有实际的功用与效果的，我就肯去学习，去试作。我以为，在抗战中，我不仅应当是个作者，也应当是个最关心战争的国民；我是个国民，我就该尽力于抗敌；我不会放枪，好，让我用笔代替枪吧。既愿以笔代枪，那就写什么都好；我不应因写了鼓词与小曲而觉得有失身分。"[⑤]在抗战期间，老舍一切为了抗战，他虚心学习、认真研究，克服了内心的矛盾与痛苦，创作出诸多以抗战为主题的大鼓词，让艺人们在传唱中呼唤民众投身抗战。

---

①老舍：《我怎样写通俗文艺》，《抗战文艺》第 7 卷第 1 期，1941 年 1 月。

②老舍：《我怎样写通俗文艺》，《抗战文艺》第 7 卷第 1 期，1941 年 1 月。

③老舍：《八方风雨》，胡絜清编《老舍生活与创作自述》，人民文学出版社 1982 年版，第 393 页。

④老舍：《制作通俗文艺的苦痛》，1938 年 10 月 15 日《抗战文艺》第 2 卷第 6 期。

⑤老舍：《八方风雨》，胡絜清编《老舍生活与创作自述》，人民文学出版社 1982 年版，第 382—383 页。

二

老舍抵达武汉后，即全身心地投入抗战，他在《写家们联合起来》一文中，呼吁作家、文艺家要联合起来投身抗战。他说："在抗战期间已无个人可言，个人写作的荣誉应当改作服从——服从时代与社会的紧急命令——与服务——供给目前所需——的荣誉，证明我们是千万战士中一员，而不是单单的给自己找什么利益。"[①]老舍服从于抗战的命令，他创作的大鼓词也就反映了抗战的呐喊与呼号。

在抗战期间创作的大鼓词里，老舍揭露了日寇奸淫烧杀的罪恶行径。"满地尸身遍地火，树上人头地下肠。娃娃炸死娘怀里，老人炸倒在门旁。""见着男儿刀朝下，见着娘们就上床。杀完鸡犬抢粮草，哈哈大笑再烧房。"(《张忠定计》)老舍描绘了日寇惨绝人寰的无恶不作的罪行。老舍还描绘了日寇的"三光政策"："我们的铁道他占去，专运军火与大兵。我们的货物他拉走，明夺硬抢不留情。""我们的妇女他霸占，奸淫完了再杀生。来时大炮轰天响，临走烧房杀壮丁。"(《游击战》)抢光、杀光、烧光的"三光政策"使中国民不聊生，生灵涂炭。日寇甚至想出种种法子折磨摧残中国人："四省的人民遭了殃，有怨难诉口难张。说声'不'字就枪毙，捉住学生大开膛。口灌洋油烧成炭，也有活埋做下场。"(《小日本》)"鬼子杀人不眨眼，抽筋剥皮带开膛。拿住良民灌凉水，肚子圆如大水缸。这才照准肚子踹，上吐下泻漏清汤。""这还不算心毒狠，到处强奸大姑娘。就是年高老妇女，也难逃脱贼强梁。轮奸完了还杀死，抢去首饰再烧房。"(《王小赶驴》)日寇这种抽筋剥皮开膛的摧残，惨不忍睹，令人发指。日寇甚至连难民和孕妇都不放过："难民车上放炸弹，车碎尸飞血肉腥。截住渡船用枪扫，死尸滚滚顺坡行。更是孕妇怀胎六七月，刺刀穿肚两难生。先有先把大人齐杀死，再杀儿女与婴孩。"(《游击战》)老舍揭露了日寇惨无人道的行径，在中国的土地上胡作非为，使中国人民身处绝境。

在抗战期间创作的大鼓词里，老舍呼唤民众投身抗战保家卫国。老舍的鼓词《小日本》"实乃说明对日抗战的始末根由"。他在序言里说："在下编这小唱本，虽然文字俗俚，却句句都是真情实话。希望读者诸公能细念一番，能知道一些这次中日战争是怎一回事，和谁是谁非。是非分明，正直的就气壮。日本居心不善，要灭我中华，我们实在忍无可忍。我们若再不挺起胸来跟他拼个死活，那就真要作亡国奴，子子孙孙永无抬头之日了。"鼓词《小日本》揭露"日本国贫人不强"，觊觎中国"物美田肥民又良"，揭露"七七事变"的真相，叙述"八一三"淞沪抗战、平型关大战的经过，提出："我们自己联合好，誓为国家把血流。内防汉奸外打日本鬼，千辛万苦争自由。非把小鬼打出去，我们齐心不罢休。"《张忠定计》叙述原本一家四口生活安康的张忠，闻知日本鬼子入侵烧杀抢掠，他让妻子携儿女去姥姥家躲避，决心去打小日本。"我去约合三老并四少，各拿棍棒与刀枪。黑夜埋伏在村外，偷营劫寨不投降。若是咱们大兵到，里外夹攻杀一场。多杀几个日本鬼，我们才会享安康。"《游击战》控诉日寇杀戮百姓，呼唤百姓投入抗战，提出开展游击战，"我们也须去卖力，给咱军队打接应"，"当兵才是男儿汉，打退敌人才会乐安宁"，"我们全体都作战，哪怕鬼子再添兵"。《王小赶驴》叙述以赶驴为业的王小投军牺牲的故事，呼唤民众投身抗战。王小因

①老舍：《写家们联合起来》，《老舍全集》第14卷，人民文学出版社2008年版，第96页。

日寇侵略而投军，在他老娘鼓励下牵了黑驴去军营，他成为穿便衣的侦探，骑着驴儿去打探，后来路遇日寇，他让黑驴回去报信，黑驴带部队围剿日寇，王小壮烈牺牲。“说一回王小赶驴全忠义，千秋万代姓名香。人人要是都这样，管教日本把国亡。”老舍从抗日战争的始末，说到投身抗战不怕牺牲的百姓，以此呼唤民众投身抗战保家卫国。

在抗战期间创作的大鼓词里，老舍赞颂抗日军民的抗战实绩。《二期抗战》在回顾“七七事变”、上海、南京战事后，欢呼二期抗战大胜利，记叙了潼关、临沂、济宁之战：在潼关“我军渡过黄河去，抄敌后路各争先，一天杀死敌五百，两天就死整一千”。在临沂“张庞二将齐下手，一阵杀敌五六千”。在济宁“我军奇勇虎一般，四面包围把敌困”。提出二期抗战不怕打持久战。《王小赶驴》中描写黑驴带部队围剿日寇，“远远看见贼兵队，四面包围心不慌。只杀得贼兵无处躲，只杀得贼兵喊爹娘。只杀得贼兵满地滚，只杀得天暗无日光”。《张忠定计》中张忠决意去杀小日本，他对妻子说道：“杀他一个够了本，杀死三个赚一双。”“我若不归丧了命，烧张纸来哭一场。儿女长大若问爸，就说为国阵上亡。”勾画了张忠为抗战而决定上阵杀敌的慷慨之志。《赞国花》以梅花作为国花大加赞颂，“中华抗战国不老，恰似古梅花满条”，“战士们雪地冰天把血仇报，侠肠义胆建功劳。尽驱倭寇回樱岛，凯旋声里解战袍”。描绘了抗日将士英勇杀敌的场景。《贺新约》提出中华民族原本抗战前驱，那些不平等条约必须取消。“我中华五年抗战争独立，不惜碎骨血成渠。”“我中华转弱为强非子虚，为和平我们肝脑涂地。”“我们要奋勇反攻无畏无惧，我们要精忠报国不迟不疑。”呈现出中华民族在抗击日寇中形成了国际上的重要影响和声誉。《游击战》中描绘军队抗战的情形：“我们军队有骨气，决不怕死与贪生。飞机大炮全不怕，满腔热血为国倾。”老舍号召民众以游击战的方式打击敌寇：“敌人过去抄后路，得胜全凭巧聪明。敌攻正面我夹打，消息灵通心要精。”《陪都赞》赞赏“兴邦抗战此中心，重庆威名天下闻”。“敌机肆虐，激起义愤。愈炸愈强，绝不灰心。”“众市民随炸随修，楼房日日新。市容美观、街宽房俊，更显出坚决抗战大无畏精神。”“陪都雄立军心奋，精忠报国仰仗诸君。”老舍在大鼓词里生动地描绘军民抗战的决心和实绩，对于抗战抱着必胜的信念。

老舍在抗战时期创作的大鼓词里，还有《新“拴娃娃”》，写刘三姐婚后无子女，他们夫妇俩到收容所领养难童，决心将领养的难童造就成抗战英雄，“有家的要把无家的收领，保难童造英雄抗战必胜”。《文盲自叹》写山东王员外的儿子王老呆，“都只为自幼失学没把圣人拜，只落得惹祸招灾苦难挨”，提出“众同胞识字团结力量大，才能够自力更生否极泰来”。老舍在抗战期间创作的大鼓词大多与抗日的主题相关，他是以笔为枪投身抗战，呼唤民众的抗日激情，褒奖抗日的英雄事迹。

三

在抗战期间，老舍为了创作大鼓词宣传抗日，不仅认真向鼓词艺人学唱鼓词，还认真研究鼓词，努力把握鼓词的规律，努力让他创作的鼓词能为大众所接受。

在谈到大鼓词时，老舍说：“我曾在《大时代》发表过《打小日本》一曲；按说，写大鼓应有完整的故事，与典型的人与事，方能有声有色；可是这篇东西，把日本之所以欺负中国，各地战事的经过，及将来的希望，都给说明。”①老舍抗战时期的大鼓词，按照构思类型来分大致分为乡民抗敌型、抗战宣告型、抗日赞美型、诙谐幽默型，呈现出老舍大鼓词构思的不同追求。

在老舍抗战时期的大鼓词创作中，乡民抗敌型是比较典型、有人物有故事的鼓词：《王小赶驴》《张忠定计》分别描写了王小、张忠投身抗战的故事，勾勒了两位乡民的形象。老舍勾画了以赶驴为业的王小：“王小为人最和气，笑容满面起红光。见着熟人忙问好，见着生人叫老乡。不和同行抢生意，不和主顾争短长。”这样一位善良和气孝顺老娘的乡民王小，“为国一死心无恨，强似为奴把国亡”，他慷慨投军，牺牲于战场。老舍刻画生在河北大城县的张忠：“宽眉大眼鼻端正，虎背熊腰性似刚。”“世人不晓田家乐，一家四口乐安康。住的本是乡间里，一年到底做活忙。”闻知日寇侵略逼近家乡，张忠决意迎战日寇保卫家乡，即使为国捐躯，也无所畏惧，大义凛然。

在老舍抗战时期的大鼓词创作中，抗战宣告型以义正词严的宣告号召民众投身抗日：《游击战》在控诉日寇烧杀奸淫罪行后，呼唤民众投身游击战，告诉百姓“怎样帮助军队”：“补路修桥利人马，捐衣送袜给伤兵。四面打听贼消息，快快回来报实情。若有汉奸在村里，查得实据送大营。”《打小日本》分四段叙述“小日本居心捣乱大中华立志图强”“演大操借端生事杀小鬼为国争光”“各路军齐告奋勇三个月苦守江山”“长期抗战操必胜各路游击有决心”，号召民众投身抗战，“非把小鬼子打出去”。《二期抗战》在回溯了日寇侵略过程和军民抗敌战绩后，指出“日本就怕打长仗，我们不怕打二年”，“忍苦耐劳为国事，粉身碎骨也心甘”。

在老舍抗战时期的大鼓词创作中，抗日赞美型以赞叹的口吻礼赞抗战功绩：《陪都赞》礼赞兴邦抗战中心陪都重庆，“大地回春，山城气象新”，敌机轰炸，“愈炸愈强，绝不灰心”，“到秋来同庆丰收，谷粮入屯，一番秋雨秋色新”。《赞国花》礼赞“梅是国花品最高”，通过对于国花梅的“论地点”“论时间”“论颜色”的赞美，道出“花有品格人有道，中华自古重清高”，指出“中华抗战国不老，恰似古梅花满条”。《贺新约》在指出“抗战兴邦话不虚，五年浴血岂痴愚”后，宣告中国的抗战获得了世界的敬意，英美放弃了旧的不平等条约，强调“我们要奋勇反攻无畏无惧，我们要精忠报国不迟不疑”。

在老舍抗战时期的大鼓词创作中，诙谐幽默型呈现出老舍一贯的幽默风格：《新“拴娃娃”》演绎传统滑稽鼓词求神赐子的《拴娃娃》，讲述“爱讲自由新女性”刘三姐的摩登追求，在结婚前与情人约法三章：婚后不进厨房、行动自由、不要孩子。婚后夫妻产生了矛盾：“一个说饭碗不干净，一个说进得家门脑袋疼。一个说无儿无女非好命，一个说生儿养女九死一生。一个说造就国民责任重，一个说贤妻良母不摩登。”后来夫妇去收容所领养一个难童，决意将他培养成报仇雪耻的小英雄。《文盲自叹》以诙谐的口吻讲述文盲王老呆的故事：父母早逝的王老呆十五岁成了孤儿，叔叔舅舅找媒婆说媒，说“新姑娘年方十六七岁，貌似天仙窈窕身材”，却娶回了一个“脸丑鼻子又歪”的小寡妇。把寡妇退回娘家，赔偿现洋钱二百。王老呆“一赌气把家产全部拍卖，搬到城里谋生去求财”。王老呆开了间小杂货铺，却被账房先生乱开账而垮台。老舍告诫“王老呆自叹受的本是文盲害，愿我国推

①老舍：《关于大鼓书词》，《文艺战线》十月刊第1卷第8期，1938年2月。

行民众教育造就人才”。

老舍在谈到通俗文艺创作时，说创作通俗文学有三难：“不易通俗，不易有趣，与不易悦耳。”[①]老舍在大鼓词的创作中，努力做到通俗、有趣、悦耳，在不同类型的构思中，表达其用大鼓词创作宣传抗日、鼓舞民气的期望。老舍在大鼓词创作中，也感受到某些方面的不足，诸如“《张忠定计》不很实在。《打小日本》既无故事，段又太长，恐怕不能演唱，只能当小唱本念念而已”[②]。在抗战时期老舍创作的大鼓词中，抗战宣告型、抗日赞美型因为没有故事，因而缺乏趣味，乡民抗敌型、诙谐幽默型延续了大鼓词通俗有趣的传统，并具有京韵大鼓的雅俗共赏、刚柔并济的风格，为宣传抗战、鼓舞民气起到了很重要的作用。

（作者单位：上海师范大学人文与传播学院）

①老舍：《通俗文艺的技巧》，《老舍文集》第15卷，人民文学出版社1990年11月版，第382页。

②老舍：《我怎样写通俗文艺》，《老舍文集》第15卷，人民文学出版社1990年11月版，第219页。

身体力行与力不从心:抗战时期老舍的戏剧创作

◎王本朝

从1939到1943年的4年间,老舍创作了《国家至上》(与宋之的合作)、《张自忠》《面子问题》《大地龙蛇》《归去来兮》《谁先到了重庆》《王老虎》(又名《虎啸》,与萧亦武、赵清阁合作)、《桃李春风》(又名《金声玉振》,与赵清阁合作)等9部戏剧。但老舍自己对抗战时期的戏剧创作评价并不高,且多是负面评价,如"剧本倒写了不少,可是也没有一本像样子的"[①],还说"将来我若出一本全集,或者不应把现在所写的剧本收入"[②]。老舍抗战时期不断写作戏剧,也不断在自我质疑和否定。这是为什么?

一、文人总是有良心的:老舍与戏剧的相遇

老舍之所以创作戏剧,不同于曹禺的爱好和兴趣,也不同于郭沫若的政治功利,也有别于田汉、洪深、欧阳予倩的职业需求,而是特定历史时期的时代选择和理性认知的结果,是老舍这个人与那个时代,戏剧文体与环境情势的合力所成。1937年抗战爆发,老舍被抛入这个因抗战而来的"流离""忙乱""疾病"和"贫穷"的世界,并主动选择以笔为枪,投身于抗战。该年的12月1日,老舍在《宇宙风》发表了《大时代与写家》,这可说是老舍与抗战签订的一份责任书。文章一开篇就说:"每逢社会上起了严重的变动,每逢国家遇到了灾患与危险,文艺就必然想充分的尽到她对人生实际上的责任,以证实她是时代的产儿,从而精诚的报答她的父母。在这种时候,她必呼喊出'大时代到了',然后她比谁也着急的要先抓住这个时代,证实她自己是如何热烈与伟大——大时代须有伟大作品。"[③]这是一份责任,"社会"出现大"变动","国家"有了大"灾患"的"大时代",作为"时代产儿"的"文艺"就应尽"报答她的父母"责任。那么,应如何去报答呢?就是"抓住这个时代",创作出"伟大作品"。文学与社会和国家被老舍看作"儿女"与"父母"关系,既应有"回报"的责任之心,也要有"证实"自己的伟大行为。因此,老舍才说:"救国是我们的天职,文艺是我们的本

①老舍:《习作二十年》,《老舍全集》第17卷,人民文学出版社2008年版,第418页。

②老舍:《读与写》,《老舍全集》第17卷,人民文学出版社2008年版,第407页。

③老舍:《大时代与写家》,《老舍全集》第17卷,人民文学出版社2008年版,第110页。

领，这二者必须并在一起，以救国的工作产生救国的文章。”[①]在老舍那里，“战争”是什么？“作家”是谁？“文学”有什么用？它们的含义、身份和功能及关系，从来都是清晰而坚定的，没有任何模糊和游移。我们可以用老舍的三句话来表述，那就是“战争是枪对枪，刀对刀的事，也是精神对精神的事”[②]；“文人总是有良心的”[③]；“抗战文学是战斗精神的发动机”[④]。它们之间是前提与基础、目的与方式的关系，战争是力量的对决，是物质与精神的对抗；作家呢？不仅是文学艺术的创造者，更是人类良心的守护者；抗战文学就是鼓动人们参与抗战的精神发动机。

这是抗战时期老舍的信仰，“有笔的人确是有这个信仰”[⑤]。老舍的选择是“有多大力气便拿出多大力气，本着天良与热诚，写一个字即有一个字的用处。我们必须对得起民族与国家；有了国家，才有文艺者，才有文艺。国亡，纵有莎士比亚与歌德，依然是奴隶”[⑥]。抗战爆发以后，“戏剧已与战争结为无可分离的密友”[⑦]，成为“抗战中最发达的一种，因为它是活人表现活人，有直接感动人的效果”[⑧]。戏剧因其现场感和大众性而适于抗战的宣传和召唤。“戏剧在宣传抗战，教育民众上”可以尽“极大的力量”[⑨]。问题还在于，抗战前的戏剧“总是在都市里打圈子”，“热闹过几天便又依然沉寂”，“抗战以后，戏剧要负起唤起民众的责任，于是就四面八方地活动起来，到今天已经是抗战需要戏剧，戏剧必须抗战，二者相依相成，无可分离”[⑩]。人们“普遍认识了戏剧的宣传力量”，“戏剧已成为抗战宣传最得力的东西”，“大家都认识了戏的效力，都极度热心的组织剧团”[⑪]。这样，戏剧成了抗战文艺中能够发挥独特作用的艺术形式，或者说，戏剧就是一种抗战文体，其功能不在戏剧文学，而在戏剧的表演。由此，老舍也与戏剧相遇了，因为抗战时期的前后方都出现了剧本荒，呼唤着新的剧本、剧作家和戏剧导演。“一个新剧本出来，各处都饿狼扑食似想得到，演出，饥不择食也”[⑫]。“没有剧本”，“这个灾荒要是无法救济，广大的抗战戏剧运动大概很有塌台的危险”[⑬]。不仅如此，老舍这时对小说的功能也有了新的认识，如曹禺所说：“在抗战时的重庆，‘前方吃紧，后方紧吃’的时候，他似乎感到小说还不够有‘劲’，不够直接，不够快。他挥戈投入话剧队伍。”[⑭]他离开了熟悉的北平，“那里的人、事、风景、味道和卖酸梅汤、杏儿茶的吆喝的声音，我全熟悉。一闭眼我的北平就完整的，像一张彩色鲜明的图画浮立在我的心中。我敢放胆的描画它。它是条清溪，我一探手，就摸上条活泼泼的

①老舍：《大时代与写家》，《老舍全集》第17卷，人民文学出版社2008年版，第113页。
②老舍：《新气象新气度新生活》，《老舍全集》第14卷，人民文学出版社2008年版，第137页。
③老舍：《血点》，《老舍全集》第14卷，人民文学出版社2008年版，第201页。
④老舍：《文章下乡，文章入伍》，《老舍全集》第17卷，人民文学出版社2008年版，第314页。
⑤老舍：《这一年的笔》，《老舍全集》第14卷，人民文学出版社2008年版，第158页。
⑥老舍：《努力，努力，再努力！》，《老舍全集》第14卷，人民文学出版社2008年版，第213页。
⑦老舍：《文艺成绩》，《老舍全集》第14卷，人民文学出版社2008年版，第235页。
⑧老舍：《抗战以来文艺发展的情形》，《老舍全集》第17卷，人民文学出版社2008年版，第369页。
⑨老舍：《不要饿死剧作家》，《老舍全集》第14卷，人民文学出版社2008年版，第338页。
⑩老舍：《抗战戏剧的发展与困难》，《老舍全集》第17卷，人民文学出版社2008年版，第233页。
⑪老舍：《由〈残雾〉演出想到剧本荒》，《老舍全集》第17卷，人民文学出版社2008年版，第241页。
⑫老舍：《由〈残雾〉演出想到剧本荒》，《老舍全集》第17卷，人民文学出版社2008年版，第242页。
⑬老舍：《抗战戏剧的发展与困难》，《老舍全集》第17卷，人民文学出版社2008年版，第233页。
⑭曹禺：《〈老舍的话剧艺术〉序》，《曹禺全集》第5卷，花山文艺出版社1996年版，第305页。

鱼儿来"[①],"流亡"到了"生地方",因不熟悉"不敢写",但他又不能不写,既不能"装聋卖傻",也不能去"骗人""胡写",怎么办?老舍选择了第三条写作之路,那就是"暂时""放弃小说"而学习写作其他文体样式。于是,写了通俗读物的大鼓书、河南坠子、数来宝,让"旧瓶装新酒"[②],但他却深深感受到"制作通俗文艺的苦痛"[③],不得不放弃通俗文艺的写作。恰在这时,文协要演戏,推他写剧本。

老舍的进入戏剧创作,却被他自己描述成了一段有责任感又有偶然性的故事。1939年,他创作了他的第一部话剧《残雾》。他说:"我没写过剧本。《残雾》是我的首次试作。为何试作?其原因倒不是想不出小说而想跳行。"事实是文协拟演剧筹款,共推他执笔,他不会写,得到"写完了大家给改正"的"集团创作"的承诺后,于是就"放开胆子写","连想故事带写,共费时两个星期",自认"不懂剧作法","写的乱七八糟"[④],只因大轰炸和参加战地访问团,没有时间修改。这里主要提到了"文协"组织的推举,而他被动接受,个人的"胆子大",因为有朋友们帮助修改的承诺。一句话,是主观受制于外在环境的人事因素。后来,老舍就将其叙述成了一个更有情节性的故事。"文协为筹点款而想演戏。大家说,这次写个讽刺剧吧,换换口味。谁写呢?大家看我。并不是我会写剧本,而是因为或者我会讽刺。我觉得,第一,义不容辞;第二,拼命试写一次也不无好处。不晓得一位作家须要几分天才,几分功力。我只晓得努力必定没错。于是,我答应了半个月交出一本四幕剧来。虽然没写过剧本,可是听说过一个完好的剧本那必须要花两年的工夫写成。我只用半个月,太不知好歹。不过也有起因,文协愿将此剧在五月里演出,故非快不可。再说,有写剧与演戏经验的朋友们,如应云卫、章泯、宋之的、赵清阁、周柏勋诸先生都答应给我出主意,并改正。我就放大了胆,每天平均要写出三千多字来。'五四'大轰炸那天,我把它写完。"[⑤]有时间、人物、对话和场景,绘声绘色,如同一台戏,主角却变成老舍自己,"我"在其中有了"会讽刺"的本领,有了一些学习写作戏剧的"想法",有了写作的"努力"。1945年抗战胜利后,老舍写作了《八方风雨》,这被老舍自己称为抗战生活的"简单的纪实"和"一个平凡人的平凡生活报告"[⑥]。带有总结性,行文也比较冷静、客观。文章里是这样说的:"二十八年之春,我开始学写话剧剧本。对戏剧,我是十足的外行,根本不晓得小说与戏剧有什么分别。不过,和戏剧界的朋友有了来往,看他们写剧,导剧,演剧,很好玩,我也就见猎心喜,决定瞎碰一碰。好在,什么事情莫不是由试验而走到成功呢。我开始写《残雾》。"[⑦]这里用了"见猎心喜"一词,意思是看见别人所做之事正是自己过去所喜好的,不由心动,也想试一试,说明旧习难忘,一旦触其所好,便跃跃欲试。众多说法间既有相似之处,也有角度的不同取舍。

毋庸置疑,抗战时期老舍写戏或多或少也有朋友和社会组织的盛情邀约,如《残雾》演

①老舍:《三年写作自述》,《老舍全集》第17卷,人民文学出版社2008年版,第273—274页。

②老舍:《三年写作自述》,《老舍全集》第17卷,人民文学出版社2008年版,第275页。

③老舍:《制作通俗文艺的苦痛》,《老舍全集》第17卷,人民文学出版社2008年版,第155页。

④老舍:《由〈残雾〉演出想到剧本荒》,《老舍全集》第17卷,人民文学出版社2008年版,第238页。

⑤老舍:《记写〈残雾〉》,《老舍全集》第17卷,人民文学出版社2008年版,第260页。

⑥老舍:《八方风雨》,《老舍全集》第14卷,人民文学出版社2008年版,第378页。

⑦老舍:《八方风雨》,《老舍全集》第14卷,人民文学出版社2008年版,第396—397页。

出的成功，马宗融封老舍为剧作家，邀请老舍写《国家至上》[①]；受朋友之托写《张自忠》，受东方文化协会委托写《大地龙蛇》等等。他说："我为什么改行写戏呢？一来是为学习学习；二来是社会上要求我，指定我，去写，我没法推辞。"[②]当然，也有因战时环境的变化而不得不写戏的选择。抗战时期老舍的生活"忙乱混杂"，"今夜睡床，明夜睡板凳，今天吃三顿，明天吃半餐，白天咬烂了稿纸，夜晚臭虫想把我拖了走"，"实在安不下心去写长篇小说"，而"只好写剧本"，剧本虽有"限制"，但老舍却想"不管好坏"，"能写成就高兴"，并且，剧本也有比小说"容易的地方"，有"舞台""来帮忙"，他甚至认为"可以因兴之所至写成一个剧本，而绝对不能草率的写成一部小说"，因为"马马虎虎"写小说，会"招人耻笑"，马马虎虎写"不像样子的剧本"，却"不怕人家耻笑"，因为他是"初学乍练"。[③] 无论是抱着学习的目的，还是不得不写戏剧，都摆脱不掉抗战的社会现实。因为，哪怕是写"不像戏剧的戏剧"，也如"拿两个鸡蛋为与献粮万石者"去"献给抗战"，"礼物虽轻，心倒是火热的"，所以，他"不后悔试写过鼓词，也不后悔练习过话剧"[④]，只要"有裨于抗战，便心满意足了"[⑤]。这的确是老舍写作戏剧的真实想法，但也有另外一种声音，那就是虽不断写作却为不懂戏而困惑。

二、熟悉的小说与陌生的舞台：老舍戏剧创作的困惑

老舍自己将他抗战时期创作的戏剧分成了三类：一是《残雾》和《张自忠》，"不管舞台上需要的是什么，我只按照小说的写法写我的。我的写小说的一点本领，都在这二剧中显露出来，虽然不是好戏，而有些好的文章。它们几乎完全没有技巧"。第二类是《面子问题》和《大地龙蛇》，"它们都是小玩艺儿"，"丝毫不顾及舞台，而只凭着一时的高兴把它们写成"。第三类是《国家至上》和《归去来兮》，"《国家至上》演出过了，已证明它颇完整，每一闭幕，都有点效果，每人下场都多少有点交待；它的确像一出戏"。《归去来兮》"是四平八稳"，"没有专顾文字而遗忘了技巧，虽然我也没太重视技巧"[⑥]。老舍是从小说与戏剧、剧本和舞台角度划分的，一是有小说无戏剧的小说化戏剧，二是可读不可演的案头型戏剧，三是既有文学性又有可演性的戏剧。

1939 年，老舍创作了他的第一部话剧《残雾》。后来，他细致而精彩地描述了《残雾》的写作过程，如同妇科医生观察女人生产一样。他说："写剧本，我完全是个外行，小说，写不好，但是我敢写"，因为它"有很大的伸缩，给作者以相当的自由"，"世上有不少毛病显然而不失为伟大的小说"。"诗，写不好，但是我敢写"，主要"把握得住文字，足以达情达意"，能让心中的"事，物"和"稍纵即逝的感情""画在纸上"，就能感觉到"写诗实在是件最开心的事"，"音节自由，结构自由，长短自由，处处创造，前无古人"[⑦]。但"写剧本，初一动手，仿佛

①老舍：《闲话我的七个话剧》，《老舍全集》第 17 卷，人民文学出版社 2008 年版，第 375 页。

②老舍：《致西南的文艺青年们》，《老舍全集》第 15 卷，人民文学出版社 2008 年版，第 572 页。

③老舍：《答客问》，《老舍全集》第 17 卷，人民文学出版社 2008 年版，第 347 页。

④老舍：《三年写作自述》，《老舍全集》第 17 卷，人民文学出版社 2008 年版，第 273 页。

⑤老舍：《小报告一则》，《老舍全集》第 14 卷，人民文学出版社 2008 年版，第 310 页。

⑥老舍：《闲话我的七个话剧》，《老舍全集》第 17 卷，人民文学出版社 2008 年版，第 379 页。

⑦老舍：《记写〈残雾〉》，《老舍全集》第 17 卷，人民文学出版社 2008 年版，第 258 页。

比什么都容易:文字不像诗那么难;论描写,也用不着像小说那么细腻。头一幕简直毫不费力就写成了,而且自己觉得相当的好。噢,原来如此,这有什么了不得呢!"[①],"到了第二幕,坏了!一方面须和第一幕搭上碴,一方面还能给第三幕开开路",就出现写不下去了,发现"剧本是另一种东西,决不是小说诗歌的姊妹,而是了一家人","一边咬牙写第二幕,一边还得给第一幕贴膏药!"。特别是到了"生死关头"的"第三幕","人物老不肯动","全呆如木鸡",因为"前半平平",也就没法"把绸子大衫改成西装",没法子让剧中人物"都自自然然的在戏剧中活动发展,没有漏洞们,没有敷衍,没有拼凑"。到了第四幕,"简直没法落笔了","显得乱七八糟"[②]。写一个剧本"出的汗比写的字多着许多","整整的受了半个月的苦刑"[③]。于是感到"剧本难写,剧本难写,在文艺的大圈儿里,改行也不容易呀!",在有机会试演以前,决定"不敢再写剧本"[④]。写完后,他即去西北参加劳军,"回到重庆,看到许多关于《残雾》的批评,十之六七是大骂特骂"[⑤]。后来,老舍明白了戏剧之所以为戏剧,不是对话体小说,正如诗不是分行散文,《残雾》的毛病在于"缺乏舞台上的知识",有"对话",而少"行动"[⑥]。1940年,老舍与宋之的合写了《国家至上》。他们对剧中生活和人物都比较熟悉,在和宋之的商量好人物、情节之后,老舍写了前两幕,宋之的写后两幕,写好后就到回教协会去朗读,再作修改。后来,该剧获得了成功,老舍也积累了两条经验,一是"没有冗长的对话","句句想着剧情的发展";二是用一个人物"支配着控制着"其他人物,突出人物中心。由此,老舍对戏剧"略知门径","个人的收获是相当大的"[⑦]。

老舍不无"得意",为《国家至上》完成了"宣传的任务"而欣喜。同年,老舍又写作了《张自忠》,他虽然"卖了很大的力气",但"并没能写好",问题出在"不明白舞台那个神秘东西","老是以小说的方法去述说,而舞台上需要的是'打架'。我能创造性格,而老忘了'打架'",但吴祖光从文学性角度却认为"是一本好戏"[⑧]。1941年,写作了《面子问题》和《大地龙蛇》。写《面子问题》老舍非常认真,也做了修改,但还是没"有戏",只适宜放到一个小舞台上,"演员们从容的说,听众们细细的听",不幸却"摆在一个大戏院里","演员们扯着嗓子喊,而听众们既听不到,又看不见"。到了《大地龙蛇》,老舍为其立意费尽了"心血去思索",但还是没有写好,只能放在"案头上"。老舍认为它"读起来也许相当的有趣,放在舞台上,十之八九是要失败"[⑨]。剧中人物成了文化观念的"傀儡",这就"不大高明"了[⑩]。1942年,创作了《归去来兮》和《谁先到了重庆》,并与萧亦武、赵清阁合作写了《王老虎》。《归去来兮》人物性格不鲜明,情节不集中,但老舍则将其当作文艺作品看,"它是我很好的东西","讽刺""深刻",由"人与人、事与事的对照而来",所刻画的人物——"老画家"和"疯

---

①老舍:《记写〈残雾〉》,《老舍全集》第17卷,人民文学出版社2008年版,第258页。

②老舍:《记写〈残雾〉》,《老舍全集》第17卷,人民文学出版社2008年版,第259—260页。

③老舍:《记写〈残雾〉》,《老舍全集》第17卷,人民文学出版社2008年版,第260页。

④老舍:《记写〈残雾〉》,《老舍全集》第17卷,人民文学出版社2008年版,第261页。

⑤老舍:《三年写作自述》,《老舍全集》第17卷,人民文学出版社2008年版,第276页。

⑥老舍:《三年写作自述》,《老舍全集》第17卷,人民文学出版社2008年版,第277页。

⑦老舍:《三年写作自述》,《老舍全集》第17卷,人民文学出版社2008年版,第278页。

⑧老舍:《闲话我的七个话剧》,《老舍全集》第17卷,人民文学出版社2008年版,第376页。

⑨老舍:《闲话我的七个话剧》,《老舍全集》第17卷,人民文学出版社2008年版,第377页。

⑩老舍:《闲话我的七个话剧》,《老舍全集》第17卷,人民文学出版社2008年版,第378页。

妇人”也比较成功，“文字相当的美丽”，“拿它当作一本案头剧去读着玩，我敢说它是颇有趣的”[①]。

老舍写戏不得不面临着小说与戏剧两种文体的矛盾。他在谈到自己的戏剧创作时，多次提到是戏剧的外行，特别是对戏剧舞台的陌生，过去写小说的经验影响到他的戏剧创作。《残雾》的写作是“不会煮饭的能煮得很快，因为还没熟就捞出来了”，由于不知道戏剧和小说的区别，而按小说方式写了剧本，“丝毫也没感到还有舞台那么个东西”，“没有顾虑到剧本与舞台的结合，我愿意有某件事，就发生某件事；我愿意教某人出来，就叫他上场”[②]。后来“剧本既能被演出，而且并没惨败”，其中“多少有点好处”，一是“对话中有些地方颇具文艺性”，“时时露出一点机智来”，二是“人物的性格相当的明显，因为我写过小说，对人物创造略知一二”[③]。这实际上就是老舍熟悉的小说经验，或者说是戏剧创作的小说笔法。可以说，老舍的小说经验既支持了他的戏剧创作，如人物性格刻画、故事的营造和对话的精致和恰当，也同时限制或解构了他的戏剧创作，至少是干扰了他的戏剧，如同第三只手总在他眼前晃来晃去，写着写着不自觉就会回到小说那里去。这也是个人创作经验的双重性问题。老舍的小说创作有助于他对戏剧文学性的感受，但对戏剧的舞台性却有一定的隔膜。人们常说，爱一行，干一行。一旦干一行后，就会有了一行的经验，从此，再干其他行都会带着此行的习惯和路数。可以说，老舍戏剧的成功有着小说经验的支持，烙上了小说的印记，他的难以成功或者说实践过程的痛苦和折磨也或多或少与小说经验的潜在干扰有关。戏剧作为舞台表演艺术，它有剧本和剧场的双重性，文学剧本的写作不可避免地要受到舞台演出的制约。由于戏剧观和舞台感的不同，剧作家对于舞台有不同的认识，由此也建立起了不同的戏剧体系和流派。对戏剧家而言，作为表演艺术的戏剧与舞台时空密切相关，它对戏剧的结构、台词和动作都有一定的支配作用，对人物、情节和语言都有潜在的牵制，可以说，舞台是戏剧创作的第三者，隐藏其间，时时干扰或诱导戏剧创作。戏剧创作不但要靠舞台表演，角色分担，还要考虑观众的观看和体验，诸如此类，都是戏剧家需要把握和体验到的创作前提和条件。当然，戏剧创作既要受舞台表演的制约，遵循舞台规律，也需要超越舞台的局限，扩大舞台空间的表现力，在不断征服观众的过程中完成艺术的创造。这应该是一个伟大的戏剧家的目标。问题是，抗战时期的老舍虽有这样的认识，却没有这样的能力。

这一点，老舍自己是十分清醒的。他“自己从来少念剧本”，而“剧本与舞台关系”又“深”，更缺乏“舞台的经验”，“写出的剧本只能放在桌上念，不能适用在舞台上，当然不算好剧本”[④]。他感觉“戏剧比小说难写”，在文字上，“只以对话支持故事，故文字非极有工夫”，“对人世间生活非极富经验，不能删繁剔冗，探得其源”，除此之外，还要有“舞台的条件”[⑤]，懂得“戏剧之有舞台的限制”[⑥]。从以小说笔法写戏剧，到只顾人物塑造而忽略舞台，

①老舍:《闲话我的七个话剧》,《老舍全集》第 17 卷，人民文学出版社 2008 年版，第 379 页。

②老舍:《闲话我的七个话剧》,《老舍全集》第 17 卷，人民文学出版社 2008 年版，第 374 页。

③老舍:《闲话我的七个话剧》,《老舍全集》第 17 卷，人民文学出版社 2008 年版，第 375 页。

④老舍:《读与写》,《老舍全集》第 17 卷，人民文学出版社 2008 年版，第 407 页。

⑤老舍:《诗·话剧·小说》,《老舍全集》第 17 卷，人民文学出版社 2008 年版，第 381 页。

⑥老舍:《诗·话剧·小说》,《老舍全集》第 17 卷，人民文学出版社 2008 年版，第 382 页。

从眼睛盯住舞台，但又忽略了人物和对话。如写作《谁先到了重庆》，老舍"注意到舞台"，但在人物和对话上却比先前的几个话剧有不足。老舍写戏剧如同一个人坐跷跷板，这头压下去，那边又抬起来了，总没有找到戏剧与舞台之间的平衡。于是，他有了这样的感叹："剧本是多么难写的东西啊！动作少，失之呆滞；动作多，失之芜乱。文字好，话剧不真；文字劣，又不甘心。顾舞台，失了文艺性；顾文艺，丢了舞台"，"写剧太不痛快了！处处有限制，腕上如戴铁镣，简直是自找苦头吃"，"还是去写小说吧"[①]。本来，小说与戏剧拥有融合的可能，新文学的小说、诗歌和散文文体打破了单一性和纯粹性，而形成跨文体现象，如鲁迅、郁达夫、废名、沈从文、萧红的散文化小说或者说诗化小说。新文学也有诗化戏剧，如顾一樵的《荆轲》《项羽》，袁昌英的《孔雀东南飞》，欧阳予倩的《潘金莲》，等等。但抗战时期的戏剧创作却以剧场演出为目标，需要搬上舞台，直接发挥其鼓动、宣传的作用，不能仅仅停留在可供阅读的剧本文学。这恰恰是老舍戏剧创作相形见绌的地方。

三、不断试验与力不从心：老舍戏剧创作的矛盾处境

实际上，抗战时期的老舍一直为戏剧写作而困惑。他虽不为抗战写戏而后悔，但为缺少舞台经验、不懂戏而自责。他承认《残雾》"是一本乱账"，"有人说它不错，有人说它要不得，有人说它罪该万死。闹得我自己也不晓得它是好是坏。不过，放下别人的意见，而单凭着我自己的良心来说呢，我以为它不好。因为，这是我初次写剧本，而且写完并没来得及修改，我就离开了陪都有半年之久。假若剧本可以随便一写就成功的话，我们似乎就用不着尊敬易卜生和萧伯纳了"[②]。特别是他辛辛苦苦写作的剧本，却被导演"不能演"而待字闺中。他的9个戏剧大多没有被上演[③]，这对他的创作激情和创作心理都有相当大的打击。如从舞台演出角度，他这样描述自己的戏剧创作，《国家至上》"在宣传剧中，它可以算作一本成功的作品"，《张自忠》"没有在大都市上演，因为它不大像戏"，《面子问题》"在渝上演，成绩欠佳。毛病在对话好，而动作少"，《大地龙蛇》"还没上演过，我也不望它上演，因场面大，用人多，势必赔钱，拿它当作一个小玩艺儿读着吧，也许怪有意思罢了"[④]。

老舍能够理解抗战戏剧因时间紧迫和生活忙乱而不得不速成，但他又为粗制滥造而痛苦。1939年1月8日，老舍到内江沱江中学讲演，其中谈到抗战以来的戏剧创作，说它"尽了很大的力量，比别的更多"，但"所写出来的剧本"，却"没有多少好的"。因为一个剧本本身至少要写两年，但"为了抗战宣传，只要三四天就写出一个，当然不好，这是普遍现象"。"剧本是最难写的东西"，因时间短而出现"公式化"，但因与抗战有关系，"要原谅他们"[⑤]。但他又认为，在抗战中写的几千行诗、剧本，"从质上说，这些作品中没有一篇能使我自己满意的"，"一个较好的剧本，或是几十行好诗，也许就应写一年；而我竟敢于一年中

①老舍：《闲话我的七个话剧》，《老舍全集》第17卷，人民文学出版社2008年版，第380页。

②老舍：《一点点写剧本的经验》，《老舍全集》第17卷，人民文学出版社2008年版，第337页。

③如《残雾》1939年被怒潮剧社上演，导演马彦祥；《国家至上》1940年在重庆被中国万岁剧团上演，导演马彦祥；《面子问题》1941年被中华剧艺社上演，导演应云卫；《桃李春风》1943年被中电剧团上演，导演吴永刚；等等。

④老舍：《小报告一则》，《老舍全集》第14卷，人民文学出版社2008年版，第309页。

⑤老舍：《抗战以来的中国文艺》，《老舍全集》第17卷，人民文学出版社2008年版，第196页。

写成几千行诗，与三个剧本，其为胡来也未可知矣！"，"十年写一部小说，五年写一本戏剧，并不算少，不算慢！在抗战中，我们的确写出了不少东西来，但是有几篇真好呢？这值得我们深思一下！不错，为了应战，我们不能极度冷静的写作，我们是以笔代枪，要马上投奔前去；但是，我们也晓得抗战是与建国齐进的，我们也应于混战一场之外，去从事建设伟大的文艺，使文艺在抗战中发出万丈光芒来！"[①]。抗战时期的生活压力，也让戏剧创作失去了精益求精的可能。1940 年 9 月 9 日，老舍在给南泉文协的信中谈到《张自忠》的写作情形，他写完后就到赖家桥土场去看马彦祥，住了两夜，在已修改了三次的基础上再作了修改，但马彦祥读后还是觉得"不好排"，老舍一听心就"凉"了。虽然，他也知道一个优秀的剧本要写一两年，甚至三五年，但他面临的现实是，"这个剧本的收入"不能让他"够吃一年"，"自己的肚子天天有三次对我不客气的示威"，饥饿"逼迫着文艺良心投降"，于是感到"文人最大的仇敌就是他自己肚子"，他不得不赶着修改，赶快交给公司或书店出版换钱[②]。

老舍虽为抗战戏剧的宣传性而亢奋，但也为其弱于艺术性而不得其解。一方面，他认为："文艺者"应"义不容辞，责无旁贷的，须为士卒与民众写作。戏剧，诗歌，就都必不可避免的成为宣传文艺"[③]。"在这时代，才力的伟大与否，艺术的成就如何，倒似乎在其次，最要紧的还是以个人的才力——不管多么小——与艺术——不管成就怎样——配备着抗战的一切，作成今天管今天的，敌人来到便放枪的事实"[④]。他主张："我们既是为'宣传'，我们就应该放下'艺术不艺术'这个问题"，甚至"不要以戏迷的意见为主，要以民众的意见为主"[⑤]。他呼吁："写吧，只要写出来就有人看，好坏是次要的事，首要的是大家须先拿出东西来；没有枪使的是刀"，要"在抗战中把自己锻炼成个武装的文艺者"，"在抗战中，文艺宣传不能专在'质'上讲究，也当顾忌散播的'量'，多写，多写，多少民众等着看一张壁报啊！"[⑥]。为了让戏剧去冲锋陷阵，发挥鼓动作用，那就不得不强调戏剧的宣传，但戏剧毕竟是艺术，应具备一定的艺术性。这一点，已是著名小说家的老舍不是不知道，但他又很无奈。他曾发出这样的质问："艺术都含有宣传性。偏重宣传又被称为八股。怎办好？"[⑦]没有答案。

最后，老舍虽然不断努力，却饱受批评，他为无法写出令自己和他人满意的作品而焦虑。1944 年，已临近抗战结束，老舍放弃了戏剧写作而转入到写作长篇小说《四世同堂》，他还在那里作自我检讨："我之写剧，多半是为练习，成绩很坏。"[⑧]"剧本倒写了不少，可是也没有一本像样子的：目的在学习，写得不好也不后悔。"[⑨]《残雾》"乱七八糟"，《国家至上》"还好"，但功在宋之的，《面子问题》"分量太轻，压不住台"，《张自忠》《大地龙蛇》与《归去

---

①老舍：《致西南的文艺青年们》，《老舍全集》第 15 卷，人民文学出版社 2008 年版，第 573 页。

②老舍：《致南泉"文协"诸友》，《老舍全集》第 15 卷，人民文学出版社 2008 年版，第 561—562 页。

③老舍：《一年来之文艺》，《老舍全集》第 14 卷，人民文学出版社 2008 年版，第 153—154 页。

④老舍：《这一年的笔》，《老舍全集》第 14 卷，人民文学出版社 2008 年版，第 157 页。

⑤老舍：《战时文化工作诸问题》，《老舍全集》第 17 卷，人民文学出版社 2008 年版，第 213 页。

⑥老舍：《致榆林的文艺工作朋友们》，《老舍全集》第 15 卷，人民文学出版社 2008 年版，第 571 页。

⑦老舍：《未成熟的谷粒》，《老舍全集》第 14 卷，人民文学出版社 2008 年版，第 243 页。

⑧老舍：《三言两语》，《老舍全集》第 17 卷，人民文学出版社 2008 年版，第 414 页。

⑨老舍：《习作二十年》，《老舍全集》第 17 卷，人民文学出版社 2008 年版，第 418 页。

来兮》"全坏得出奇"[①]。1941 年,是老舍受非议和批评最多的一年,他对自己抗战以来的创作也有诸多的不满意,于是写《自述》和《自谴》自我申辩。1942 年,还以"答客问"的方式作解释,文中的"客人"虽是虚拟的,但事实却是可能的。如有客人问:"你的剧本""实在不高明",为什么不写小说?这至少是当时社会上和文学批评界存在的看法,不然,老舍不会将它设置为问题来回答,他的回答是因战乱无法写小说,"等到太平的时候,恢复了安静生活,再好好的去写一两个像样子的剧本"[②]。这很容易让我们想到解放后创作的《龙须沟》和《茶馆》,实际上,老舍是早就有写作"像样"的剧本的想法了。

老舍明知自己没有写好戏剧,但依然坚持创作,其中肯定有他坚持的理由。如同有人劝鲁迅不要写杂文这样的短评一样,鲁迅的回答是:"要做这样的东西的时候,恐怕也还要做这样的东西,我以为如果艺术之宫里有这么麻烦的禁令,倒不如不进去;还是站在沙漠上,看看飞沙走石,乐则大笑,悲则大叫,愤则大骂,即使被砂砾打得遍身粗糙,头破血流,而时时抚摸自己的凝血,觉得若有花纹,也未必不及跟着中国的文士们去陪莎士比亚吃黄油面包之有趣。"[③]鲁迅的杂文写作是因为他感到有"要做这样的东西的时候",且不说社会时代的需求,就是他自己也获得了其他文体创作不具备的"真切"与"自由"。抗战时期老舍创作戏剧,除了前文所说戏剧已是一种抗战文体之外,在不能写小说的前提下,戏剧不失为一种有效选择,实际上,它可以满足老舍更大的文化理想。1944 年 2 月,老舍说"我有个志愿——希望能写出一本好的剧本来",要写出好剧本,就需要去读书和看戏,需要做演员和学演戏的经验。"人,从一个意义来说,是活在记忆中的。他记得过去,才关切将来。否则他们活在虚无缥缈中,不知自己从何而来,和要往哪里去。"文艺就是人类的记忆,它不会死亡,"文艺出丧的日子,也就是文化死亡的时候"[④]。等到文化发展到一定程度,"人们——受宗教的或社会行动的催动——才发明了戏剧",于是,戏剧就成了人类文化的象征。"戏剧把当时的文化整个的活现在人的眼前","文化有多么高,多么大,它也就有多么高,多么大","有了戏剧的民族,不会再返归野蛮",戏剧不仅是艺术,还是文化!"文化滋养艺术,艺术又翻回头来领导文化,建设文化",戏剧吸取了"艺术全部的养分",而"综合艺术各部门而求其总效果"[⑤]。

这是老舍的文艺观和文化观,也是他的戏剧观,比他 1930 年代在《文学概论讲义》中讨论的有关戏剧理论高明深刻多了。戏剧是人类文化的符号。要写好它,谈何容易!即使是带着镣铐跳舞,老舍却要跳下去。写到这里,抗战时期老舍在戏剧创作上的亢奋与失落、困惑与矛盾、焦虑与痛苦等也就豁然有解了。

(作者单位:西南大学文学院)

---

①老舍:《习作二十年》,《老舍全集》第 17 卷,人民文学出版社 2008 年版,第 418 页。

②老舍:《答客问》,《老舍全集》第 17 卷,人民文学出版社 2008 年版,第 347 页。

③鲁迅:《华盖集·题记》,《鲁迅全集》第 3 卷,人民文学出版社 2005 年版,第 4 页。

④老舍:《我有一个志愿》,《老舍全集》第 14 卷,人民文学出版社 2008 年版,第 355 页。

⑤老舍:《我有一个志愿》,《老舍全集》第 14 卷,人民文学出版社 2008 年版,第 356 页。

从老舍抗战时期的文学创作看文艺方法在社会动员中的有效运用

◎李来根

70年前，在中华民族面临生死存亡的关头，广大文艺工作者走出书房、画室，投身到火热的民族救亡运动中。老舍就是其中的杰出代表。他除了担任“文协”的总务部主任，参加领导和组织全民抗战文艺队伍和文艺运动，还积极开展抗战文艺创作，热情讴歌全民抗战运动，愤怒鞭挞日本侵略者的滔天罪行，为振奋民族精神，鼓舞民众坚持抗战，坚定人民抗战必胜的斗志和信心，发挥了重要作用。他积极利用文艺进行抗战宣传的实践，启示我们今天运用文艺方法进行社会动员应坚持“三个结合”：思想性与艺术性的结合、文艺创作与文艺传播的结合、继承传统与开拓创新的结合①。

一

“抗战改变了一切。”②1937年，“七七”事变的炮声让老舍的生活和创作进入了一个新阶段。如果把老舍这一时期的创作与他抗战前的作品比较，我们就能发现有了明显的变化：

首先是创作思想的功利性。二十世纪三十年代初，老舍在谈到文学的功用时曾说，无论中国传统的“文以载道”，还是俄国的普罗文学，都以文艺做宣传工具，这是多少叫文艺受损失的事，因为“以文学为工具，文艺便成为奴性的”③。他认为，文艺作品的成功与否，在乎它有无艺术价值，内容上的含蕴是次要的。在这里，他强调文学的审美功能是合理的，但因此把它绝对化、片面化却又失之偏颇。到抗战时期，他有了新认识。他说自己八年来的言论作品，没有一篇不是为了抗战。他庄严地宣称：“生死有什么关系呢，尽了一名小卒的职责就够了！”“在我入墓的那一天，我愿有人赠给我一块短碑，刻上：文艺界尽责的小卒，睡在这里。”④这样，他原先的自由主义文学观已被功利主义文学观取代，在大时代风雨中，他已把文学创作和革命、和民族的生死存亡联系在一起，甘愿以文学为武器、为工具。

①甘泉：《文艺方法在社会动员中的有效运用》，《思想政治教育》(人大复印资料)2014年第12期。

②老舍：《老舍全集》第16卷，人民文学出版社1999年版，第215页。

③老舍：《老舍全集》第16卷，人民文学出版社1999年版，第37页。

④老舍：《老舍全集》第14卷，人民文学出版社1999年版，第129页。

其次是鲜明的时代特色。众所周知，对时代生活、社会思潮表现和透视的欠缺，是老舍二十世纪三十年代中期以前创作中的一个弱点，影响了他的创作达到更高的思想艺术成就。正如普列汉诺夫所说的："一个艺术家如果看不见当代最重要的社会思潮，那么，他的作品所表达思想实质的内在价值就会大大降低。"①抗战时期，老舍的创作在很大程度上克服了这一缺憾。抗战是中国人民与日本侵略者展开的一场殊死搏斗，战争成为历史在这一阶段的主音、主要矛盾表现。他紧紧抓住这个主音，把笔墨集中在描写抗战大时代的主潮上。围绕这个中心，老舍从多方面描绘着抗战的大时代。《张自忠》歌颂抗战将领为国捐躯，《国家至上》表现民族团结抗战到底的主题，《剑北篇》以颂扬祖国山川和人民的顽强意志去激励人们的抗战救国情怀，《残雾》又着重鞭挞了抗战阵营中的阴暗面，引起人们的警醒。就是一篇短文、一段鼓词、一首小诗，也无不渗透着抗战时代的精神，这是他以前创作中所缺乏的。

老舍创作的抗战文艺作品，在战时赢得了许多观众和读者。他写的鼓词与旧戏在河南、陕西、甘肃、四川都得到了演唱的机会。老舍自己作词、利用旧有曲调创作的坠子戏《一门忠烈》，1938 年 7 月 16 日在武汉电台播送时，男女老少听后都十分振奋，收到了很好的宣传效果。他创作的鼓词《新"拴娃娃"》《文盲自叹》《陪都巡礼》《王小赶驴》时常在陪都演唱。他创作的话剧《残雾》《国家至上》《面子问题》《桃李春风》等在重庆、成都、昆明、大理、兰州、西安、桂林、西康、香港等地多次上演，当时的《新华日报》《国民公报》《新蜀报》《中央日报》《柳州日报》等有影响的大报都曾发表过演出消息、剧评或演出座谈纪要。这些成就应该说部分达到了老舍所希望的宣传抗日的效果。不过，老舍在时间紧张、贫病交加、精力不济、颠沛流离的情况下创作的一些作品，也存在内容与形式、思想性与艺术性不协调的问题。他创作的旧戏大多停留在案头，只有少数被表演过。原因在于新内容和旧形式的难以调和，"旧瓶"的形式难以盛放新时代内容的"新酒"，形成了"旧瓶装新酒"的内在矛盾，这给老舍带来了制作通俗文艺的苦痛。他创作的话剧，也存在思想性与艺术性不平衡的问题。

老舍抗战时期利用文艺进行抗战宣传的实践启示我们，要充分发挥文艺方法的社会动员作用，增强文艺动员的社会效果，必须把文艺作品的思想性与艺术性结合起来。文艺动员的方法不同于理论动员的方法，在于它不是用抽象的理论和道理来进行说服教育，而是用生动具体的艺术形象，用艺术形象的典型化、个性化的音容笑貌、喜怒哀乐、言论行动来褒扬真善美，鞭挞假恶丑，使人们在生动形象的艺术欣赏中受到深刻的思想教育。文艺动员就是通过塑造生动、丰富的艺术形象来教育、感染广大群众，达到寓教于乐、以情感人的效果。文艺作为一种宣传方式，不应是标语口号式的呼喊，也不应是教科书式的概念演绎，更不应是文告式的陈述，而是真和善的形象显现，是一种真善美统一的审美教育。这种审美教育要用美的形象和艺术形象感染人。运用文艺开展社会动员，要注重创作和选用思想性与艺术性相统一的优秀的文学艺术作品，用优秀的作品鼓舞人，用高尚的精神塑造人，用伟大的情感激励人。要防止思想性与艺术性的脱节，不能只讲思想性不讲艺术性，更不能只讲艺术性不讲思想性。

---

①[俄]普列汉诺夫：《普列汉诺夫读本》，中央编译出版社 2008 年版，第 263 页。

二

“在抗战文艺创作实践上，老舍是当时最有成就最有影响的作家之一。”[①]艰苦的抗战生活不但磨炼了老舍的坚韧意志，而且使他那支机智敏捷的笔，更加放射出时代的光芒。他在八年间，先后创作了通俗文艺作品集1部、话剧9部、长诗1部、中短篇小说集3部、长篇小说3部，另外还有不下几十万字的散文、杂文等。这个简单统计表明，即使在环境条件十分艰难的情况下，老舍也始终没有停止创作。他是近乎用一种宗教徒式的精神，将自己天天毫不放松地“钉在时间的十字架上”，并且心里明白，所写出的有些作品，简直就是“由夹棍夹出来的血！”[②]。他时时激励自己：“饿死事小，文章事大，假如不幸而人文共亡，我也不多说什么。活着，我就写作，死了，万事皆休，咱们各凭良心吧。”[③]

老舍不仅努力创作，还十分重视文艺传播，注重宣传效果。在1937年至1939年间，他曾专注于曲艺以及通俗京剧的创作。他对利用这类民间文艺样式鼓动民众的抗战热情寄以厚望。每当看到自己的努力有了一点效果，他便格外兴奋。他在《这一年的笔》一文中写到：“一天，见到一个伤兵，他念过我的鼓词。他已割下一条腿。他是谁？没人知道。他死，入无名英雄墓。他活，一个无名的跛子。他读过我的鼓词，而且还读给别的兄弟们听，这就够了，只求多有些无名英雄们能读到我的作品，能给他们一些安慰，好；一些激励，也好。我设若因此而被拦在艺术之神的寺外，而老去伺候无名英雄们，我就满意，因为我的笔并未落空。”[④]

但是后来老舍在全面考察通俗文艺运动整体收效时发现，他和文艺界的其他朋友花了不少力气创作的通俗文艺作品，并没能收到预期的效果。他感到，通俗文艺运动“在实施方面，总是枝枝节节没有风起云涌的现象”。如果要探究其中的原因，就在于这类作品由于不能得到有关当局的重视和鼓励，没有强有力的经费支持，终难真正成批量地被送往乡间和军队。老舍痛切指出：“没有政治力量在它的后边，它只能是一种文艺运动，一种没能什么实效的运动而已。”不过，老舍绝没有后悔之意，他认为，这次通俗文艺运动还是有它的积极结果，“与其说是文艺真深入了民间与军队，倒不如说是文艺本身得到新的力量，而且产生了新风格”[⑤]。

曲艺作品既然不容易取得理想的社会效果，就不妨再试试有可能直接与大后方观众见面的话剧。1939年春，老舍开始尝试话剧写作。从1939年5月为了给“文协”筹款创作《残雾》开始，到1943年7月，他独立创作或与他人合作，一共完成了《国家至上》等总共9部话剧剧本。老舍创作话剧，经历了一个逐步摸索的过程。抗战前他没有产生过写戏的念头。抗战初期，他在大量写作曲艺作品的同时，曾写过4出浅显通俗的京剧剧本。但是因为各种条件的限制，4出京剧都没有获得排演。战时的大后方文艺舞台，京剧没有太大

---

①曾广灿：《永恒的老舍》，中国文史出版社2005年版，第23页。

②老舍：《老舍全集》第16卷，人民文学出版社1999年版，第223页。

③老舍：《老舍全集》第14卷，人民文学出版社1999年版，第352页。

④老舍：《老舍全集》第14卷，人民文学出版社1999年版，第151页。

⑤老舍：《老舍全集》第14卷，人民文学出版社1999年版，第387页。

的市场，却对话剧情有独钟，老舍也“见猎心喜”地要“碰一碰”。果然，他5年间写的9部话剧，有7部被正式上演。这些剧作在重庆、成都、兰州、西安等地广泛演出，取得了深远的宣传效果，充分体现了老舍以笔代枪的创作宗旨，他在这些剧作中不断宣传抗战、讴歌抗战，表现了其高度的社会责任感和爱国良知。

从老舍运用文艺作品从事抗战宣传的实践，我们可以看到，运用文艺方法进行社会动员，必须把文艺创作与文艺传播结合起来。在运用文艺方法进行社会动员时，一定要将文艺创作放在突出的位置，把创作优秀作品作为中心环节。好的文艺作品，能反映现实生活，揭示社会本质，体现时代要求，表达群众诉求，塑造高尚精神，激发群众情感，鼓舞人民群众，促进社会发展，成为社会动员的强大武器。同时，开展文艺动员又要注重文艺传播。一部脍炙人口的优秀作品如果不通过广泛的文艺传播，就很难为广大群众所知晓，更不用说感染、激发和教育广大群众，发挥强大的社会动员作用。因此，要通过出版文艺书刊、音像制品，组织演出、播放和展览文艺作品，参与国内外文艺竞赛，发表网络文艺作品，发展文化产业等多种多样的传播方式，把优秀的文艺作品传播到广大人民群众之中，传播到国外的普通民众之中，推动优秀文艺作品走出去，运用文艺形式讲好中国故事、展示中国魅力，树立当代中国良好形象，提升国家文化软实力。

三

抗战时期，为适应文艺服务于抗战的需要，老舍不畏艰难，不怕讥讽，在艺术样式上做了多方面的探索和努力，造就和显示了他作为艺术“多面手”的才能。在热心于利用旧形式创作包括新京剧、鼓词、相声、坠子、新拴娃娃、新三字经、洋片词等通俗文艺作品的同时，他还学写他不熟悉的话剧，创作诗歌、杂文等，尤其是“在利用曲艺形式对大众进行宣传方面，老舍的确是首屈一指的功臣”①。

有人为老舍撇下驾轻就熟的小说不写而惋惜，老舍却大不以为然。究其原因，是他可贵的爱国热情使然，对国家、对人民、对民族的高度责任感使他“只要是有实际的功用与效果的，我就肯去学习，去试作”②，他说抗战时期“艺术必须尽责宣传，而宣传之道，首在能懂”③。而当时识字不多、文化水准不高的广大民众虽可能读不懂小说、诗歌，却能“听”戏。跟其他文学样式相比，戏剧、曲艺更通俗易懂，更具有直接的宣传效果。因此，只要能鼓舞士气民心，于抗战有利，他宁可放下使惯了的枪，而改弄刀和剑。

鉴于抗战文学所肩负的宣传职责和以大众为接受主体，他认为，既然要用文艺去动员民众投入抗战，就得一切从民众实际情况出发，舍掉自己习惯运用而民众却难以接受的各种方式、手法甚至词汇，在专给他们写作的通俗文艺中间，“不准用典，不准用生字，不准细细描写心理，不准在景物上费词藻……再进一步，于这些‘不准’而外，你得有民间的典故，懦则武大郎，勇则老黄忠。你得有熟字，能把‘帝国主义’说明白，而躲着‘帝国主义’”④。

①关纪新：《老舍评传》，重庆出版社1998年版，第301页。

②老舍：《老舍全集》第14卷，人民文学出版社1999年版，第381页。

③老舍：《老舍全集》第16卷，人民文学出版社1999年版，第564页。

④老舍：《老舍全集》第16卷，人民文学出版社1999年版，第576页。

这样，他选择了一条最通俗不过的创作路线。

老舍从民间下层走来，非常熟悉大众所喜闻乐见的艺术形式。他让自己重新练习适应大众口味儿的“十八般武艺”，用民间文艺的“旧瓶”，装进宣传抗战的“新酒”，让人们从传统的文艺样式中，获取救亡图存、杀敌报国的精神动力。他不仅注意到了通俗文艺的旧形式，而且想到了，在用旧形式说唱新故事的时候，盛故事的套子，也应当选用老的，就连为了诱导民心所阐发的伦理观念，都不可以过分地新鲜时髦，因为——“真敢拼命的还不是士兵与民众？假若他们素日没有那些见义勇为、侠肠义胆等旧道德思想在心中，恐怕就不会这么舍身成仁了。”老舍为此肯定地讲：“不要以为太迁就民众是污辱民众，你当因尊重民众而不自居高明”①。老舍的抗战文学创作完全体现了这些文学主张，这使他的创作在中国抗战文学中独树一帜。

老舍的抗战文艺宣传实践启示我们，运用文艺方法进行社会动员，必须坚持把传统文艺形式与现代文艺形式结合起来。文艺动员的载体和资源十分丰富。小说、诗歌、曲艺、戏剧等一切文艺样式均可以成为文艺动员的文化载体；传统文艺、现代文艺、高雅文艺、通俗文艺等一切文艺的资源都可以本着“古为今用，洋为中用”的原则进行大胆的改造、创新、开发和利用，成为文艺动员的丰富宝库。不同的文艺载体和文艺形式，其影响对象和传播方式有所不同，开展文艺动员应该注意针对不同对象的特点，采取不同对象熟悉的、喜闻乐见的方式进行动员，扩大文艺动员的覆盖面，增强文艺动员的感染力，拓展文艺动员的广度、深度和力度，提高文艺动员的整体效应。新的历史条件下，除了继续运用丰富多彩的传统文艺形式进行社会动员，尤其要积极适应现代社会发展特别是互联网发展的新形势，创造和运用新的文艺形式和载体进行富有时代气息和现代效应的文艺动员。互联网的出现，不仅极大地改变了人们的生活方式、交流方式，也极大地改变了人们精神生活的方式和文学艺术的表现形式。要注重运用以互联网为载体的各种崭新的文艺形式，用丰富、多样、互动的方式创作新型文艺作品，提高文艺动员的有效性，不断占领和扩大社会主义意识形态阵地。

党的十八大明确提出，扎实推进社会主义文化强国建设，必须推动社会主义文化大发展大繁荣，兴起社会主义文化建设新高潮。随着社会主义文化的繁荣发展，运用文艺方法开展社会动员，教育、引导、激励和动员广大群众积极投身社会主义现代化建设，将具有更加明显的优势。“文艺是民族精神的火炬，是时代前进的号角。”②研究梳理抗战时期老舍利用文艺开展抗战宣传的经验，对于我们今天充分发挥文艺方法的社会动员作用，不断增强党的社会动员的有效性，凝聚全民族的力量，为实现中华民族伟大复兴的中国梦提供强大精神动力，具有有益的启示。

（作者单位：武警政治学院）

①老舍：《老舍全集》第16卷，人民文学出版社1999年版，第579页。

②新华社：《中共中央政治局召开会议审议生态文明体制改革总体方案、关于繁荣发展社会主义文艺的意见》，《人民日报》2015年9月12日，第1版。

抗战时期老舍对文艺大众化问题的思考与实践

◎许德

1930年代文艺大众化问题的讨论，基本还处于知识分子在书斋内的理论探讨阶段，相关的文学创作实践很少，也没有真正深入到普通大众的生活中去。抗战爆发后，文艺大众化要求变得迫切，并且逐渐从理论探讨转到创作实践的层面上来，最终"冲出'文人的聊以自慰'的圈子而真正成为'运动'"①。老舍虽然没有直接参与文艺大众化的讨论，但这场论争对他抗战时期的文学观念及创作转向产生了很大影响。可以说，抗战时期将大众化理念与自身创作实践结合起来的作家，为数并不多，老舍是其中之一。他从1937年到1940年的通俗文艺创作实践出发，从经验的层面去反观与检验文艺大众化理念的有效性，并对其存在的缺陷做出了自己的阐释。他关于文艺大众化与通俗化的理念，文艺的宣传性与文艺性、吸纳民间形式与创造民族形式以及制作大众文艺的矛盾与困惑等论述，对文艺大众化运动在战时的推展，无疑有很大的推动作用。本文试图通过阐述老舍的通俗文艺观念，来探讨其对文艺大众化理论与创作方面的贡献。

一

抗战爆发以后，文艺所担负的职能从启蒙转向宣传，所面临的对象也由知识分子转向文化程度不高的普通大众。为了使文艺在抗战时期发生效用，实现这一职能转换，首先要面临如何通俗化的问题。因此，通俗化成了这一时期文艺大众化的核心。老舍正是从这一核心问题入手，放弃新文艺而从事通俗文艺创作，在创作中不断总结自己的经验，对通俗文艺的性质、内容、形式、语言、作法，通俗文艺与新文艺的关系以及通俗化过程中的偏向等问题进行思考与探索，在学习与摸索中对通俗文艺形成了深入而系统的认识。较之于同时代的新文艺作家，老舍对通俗文艺的理解与阐释是自成一个系统的。

在抗战前的文艺大众化讨论中，郭沫若、茅盾等人便提出了通俗化的要求，以达到动员大众、教导大众的目的。老舍最初对通俗化的强调，也是从抗战的实际需要出发的。抗战时期的文艺首要解决"看不懂"和"宣传性"这两个问题。老舍认为："抗战文艺……是直

①茅盾：《回顾文艺大众化的讨论》，文振庭编：《文艺大众化问题讨论资料》，上海文艺出版社1987年版，第422页。

接的——歌须有唱,戏须能演,小说须使大家看懂,诗须能看能朗诵。抗战文艺不是要藏之高阁,以待知音,而是墨一干即须拿到读者面前去。"[①]又说:"当此抗战时期,艺术必须尽责宣传,而宣传之道,首在能懂。艺术既久与民众无缘,今也欲事宣传,写新文,画新画,则老百姓不懂,故不能不求通俗。"[②]文艺大众化的实质就是使文艺与普通大众联系起来,而对于文化程度不高甚至不识字的普通大众而言,通俗化就是文艺与大众沟通的桥梁。郭沫若、茅盾等在倡导文艺大众化时,就注意到这一问题。郭沫若强烈呼吁,"我们希望的新的大众文艺,就是无产文艺的通俗化!",强调"通俗到不成文艺都可以"[③],这显然过度地重视大众(特指无产阶级大众)的主体,而忽视了文艺性,走向了另一个极端。相比之下,茅盾的阐述更为客观,他说:"在这抗战期间,我们要使我们的作品大众化,就必须从文字的不欧化以及表现方式的通俗入手。我们为了抗战的利益,应该把大众能不能接受作为第一义,而把艺术形式之是否'高雅'作为第二义。我们应该不怕自己的作品形式的通俗化!我们所应当引以为戒的,是太'高雅'了,只有少数知识分子能读,能懂。"[④]由此看来,老舍与郭沫若、茅盾等人的观点大体一致,他们都是从文艺的现实性和时代的要求出发,来倡导文艺的通俗化,清楚地阐释了通俗文艺在抗战时期的职能。

文艺为了抗战而须通俗化,这当然是老舍最初的感性认识,也是急切之中不得已的办法。随着他切实去创作通俗文艺,对通俗文艺有进一步了解的时候,才发现文艺做到通俗并不是理论上所倡导的那么容易。一般来说,文艺的通俗化就是文字上、语言上力求通俗,以迎合大众的阅读能力。如茅盾就曾经指出:"所谓'通俗',换言之,就是不用欧化的句法,不用知识分子惯用的许多'术语'。"[⑤]但老舍认为,通俗化并不仅仅指语言、形式上的通俗,文字上的通俗是不够的,某些"通俗文艺的文字不一定俗"[⑥],实际上,"文字俗还比较的容易,意思俗才是真正的困难"[⑦]。他不赞同"文俗意不俗"的观点,即用通俗的文字达到训育民众的目的。老舍认为,真正的通俗是"文字俗,意思也俗",也就是说,要"利用民众知识限度内的事实,利用民众思想所能及的道理,利用与民众利害攸关的假想,作为故事,才能收到宣传的效果",只有这样,"俗文字才能传达出俗意思,不至只有'字面',而无含蕴"[⑧]。老舍的这一观点,是从民众的立场出发的。他将新文艺与通俗文艺视为两个平行、独立的系统,茅盾等人是从新文艺的立场上,认为新文艺通过文字上的通俗化,是可以改造为民众所能接受的通俗文艺的。而老舍则视通俗文艺为一个独立的系统,它的历史比新文艺要久,新文艺没有与民众生活相结合,而通俗文艺却长期活在民间,其原因在于其切合民众的思想、感情和趣味,与他们的生活、心理息息相通,而不仅仅是因为文字上的俗。而这也是新文艺创作很难达到的,换句话说,新文艺的通俗化与通俗文艺是两码事。

①老舍:《三年来的文艺运动》,《老舍全集》第17卷,人民文学出版社2008年版,第266页。

②老舍:《释"通俗"》,《老舍全集》第17卷,人民文学出版社2008年版,第146页。

③郭沫若:《新兴大众文艺的通俗化》,文振庭编:《文艺大众化问题讨论资料》,上海文艺出版社1987年版,第11—12页。

④茅盾:《文艺大众化问题》,《救亡日报》,1938年3月9—10日。

⑤止敬:《问题中的大众文艺》,《文学月报》第1卷第2期,1932年7月。

⑥老舍:《谈通俗文艺》,《老舍全集》第17卷,人民文学出版社2008年版,第129页。

⑦老舍:《编写民众读物的困难》,《老舍全集》第17卷,人民文学出版社2008年版,第190页。

⑧老舍:《编写民众读物的困难》,《老舍全集》第17卷,人民文学出版社2008年版,第191页。

由此，老舍系统地指出通俗文艺的特性，即通俗不仅仅是文字上的俗，而是用民间的口头语言，即现成的字词，做到痛快爽朗。内容上，须丰富充实；思想情感的取向上，需要迎合大众；此外，还需要注重趣味性。此后，也有一些论者继承了这一观点，如默涵曾经指出："过去对于大众化还有一种错误的了解，以为它只是一个形式的问题，以为只要采用大众的口语，把文字形式写得通俗就算大众化了。语言文字的通俗，自然是大众化的一个重要条件，但假如我们的作品内容不合群众的需要，那么，即使再通俗，也不是真正的大众化。"①

在文艺大众化运动中，还有一个普遍的认识就是新文艺要高于通俗文艺，只是在抗战期间，新文艺为了宣传的需要而去俯就大众的审美水平，老舍认为这样的态度实际上是对通俗文艺的轻视甚至是漠视，因为"自从有了新文艺，通俗文艺并没有减少。……这种东西是活的，有眼的能看，没眼的能听，它有文字，它有音节腔调，念也好，唱也好，所以它比新文艺多着两条腿"②。新文艺家如果摆出"高等"文人的架子，而写通俗文艺，一定不能成功。③

那么通俗文艺是什么呢？在老舍看来，原生态的通俗文艺"是一向被高等文人所忽略，而生长自民间的文艺作品"，是一直存在于民间的活文艺。通俗文艺的来源，一个是职业的歌者、说书者与伶人为了演出而创作的底本，迎合民众的心理，重技巧而不重文字，也没有行之于世的宏愿；一个是都市或乡间一些读过书而又好唱好说的人，为艺人们所写的评词或戏本。这些作品多是文人与职业艺人的集体创作。这种创作动机决定了"通俗文艺里面不能太重视文艺性。不管是谁写的，它的成败都由听众的接受或拒绝而决定"。因此，一般所理解的"文艺性"在通俗文艺是行不通的。如文字上，通俗文艺讲究的是俗、浅；结构与形式上，通俗文艺不讲究结构的缜密，有固定的形式（如鼓词等），不能别出心裁地创造；思想和情感等也是由民间的生活方式所决定，因此，"通俗文艺必须俗，浅；就民间生活的光景，设为故事，使民间辨清是非善恶；旧有的美德宜力加激勉，新的知识宜徐徐输入"④。

老舍认为，新的通俗文艺一方面要重视宣传与教训的职能，同时还要兼顾文艺性。宣传自然是通俗文艺的第一要务，而为了宣传，自然要与民众结合。在抗战时期存在的古典文艺、通俗文艺与新文艺中，最能与民众结合的首推通俗文艺。而它们之所以接近大众，不是因为它们"俗到极点"，而是"合乎读众的脾味"，所以它们"活在民间，用它自己的言语，自己的形式，演唱或讲说它自己的故事。它以简陋的小册子出现于街头，也以简单的歌调活在民间的口与心中"⑤。这是通俗文艺能行之于众的优势，但缺陷也是明显的，就是媚俗。它以娱乐大众为目的，没有行之于世的宏愿。新文艺去除了娱乐化、消遣化倾向，"有志于服务民众"，"可是它的思想太新，字汇丰富，它替民众讲话，而民众并不能了解它：

---

①默涵：《略论文艺大众化》，《文艺大众化问题讨论资料》，文振庭编：《文艺大众化问题讨论资料》，上海文艺出版社1987年版，第390页。

②老舍：《答客问》，《老舍全集》第17卷，人民文学出版社2008年版，第176页。

③老舍：《论通俗文艺》，《老舍全集》第17卷，人民文学出版社2008年版，第154页。

④老舍：《论通俗文艺》，《老舍全集》第17卷，人民文学出版社2008年版，第151页。

⑤老舍：《抗战中的通俗文艺》，《老舍全集》第17卷，人民文学出版社2008年版，第169页。

看不懂，听不懂”。因此，老舍认为，两种文艺之间可以取长补短，过分强调通俗文艺的俗浅而不加以改变，或者像通俗文艺编刊社那样，不管文艺不文艺，而专着眼于宣传，这两种做法都是不妥的。新文艺家不能高高在上，而应该深入民间，向民众学习，从民众的生活出发，用民众的话语去写。如果“不了解民间的思想……就无法施展我们的想象，也就无法成为文艺”。真正的通俗文艺有自己的一套艺术技巧，要发挥其接近民众的优势，使其不仅达到宣传的目的，还要兼顾文艺性。事实上，新文艺作家只有真的了解民众的思想方式、生活方式及情感需求，才能“设法使民众读物真达到了通俗，然后我们才能欣赏通俗文艺，才能知道通俗文艺不仅是通俗，而且是文艺。我们最大的错误就是以为通俗文艺只是言语俗俚一些，别无好处。其实呢，通俗文艺必须成为文艺；通俗而不文艺，正如典雅而不文艺，都必失败”①。这样，就把通俗文艺与一般的通俗读物区分开来了。

实际上，通俗化只是文艺的创作原则，尽管在抗战期间，文艺的通俗化有利于宣传，但文艺毕竟是文艺，不能用宣传性替代文艺性。在老舍看来，文艺性应该始终是通俗文艺的最终目标。1939 年，他在回顾抗战初期的文学发展情形时就曾经指出，尽管这一时期的报告文学胜过了小说，但“小说也很要紧，因为报告文学里文艺性较少，我们还是要写有文艺性的东西，我们不能因为一年半来长篇没有好的，就让报告压倒了小说”②。

但如何使抗战中的通俗文艺既能宣传又具备文艺性呢？老舍多次使用了一个词：感动。让通俗文艺在感动大众的同时实现宣传的目的。他指出：“不要以戏迷的意见为主，要以宣传，要以民众的意见为主。要以感动人心为最高目的。”③在谈到战时报告文学创作的时候，他又指出：“文艺作品不仅是报告一些什么事，它于报告之外，还要给一个解释，并且能使人深深的感动，接受这解释。”④无独有偶，茅盾也曾经指出：“大众文艺既是文艺，所以在读得出听得懂的起码条件而外，还有一个主要条件，就是必须能够使听者或读者感动，这感动的力量却不在一篇作品所用的‘文字的素质’，而在借文字作媒介所表现出来的运用，就是描写的手法。不从动作上表现，而只用抽象的说述，那结果只有少数人理智地去读，那即使读得出来，听得懂，然而缺乏了文艺作品必不能缺的感动人的力量。这样的作品，即使大众‘听得懂’，然而大众不喜欢，大众不感动。”如果“不明白大众的艺术感应的特殊性，就不能创造出好的大众文艺”⑤。而洛蚀文在谈论文学大众化问题的时候，认为大众化文学须具备三个条件：即“（一）大众能够看得懂。（二）大众喜欢看。（三）还要提高大众的水准，组织大众向前的思想和情绪”，而“要大众喜欢看就须在作品里打动大众的心，使大众感动”⑥。要让大众感动，也就意味着通俗文艺并非“空洞的标语式的宣传品”，而是文艺了。这也是对文艺大众化讨论初期郭沫若、瞿秋白等过于强调大众而忽视文艺做法的反拨与纠正。

因此，在对待过去的通俗文艺的态度上，老舍与鲁迅、茅盾的态度是一致的，即取其精

①老舍：《编写民众读物的困难》，《老舍全集》第 17 卷，人民文学出版社 2008 年版，第 191 页。

②老舍：《抗战以来的中国文艺》，《老舍全集》第 17 卷，人民文学出版社 2008 年版，第 198 页。

③老舍：《战时文化工作诸问题》，《老舍全集》第 17 卷，人民文学出版社 2008 年版，第 213 页。

④老舍：《献曝》，《老舍全集》第 17 卷，人民文学出版社 2008 年版，第 332 页。

⑤止敬：《问题中的大众文艺》，《文学月报》第 1 卷第 2 期，1932 年 7 月。

⑥洛蚀文：《关于文学大众化问题》，《抗战文艺论集》，上海书店出版社 1986 年版，第 173 页。

华，为我所用，而不是一概否定。他甚至认为："新文艺假使能顾及通俗，顾及民间，则将来会与通俗文艺合到一处，以新文艺的精神提高通俗文艺，而以通俗文艺的长处来坚强并开展新文艺。这就是说，因通俗文艺所给的刺激，而使新文艺舍弃了对西洋文艺的摹仿，而结结实实的产生中华民族的伟大作品。同时，这二者会各尽其职，互相援助……"①

总之，老舍对文艺通俗化的观念，一方面是从抗战的需要出发，吸纳通俗文艺贴近大众的优势资源，另一方面还是坚守新文艺的立场，力图在文艺性与宣传性之间取得平衡，这些经验，对他后来的文学创作产生了较大的影响。

二

1940年代，文艺大众化问题的讨论已由能否通俗化而转到如何通俗化的层面上来。随着讨论的深入，大众化文艺应当采取什么形式成了这一时期论争的中心。在延安和重庆，围绕民族形式开展的讨论，为抗战时期的文艺发展提供了一个新的方向。老舍并没有直接参与这场形式之争，但他在多种场合表明了他对民族形式问题的立场，并从自己的通俗文艺创作的实际经验出发，对论争中的理论缺陷提出自己的看法。

"民族形式"之争的一个核心问题就是如何看待和利用旧形式。在此之前，通俗读物编刊社的成员就曾经提出"旧瓶装新酒"的观点，认为大众化文艺要充分利用旧形式。向林冰在《"旧瓶装新酒"释义》中提出，"旧瓶装新酒"为的是解决文艺的大众化与通俗化之间的矛盾。他认为旧有的通俗文艺形式通俗化但内容不大众化，现在的通俗文艺内容大众化而形式不通俗化。因此，"'旧瓶装新酒'运动，本质上是以大众化运动的基本命题为前提而否定那种反大众化的通俗读物的内容，换句话说，它是利用反大众化的通俗化形式，加以改造而完成大众化的通俗化"②。质言之，就是取旧文艺的通俗化的形式，来装新文艺的大众化的内容。在另外一篇文章中，向林冰还具体谈到了"旧瓶装新酒"的创作方法。即"要纯粹利用大众语汇，以及一切通俗化的鼓词，土腔，小调，小规模的民间剧，街头剧，话报，年画，连环画等形式，并与各种新文字运动合流，创作通俗读物，务使民众看得见就念得出，念得出就听得懂；以便将抗战的理论和策略以及各种的实际经验与教训，深入民众，而促进全面抗战的总运动工作的方法"③。

在抗战之初，老舍说"旧瓶装新酒"给他"一种强烈的诱惑，以为这是宣传抗战的最锋利的武器"④。但和向林冰等人不同的是，老舍是将旧形式作为传统艺术形式来借鉴和继承的。他认为旧形式的"旧"，不是"破旧不堪之旧，其实是旧有之旧"，它在过去的几千年里一直广泛地存在于民间，即便是新文艺形式，也无法消除它的影响。长期以来，它一直是与新文艺共存的，谁也取代不了谁。既然如此，不如去利用它，"取渐进之法……以旧有的形式装入新故事，新意思"⑤，使之为抗战服务。但对旧形式的利用，不能全盘照搬，"只求照猫画虎，你一定失败；你得费尽心力调动你的故事，使它成为活泼泼的东西，虽利用旧

①老舍：《答客问》，《老舍全集》第17卷，人民文学出版社2008年版，第182页。
②向林冰：《"旧瓶装新酒"释义》，顾颉刚等著：《通俗读物论文集》，生活书店1938年版，第37页。
③向林冰：《答旧瓶装新酒怀疑论者》，顾颉刚等著：《通俗读物论文集》，生活书店1938年版，第39页。
④老舍：《一九四一年文学趋向的展望》，《老舍全集》第17卷，人民文学出版社2008年版，第284页。
⑤老舍：《答客问》，《老舍全集》第17卷，人民文学出版社2008年版，第179页。

形式，而不被旧形式困在重围。你不只是填塞，你要创制。你的文字、音调、节拍、都合适，而且是又新又合适。这很不易！”①。总之，对旧形式的利用是为新形式的创制服务的。其实，早在文艺大众化讨论开始的时候，洪灵菲就提出：“尽可能的利用大众所理解和爱护的那些旧的艺术形式，放进新的内容。再进一步把旧的艺术形式做基础，创造合于大众所要求的内容和形式统一起来的新的艺术形式。”②而老舍则更进一步地发展了这一观点。

“旧瓶装新酒”的观点对后来的民族形式论争产生了很大影响，也造成了较大的分歧。在1942年总结抗战以来的文艺发展时，对“旧瓶装新酒”引起的论争作了一次回顾与省察，认为主要存在三种倾向：一是不讲文艺性，在旧形式中加入抗战的材料，去教育民众，这是“旧瓶装新酒”的初衷，但这是教育家而非文艺家的事；二是保持文艺性，用旧形式写现在的事，表现新思想。对此，他认为旧形式要用旧故事写才好，表现新思想更不可能，“新思想与旧形式不会相合的”，这种办法只能延长旧形式的生命，而无法创制新的形式；三是放弃旧形式，仍按新文艺的方法去做，设法使文艺传入民间，即“民族的形式，革命的内容”。

老舍说这场讨论还是有积极的意义的，起码是从中“发现了活的文艺”，而不是以往以新文艺为一维的观念。但关于民族形式的源泉问题，他并没有采用非此即彼的论争思维，而是从自己的经验出发，提出了和谐共存、齐头并进的方案。

老舍认为，“把握旧瓶的问题太复杂，技巧之把握就须费许多时间……只有技巧熟了，才动得笔，而且就是把握住以后，新旧仍不易调和……顾新就不能顾旧，多一分旧便少一分新，二者是不易调和的”，要是全用新方法，写起来就顺畅得多，但是“一顾到旧，则写出的东西失去了活泼，且写起来很费时间”，因此，在多方权衡之后，老舍最终放弃了“旧瓶装新酒”的做法，重新回到新文艺自身的发展道路上来了，他提出“仍沿用我们五四以来的文艺道路走去，只要多注意自然，不太欧化，理智不要妨碍感情，这是比较好的一条路”。而当务之急是“深入大众中去了解他们的生活，更深的同情他们，这比只知道一点民间文艺的技巧，更为确实可靠”③。

此后，老舍经过多年的通俗文艺创作实践，越来越意识到通过旧形式与新内容相调和的艰难，这种难以调和常常使他感到非常痛苦。老舍在济南的时候，为了抗战宣传的需要，开始思索创作的转型问题，如何借用传统的民间形式为全民族的抗战服务。他和一些热心宣传抗战的青年去拜访白云鹏与张小轩先生，讨论鼓书的作法。到了武汉以后，又认识了富少舫、董莲枝等民间艺人，从此开始写鼓词。后来在冯玉祥那里遇到了避难的河南艺人，又向他们请教河南坠子的做法。1941年民族形式论争正激烈的时候，老舍正在试写长诗《剑北篇》，受民族形式论争的影响，“用韵设词，多取法旧规，为新旧相融的试验”④，但试验的结果，却不尽如人意。他说自己一计划写诗的时候，民族形式就“像找替身的女鬼似的向我招手”，引诱他上套，而不管自己怎么设法躲避旧形式的规范，但最终还是“步步堕陷，不知不觉的陷入旧圈套中”。因此，思想的自由与形式的束缚，使老舍最终从“根本

①老舍：《答客问》，《老舍全集》第17卷，人民文学出版社2008年版，第184页。

②郭沫若等：《我希望于大众文艺的》，《大众文艺》1930年第2卷第4期，1930年5月。

③老舍：《抗战以来文艺发展的情形》，《老舍全集》第17卷，人民文学出版社2008年版，第362页。

④老舍：《我怎样写〈剑北篇〉》，《老舍全集》第17卷，人民文学出版社2008年版，第436页。

怀疑了民族形式这一口号”。尽管民族形式“是要以民族文艺固有的风格道出革命的精神”，但是他从中没有得到好处。[①] 因此，他“不能不放弃旧形式的写作，这个否定就是我对民族形式论争的回答”[②]。有了这样一些认识之后，老舍彻底放弃了“旧瓶装新酒”的民族形式，虽然这些实践是失败了，但它使老舍“明白了什么是民间的语言，什么是中国语言的自然的韵律”[③]。而正是这些活着的民间语言，才是真正的民族形式的主要内涵。一直到新中国成立后，老舍还坚持这一主张，他认为：“所谓民族形式，主要是语言。如我们有单弦、大鼓、相声，人家外国也有人家自己的民间歌曲；我们有小说，外国也有小说。可是我们的语言是唯一的，世界上只有我们说这种语言，其他国家都不说，因此说民族形式，语言是最主要的。”[④]

1945年，老舍在一次讲演中再一次重申他对民族形式讨论的态度，并为民族形式的建立提供了一个合理的发展方向。他说：“关于这个问题，前两年文坛上讨论得很起劲，但是实在没有讨论得出一个什么结论来。其实这问题根本就不成其为问题。所谓民间形式的东西，我们实在还没有发现过。真正好的民间文艺都是口传的，那纯粹是通过了人民心理，以民间的语言表现出来的。如像鼓词，所有唱本都是经过了文人的润色和修饰的，已经不是原来的真面目了。所以真正好的民间文艺，还是存在于那些卖唱者的口中，要我们去采集。光是凭空讨论是没有用的。”[⑤]

三

上文阐述了老舍在抗战时期对文艺大众化运动的一些观点，从中可以发现，老舍对文艺大众化运动，经历了一个接受—实践—扬弃的过程。他对文艺大众化运动中存在的一些问题进行了理性的思考，提出了建设性的意见，为文艺的大众化指出了一个方向。老舍的这些努力，不仅推动了抗战时期大众化运动的发展，而且也影响到新中国成立后的大众化、民族化运动。那么，老舍是如何接受大众化，以及在大众化问题上的立场与方式等，同样是值得关注的命题。

首先，老舍对文艺大众化的接受，取决于他的身份、个性与家国情怀。文艺大众化运动的初衷是促成新文艺与普通民众的结合，而不再是知识分子阶层的专享。老舍出身于城市贫民阶层，对普通民众的生活与心理有着充分的了解。他的文学创作，不仅没有新文学初期语言上的新文艺腔，而且始终对普通民众保持着极大的同情。因此，就心理取向上言，老舍对于文艺需要大众化的接受是没有障碍的。在他谈论新文艺产生以来的缺憾时，多次强调新文艺与民众的脱节现象，必须加以通俗化。同时，老舍童年时期受过评书、旧戏、曲艺等各种民间形式的熏染，对旧形式有着一种由衷的喜好，从不以这些民间的艺术形式为鄙陋，这也为他后来深入民众，主动向艺人学习鼓词、旧戏、坠子等民间说唱艺术提

①老舍：《三年写作自述》，《老舍全集》第17卷，人民文学出版社2008年版，第280页。

②老舍：《一九四一年文学趋向的展望》，《老舍全集》第17卷，人民文学出版社2008年版，第284页。

③老舍：《三年写作自述》，《老舍全集》第17卷，人民文学出版社2008年版，第275页。

④老舍：《关于业余曲艺创作的几个问题》，《老舍全集》第17卷，人民文学出版社2008年版，第704页。

⑤老舍：《关于文艺诸问题——在复旦大学讲演》，《老舍全集》第17卷，人民文学出版社2008年版，第447页。

供了基础。此外，老舍性格当中还有一种强烈的侠义精神和家国情怀。在抗战爆发之后，他便中断自己所热爱的新文艺的创作，思索如何使用通俗文艺的形式来为抗战做些工作。1938年直到抗战结束，他均在武汉、重庆等地主持"文协"的日常工作，甘心做文艺界的一名小卒，创办杂志，为前线士兵输送通俗读物，宣传抗战，尽一个文艺工作者所能尽到的责任，为了抗战，舍弃自我。这些因素，是老舍甘愿从事文艺大众化工作的基本动因。一直到新中国成立后，尽管老舍回归到新文艺，但他还坚持文艺的通俗化工作，不仅创作了大量相声、快板等通俗作品，探索通俗文艺的创作技巧，而且还指导青年作者的通俗文艺创作，促进文艺的大众化。因此，市民身份、侠义精神和家国情怀，以及现实主义的创作原则，是老舍接受文艺大众化得天独厚的条件。

其次，尽管老舍在抗战时期放弃新文艺而去从事通俗文艺的创作，但他并没有丧失新文艺家的立场。他一方面坚守着新文艺大众化、通俗化的发展方向，同时主张新文艺与通俗文艺共同发展，互取优长，最终实现二者合流。这与文艺大众化运动中所出现的以通俗文艺替代新文艺作为文学发展方向的立场有着本质的不同。和很多新文艺作家一样，老舍对新文艺无比热爱。在谈到创作转型的动机时，他说："专从个人的利害说，(恕我浅薄!)我比谁都热心拥护新文艺。……倘若有人要图谋文艺复辟而打倒新文艺，我必是捍卫新文艺的战士之一；新文艺的生命就是我的生命!"为什么要写通俗文艺呢？原因在于新文艺没有深入民间，抗战时期迫切需要通俗文艺。但老舍对通俗文艺性质的认识是非常清楚的，他说："通俗文艺在文艺的本质上，实在尽着宣传与教训的责任。"[①]既不能放弃得心应手的新文艺，又不能为抗战需要的通俗文艺而牺牲自己的趣味，这一矛盾常常使老舍感到痛苦，甚至想要自杀。尤其在利用旧形式的时候，深感新旧不能融合的苦恼。这也是他后来不得不放弃通俗文艺创作的原因。因此，老舍虽然极力倡导通俗化，鼓吹民间形式尤其是说唱艺术形式的创作，但其宗旨是取民间文艺中的活的成分，来推进新文艺的大众化。换句话说，抗战时期的通俗文艺以及旧形式的运用只是急切之间一种过渡性的做法，因为普通民众的文化水平较低，新文艺一时间难以实现大众化以达到宣传的效用。从文艺大众化发展的方向而言，老舍认为通俗文艺与新文艺是处于同等地位的，二者没有优劣之分，谁也取代不了谁，互取优长，补己之短，新文艺要大众化，通俗文艺要具备文艺性，未来的文艺，应该是通俗与新文艺并行发展，以满足大众的需要。质言之，老舍心目中理想的大众文艺，则是用大众的语言写的，能普遍被大众所接受、欣赏的文艺，正如他所言："大众文艺并不该是另一种文艺，而是所有的文艺都该是大众的。"[②]真正实现了这一点，也就无所谓新旧文艺之分了。

最后，老舍提出的大众化问题的理念，都是基于自己的创作经验之上的。20世纪三四十年代的文艺大众化问题和民族形式的讨论，老舍都没有参与。他重实际、轻空谈。抗战期间，他深入民众之中，向民间艺人讨教鼓词、坠子的作法，并与他们合作，为他们创作鼓词，学习并创作旧剧，八年时间内写了三篇鼓词、四出京剧、一篇通俗小说，此外还有抗战民歌、童谣、洋片词、长诗《剑北篇》等。深入民众，使老舍切实了解民众的需求，同时向民众学习语言。有了这些实地考察和创作实践上的准备，老舍对文艺大众化和民族形式的

---

①老舍：《通俗文艺的技巧》，《老舍全集》第17卷，人民文学出版社2008年版，第218页。

②老舍：《大众文艺怎样写》，《老舍全集》第12卷，人民文学出版社2008年版，第646页。

意见才是具体有效的。而文艺大众化与民族形式论争中,能够做到理论倡导与创作实践兼备的作家屈指可数。正是在这样的基础之上,老舍关于大众化及民间形式、民族形式的阐述是全方面的,同时又是具有建设性的。在他谈论通俗文艺与民族形式的文章中,既有诸如《论通俗文艺》《谈通俗文艺》《抗战中的通俗文艺》《通俗文艺散谈》《谈文艺通俗化》这些探讨通俗文艺性质的文章,也有诸如《怎样写通俗文艺》《通俗文艺的技巧》《技巧问题》等探讨通俗文艺语言、形式、结构与作法的文章;还有诸如《制作通俗文艺的苦痛》《编写民众读物的困难》《我怎样写通俗文艺》等阐述通俗文艺创作经验与困惑的文章,自成一个系统。这较之于理论上的争锋要实际得多,也务实得多。实际上,1930 年代的文艺大众化讨论就因缺乏实际创作的支撑而不了了之,后来的大众语之争也远离了现实而流产,而老舍坚持从自己的实际经验出发,提出自己的大众化理念,是最切实有效的做法。而且,也使他的大众化思想一直延伸到新中国成立后,为 1950—1970 年的文艺大众化提供了有效的借鉴和示范。

总之,老舍抗战时期所进行的通俗文艺的实践,对于文艺大众化运动的发展,起到了很大的推动作用;他对大众化问题的阐释,从性质、内容、技巧到形式,构成了一个完备的系统;他对通俗文艺所采取的务实的态度,以及严谨的文风,避开了文艺大众化运动中存在的过激倾向,切实检验了文艺大众化运动中的理念,使文艺大众化运动得以健康推进,其意义和贡献是不言自明的。

(作者单位:安徽师范大学文学院)

多维视野下的老舍抗战戏剧

◎梅启波

对于老舍，学界的研究多集中在他的小说，以及他解放后创作的《茶馆》《龙须沟》等戏剧。我们一般对老舍有两个印象：一个是现代文学史上的作为小说家的老舍，从英国留学回来的幽默写家，和政治保持着一定的距离；另一个是当代文学史上的戏剧家，解放后创作《龙须沟》《茶馆》的老舍，是紧跟时代政治的人民艺术家。这两种看法似乎形成了鲜明反差，我们不禁要问，老舍的创作和文艺思想在这两个时代之间是如何过渡和转变的？笔者认为这一转变是从抗战时期开始的。1939－1943年间，老舍为了抗战宣传的需要，投身于从未涉足的戏剧领域，先后创作出9部多幕剧，包括《残雾》《张自忠》《大地龙蛇》《归去来兮》《面子问题》《谁先到了重庆》6部话剧，与他人合作的《国家至上》《桃李春风》《王老虎》3部话剧。另外还有4部抗战京剧：《新刺虎》《忠烈图》《薛三娘》《王家镇》。老舍在这么短的时间，集中创作出这么多戏剧作品，可以说是中国戏剧史上少有的现象，也是抗战时期中国戏剧运动大爆发的一个典型。老舍抗战戏剧是其戏剧创作的起点，也是老舍研究不可或缺的重要一环。老舍在文艺创作中自觉走在时代大潮之前，致力于汉、满、回等多民族的团结，以及中华各民族文化的存亡和复兴。老舍抗战戏剧的文艺创作思想不仅在抗战胜利70周年具有重要意义，也为当下文艺政策的制定，以及作家如何创作出与时代和人民同呼吸、共命运的作品提供了借鉴。

一、老舍抗战戏剧的时代性

老舍的抗战戏剧充满时代性，这在于抗战这个大时代完全改变了老舍的生活和写作方向。老舍不属于激进作家，其早期主导思想是个人主义和自由主义。1924－1929年，老舍在英国伦敦大学东方学院任讲师。在英国的这段时间，但丁、狄更斯、康拉德、萧伯纳等人的思想和作品深深地影响了老舍。从英国回来后，老舍在山东青岛过着教授和兼职作家的闲适生活，是一个学院派的幽默写家。老舍在其《文学概论讲义》一书中明确表示追求人的文学，反对政治的文学。这个阶段，老舍是一个典型的学院派幽默写家。随着日本侵略者的步步紧逼，老舍的思想开始改变，并转向以前完全没涉及的戏剧创作。老舍说："抗战改变了一切。我的生活与我的文章也都随着战斗的急潮而不能不变动了。"[①]1937

①老舍：《我怎样写通俗文艺》，《老舍创作与生活自述》，人民文学出版社1982年版，第49页。

年12月老舍发表《大时代与写家》，这可以说是启动抗战文艺的一篇宣言书。老舍强调作家只有与时代契合才能成为真正的作家和成就伟大作品：

“每逢社会上起了严重的变动，每逢国家遇到灾患与危险，文艺就必然想充分的尽到它对人生实际上的责任，以证实它是时代的产儿，从而精诚的报答它的父母。……大时代须有伟大文艺作品。”①

抗战使老舍毅然抛家弃子，投入抗战的洪流之中，担任文协（全国文艺界抗敌协会）的领导，并积极从事抗日文艺工作。老舍反复强调“时代的伟大：时代是心智的测量器”②。老舍自觉适应这种时代要求，放下自己熟悉的小说转而创作鼓词，在济南时拜曲艺艺人为师，到武汉以后与山药蛋等著名艺人合作进行民间文艺创作。为了用民众喜欢的形式宣传抗战，老舍1938年一年内就创作了《新刺虎》《忠烈图》《烈妇殉国》《王家镇》等四部京剧。1938年老舍还参加了“七七”周年公演的四幕话剧《保卫大武汉》的集体创作。这些创作活动让老舍进一步认识到了舞台艺术的特点，并打下了舞台艺术创作的基础。随着日本帝国主义的疯狂进攻，北平、天津、济南、青岛、徐州、太原、上海、南京、杭州、武汉等中国大城市迅速沦陷，老舍也辗转到重庆。颠沛的流亡生活让老舍走出了个人的小天地，认识到个人命运与时代的密切关系，老舍众多抗战戏剧中也渗透和书写了民族和个人的这一时代生存状态。

抗战也改变了中国戏剧的命运，极大地促进了戏剧运动的发展，老舍创作戏剧也是顺应了这一时代需要。1939年，在抗战最艰苦的时候，国内一些城市开始流露出悲观和投降的情绪。老舍以文艺界抗敌协会的代表身份，历时五个月，行两万里，到陕甘绥等地慰劳抗战将士。他在兴集差点被山洪冲走，在陕州差点被炸死，但此行让老舍看到了前线广大军民抗战情绪的高涨，老舍说：“越走近前方，越相信‘抗战必胜’确非仅一标语。”③此行也让老舍深刻体会到军民对戏剧等文艺的渴求，以及前线文化食粮方面饥荒严重。老舍看到抗战极大地促进了戏剧文艺的发展。他说戏剧在战前差不多可以说是一潭死水，“戏剧的运动，在战前虽然时有所闻，可是除了在上海与其他极少数的大都会，并没有多少成绩可言”④。正是抗战宣传使得无论是乡村还是军队，大都市还是塞上，“到处都是剧团，演的也许是话剧，也许是二黄或秦腔，可都是为了抗战的宣传而表演”⑤。老舍后来也反复强调戏剧和抗战的关系：“抗战需要戏剧，戏剧必须抗战，二者相依相成，无可分离。”⑥老舍意识到必须把创作形式转换到“通俗文艺”和“使文艺效劳于抗战”方面来，因此他毫不犹豫地“弃旧投新”，从驾轻就熟的小说转向“通俗文艺”（包括相声、鼓词等）和戏剧创作。在接下来的短短3年时间里，老舍以高涨的热情创作了《残雾》《国家至上》《谁先到了重庆》《桃李春风》等9部抗战主题的戏剧，塑造了从将军到普通教师，以及大后方的小官僚、流亡学生、平民等系列人物形象，表现了时代洪流中的众生相。老舍创作的一系列戏剧都紧贴时

①老舍：《大时代与写家》，《宇宙风》第53期，1937年12月1日。

②老舍：《三年来的文艺运动》，重庆《大公报》“七七纪念特刊”，1940年7月7日。

③老舍：《归自西北》，重庆《大公报》，1939年12月17日。

④老舍：《文艺成绩》，《新蜀报·蜀道》，1940年1月4日。

⑤老舍：《文艺成绩》，《新蜀报·蜀道》，1940年1月4日。

⑥老舍：《抗战戏剧的发展与困难》，重庆《扫荡报》“元旦增刊”，1940年1月1日。

代主题，充满浓烈的抗战色彩。

“以笔代枪”是老舍抗战戏剧和文艺思想时代性的集中体现。老舍最初的观点是文学是独立的艺术，他认为：“以文学为工具，文艺便成为奴性的；以文艺为奴仆的，文艺也不会真诚的伺候他。”①老舍后来也承认，在抗战以前确乎有过他是搞文艺的，政治是另一回事的想法。老舍认为：“在抗战中，我不仅应当是个作者，也应当是个关心战争的国民，我是个国民，我就该尽力于抗敌，我不会放枪，好，让我用笔代枪吧！”②这样，老舍由开始文艺是独立自由的观念，转向宣扬“文艺应该效劳于抗战”这一主题。那么，老舍是怎么看待文艺的艺术性与时代、宣传的关系呢？老舍从熟悉的小说创作转向戏剧创作，完全是服从抗战这一时代需求的。老舍正是怀着这种文艺观和使命感，将目光转向通俗文艺和舞台艺术，因为这些艺术形式因其地方性和直观性，对于千万普通观众来说比小说更有感染力和宣传效果。抗战文艺有不少是急就章，而被梁实秋等一些人嘲笑为“抗战八股”。1938年老舍曾与梁实秋在重庆北碚的劳军募款晚会上一起说过相声，算是有一定的私交，但老舍还是撰文与梁实秋辩驳：“说句实话，抗战以来的文艺，无论在哪一方面，都有点抗战八股的味道。可是细心一想呢，抗战八股总比功名八股有些用处，有些心肝。由抗战八股一变而为通俗八股，看起来是黄鼠狼下刺猬，一辈不如一辈了，可是，它的热情与居心，恐怕绝非‘文艺不得抗战’与‘文艺不得宣传’的理论者所梦想得到的吧。”③

老舍认为抗战戏剧是中国时代的需要，不仅是因为民族危机，也是当时中国文化教育条件所限。他认为，如果中国当时教育已经普及，到处有报纸和广播，人人关心国事，天天阅读新闻，放听广播，也许文艺正应当少写些战争，而正是中国教育和新闻的不足，才需要用文艺来宣传。老舍认为：“当社会需要软性与低级的闲话与趣味，文艺若去迎合，是下贱；当社会需要知识与激励，而文艺力避功利，是怠职。抗战文艺注重宣传与教育，是为尽职，并非迁就。”④他在创作其话剧处女作《残雾》时就指出戏剧在抗战宣传上有突击的功效。老舍在《一封公开信》中谈道：“一个新剧本若能早到半月，也就能在各地早几天演出，这就不单是使朋友们早些得到书读，而是使民众早些看到戏剧，对抗战宣传不无裨益。”⑤老舍反对概念化的抗战八股，他认为只要抗战戏剧能写出时代主题和精神，就是宣传剧也会受到观众欢迎。他认为《国家至上》“在宣传剧中，这是一本成功的东西，它有人物，有情节，有效果，又简单易演”⑥。这出戏在重庆演过两次，在昆明、成都、大理、兰州、西安、桂林、香港，甚至于西康，也都上演过。这部戏剧之所以广受欢迎，是因为全剧集中表现了抗战这一时代主题，洪深将该剧列为十部必读的抗战剧本之一。老舍总是从抗战这个大时代宣传的需要出发创作戏剧，不仅仅因为他是文协的主要负责人，需要起带头作用，更重要的是老舍的创作体现了一个中国知识分子在时代危局前具有的高度社会责任感和鲜明的政治倾向性。

---

①老舍：《文学概论讲义》，《老舍全集》第16卷，人民文学出版社2008年版，第25页。

②老舍：《八方风雨》，《老舍全集》第14卷，人民文学出版社2008年版，第386页。

③老舍：《制作通俗文艺的苦痛》，《抗战文艺》第2卷第6期，1938年10月15日。

④老舍：《三年来的文艺运动》，重庆《大公报》“七七纪念特刊”，1940年7月7日。

⑤老舍：《老舍书信集》，百花文艺出版社1992年版，第101页。

⑥老舍：《闲话我的七个话剧》，《抗战文艺》第8卷第1、2期合刊号，1942年11月15日。

二、老舍抗战戏剧的人民性

老舍的抗战戏剧充满时代先锋精神，也是充满人民性的。众所周知，《龙须沟》为老舍赢得了“人民艺术家”的称号。笔者认为老舍获得这一称号，其实并非因某一部戏剧偶然获得，而是作家长期为人民创作的结果。老舍抗战时期创作这些戏剧是由于人民需要戏剧，他的抗战戏剧从根本上是站在人民的立场，表达人民的情感需求。老舍指出：“在这一个大时代里，要用中国的感情，写中国的文艺。”[①]老舍很多抗战戏剧是应各抗战人民团体要求而创作的，《国家至上》《大地龙蛇》《张自忠》分别是应中华回教协会、东方文化协会、军界委托创作，反映了抗战大熔炉之中满、汉、回、蒙等各民族团结抗日的精神。从某种程度上看，老舍早期小说抒发个人情感成分较多，而这些戏剧表达的是各阶层人民的呼声。

老舍抗战戏剧的人民性在于为广大人民创作，以及创作和演出方式的人民性。老舍抗战戏剧不仅是与抗战时期各种团体、协会之间的互动而创作的，就是演出也具有强烈的地方色彩，结合了很多地方群众的语言和生活风俗习惯。当时抗战人民群众渴求戏剧，出现剧本荒。老舍看到了“抗战戏剧已不是书铺子里的摆设，而是军民心中活动着的东西。我所见到的剧团多数是随着军队的。当上演的时候，我看到军官们的笑容，仿佛他们觉得军队中有剧团是件足以自傲的事，像打了次胜仗那样”[②]。老舍认为解决剧本荒除了作家供应更多剧本外，还有两个困难：一是舞台设备简陋和缺乏；二是语言多用官话，与当地语言存在隔膜。老舍强调抗战戏剧写作时心里始终要考虑到这些困难，要记住演出是在前线军营而不是上海租界。语言则要多用土语，戏剧语言亲切远比清楚重要，要亲切就非用土语不可。“想要用土语，便能想到怎样了解民众生活，从而由民众生活中择取戏剧的材料。”[③]胡亚敏教授指出：“文艺与人民的关系不仅涉及到文艺外在的各种关系，而且也关涉到内在的诸多要素。”[④]为谁服务这个问题不仅制约着作者的思想倾向，也影响到艺术追求和语言风格等诸多问题。抗战前线人民渴求戏剧，但演出条件也很差，为了方便军民演出，老舍抗战戏剧很少宏大场面，而多人物的对话。比如《残雾》《国家至上》应该有很多大的斗争场面，但老舍多通过侧面人物对话来表现。又如《面子问题》这部戏剧，当时有评论者就认为这部戏剧对话太多，缺乏戏剧的动作性和舞台性。“可是，各处都排演它，其原因或者在于人物少，服装道具简单，不费钱耳。在抗战中，人难财难，我以为戏剧应当写简单一点，以收广为扮演之效。若用人过多，费用太大，则一剧写成仅供三二大都市之用，剧本荒恐难解除矣。”[⑤]可见，老舍并不是一力卖弄艺术场面宏大，戏剧多么专业，而更多的是考虑到广大人民的需要，创作出适合地方群众自己演出的作品。老舍抗战戏剧的创作和演出方式都以人民需求为出发点和落脚点的。

老舍抗战戏剧的人民性在于表现了广大人民的情感，表现了人民对民族团结的期盼以及对抗战英雄的颂扬。日本帝国主义的入侵让中华民族面临亡国灭种的危机，而抗战

---

①老舍：《抗战以来的中国文艺》，《文化动员》第1卷第3期，1939年2月。

②老舍：《抗战戏剧的发展与困难》，《扫荡报》“元旦增刊”，1940年1月1日。

③老舍：《抗战戏剧的发展与困难》，《扫荡报》“元旦增刊”，1940年1月1日。

④胡亚敏：《中国马克思主义文学批评的人民观》，《文学评论》2013年第5期。

⑤老舍：《闲话我的七个话剧》，《抗战文艺》第8卷第1、2期合刊号，1942年11月15日。

也是中华民族团结的一个契机。日本扶持伪满洲国建立，勾结内蒙古德王实行“内蒙自治运动”。老舍作为满族作家，对日本的险恶用心有清醒的认识。老舍认为中国人往往以家族和狭隘的种族主义为中心，缺乏现代民族国家观念。《国家至上》中的张子清就是以老舍在济南时教他练拳的回族拳师为原型的，张子清有强烈的民族情感而又狭隘。戏剧高潮部分张子清终于认识到回汉团结的重要性，在临死前打死了调拨离间的汉奸金四把，完成了精神上的蜕变。老舍的戏剧让很多人认识到回族“他们勇敢，洁净，有信仰，有组织。其所以往往与教外人发生冲突，这实在不是因为谁好谁坏，而是因为彼此的生活习惯有好些不同的地方；不一致会产生误会，久而久之，这误会渐变成了必然之理，彼此理当互相轻视隔离”[①]。这个戏剧深深打动了广大回族民众，老舍说：“我到大理，一位八十多岁的回教老人，一定要看看《国家至上》的作者，而且求我给他写几个字，留作纪念！回汉一向隔膜，有了这么一出戏，就能发生这样的好感，谁说文艺不应当负起宣传的任务呢？”[②]老舍其他戏剧也贯穿了各族人民乃至世界人民团结抗击法西斯的主题。比如《大地龙蛇》第一幕第二节“绥远战役”中的主要人物不仅有汉族人赵兴邦，还有蒙古兵巴颜色图、回族兵穆沙、西藏高僧罗桑旺赞、朝鲜义勇兵朴继周、印度医生竺法救、南洋华侨林祖荣，以及日本投诚兵马致远等，正是这些人的团结抗战，才取得中国抗日战争史上第一次重大胜利——绥远大捷。老舍戏剧极力地歌颂中国各族人民的抗战献身精神，《张自忠》就是这种抗战精神的代表，这部戏剧从多角度展现了张将军作为一个爱国将领勇于献身的高尚人格。

老舍抗战戏剧的人民性更在于强调民族的文化性。老舍说过：“抗战的目的，在保持我们文化的生存与自由；有文化的自由生存，这样才有历史的繁荣与延续——人存而文化亡，必系奴隶。”[③]老舍的这一论断，在我们今天看来仍具有警示意义。老舍认为戏剧是文化的发言人，因此他用戏剧来弘扬民族文化精神。老舍抗战戏剧致力于对传统文化“核心”价值的挖掘：自尊、坚韧、温柔敦厚而又威武不屈的精神。老舍抗战剧作塑造的几位传统儒者形象：《大地龙蛇》中的赵翔琛、《桃李春风》中的辛永年等，这些人物既有温柔敦厚的品格，又有舍身取义的民族气节，是中国传统文化的体现。老舍戏剧中一些“痴人”却善良和坚韧，比如《归去来兮》中的吕千秋，身受日本侵略者的残害，但仍坚守内心良知。老舍抗战戏剧致力于提炼这些价值观，试图使传统文化中有价值的精神在抗战的烈火中浴火重生，重塑民族文化的辉煌。老舍抗战戏剧中弘扬的一些价值观，对当时民族国家观念的形成具有重大意义。

老舍认为，抗战时期正好检讨文化，其长处和短处都必须检讨，必须看到我们文化的过去、现在和将来。老舍在中华民族最危急的时刻，仍关注对国民劣根性的探讨，《残雾》《面子问题》等戏剧正是对官本位、钱本位等国民劣根性的批判和反思。《张自忠》这个戏剧歌颂了广大将士的爱国精神，也尖锐批判了国民党军队中的黑暗和问题。老舍正是以这种清醒的现实主义精神致力于对文化旧质进行批判，对文化新质进行发掘。在对过去与现在的综合思考和批判中，老舍对中国未来文化走向进行探索。《大地龙蛇》这部戏剧的艺术构思就是对“东方文化”的全面思考。从横向来看，戏剧讨论涉及以中国文化为中

①老舍：《〈国家至上〉说明之一》，重庆《扫荡报》“《国家至上》公演特辑”，1940年4月5日。

②老舍：《闲话我的七个话剧》，《抗战文艺》第8卷第1、2期合刊号，1942年11月15日。

③老舍：《大地龙蛇·序》，《老舍全集》第9卷，人民文学出版社2008年版，第358页。

心的包括印度、日本、朝鲜、新加坡等东方诸国的文化，思考了中国和东方文化的多元构成，它包括儒家文化、老庄文化、佛教文化、伊斯兰文化、印度文化等的平等交流；从纵向来看，该戏剧思考了以中国文化为中心的“东方文化”的过去、现在和未来。老舍戏剧表现了东方民族文化的内质美，激发了观众的民族意识和自豪感，坚定了广大人民对中华文化未来辉煌蓬勃的希望和信心。

三、老舍抗战戏剧的艺术实验性

老舍在很多场合和文章中都说过，他创作戏剧只是学习。老舍无论当初在英国写小说还是涉足抗战戏剧都抱着一种“写着玩”和学习的态度，而正是这种轻松的心态使得老舍的艺术创作充满实验性和独特个性。早在 1934 年，老舍就曾透露过一个秘密：“我作过戏剧。这只有我和字纸篓知道。”①他说：“抗战以前，专写小说；近来亦试写诗歌与话剧：旨在学习，不论成败。多学一定，即多知一点；不去实地实验，无从知其困难，理论不足恃也。”②他在《读与写》中说：“我写剧本完全是学习的意思，将来我若出一本全集，或者不应把现在所写的剧本收入。”③老舍反复强调：“我没有任何天才，但对文艺的各种形式都愿试一试。小说，试过了，没有什么好成绩。话剧，在抗战中才敢一试，全无是处。”④列举这么多老舍的自述可以看出，老舍是很谦虚的，但很多研究者据此认为老舍抗战戏剧多数不是很成功。有些研究者认为，老舍抗战戏剧除了《国家至上》《残雾》等在艺术上较完整，其他多以小说笔法写话剧，舞台技巧还不成熟。⑤ 这些评论依据老舍自己的论述，也有一定道理。当然我们也不能因此忽视老舍抗战戏剧的艺术价值，特别是这些戏剧中的艺术实验和探索精神，更值得我们研究和关注。

老舍戏剧的实验性之一是戏剧的去技巧化。老舍虽然一再说自己不懂戏剧，其实不然。他在《文学概论讲义》中就称戏剧是文艺中最难的，将戏剧视为“神的艺术”。老舍深深懂得戏剧难在它是一门综合艺术，有诸多的技巧。在写了七个剧本之后，老舍还在感叹：“剧本是多么难写的东西啊！动作少，失之呆滞；动作多，失之芜乱。文字好，话剧不真；文字劣，又不甘心。顾舞台，失了文艺性；顾文艺，丢了舞台。”⑥老舍明了戏剧创作的种种法则，但他实际上漠视流行的编剧法，奉行戏剧创作自由的实验路线。老舍在《闲话我的七个话剧》中谈到过自己开始创作戏剧时是以人物为中心进行创作的：“我愿意有某件事，就发生某件事；我愿意教某人出来，就教他上场。”⑦这使得当时有不少评论家批评其戏剧太过自由，缺乏集中的戏剧冲突。我国早期话剧，从文明戏开始大多是向西方戏剧学习：一是现实主义戏剧，如易卜生的社会问题剧；另一类是浪漫主义的传奇类戏剧。这两类在艺术手法上虽有差异，但共同的特征就是强调戏剧冲突。到 20 世纪 30 年代，中国话

①老舍：《神的游戏》，天津《大公报》“文艺副刊”第 84 期，1934 年 7 月 14 日。

②老舍：《致陈养锋》，《黄埔》第 6 卷第 5、6 期合刊，1941 年 4 月。

③老舍：《读与写》，《文坛》第 2 卷第 1 期，1943 年 4 月。

④老舍：《致友人——1942 年 3 月 4 日》，《老舍书信集》，百花文艺出版社 1992 年版，第 134 页。

⑤洪忠煌、克莹：《老舍话剧的艺术世界》，学苑出版社 1993 年版，第 22 页。

⑥老舍：《闲话我的七个话剧》，《抗战文艺》第 1、2 期合刊号，1942 年 11 月 15 日。

⑦老舍：《闲话我的七个话剧》，《抗战文艺》第 1、2 期合刊号，1942 年 11 月 15 日。

剧界逐渐形成了这么一个不成文的规定:“没有冲突就没有戏剧。”老舍则以自己独特的创作手法冲击这一流行法则。老舍抗战戏剧大多是顺叙的线性结构,没有运用倒叙、插叙等叙述技巧。这源于老舍前期的小说经验,也适合反映抗战这个大时代广阔的社会生活。这一戏剧结构也影响了老舍后期的戏剧创作,并成为其戏剧的一大特色。老舍抛弃当时流行的“冲突论”创作手法,多用穿插、正反对比、侧面烘托等手法来营造情境,这就形成了老舍戏剧舞台时空转换、场景变化的开放性特征。老舍这种看似松散的戏剧,与当时流行的“纯话剧文本”相去甚远,但显得更自然,更接近生活的真实。老舍认为戏剧过重技巧则文字容易枯窘,他总结自己的几部戏剧时说:“技巧都不成为重要的东西。原因是:(一)我不明白舞台的诀窍,所以总要不来那些戏剧的花样。(二)跟我写小说一样,我向来不跟别人跑,我的好处与坏处总是我自己的。……我不愿模仿别人,而失去自己的长处。”①可见老舍对自己的戏剧创作还是充满自信的,这种自信背后是一个艺术家对自己创造性和实验精神的自信。很多人往往被老舍不断自谦自己不懂戏剧的表述迷惑,其实这是老舍的一种永不自满的清醒态度。老舍在戏剧创作之初就不断去技巧化,坚持不懈地寻找自我,坚持自我,在话剧创作上不断地实验和创新。

老舍戏剧实验性之二是从剧本中心走向强调导演和演员的主观能动性。老舍不仅坚持创作自由,还有一个观念就是导演和演员也有自己的自由,可以不遵循的自己的剧本。老舍说:“我以为,写剧本,当然先须明白点戏剧的技巧,不然就无从着手,看戏,和讨教一些歌唱的法则,不是什么很难的事。略知道了一些,我们很可以放胆的去写,因为演员们若是真有心去排演我们的剧本,导演者自会去改正变动——大概没有一个剧本能不增减一字就恰好能上演的。”②老舍在完成《张自忠》的创作后,专门要求导演根据剧本情况修改:“我把剧本写成,自己并不敢就视为定本,而只以它为一个轮廓;假若有人愿演,我一点也不拦阻给我修改。”老舍声明对“许多不妥当的地方,必须改正,而且欢迎改正”③。到40年代,老舍虽然已经创作了《王老虎》《面子问题》《大地龙蛇》《谁先到了重庆》《归去来兮》等多部剧本,但他仍然很谦虚地说自己无法根据舞台特点调度人物多寡、人物动作和场景设置,不能很好地解决戏剧的舞台性问题,只能求助于别人。老舍说:“我曾经想我自己既无舞台的经验,以往我写的剧本,剧中每都只有对话,舞台上人物道具与地位全略而不写,上演时随导演去处理,与我无关。”④老舍看似自谦,放弃自己剧本的权威地位,实际上他是充分考虑到了剧本演出以及导演的主体性的。老舍认为:“导演者改动剧本,我想,大概有两个理由:(一)著者对舞台技巧生疏,写出来的未必都能适合于舞台条件,或未必发生效果;(二)著者在某一处的设意遣配混含不清,导演者有设法使之强调明晰的必要。”⑤老舍尊重导演和演员的理论主张,在客观上提高了导演和演员在戏剧中的地位,无疑代表了一种新的趋势。

---

①老舍:《闲话我的七个话剧》,《抗战文艺》第1、2期合刊号,1942年11月15日。

②老舍:《通俗文艺的技巧》,《抗战文艺》第7卷第1期,1941年1月。

③老舍:《写给导演者——声明在案:为剧本〈张自忠将军〉》,《文艺月刊》第5卷第1期“战时特刊”,1940年9月10日。

④老舍:《致姚篷子》,《文坛》第6期,1942年7月15日。

⑤老舍:《写给导演者——声明在案:为剧本〈张自忠将军〉》,《文艺月刊》第5卷第1期“战时特刊”,1940年9月10日。

老舍抗战戏剧的实验性还表现在尝试将中西文化艺术进行融合。老舍大量采用了传统艺术，特别是多种民间艺术，并不断融合西方戏剧、歌剧等艺术形式，这其实也是在进行多种艺术实验。老舍在戏剧创作中经常警告自己：笔落在纸上，而心想着舞台。老舍为了抗日的需要写了四部京剧：《新刺虎》《忠烈图》《薛三娘》《王家镇》。这几部戏剧，老舍都采取独幕剧，戏剧情节的设置和传统京剧的折子戏很类似，显然老舍考虑到了众多传统观众的欣赏习惯和抗战时的宣传效果。老舍抗战戏剧对传统曲艺、大鼓、坠子等因素的运用，并糅合京剧对白或唱词、舞台意识、舞台技巧，形成了老舍戏剧的独特风格。老舍抗战戏剧注重曲艺通俗化、大众化的同时，也注意将传统与西方艺术相融合。老舍参与了抗战文艺中“旧瓶装新酒”和“民族形式”问题的论争，并结合戏剧创作反复思考了“欧化”与“民族形式”“大众化”等几个问题。老舍分析“民族形式”因抗战宣传的需要转为“民间形式”的同义语，认为完全的“民间形式”与新文艺存在一定距离。老舍最后的结论很明确：“我是赞成仍沿用我们五四以来的文艺道路走去，只要多注意自然，不太欧化，理智不要妨碍感情，这是比较好的一条路。主要的问题在深入大众中去了解他们的生活，更深的同情他们，这比只知道一点民间文艺的技巧，更为确实可靠。”[①]老舍在概念混杂的论争中，文艺思想逐渐成熟，排解了自抗战以来“制作通俗文艺的苦痛”，戏剧文艺思想逐渐走向成熟。他在抗战戏剧中尝试将中西文化艺术进行融合。《大地龙蛇》将四支短歌、两个大合唱、六种舞蹈等进行有效组织和编排。西方戏剧在古希腊有合唱队，但后来戏剧与歌剧、舞剧开始严格区分，当时中国话剧也严格遵循这一界定。在抗战期间，老舍这种大胆的尝试无疑具有艺术超前性和先锋性。这种戏剧的歌舞融合具有现代主义色彩，与西方20世纪中后期流行的歌舞剧有异曲同工之妙。老舍的这种艺术创新并不能被当时中国戏剧界所理解和接受，但这种艺术实验极大丰富了中国戏剧创作，并给我们当下艺术创新以启发。

总之，老舍抗战戏剧是时代性、人民性和艺术性的高度统一体。一直以来，中国现当代文艺面临三个大的问题：一是如何处理与时代和政治的关系；二是文艺为谁服务的问题；三是如何处理外国文化与传统文化的关系。老舍的抗战戏剧可以说是较好地给出了这三个问题的答案。老舍从一个留学回国的精英作家转向为时代和人民服务的艺术家，抗战是一个重要的时代契机。老舍在转向抗战戏剧创作的时候，虽然有一些为时代、政治宣传而创作的不适应，但老舍从根本上是一个“国家至上”的民族作家，因此他始终能和人民同呼吸、共命运，这样也就必然走在时代和政治的主潮之前，为人民而创作。老舍融合传统民间艺术和西方舞台艺术的大胆尝试可以说是一种革新和突破，这也为中国戏剧艺术创作留下了宝贵的经验。

（作者单位：郑州大学文学院）

①老舍：《抗战以来文艺发展的情形》，《国文月刊》第14、15期，1942年7月、8月。

画出与世界比肩的民族“灵魂”

——浅谈跨文化体验对老舍艺术观的构型作用

◎李东芳

一

新文学运动是在沐浴了欧风美雨的现代作家笔下诞生的，现代文学作家的跨文化体验是形成这些具有世界文化视野的文化人格的重要催化剂。正如一位学人说过，凡是在中国现代文学史上有影响、有成就的作家，没有哪一个没有受到外国进步影响的。老舍也不例外，但是老舍独特的性情使得他对英国的跨文化体验格外不同于同一时期赴英国求学的其他现代作家。徐志摩对哲学家罗素崇拜备至，对剑桥大学的导师和英国朋友非常欣赏，自认为写诗和文学的慧心是得力于每周去导师家里陪着抽抽烟，于是慢慢就开窍了；费孝通对英国学术沙龙念念不忘；朱自清在《伦敦杂记》里对房东老太太的叙述也是颇有意味，Hibbs 太太举手投足不失大家风范，朱先生称有维多利亚时代的遗风。王佐良先生则对他的母校牛津大学津津乐道，从生活起居到导师、到图书馆，赞美之词溢于言表，这些在老舍笔下是看不到的。

关于老舍和英国的关系，一直是老舍研究中的一个重要问题。正如人艺导演李六乙认为：“老舍的作品除了具有平民化的特质，还有西方化的一面。”“20 世纪二三十年代，老舍曾经在英国生活过六年，在美国和新加坡分别生活过一年多，那时正是西方文艺思潮非常兴旺发达的一个时期，他受到了很多这方面的影响，但他的这个人生阶段，在老舍研究中一直是空白。”①

学界也已经看到老舍的跨文化体验带来的思维特点。如韩经太、李辉的《中国新文学发展中的老舍》则说“（老舍）思考的焦点在于怎样使民族传统文化与西方新世纪文化在历史转变过程中统一起来”②。吴小美、魏韶华在《老舍的小说世界与东西方文化》一书中，将老舍放在东西方文化的碰撞和长达一个多世纪的文化反思中考察，系统开掘老舍作为一代文艺伦理型作家的主要代表性思想特征、艺术风貌和价值，开掘他在双向文明批判中与同代文化人的共性及其独特个性，将老舍的小说世界作为一种“跨文化”的产物，联系着中

①杨荫：《老舍京味儿暗藏洋腔》，《法制晚报》，2006 年 12 月 9 日。

②韩经太、李辉：《中国新文学发展中的老舍》，《文学评论》1987 年第 1 期。

华民族传统文化在东西方文化冲撞中的消解与重构。[①]

在英国，初次走出国门的跨文化体验使老舍开阔了视野，建构起中西文化互为参照的跨文化眼光，也就是以欧洲文化为参照来看中国，以中国为参照来看欧洲，从而能够自由地游走于两种文化经验之间。不过老舍青少年时代在传统文化中奠定了基本的立身处世的价值观，继承了中国知识分子的忧患传统和救世理想，跨文化体验延展、拓宽、深化了这种感时忧国的价值观，使得他看到鸦片战争以后国人性格中落后的一面：以当官为最高的人生理想、麻木、好面子、自卑、国家观念薄弱等弱点。他既能看到英国式的资本主义崛起的先进性和现代性，重视法理的工商社会，公民意识和国家观念很强；同时又能够看到英国社会存在的狭隘、保守和排外的欧洲中心主义和殖民主义意识。在英国的跨文化体验对其建构民族新文化的理想具有决定性作用，使得老舍的文化批判是双向的，既反对全盘西化和极端的个人主义，也反对民族虚无主义。这种建构民族新文化的理想诉求与他的艺术观是一体的两面，融汇到他的如椽大笔之下，炮制出篇篇传世佳作。

他于 1924 年 25 岁的青春韶华初出国门，踏上英国时是"使用自己（文化）行李中携带的工具去看"的。中国人要有尊严，中国人不该再当洋奴，是他创作的原始动力之一，也就是说，老舍从走上创作道路的一开始就对艺术创作怀有明确的使命感，即在文艺中发掘并建构中国的新形象，以英国为参照，寻找鸦片战争后积弱的中国在世界上的坐标，这也是受到五四新文化运动认知模式的影响。

五四新文化运动鼓励了老舍的创作欲望："假若没有五四打乱二千年来的老规矩，不管我怎么爱好文艺，我也不会想到跟才子佳人、鸳鸯蝴蝶有所不同的题材，也不敢对老人老事有任何批判。五四运动送给我一双新眼睛。""反封建使我体会到人的尊严，人不该做礼教的奴隶，反帝国主义使我感到中国人的尊严，中国人不该再作洋奴。这两种认识就是我后来写作的基本思想与情感。"[②]当时英国流行把中国人写成"一种奇怪可笑的动物"，没钱到东方旅行的德国人、法国人、美国人到伦敦中国城找写小说、日记和新闻的材料，把中国人写成"抽大烟，私运军火，害死人后把尸首往床底下藏，强奸妇女不问老少，和作一切至少该千刀万剐的事情的"[③]。老舍看到"作小说的，写戏剧的，作电影的都按这种传说描写中国，通过看戏，看电影，念小说的姑娘、小孩、老太太、英国的皇帝，把这些记在脑子里，于是中国人已经变成世界上最阴险、最污浊、最讨厌、最卑鄙的一种两条腿儿的动物"[④]。在此，老舍看到了艺术生产和艺术传播的强大功能，就是生产出一种关于"中国想象"的权力话语，使得欧洲人对中国人的看法"真理化"和"知识化"了。

所以，老舍从一开始进行创作就具有这种自觉——抵抗这种基于欧洲中心主义的殖民主义话语。

借助塑造英国人的形象，老舍揭示了这种殖民主义观念在英国人意识中非常深厚。伊牧师在中国传教二十多年，"他真爱中国，半夜睡不着的时候，总是祷告上帝快快地叫中国变成英国的属国；他含着热泪告诉上帝：中国要不叫英国管起来，这群黄脸黑发的东西，

①吴小美、魏韶华：《老舍的小说世界与东西方文化》，兰州大学出版社 1992 年版。

②曾广灿、吴怀斌：《老舍研究资料》（上），北京十月文艺出版社 1985 年版，第 118—119 页。

③老舍：《二马》，《老舍全集》第 1 卷，人民文学出版社 1980 年版，第 409 页。

④老舍：《二马》，《老舍全集》第 1 卷，人民文学出版社 1980 年版，第 409 页。

怎么也升不了天堂”。

再如小马在保罗无理挑衅时奋勇反击，伊太太不能忍受，“她动了怒，完全是因为马威——一个中国男孩——敢和保罗打架。一个英国人睁开眼，他或她，看世界都在脚下：香港、印度、埃及、非洲.....都是他或她的属地，她不但自己要骄傲，她也要别的民族承认自己确乎是比英国人低下多少倍”。

可见，当时的英国连一个普通的家庭主妇都具有这种浓厚的种族优越感和殖民主义意识！这也是老舍一方面感慨于英国人的国家意识和公民意识，另一方面又批判老马代表的老中国国民性中内化的半殖民地性格，就是一种苟且、国家观念薄弱的文化自卑心理。

老舍试图借助手中之笔，要“比较中英两国国民性的不同”[①]，要表现“中国人与英国人不同之处”，“我不能完全忽略了他们的个性，可是我更注意他们所代表的民族性”[②]。既反对西方人的东方观中所包含的西方霸权主义，同时反对“老”民族的“老”分子身上落后的“半殖民地性格”：如《二马》中的老马，愚昧、懒散、卑躬屈膝等等。当英国将军要出兵中国，他也竟然规规矩矩地站起来说：“欢迎英国兵！”老舍借用小马的话说，这是因为“（老马）那一辈的中国人是被外国人打怕了，一听外国人夸奖他们几句，他们觉得非常的光荣，他连一丁点儿国家观念也没有”。

作为老马的参照，马威是代表了老舍理想的新国民：“只要能有益于国家，什么都可以放在一旁。”在英国的跨文化视野使得作家老舍初步形成这样的文化选择——对中华历史文明怀有坚定信心，对中国传统文化的现代价值持以肯定的同时，又希望借鉴英国文化中的公民意识和工商精神与法理社会，重视科技，拓展了忧患传统与家国情怀，这在他后期的《四世同堂》等作品中表现得更为充分。

二

从心理结构上，老舍的贫寒家世和母亲的骨气教育，以及父亲死于八国联军“洋兵”枪下的家庭史都奠定了老舍基本的性格和情感模式——好强、自尊、能吃苦、务实、节制。在英国的贫穷教书生活一度使得他在自尊心上大为受挫，使得老舍经历了严重的文化休克体验，但是这并未挫伤老舍青少年时期形成的基本价值观：士可以辱，但不可以毁其志。

英国人集体无意识中的种族优越感和殖民主义心态，以及英国人重视工商的法理社会和公民意识，促使他想要运用文艺提升中国的世界形象，唤醒民众，进行启蒙的文化自觉。这也促成了他至高的艺术理想：“我们必须教世界上从文艺中知道，并且敬重中国的灵魂，也必须把我们心灵发展、提高，到与世界上最高伟明哲的心灵同一水准。”[③]

老舍看到要想优化民族心理，就要让文艺担负起启蒙和救治人心的重责，创造民族的灵魂，从而让世界都敬重这个有着几千年文明的国家，这难道不是对西方人的自大和优越、国人的文化自卑心理做出的最强有力的批判吗？从这个意义上说，老舍创作的动力主

---

①老舍：《我的创作经验》，《老舍文集》第15卷，人民文学出版社1990年版，第292页。

②老舍：《我怎样写二马》，《老舍全集》第16卷，人民文学出版社1990年版，第175页。

③老舍：《敬悼许地山先生》，《老舍文集》第15卷，人民文学出版社1990年版。

要就是来源于此！他要画出民族的灵魂，让国人警醒，让西方人赞叹！

“师夷长技以制夷”恐怕是晚清后期一代知识分子的普遍心态。老舍在批判欧洲殖民主义和国人内化的半殖民地性格的同时，也对当时欧洲的主流思潮进行了辨析，拿出他所携带的“文化行李”中的工具——儒家思想为核心的中华传统文化价值做出自己的判断，比较明确的思想倾向是反对卢梭为代表的法国启蒙思想家的激进思想，而相对认同英国政治文化中的渐进式社会改良。

这是因为卢梭本人的思想是他所排斥和抵触的。

卢梭是19世纪法国激进主义思想家，他写于18世纪50年代的成名作《论科学和艺术》，论述了“科学与艺术的有害”，他认为自然是美好的，出自自然的人生来自由平等，因此应该以自然的美好来代替“文明”的罪恶。在卢梭那里，理想的社会生活是以永恒的自然和天性为核心，科学与艺术的进步，都会导致风俗败坏，道德沦丧。由于这种对人类文明的看法，卢梭对于远在地球另一端的神秘国度——中国儒家文明采取了有保留的批判态度，这在《论人类不平等的起源与基础》以及稍后的《爱弥儿》《新爱洛依丝》中得到了充分而系统的表述。

一直以来，西方对于中国形象一直存在两种截然相反的态度，构建出正面与反面两种中国形象，即从爱慕中国到仇视中国。欧洲史上关于中国的负面形象，一般是这样的，专制主义、野蛮、非人性等，一方面是由于自清朝闭关锁国以来，中国确实大大落后于西方，特别是1840年鸦片战争以后，西方人明晰了中华帝国的虚实，昔日对帝国的光环仰慕彻底消失了。随着欧洲推翻封建统治，民主自由、宪政、共和思想的普及，西方思想文化界的启蒙任务已经基本完成，他们面临的问题是资产阶级取得政权后攫取世界市场的矛盾，于是西方的眼光不约而同地投射到了东方。帝国主义掀起了对以中国为代表的东方国家的瓜分狂潮。于是仿佛在与中国的对比中，西方人找到了自身现代性的坐标，中国成为西方的参照物，于是在这种逻辑下，“停滞在过去的东方没有任何存在的意义或者完全不合理的存在，西方文明征服、消灭它，也就成为合理、正义、必然的行动”①。这种言论也一度成为19世纪西方帝国主义扩张的正义的理由。

卢梭的《新爱洛依丝》中借圣普乐周游世界回到故乡后致友人——多尔贝夫人的第一封信札中说：“越过大洋以后，我在另一个大陆上看到另一种情景。我发现：世界上人数最多和文化最高明的民族，却被一小撮强盗所统治。我就近仔细地观察了这个著名的民族，不再为他们沦为奴隶而惊奇。他们屡遭攻击，一击即溃，屡次被征服，他们历来是捷足先登者的猎物；此种情况，也许还要延续好多个世纪，我认为，他们命该如此，因为他们连呻吟的勇气都没有。他们文而弱，伪而夸，喋喋不休而言之无物，会耍聪明而无任何才具，文词繁缛而思想贫乏；他们有礼，善颂，机巧，而狡诈，无赖，他们以义务为口头禅，以道德为假面具；所谓人道，不过是请安问好，打躬作揖而已。”②

由于对中华文明的隔膜和无知，以及对于一切人类文明的排斥，卢梭借用小说中的人物表达了当时一部分欧洲思想家对于中国的丑化想象。

老舍对卢梭的反对，并不完全是针对卢梭的反中国化想象，而是对于其个人主义和极

①周宁：《跨文化研究：以中国形象为方法》，商务印书馆2011年版，第82页。
②卢梭：《新爱洛依丝》，李平沤、何三雅译，译林出版社2000年版。

端的自由主张:“卢梭的思想态度与成功,可以说是浪漫主义运动的先锋。他并不是单向文艺挑战,而是和社会的一切过不去。他要的是个人的自由权,不只是艺术的解放。他的风格给法国文艺创了一个新体,自由、感动、浪漫。他向一切挑战:政治、宗教、法律、习俗都要改革。这样的一个理智的彗星,就引起法国的大革命,同时开始文学的浪漫运动,可谓一举两得。”从中可以看出,老舍对于卢梭的崇尚个人,借用批评浪漫主义而认为其弊端在于“太重自我”“夸大不当”,老舍对于极端的个人主义是持反对意见的:“卢梭的极端自由,是不能不走入返于自然的,但完全返于自然,则个人的自由是充分了,同时人群与兽类的群居有何不同呢?这个充分的自由,其弊端已见于法国的大革命——为争自由使人的兽性毕露,而酿成惨杀主义与恐怖时代。”①

从中可以看到极端的个人主义,“浪漫”和“感动”的激情在老舍那里都是贬义词。比如他批评有的文学作品“感情太盛,容易失于肤浅或颓丧,或过度的浪漫”②。而对于为艺术而艺术的主张,则认为它把道德放在一边,甚至拿淫丑的东西当作美的。而老舍心目中的艺术,应该既“不是哲学与伦理的奴仆”③,也不是宣传主义的工具,那样艺术就失去了独立性。

在艺术倾向上,老舍强调:“文学是自我的表现,无论是说什么,他不能把他的人格放在作品外边。”④老舍一再强调作家的“人格”,艺术家的可贵在于“他能把自然与人生的秘密赤裸裸地为我们揭示开”。这里看到他强调艺术的启蒙作用,关于社会正义,艺术家“不但是不比别人少一些关切,而是永远站在人类最前面。”“他必会提到常人还未看见的问题,而且会表现大家要嚷而不知怎样嚷出的感情”,从而“让社会才能认识自己,才有社会的自觉”。

这就涉及老舍的艺术观,从中可以看出老舍理性的辨析力和科学态度,我认为这得益于跨文化体验带来的开放视野和中西参照的认知模式。老舍的艺术论有以下几点:

强调文艺的独立性。追溯中国古代的文艺成就,老舍主张一定要推陈出新,不能“削足适履地以古断今”。反对盲目地尊崇古人,而不思考、不判断。“古人怎么能够都说得对呢?都说得清楚呢?都能预知后事而预言一切呢?”批评了自秦汉至清末的文学创作基本上都是“用死文字”“思想与言语是死定的”,就是“感情也好似划一了——无病呻吟”。一代又一代的中国文学,只注重“修辞法”“文章结构”,而忽视“心灵的表现”。而极为推崇清朝末年至今还没有被正统作家承认的作品,认为那些词、戏曲、小说,才是“自由发展的真文艺”。可见,老舍不为正统所蔽,他心目中的优秀文艺作品一定是强调心灵的自由表现的。

强调文艺不受约束地自由发展,是老舍评断文艺思潮的一把尺子。比如他认为复活了希腊精神的文艺复兴运动,弊端在于迷信那些古代文艺的规则而限制住文学的自由发展,由此而失去了自我,变成了呆板的。老舍显然非常认同厨川白村在《苦闷的象征》中的这段话:“文艺是纯然的生命的表现,是能够全然脱离了外界的压抑和强制,站在绝对自由

①老舍:《文学的倾向》,《老舍文集》第 15 卷,人民文学出版社 1990 年版,第 105 页。
②老舍:《文学的倾向》,《老舍文集》第 15 卷,人民文学出版社 1990 年版,第 44 页。
③老舍:《文学的倾向》,《老舍文集》第 15 卷,人民文学出版社 1990 年版,第 39 页。
④老舍:《文学的风格》,《老舍文集》第 15 卷,人民文学出版社 1990 年版,第 67 页。

的心境上,表现出个性来的唯一的世界。忘却名利,除去奴隶根性,从一切羁绊束缚解放下来,这才能成文艺上的创作。必须进到那与留心着报章上的批评,算计着稿费之类的全然两样的心境,这才能成真的文艺作品,因为能做到仅被在自己的心里燃烧着的感激和情热所动,像天地创造的曙神所做的一样程度的自己表现的世界,是只有文艺而已。"①

除此之外,老舍还批评孔子以来把文学作为政治教化的工具论,批判自刘勰《文心雕龙》到韩愈的文以载道论,反对把文学与道德绑在一起;赞同曹丕以著文立言而"不朽"论,认为为了文学的生活是有重要价值的。

强调文艺的节制。在老舍眼里,艺术上的夸大与政治上的激进是一体的。老舍尤其讨厌肤浅的感情,反对"浪漫",反对只求新奇,只为满足人们的好奇心与想象,使得文艺成为人们茶余饭后的消遣品,而失去社会责任感。

强调"高尚的主旨与深刻的情感",是衡量优秀作品的标准,强调文艺要有社会关怀和责任感。他批判了唯美主义过分追求美,而导致滑落到享乐主义中,而与真实的现实人生相距太远了。但丁的《神曲》和托尔斯泰的《战争与和平》是老舍在文艺创作论中多次谈及的作品,认为它们是人类文学艺术的巅峰,无意中已经为自己的创作树立了标杆。

综上所述,老舍的英伦跨文化体验使他获得一种中西互为参照的世界意识,使他的政治理想和艺术观对西方学理有所借鉴,这表明他不是一个国粹论者,不会因为对中华民族的身份认同和民族感情,就一味地保守、泥古。他形成了开放的思想与国际视野,能够跳出中国,从世界的趋势来看待中国,比如强调对中西方文艺思潮都应该持有科学的态度进行认真的探究,他非常推崇科学的方法,②强调"用科学的方法研究文学"。在写于 1930 年到 1934 年间的《文学概论讲义》就实践了这种"以科学方法整理非科学时代的东西"的精神,其中批评传统的中国式思维:"凡事都知其当然,不知其所以然;只求实效,不去推理;只看片段,不求系统。"而导致"发明的东西虽不少,而对于有系统的纯正的科学建树几乎为零"。

总之,赴英的跨文化体验是一个外在的促发经历,它开拓了老舍的思维与视野,但是并未撼动老舍的主体思想与情感,即儒家思想为本位的家国情怀与忧患意识。英伦跨文化体验对于老舍的政治思想和艺术观念的建构,起到了决定性的作用。

(作者单位:北京语言大学)

①老舍:《文学的倾向》,《老舍文集》第 15 卷,人民文学出版社 1990 年版,第 13 页。
②老舍:《文学概论讲义》,《老舍文集》第 15 卷,人民文学出版社 1990 年版,第 4 页。

老舍的“抗战体验”与创作调整[①]

◎刘志华

基于人生经历、文化背景，在不同的时空中，每个人对于“抗战”的体验是不一样的。“抗战”改变了很多人的人生轨迹，造成思想、情感的变化。战争是残酷而惨烈的，充满各种非人道的罪恶，但也激发出傲岸的人格与伟大的悲悯。老舍的“抗战体验”，主要体现在他对战争、文化及文学的思考，影响到他对文学创作以及生命的态度。

一、战争体验："我是一个抗战派"

老舍说：“在抗日战争以前，无论怎样，我绝对想不到我会去写鼓词与小调什么的。抗战改变了一切。我的生活与我的文章也都随着战斗的急潮而不能不变动了。”[②]全面抗战暴发之前，老舍想成为一名职业作家，战争改变了老舍的生活，也使老舍从梦中惊醒，于是抛妻别子，从济南、武汉、重庆，一路辗转，入“文协”、编杂志、搞创作，成了一名抗敌文艺战士，成了一位坚定的抗战派。民族战争使老舍意识到：“救国是我们的天职，文艺是我们的本领，这二者必须并在一处，以救国的工作产生救国的文章。”[③]在全民抗战的背景下，老舍对自己的创作迅速做出调整，把主要目标定位于通俗文艺的创作。

战争的惨烈和急迫，使老舍意识到个体知识分子必须汇入时代的洪流中去，意识到“在抗战期间已无个人可言，个人写作的荣誉应当改作服从——服从时代与社会的紧急命令——与服务——供给目前所需——的荣誉，证明我们是千万战士中的一员，而不是单单的给自己找什么利益”[④]。他再三申明：“我愿在这营阵中作一名小卒，你们教我作什么，我只有服从。我的才力只是那一点点，我渺小得可怜，可是在你们的命令下去工作，我感到伟大而充实。”[⑤]在战争之前，老舍的人生规划更多体现为个人的趣味与选择，抗战让他意识到做国民的责任。早年在英国的时候，老舍曾羡慕英国人身上所体现的强烈的现代国民意识，抗战再次激活了老舍对国民身份、国民责任的思考。他说：“我是个国民，我就该尽力于抗敌；我不会放枪。好。让我用笔代替枪吧。既愿以笔代枪，那就写什么都好；我

---

①本文系2014年度重庆市社科规划一般项目：抗战文学中的“北碚”体验（2014YBWX080）的研究成果。

②老舍：《我怎样写通俗文艺》，《抗战文艺》第7卷第1期，1941年1月。

③老舍：《大时代与写家》，《宇宙风》第53期，1937年12月1日。

④老舍：《写家们，联合起来！》，《文艺月刊·战时特刊》第5期，1938年1月1日。

⑤老舍：《我们携起手来》，《弹花》创刊号，1938年3月15日。

不应因写了鼓词与小曲而觉得有失身分。"[①]还说:"我不是国民党,也不是共产党,谁真正抗日,我就跟着谁走,我就是一个抗战派!"[②]

老舍不讳言对战争的服从,认同国家至上,主动担当起知识分子对于战争的责任。他坦然承认:"到汉口,我的笔更忙起来。人家要什么,我写什么。我只求尽力,而不考虑自己应当写什么,假若写大鼓书词有用,好,就写大鼓书词。艺术么?自己的文名么?都在其次。抗战第一,我的力量都在一支笔上,这支笔须服从抗战的命令。"面对战争中物质的匮缺和鼓动宣传的需要,他赞同"抗战第一""艺术第二"的立场,"觉得我的一段鼓词设若能鼓励了一些人去拼命抗战,就算尽了我的微薄的力量。假若我本来有成为莎士比亚的本事,而因为乱写粗制,耽误了一个中国的莎士比亚,我一点也不后悔伤心"[③]。做文艺战士,配合战争写作,老舍的心情是迫切的、真诚的,体现出一个爱国知识分子在国家危难之际主动、自觉的责任担当,是知识分子现代国家观念和国民意识的具体体现。

老舍在《陪都赞》中,开头就提到"兴邦抗战此中心,重庆威名天下闻"。地不分南北,人不分男女老幼,人民抗战的热情深深打动了他,新的人生体验支撑起他新的创作。老舍说:"写家的企图必是想打破旧的方法与拘束,而杰作永远是打破纪录之作。哪里去找此种打破纪录的法宝?体验。把自己放在大时代的炉火中,把自己放在地狱里,才能体验出大时代的真滋味,才能写出是血是泪的文字。"[④]战争催生新的人生情怀,与家人的时空隔阻,对沦陷的北平城与人的思念,重庆民众舍生赴死的抗战豪情,在狂轰滥炸中依然高高矗立着的"精神堡垒",激活老舍潜隐着的儒家情怀,使他对家与国的关系有了更深入的思考,也使老舍彻底摆脱了基于满族身份中挥之不去的那份皇族意识和臣民意识,国家的命运、人民的福祉、中华民族的前途在他心中成为最重的存在。老舍反复强调的是"国家至上""我们都是中国人"的现代国民意识,强调各民族必须放下前嫌团结御辱。老舍早期的创作更多是对下层民众的悲悯与同情,是对个体命运无助的叹息,抗战期间,老舍的思想有了质的飞跃,那就是在整个国家命运中来思考个人的存在。有研究者认为"由'民生'而'民族国家'是老舍的历史认知方式"[⑤],而这一认知方式的转变,是老舍在抗战中对家国伦理的体认中完成的。

二、文化体验:战争给文化照了"爱克斯光"

在现代作家中,对烂熟的北京文化体认最深的莫过于老舍。基于对自身传统和英国现代文化的双向体察,老舍对传统文化充满复杂而矛盾的情感,抗战期间,更进一步加深了老舍对文化的思考,一方面从文化的角度去解释民众的民族气节和牺牲精神,认为文化传统是提振民气,走向胜利的根本,真切感受到"抗战激动了全民族的义愤与天良……民族意识的增强,加强了御侮的力量",发出"这究竟是五千年文化的民族啊"的感叹。[⑥] 另一

①老舍:《八方风雨》,《新民报》,1946 年 4 月 4 日—5 月 16 日。
②转引自马小弥:《试论老舍对抗战文艺的贡献》,《老舍研究论文集》,山东人民出版社 1983 年版,第 67 页。
③老舍:《致陶亢德信》,《老舍全集》第 15 卷,人民文学出版社 2008 年版,第 567 页。
④老舍:《大时代与写家》,《宇宙风》第 53 期,1937 年 12 月 1 日。
⑤方维保:《〈茶馆〉:"世变"、"民生"与民族寓言》,《文学评论》2012 年第 3 期。
⑥老舍:《归自西北》,《老舍全集》第 14 卷,人民文学出版社 2008 年版,第 227—228 页。

方面又从现代的层面，把传统文化置于现实反思，强化了老舍批判加肯定的文化态度，从中西比照与文化重建的角度打量传统文化的正能量和负资产。

老舍认为抗战不仅是武力的御敌，也是文化的对决，更是中华文化发展的一个契机。老舍强调"抗战的目的，在保持我们的文化的生存与自由；有文化的自由生存，才能历史的繁荣与延续——人存而文化亡，必系奴隶。那么，在抗战时期，来检讨文化，正好是时候，因为我们既不惜最大的牺牲去保存文化，则文化的力量如何，及其长短，都须检讨。我们必须看到它的过去，现在，与将来"[①]。抗战建国是当时的口号，而从文化检讨、发展的角度去理解抗战，体现出老舍不一样的眼光。老舍意识到："一个文化的生存，必赖它有自我的批判，时时矫正自己，充实自己；以老牌号自夸自傲，固执的拒绝更进一步，是自取灭亡。在抗战中，我们认识了固有文化的力量，可也看见了我们的缺欠——抗战给文化照了'爱克斯光'。"[②]战争加深了老舍对文化意义的理解，也强化了老舍文化中国的信念，战争使老舍看到了文化的力量，认识到文化才是一个民族从孱弱走向强盛的最持久的力量。可以说，战争给了老舍文化检讨的急迫感和民族文化重建的自信心。

剧作《大地龙蛇》就是老舍对"东方文化"信念的表达。剧作中，老舍从中国文化的多元构成去思考其过去、现在与将来，以戏剧的方式探寻东方文化的内在美质，旨在激发战争中民众的民族文化自豪感，通过文化的自信来表达战争必胜的信念。如果说三十年代初老舍在《猫城记》中看到的是文化凋敝所造成的民族性格的自私与怯懦，由此生发出对民族前途的悲观，那么在战争中，老舍体会到的则是民族文化濡养下人民身上所体现出来的优秀品质，看到的是民族解放背后强大的文化力量资源，言说的是经战争的爱克斯光透视后重建健康、美好的民族文化的信心。正是基于对民族文化的体验与反思，使老舍明确了抗战中"文艺工作者的动员是'心'的动员"[③]，关键是须从"救救这没有了'灵魂'的中国人心"开始。[④] 老舍的愿望是："我们必须教世界上从文艺中知道，并且敬重中国的灵魂，也必须把我们心灵发展、提高，到与世界上最高伟明哲的心灵同一水准。"[⑤]

辗转西南、西北所见到的战争中的人和事，进一步加深了老舍对传统文化优劣的体认。老舍借《四世同堂》中的人物表达了自己的思考和态度："这次的抗战应当是中华民族的大扫除，一方面须赶走敌人，一方面也该扫除清了自己的垃圾。我们的传统的升官发财的观念，封建的思想——就是一方面想作高官，一方面又甘心作奴隶——家庭制度，教育方法，和苟且偷安的习惯，都是民族的遗传病。这些病，在国家太平的时候，会使历史无声无色的，平凡的，像一条老牛似的往前慢慢的蹭；我们的历史上没有多少照耀全世界的发明与贡献。及至国家遇到危难，这些病就像三期梅毒似的，一下子溃烂到底。"[⑥]战争成了民族文化优秀和不良因素的放大镜，使老舍看到文化批判与重建的意义，意识到"诗人与猎户合并在一处，我们才会产生一种新的文化，它既爱好和平，而在必要的时候又会英勇

---

①老舍：《〈大地龙蛇〉序》，《文艺杂志》第1卷第2期，1942年2月15日。

②老舍：《〈大地龙蛇〉序》，《文艺杂志》第1卷第2期，1942年2月15日。

③老舍：《文艺界动员情况述略》，《老舍全集》第18卷，人民文学出版社2013年版，第313页。

④老舍：《灵的文学与佛教》，《文学月报》第3卷第2、3期合刊号，1941年12月10日。

⑤老舍：《敬悼许地山先生》，《文学月报》第3卷第2、3期合刊号，1941年12月10日。

⑥老舍：《四世同堂》(北碚版)第2部，人民文学出版社1998年版，第243页。

刚毅，肯为和平与真理去牺牲”[①]。老舍意识到小说中钱默吟那种延续传统的诗书生活与现代社会的脱节，但也意识到传统的文化底蕴在现实的催逼下，也可以走向反抗，具有人格的力量。所以，在小说中老舍明确指出，传统文化“是应当用筛子筛一下的”，筛去了“灰土”，剩下的才是几块真金，而这才是“真正中国文化的真实的力量”。抗战使老舍走入民间，在更宽阔的视野下去观照传统文化，克服了五四以来流俗的传统与现代、中国与西方二元模式的简单与同质化，进而生发出对民族文化的自觉批判与对未来充满自信。

有学者将老舍的创作置于东西方文化的碰撞和长达一个多世纪中国的文化反思中去考察，把老舍的小说世界视为一种“跨文化”的产物，体现了中华民族传统文化在东西方文化冲撞中的消解与重构。[②] 其实，这种消解与重构的契机，老舍的北京和伦敦的双城人生经验是一个大背景，而抗战中基于民族生死存亡对决中的文化反思，尤其是对民族文化价值的思考与定位，也是一个不可忽视的节点。

还有学者注意到老舍对儒家文化的复归，认为这体现了作家文化思考的深沉性和成熟性，认为正是“抗战烽火燃起了中华民族爱国精神的火炬，老舍就执着探寻传统文化的精神力量。因此，时代氛围和时代主题左右了老舍对于儒家文化的选择心态和价值取向”，是战争使老舍“自觉实现了对儒家文化优质的价值选择”[③]。这样的阐释有一定的道理。但我们还应该看到，《四世同堂》中钱默吟的爱国行为、英雄气概和民族气节，老舍想通过“老人表现的不只是一点报私仇的决心，而是替一部文化史作正面的证据”。战争中对民族文化的深刻反思与自信，使老舍有了更深邃的文化关怀与更宽阔的文化视野，体现的是老舍从人类与文化的层面去思考侵略战争的暴力本质与反文明性质，尤其是对人性的扭曲，老舍超越了一般的民族主义与英雄情怀，把日本的侵略战争放到了反文化、反文明、反人性的层面去进行批判，这正是《四世同堂》不同于一般抗战题材小说的地方，也是小说的恒久价值所在。

三、文学体验：大时代须有伟大文艺作品

抗战期间，老舍一面全心投入通俗文艺的创作，一面也不忘对新文学理想的坚持。老舍多次谈到，创作通俗文艺，“没有抛弃了新文艺的意思，也没有以鼓词旧剧阻止新文艺发展的恶念。写通俗文艺是尊重教育程度稍低的读众，与表现文艺抗战的热烈”[④]。在老舍看来，这是在战争形势下的一种事功之选，但对这场民族解放战争中文学的更高成就，“大时代须有伟大文艺作品”[⑤]，老舍是有期待的，所以忧心“文艺的各部门还都未曾产生出伟大的作品”[⑥]。如果说之前老舍想成为一名职业作家是因对文学的热爱而追随五四文学理想的话，那么，全民抗战激发的则是老舍心中隐隐存在的成为伟大作家的梦想，虽然因通俗文艺的创作有时不得不搁置，但在老舍心中是有这样的追求的。当然，老舍的这种想

①老舍：《四世同堂》（北碚版）第2部，人民文学出版社1998年版，第241页。

②吴小美、魏韶华：《老舍与东西方文化》，《中国现代文学研究丛刊》1988年第4期。

③岳凯华：《老舍小说与儒家文化》，《文学评论》2011年第5期。

④老舍：《制作通俗文艺的苦痛》，《抗战文艺》第2卷第6期，1938年10月15日。

⑤老舍：《大时代与写家》，《宇宙风》第53期，1937年12月1日。

⑥老舍：《略谈抗战文艺》，《老舍全集》第17卷，人民文学出版社2008年版，第318页。

法，并非出自个人的狂妄，更不是"国家不幸诗家幸"的简单说辞，而是对文学与时代关系的把握，是老舍对大时代中文学的期望，这也强化了老舍对文学更高的使命感，即便在身心困厄中，依然念兹在兹自己的大作品，说这是给人民，也是给这场战争的一个交代。

抗战文艺的通俗化，是战争主导下知识分子对文艺在语言、形式上做出的选择和调整。对此，老舍有清醒的认识。他认同"抗战文艺……是直接的——歌须有唱，戏须能演，小说须使大家看懂，诗须能看能朗诵。抗战文艺不是要藏之高阁，以待知音，而是墨一干即须拿到读者面前去"[①]。还说"当此抗战时期，艺术必须尽责宣传，而宣传之道，首在能懂"[②]。这也是抗战期间多数作家的看法。茅盾也强调："我们为了抗战的利益，应该把大众能不能接受作为第一义，而把艺术形式之是否'高雅'作为第二义。我们应该不怕自己的作品形式的通俗化！我们所应当引以为戒的，是太'高雅'了，只有少数知识分子能读，能懂。"[③]然而，对通俗化的具体形式及意义的理解却是存在差异的。茅盾认为："所谓'通俗'，换言之，就是不用欧化的句法，不用知识分子惯用的许多'术语'。"[④]老舍则认为通俗化并不仅仅指语言和形式，通俗文艺并不止于通俗，而是要能使"旧有的美德宜力加激勉，新的知识宜徐徐输入"[⑤]。其根本目的是对接受者进行精神的提升和加强心灵的涵养。

老舍认为新的通俗文艺既要体现宣传与教训的职能，同时也要兼顾文艺性。他认为抗战时期存在的古典文艺、通俗文艺与新文艺中，最能与民众结合的首推通俗文艺，需要"设法使民众读物真达到了通俗，然后我们才能欣赏通俗文艺，才能知道通俗文艺不仅是通俗，而且是文艺。……通俗文艺必须成为文艺；通俗而不文艺，正如典雅而不文艺，都必失败"[⑥]。在老舍这里，通俗更多是风格与形式，文艺才是最终的归属。在老舍看来"通俗文艺的文字不一定俗"，"通俗文艺的内容须丰富充实"，"文艺毕竟是文艺……精神的食粮不能按着头，硬往下灌"，所以发出"通俗文艺很难写"的感叹。[⑦] 他的理想是"以新文艺的精神提高通俗文艺，而以通俗文艺的长处来坚强并开展新文艺。……结结实实的产生中华民族的伟大作品。同时，这二者会各尽其职，互相援助……"[⑧]在老舍这里，新文艺和通俗文艺是统一的，新的通俗文艺本身就是新文艺的一部分。老舍不是从雅俗对立的角度来解释，而是根据自己的创作经验，看到了新文艺与通俗文艺之间沟通的可能性，绝不是艺术和精神层面的降低就成了通俗文艺。

正是基于这样的认识，对民族形式的意义，老舍有与时代不同的判断。1941年民族形式论争激烈的时候，老舍正试写长诗《剑北篇》，受民族形式论争的影响，想"用韵设词，多取法旧规，为新旧相融的试验"[⑨]。但结果却不如人意。老舍说自己计划写诗的时候，民族形式就"像找替身的女鬼似的向我招手"，引诱他上套，而不管自己怎么设法躲避旧形式的

①老舍：《三年来的文艺运动》，《老舍全集》第17卷，人民文学出版社2008年版，第266页。

②老舍：《释"通俗"》，《老舍全集》第17卷，人民文学出版社2008年版，第146页。

③茅盾：《文艺大众化问题》，《救亡日报》，1938年3月9日—10日。

④止敬：《问题中的大众文艺》，《文学月报》第1卷第2期，1932年7月。

⑤老舍：《论通俗文艺》，《老舍全集》第17卷，人民文学出版社2008年版，第151页。

⑥老舍：《编写民众读物的困难》，《老舍全集》第17卷，人民文学出版社2008年版，第191页。

⑦老舍：《谈通俗文艺》，《自由中国》第2号，1938年5月10日。

⑧老舍：《答客问》，《老舍全集》第17卷，人民文学出版社2008年版，第182页。

⑨老舍：《我怎样写〈剑北篇〉》，《老舍全集》第17卷，人民文学出版社2008年版，第436页。

规范，但最终还是“步步堕陷，不知不觉的陷入旧圈套中”。因此，思想的自由与形式的束缚，使他最终“根本怀疑了民族形式这一口号”，认为尽管民族形式“是要以民族文艺固有的风格道出革命的精神”，但这种理想主义并没有使他得到好处。[①] 因此，最终“不能不放弃旧形式的写作”，尤其强调“这个否定就是我对民族形式论争的回答”[②]。老舍意思很明确，就是旧形式很难容纳新思想，往往还会成为诱惑和陷阱，使作家沉湎于文学的传统形式中不能自拔。老舍的这一体认，也在建国后的诗歌创作中得到了印证，对今天如何处理民族遗产与文学创新依然具有启示意义。

正是老舍在抗战文艺通俗化、民族化、民间化、古典化的创作体认中，更坚信了对新文学立场的捍卫。老舍在《八方风雨》中说：“与其说是文艺真深入了民间与军队，倒不如说是文艺本身得到新的力量，而且产生了新风格。”[③]在他看来，抗战的通俗文艺，绝大多数还是属于新文艺，是新文艺呈现的一种新的风格。他声明“通俗文艺不仅是通俗，而且是文艺”[④]，认为抗战的通俗文艺不是民间文艺和旧文艺加入了抗战的内容。1942 年，老舍在《抗战以来文艺发展的情形》讲演中指出：“有些人误认为抗战文艺，就是打仗的文艺，其实不然，因为抗战和建国是并进步的……一个伟大的作品，不但需要用热情去感动人，更需要一种崇高的理智去启发人。”这表明，老舍对通俗文艺性质的认识非常清楚，强调抗战通俗文艺在本质上应是新文艺，进而强调抗战文艺在宣传与教育之上，还应设定一个更高的艺术和思想的目标。

正是对抗战通俗文艺的深刻理解和对抗战文艺同质化的反思，抗战后期，老舍逐渐感到自己“变成世界上最痛苦的人”，“写不上来了”[⑤]。这虽与老舍当时的身体状况有一定关系，但主要还是创作实际与自己文学理想之间的差距所致。到了 1940 年代初期，老舍明确表现出对通俗文艺创作的厌倦，刚刚介入抗战通俗文艺创作时的热情锐减，还说：“写这种东西给我很大的苦痛。我不能尽量的发挥我的思想与感情，我不能自由创构我自己所喜的形式，我不能随心如意的拿出文字之美，而只能照猫画虎的模画，粗枝大叶的述说；好像口已被塞紧而还勉强要唱歌那样难过。”[⑥]文学外在的社会性要求与老舍的文学理想之间出现了矛盾。老舍的痛苦并非是要拒绝文学为时代和战争服务，而是希望这种服务必须是在尊重文学作为艺术的前提下，从更高的精神层面服务时代，而不是把文学作为单纯的宣传工具。自责“最初它给我的痛苦，是工作上与心理上的双重别扭。……这没有自由，也就没有乐趣。幸而写成一篇，那几乎完全是仗着一点热心——这不是为自己的趣味，而是为文字的实际效用啊！”[⑦]。具体的创作尝试最终使老舍“不能不放弃旧形式的写作”，而且强调这是他“三年来的痛苦经验所换来的结论”[⑧]。

在抗战初期，老舍强调“文艺，在这时候，必为抗战与胜利的呼声。此呼声发自民族的

①老舍：《三年写作自述》，《老舍全集》第 17 卷，人民文学出版社 2008 年版，第 280 页。

②老舍：《一九四一年文学趋向的展望》，《老舍全集》第 17 卷，人民文学出版社 2008 年版，第 284 页。

③老舍：《八方风雨》，《新民报》，1946 年 4 月 4 日—5 月 16 日。

④老舍：《编写民众读物的困难》，《教育通讯》第 39 期“民众读物专号”，1938 年 12 月。

⑤老舍：《文牛》，《华声》半月刊第 1 卷第 1 期，1944 年 11 月 10 日。

⑥老舍：《保卫武汉与文艺工作》，《老舍全集》第 17 卷，人民文学出版社 2008 年版，第 560 页。

⑦老舍：《制作通俗文艺的苦痛》，《老舍全集》第 16 卷，人民文学出版社 2008 年版，第 573 页、574 页。

⑧老舍：《一九四一年文学趋向的展望》，《老舍全集》第 16 卷，人民文学出版社 2008 年版，第 704 页。

良心”，进而意识到抗战的文艺也是“新文艺的传统”，而且必须是新的文艺而不能是古典形式植入抗战的内容。强调抗战文艺，一是时代的伟大，时代给心灵以活动的机会；二是战争的性质是民族的灭亡或解放，文艺是发自民族的良心；三是新文艺的革命的传统，为抗战文艺准备了行动与工具；四是社会需要文艺负起教育的责任的需要。他认为“抗战文艺注重宣传与教育，是为尽职，并非迁就”。但他也深刻意识到作家身处其间的尴尬与矛盾，理想与事功之间的背驰：“一脚踩着深刻，一脚踩着俗浅；一脚踩着艺术，一脚踩着宣传，浑身难过。这困难与挣扎，不亚于当青蛙将要变为两栖动物的时节。”[①]面对抗战初期通俗文艺产生的效果，老舍是欣慰的，但作为一个作家，对抗战文艺存在的致命弱点，老舍也是清醒的，忧心的是这样下去“文艺的各部门还都未曾产生出伟大的作品”[②]。意识到“因为内容的空洞，与文字的选择，抗战文艺就缺乏了伟丽宏博的气度，与抗战的艰苦伟烈不相配备”[③]。而创作出“伟丽宏博”的“伟大作品”，不负时代，也成了老舍的心结，成为他抗战后期创作破茧转型的重要机缘。

四、创作调整：意蕴深邃与境界的宏大

抗战使老舍对文艺的通俗性、大众化，对民间形式和民族形式之于新文学的资源及其运用的限度有了更多感性的认识。抗战的需要促使老舍写了很多通俗的文艺作品，如旧形式新内容的戏剧、大鼓书、河南坠子，甚至还有儿歌、数来宝等。但老舍说“但从我的学习的经验上看，这种东西并不容易作”，意识到新旧之间难以调和，“新的是新的，旧的是旧是，妥协就是投降！因此，在试验了不少篇鼓词之类的东西以后，我把它们放弃了”。老舍意识到自己的长处还是写小说，而且最熟悉的还是北京的城与人。他说：“我放弃了小说，自然，这只是暂时的。等我对于某个地方，某些人物，某种事情，熟悉了以后，我必拿起笔来。还有，依我的十多年写小说的一点经验来说，我以为写小说最保险的方法是知道了全海，再写一岛。”[④]抗战前期的文学活动和奔忙各地劳军访问，亲人相聚的不易和对沦陷后北平生活的了解，使老舍对战争有了更丰富的体认，战争的海洋最终化在了描写北平沦陷生活的《四世同堂》这一岛之中。

抗日战争，不仅是对作家民族气节的考验，是对国家忠诚的检验，同时也是作家对自己的创作，以至于对整个新文学的检讨。战争给人民造成不幸，但民众，尤其是作家，也在战争中得到锻炼。新文学也在战争中走向了丰富和成熟。战争迫使作家对大众化、通俗化、民族形式等问题展开思考，使这些问题在理论与实践中得到廓清，为文学的发展奠定了更坚实的基础。抗战在教育作家、成就作家的同时，也在各方面发展着新文学。

老舍创作的调整，体现为他抗战后期及建国初期一些作品所呈现的一些质的新变，即文化意蕴的厚重与人生境界的悲壮宏阔。

一是超越之前的对个人生存悲剧的关注，更注重对国家伦理的思考，把个人的命运置于国家民族命运的大背景下去加以体察与发现。老舍的后期创作，重点表现的是传统家

---

①老舍：《三年来的文艺运动》，重庆《大公报》“七七纪念特刊”，1940年7月7日。

②老舍：《略谈抗战文艺》，《老舍全集》第17卷，人民文学出版社2008年版，第318页。

③老舍：《略谈抗战文艺》，《老舍全集》第17卷，人民文学出版社2008年版，第320页。

④老舍：《三年写作自述》，《抗战文艺》第7卷第1期，1941年1月1日。

族伦理与现代民族国家的复杂关系，国家责任与个人选择之间的矛盾与纠缠。尤其是“家族伦理、生存伦理与民族国家三者之间的矛盾，既对传统家庭伦理和生存伦理进行了反省和批判，还揭示了民族国家伦理意识的觉醒与生长”[①]，呈现出由德性伦理向责任伦理的演变倾向。抗战的生命体验使老舍改变了他情感的世俗性以及在小说中进行人物塑造时所呈现出的“善恶”消长模式，在平民化的道德善恶观中融入家国情怀，使得人物的善恶超越一般的道德叙事，时代与民族国家的大背景增强了老舍作品的人生启示和现实批判意义。

二是对文学的通俗性有了自己的独到见解，在国民性批判与文学的大众化追求上与新文学在完成深度沟通的同时，又将其推进到新的阶段。抗战使老舍在实践中反思文学通俗化的路径、局限及可能性，于通俗中脱俗，解决了困扰现代作家先锋思想与世俗文化、现代艺术与大众读者如何有效结合的问题。老舍作为一个独立于党派之外的民主主义作家，更看重自我生命的感受。老舍以他对文化的批判和重建两方面自觉地表达了对时代大潮中的生命个体的深切关怀与文化忧思。对市民人生的批判中加入国家、民族要素与文化筛查，增强了作品的社会内涵与文化意义，悲剧意蕴也因生命向上的姿态而更显醇厚，体现出独到深邃的人性审视、道德关怀与历史文化眼光。老舍在对通俗文艺、文学的功利性的思考中，重新接续被抗战打断了的小说创作，在完成向新文学回归的同时，也给新文学的发展注入了新的意义。

有学者在评价老舍的《鼓书艺人》时指出：“以新的现实主义真实地写出了时代的风云、人民群众的苦难和抗争、革命的深入人心——作品表现生活的力量和深度因此有了明显的增强。在这里，我们看到了老舍创作的重大发展。”[②]其实，这样的评价也同样适合《四世同堂》这部中国的《战争与和平》。于其中我们看到的是对国事的冷漠逐渐被激越的反抗所驱解，作家对平民生活的忧戚被时代的光明逐渐照亮。当然，这样的创作姿态，又可能在另一个时空中暗藏困境，这也正是老舍这一代知识分子的宿命，总是在汇入时代洪流与保持自我的思想与情怀的纠葛之中，而其中的取舍，往往要付出沉重代价。

可以看到，“抗战体验”助推了老舍思想的发展，文学创作由三十年代对底层民众个人命运的悲悯，转而为四十年代对国家、民族命运及个人生存关系的书写。如果说在《骆驼祥子》《我这一辈子》中写城市底层贫民，是基于老舍对生活的熟悉和天性中的善良，那么抗战则使老舍在思想和艺术上有了更充分的准备，成了文学界的多面手，使其成为伟大作家成为可能。老舍曾说：“我看见了‘五四’运动，而没有在这个运动里面……对于这个大运动是个旁观者。……我在解放与自由的声浪中，在严重而混乱的场面中，找到了笑料，看出了缝子……轻搔新人物的痒痒肉！”[③]而经过战争锤炼后的老舍，已不再“是个看戏的”，不再去生活的庸常中找笑料，而是把自己的笔伸向了更广阔的社会生活、文化空间与更复杂隐秘的人的精神深处，开掘出意蕴更为丰富宏大的文学世界，他也由新文学的追随者、坚守者而成了新的开拓者。

（作者单位：西南大学文学院）

①王本朝：《论老舍小说的叙事伦理》，《中国现代文学研究丛刊》2009年第5期。

②樊骏：《从〈鼓书艺人〉看老舍创作的发展》，《中国现代文学研究丛刊》1982年第3辑。

③老舍：《我怎么写〈赵子曰〉》，《老舍全集》第16卷，人民文学出版社2008年版，第167—168页。

老舍抗战旧体诗探究

◎隋清娥　黄晶文

在中国现代作家中，能够写作各种文体的“全能”作家并不多见，老舍是其中的佼佼者。与鲁迅一样，“老舍一生的创作是从旧体诗开始，以旧体诗结束”①。其一生创作了大量的旧体诗，张桂兴教授在其2000年出版的《老舍旧体诗辑注》(修订本)中收录了334首。其中，作于抗战期间的旧体诗有32题49首，它们是老舍的抗战文学的重要组成部分，但至今学界对其研究的重视程度不高。这40余首旧体诗具有极高的文学价值与史料价值。本文以抗战时期老舍的旧体诗为品读与考察对象，尝试挖掘老舍在抗战时期独特的情感态度，梳理旧体诗中的新文学家老舍的精神风貌，并探究其旧体诗的艺术美。

一、抗战期间老舍钟情于旧体诗写作的原因

抗战爆发后，老舍挥动两副笔墨，既写白话文学作品亦创作旧体诗。老舍钟情于旧体诗创作的原因至少有三。

(1)“国家不幸诗家幸。”抗日战争为诗人提供了独特的生命体验和丰富的创作题材。山河破碎的惨状，日寇屠戮的惨绝人寰，人民流离失所的伤痛，激发了诗人的创作冲动，出现了“哀时例外文运开，绝调诗从离乱来”②之状，而抗战初期文艺界对中国旧文学形式包括旧体诗的利用问题进行过讨论，老舍认为应该“把旧诗的优点拿出来”，在战争中发挥旧体诗的作用。官方亦倡导出版了《抗战诗歌》，说明新旧诗人为抗战大计而相互宽容了。于是，用以感时感事的旧体诗成为抗战爆发后直接体现社会情感的最佳文学形式之一，旧体诗创作在抗战爆发后出现了复兴现象。熟谙旧体诗的老舍也加入创作的队伍中。

(2)旧体诗可遣“遗民”情怀。老舍是末代旗人，他的成长历程是竭力摆脱与超越清朝遗民身份的过程。虽然如此，“滚滚横流水，茫茫末世人”(《昔年》)还是流露出老舍的遗民心态和遗民意识。从八国联军到日寇的入侵，老舍心中的遗民情绪有增无减，他的悲哀以及在悲哀中奋起反抗的豪情，丝毫不亚于陆游和吴梅村。老舍自觉学习陆放翁与吴伟业，以旧体诗创作抒发其遗民情怀，《乡思》一诗可见端倪。

(3)旧体诗有新诗不具备的独特作用。“旧体诗与新诗、文言与白话有各自的适应

①张桂兴：《谈老舍的旧体诗创作》，《老舍旧体诗辑注》，中国国际广播出版社2000年版，第3页。

②叶楚伧：《叶楚伧诗文集》，江苏人民出版社1987年版，第159页。

性。"[①]在古代,诗是文化的象征,可以"兴观群怨"。在没有"三网融通"的时代,诗歌是中国文人雅士建立、巩固与深化和谐人际关系最常用的工具。老舍深谙旧体诗的这般功用,常用旧体诗与朋友唱和酬答,发挥旧体诗的结交功能。另外,旧体诗因篇幅短、格律严,情感抒发须浓缩、深化,比与友人进行一般的书信来往更具有打动人心的力量,且旧体诗常运用象征、比喻、拟人等修辞手法,含蓄婉转地传情达意,可以蕴含与表达白话文学不易表达或不便于表达的情感内容。辗转流徙的老舍抗战期间即借《北行小诗(一)》等旧体诗表达伤感失意,借《述怀》等诗曲曲折折地表达不便于直接传达的情怀和感想。

二、老舍抗战旧体诗的意蕴美

老舍写作的旧体诗属于今人用古典诗歌形式创作的主要表现自我的生活和情感的诗歌作品。细读研判它们,可知其意蕴的丰厚与多样。这些意蕴有的属于历史内容层面,有的属于审美意蕴层面,但都已不单属于老舍的个体情感,而是蕴含了时代精神,甚至暗示、象征了人类精神生活的某种模式或某种范型,具有深层的文化底蕴,富有意蕴美。

(一)忧患之诗表达浓浓爱国情与烈烈抗战志,唱出时代最强音,凸显老舍忧国忧民之爱国情怀

老舍抗战期间创作的旧体诗中最具有社会意义的意蕴是一腔爱国热情、满腹御寇斗志的传达。

1.抒发国破之痛,表达收复之志。面对日寇的入侵,一介书生难以扛枪上战场,遂将愤怒之情和抗争之志寄托于笔尖,在字里行间洋溢出凛然正气,抗战到底、抗战必胜的民族信念充斥其中。如七律《诗四首·潼关炮声》之前两联:"瓦砾纵横十万家,潼关依旧障京华。荒丘雨后萌青草,恶浪风前翻血花。"日寇狂轰滥炸,瓦砾纵横,给中国人民造成了巨大伤害,诗人必须以诗传达愤恨痛惜之情。而战地访问团团长王礼锡为国捐躯让诗人心如刀绞:"洛阳风雨夕,把酒论新诗,笔动群魔寂,情来万马驰。斯人竟可死,天道有谁知,月落终南晦,长风飘泪丝。欲哭难为泪,伤心到尽头,孤魂当此渡,热血已东流。顽懦凭谁起,死生无自由,文波滞死海,烽火尚中州!"(《哭王礼锡先生》)这不仅是对亡友生不逢时、英年早逝的悼念,更是倾诉了对战争的愤恨和对献身国难的民族英雄的叹息。诗歌情真意切,感人肺腑。诗人决心化国难之痛为奋起之力量,在战争中汲取教训,坚定"为我家园,收复河山"的信念,收复失地重整河山:"黄鹤楼头莫诉哀,酒酣风劲壮心来。""奇师指日收河北,七步诗成战鼓催。"(《自励》)老舍言行必果,积极参与"文协"和"在华日本人民反战革命同盟会"的组建,并在"文协"贺词和同盟会周年题词中袒露全国人民的共同心声:"誓雪江山半壁仇""凯歌明日春潮急""大地重生春是家"。不但如此,老舍还万里奔波,亲赴北方战场慰问抗战战士,并以旧体诗记事并抒怀:"山河浩气争存灭,自有军容赛早霞。"(《潼关炮声》)"劳军来万里,愧我未能兵!空作长沙哭,羞看细柳营;感怀成酒病,误国是书生!莫任山河碎,男儿当请缨。"(《北行小诗》)在抗战英雄面前,诗人感慨自己不能投军报国手刃敌军。这是一向严于律己的老舍对自己的苛责。任何时代,社会分工不

①刘纳:《嬗变》,中国社会科学出版社1998年版,第241页。

同，个人特长有异。有写作才能的老舍的文学创作，即是作为抗战"战士"的他为抗战做出的不朽的贡献。

2.抨击时政弊端，抒发诗人忧愤。任何时代、任何国家都会有政要、军官不管国情国势如何，一味贪腐堕落，弃民众于水火中而不顾。这类"国之蛀虫"在抗战期间军民同舟共济保家卫国一致对外之时，毫无救亡图存之意念与行为。老舍感愤于此，以旧体诗作表达其对"国之蛀虫"歌舞升平、花天酒地、弃民生于不顾的种种腐败现象的不满与愤懑；给予国民政府消极抗日、节节败退之行以辛辣的讽刺和沉痛的戏谑。老舍在几番曲折、几经磨难后，于1938年抵达武汉，却见"武汉确实成了一切的中心，吃喝玩乐在其中矣"(《到武汉后》，原载香港《大风》创刊号，1938年3月5日)，这与山河破碎、田园残破寥落、百姓流离失所的凄惨状况形成何其鲜明的对比！此情此景让"已见乡关沦水火"(《流亡》)的老舍义愤难平，著诗揭露和抨击武汉存在的丑陋现象，宣泄失望之余的愤怒之情："遍地干戈举目哀，天南有国亦难来。人情鬼蜮乾坤死，士气云龙肝脑灰。贼党轻言拥半壁，流民掩泣避惊雷；更怜江汉风波急，艳舞妖歌尚浪催！"(《伤心》)一向温和的老舍难掩愤怒之情，将日本侵略者斥骂为"贼党"，将不顾"遍地干戈举目哀"现状的权贵们放纵腐朽的生活暗讽为"艳舞妖歌"。此时，日寇已"拥半壁"，而已成抗战中心的武汉的不少人却在纸醉金迷，老舍怎能不愤怒！在《和魏建功》一诗中，面对谬论频出的国民党政府，诗人大胆尖锐地讽刺道："将军诱敌频抛甲，仕贵称降俱爱民；幸有新都何碍远，纵非与国亦相亲。"大敌当前，国民党将领们将丢盔弃甲、不战而逃谎称为"诱敌深入"，官僚政客们恬不知耻地打着"爱护人民"的幌子妥协投降。往日趾高气扬的国民党政府在日本侵略者的炮火下，毫无反抗能力，以迁都重庆残败收场，这种懦弱无能的行径，怎能不让诗人沉郁悲愤！这些诗作都体现出受儒家诗教的"怨刺精神"影响的老舍的忧患意识。

3.表达流离之痛，倾吐故乡之思。1937年11月15日，老舍"幼女才不满三个月，大的孩子也不过四岁，实在不便去冒险"，于是将他们交于妻子胡絜青照顾，只身一人逃亡济南，投身抗日战争。这情形，在诗人到达武汉后仍难以忘记，作诗一首描绘当时别妻弃雏的情景："弱女痴儿不解哀，牵衣问父去何来。话因伤别潸应泪，血若停流定是灰！已见乡关沦水火，更堪江海逐风雷？徘徊未忍道珍重，暮雁声低切切催！"(《流亡》)看一看弱女痴儿稚嫩而面带困惑的脸庞，于心不忍，不舍离去，以至于诗人装了行囊又解开行囊，而"已见乡关沦水火"，故乡北平已遭敌人铁蹄践踏，第二故乡济南也即将在水火中挣扎，诗人深感国破，有家难归。诗歌表达的思亲之痛真挚凄切，那种强烈的爱国情感和别妇抛雏的痛苦不舍，跃然纸上而震撼人心。而在《伤心》一诗中，诗人吟叹的"流民掩泣避惊雷"则是表达了国破后民族沦亡之痛。1939年，老舍随全国慰劳总会北路慰劳团到北方战场劳军，辗转奔波于各个城市，流离之感更甚，对故土的思念难以排解，故以旧体诗遣怀。在《白云寺》中，老舍吟叹着："万里愁思草不芳，青山碧血两茫茫。离家已感游僧似，报国何容野鹤翔？"在《诗二章·别凉州》中说："忍见村荒枯翠柳，敢怜人瘦比黄花！乡思空忆篱边菊，举目凉州雁影斜。"诗人如游僧一般万里奔波，青山荒村满目疮痍，遥想起故乡篱边淡淡的秋菊，思乡念家的情愫浮动，怎不觉人比黄花瘦？在《北行小诗》(一)中："停车频买酒，问路倍思家。"这样的"想北平"之作还有《北碚辞岁》等。日寇投降后，战火虽熄，老舍"很想念家乡，这是当然的。可是，我既没钱去买黑票，又没有衣锦还乡的光荣，那么就教北平先等一等我吧”。他以七律《乡思》结束八年的风雨飘摇：“茫茫何处话桑麻？破碎山河破碎家；一代文章千古事，馀年心愿半庭花！西风碧海珊瑚冷，北岳霜天羚角斜；无限乡思秋日晚，夕阳白发待归鸦！”一个故土难归、华发早生的乱离人茫茫四顾，歆羡地仰望着日落归巢的乌鸦。诗名“乡思”道尽思乡之“无限”，一句“夕阳白发待归鸦”更是道出了诗人对家乡故土难言的思念与不得归去的愁苦，哀婉感人。

（二）赠答唱和之诗既通融感情建立互信，也传达关切社会的人文情怀

唱和赠答是旧体诗所特有的功能，它可以极有成效地维系与调节复杂的人际关系。老舍抗战旧体诗中有较多篇章即属此类。老舍喜欢题诗赠友，所作旧体诗颇见功力与情趣，切合题赠的对象、目的等，受赠者满意，且颇有文化蕴涵。如《赠涤非词人》：“词客天南去，碧鸡金马间；山光十日酒，渔唱一溪烟。春雨花开落，秋云梦往还；此中多妙趣，回首几千年！”而《赠潘孑农》(二)一诗是老舍为洪水阻隔不得进城参加潘孑农与郭美英的婚宴而作的致贺七律。诗歌巧妙地嵌入新郎新娘的名字，把赞美、祝贺之意蕴含其中，雅趣无限，既体现出知识分子的文化情趣，也在题赠诗中通融了感情。老舍还常在相互题诗时，沟通友谊，建立互信，用以共勉。如老舍与郁达夫曾互为诗歌以唱和。“老舍和郁达夫最根本的一致性是爱国主义精神。”[①]老舍在 1938 年 3 月写过一首《贺全国文艺界抗敌协会成立》，在文协召开第二次理事会时，因事缺席的郁达夫“用老舍韵”作诗一首以表歉意。擅长旧体诗创作的郁达夫“用老舍韵”作诗，一是老舍的《贺全国文艺界抗敌协会成立》诗作得好；二是老舍的人品为郁达夫赞赏；三是可以形成与老舍的唱和，体现出文人的“雅”气。后来，郁达夫远涉南洋，在颠沛中仍竭力为抗战奔波，老舍等文友十分思念他。1940 年 3 月，老舍等人曾即席连诗《寄慰达夫》，遥祝远在南洋的郁达夫：“莫道流离苦，天涯一孤客，举杯祝远道，万里四行书。”而郁达夫随即和诗一首：“万里倦行役，时穷德竟孤。关门无令尹，谁问老聃书。”在一唱一和中，沟通了感情，传达了彼此的思念和关心，在战乱间隙，朋友间的这种慰勉极为珍贵。而当年在重庆文艺界举办的各种茶话会、纪念会、祝寿会中，有戏作人名诗之风，老舍是大力倡导者与积极践行者。他在《赠潘孑农》(一)中写道：“天翼高长虹，田间潘孑农。佩弦卢冀野，望道吴云峰。万籁鸣秋苇，独清涂转蓬。霞光王统照，常任侠何容。”一首五律八句诗，每句都由两位作家姓名组成。不同派别、不同成就的作家名字被平等地放置在一起，体现的是诗人的平等意识，肯定的是文艺工作者们相互团结的精神。这种人名诗虽是出于游戏，但体现的却是抗战期间文艺界的大团结。这样的旧体诗作还有很多，如《题高龙生〈涂鸦图〉赠卜少夫》《赠台静农》《赠太虚法师》《诗四章(四)》《题静庐归雁图》《题静庐写秃松小品》《为关良〈凤姐图〉画题诗》《赠田仲济》《赠赵清阁》等。

老舍在只身逃离济南奔赴武汉之际，由于家乡的沦陷，魏建功也离开北平逃亡长沙，并随信寄老舍旧体诗一首，倾诉北平危困中的所见所闻，所思所想：“敌未受俘俘已献，破衣墨面等轻尘！边城自古销忠骨，腹地从来窜儒民；千里久游鱼在镬，一山新聚鹿相亲；可怜落照红楼影，愁绝沙滩注马神！”不日，老舍用原韵《和魏建功》以还之：“北望家山归不得，忍看衣袖满征尘！将军诱敌频抛甲，仕贵称降俱爱民；幸有新都何碍远，纵非与国亦相

①黄裔：《老舍郁达夫人品比较》，《福建师范大学学报》1994 年第 2 期。

亲。此中自有真消息,莫说兴亡浪费神。”在一唱一和间,两位先生对国破家亡的悲痛,对故土家园的热爱与叹息,对日本侵略者的痛恨及对抗战英雄泯灭的哀婉之情凛然于纸上。在诗歌唱和时仍不忘关注国事,老舍的爱国情怀何其浓厚!而在《赠冯纪法》中,诗人感于五年来英雄儿女志在收复国土的雄心:“抗战今开第五年,男儿志在复幽燕。金陵纵有降臣表,铁甲终辉国土天。斜凝双星休乞巧,西风万马俱争先。多情最是卢沟月,犹照英雄血色鲜。”诗人热切歌颂英雄儿女不怕牺牲、无畏艰难的革命英雄主义精神,并对汪伪政府的胆怯懦弱的投降行径进行了讽刺与批判,笔调慷慨激昂。极易私人化的唱和酬答诗作,在老舍手中,仍是表达爱国之情的良好文体,诗作显现出着明显的社会价值与意义。

(三)日常生活之诗中蕴涵生活情趣,惊叹生活之美与世界之妙

抗战是乱世,老舍以旧体诗为抗战鼓与呼,发出时代的强音,凸显出老舍的“战士”特质。而鲁迅认为,战士不是时时刻刻都在战斗的。情感细腻、热爱田园生活的老舍还在日常生活中,以一双敏锐的眼睛去捕捉与享受生活之美,惊异与感叹世界之妙。老舍创作了一些描写日常生活的旧体诗,读者从中可以发现从小说、新诗、通俗文艺中所未曾呈现出来的另一个于乱世寻诗意的老舍。

老舍是一个“在什么地方都能看出美来”的人,他驱遣一支艺术之笔所写的旧体诗中,或描写日常生活点滴,或描绘清新淡雅的田园风光,颇有王维诗中有景、景中寓情、情景交融的意蕴;或叙述生活之乐趣,好友之深情,温馨闲适,颇具孟浩然遗风。写清新景致的如《村居·之一》前两句:“茅屋风来夏似秋,日长竹影引清幽。山前林木层层隐,雨后溪沟处处流。”《蜀村小景》:“蕉叶清新卷月明,田边苔井晚波生。村姑汲水自来去,坐听青蛙断续鸣。”这两首颇类田园诗。凭诗人高超的白描手法,选取“蕉叶”“明月”“苔井”“茅屋”“竹影”等清新自然的生活意象,寥寥数笔勾勒出一幅恬淡自然的山村夏夜图,蛙声、风声、流水声交相呼应,动静交融,意境清新淡雅饶有意趣。

老舍有着极好的人缘。1942 年老舍居住于重庆乡下,与冰心、吴文藻夫妇相距不远,久久许诺二人登门拜访而未兑现,特作诗以表歉意:“中年喜到故人家,挥汗频频索好茶。且共儿童争饼饵,暂忌兵火贵桑麻。酒多即醉临窗卧,诗短偏邀逐句夸;欲去还留伤小别,阶前指点月钩斜。”(《村居杂记》之一)老舍和冰心、吴文藻夫妇意趣相投,纷乱的炮火也没能阻挡他们真挚友情的延续。他们品茶论道,把酒言欢,“指点江山,激扬文字”,暂且忘却了战争的残酷和百姓的流离失所。在这里,诗人已浑然忘却主客之分,全身心融入这个温馨的小家庭之中,随性而至,“频频索好茶”“且共儿童争饼饵”“酒多即醉临窗卧”。可天下无不散之筵席,尽管时常见面,可每次分离仍依依不舍,客人欲去还留,伤感不已,双方的真情展露无遗。诗歌朴实、幽默,字里行间情韵悠悠,温馨洋溢。老舍与吴组缃也是好朋友。老舍孤身一人在重庆时,带着家眷的吴组缃常请老舍到家吃饭,对待老舍是“有客同心当骨肉,无钱买酒卖文章”。1942 年端午节,老舍被热情邀请到吴宅做客时作二诗以记之,其一是:“端午偏逢风雨狂,村童仍著旧衣裳;相邀情重携蓑笠,敢为泥深恋草堂;有客同心当骨肉,无钱买酒卖文章;当年此会鱼三尺,不似今朝豆味香。”在朋友的日常往来中,可以看出双方的深厚友谊。老舍与郭沫若也是文友,在《诗四章·(二)沫若先生邀饮赖家桥》中,老舍写道:“家山北望隔中原,相对能无酒一樽?薄醉欲倾前日泪,红颜未是少年痕!平桥翠竹清如水,晓日白莲香到根;篱外桑麻诗境里,柴扉不掩傲朱门。”前四句中有

记事有抒情，后四句分明是一幅田园风景图，表现的是国土沦丧、深处异乡生活动荡的老舍对安定恬淡的诗意生活的追求。

从以上描写与记录日常生活的旧体诗中，我们可以看到隐忍的老舍对生活的艺术化追求，看到忙碌的老舍对闲适恬淡的田园生活的向往，看到热情的老舍对友情的珍惜，看到有着严肃的生活态度的矜持的老舍的幽默风趣，看到爽朗的老舍的细致入微。这些都是老舍的“真我感情”。读者可以通过这些旧体诗窥测到老舍的丰富复杂的内心世界。这些诗作也真实再现了中国知识分子在战乱年代的日常生活，暗示象征了人类精神生活的共同理想，潜藏着深层的文化底蕴。

三、老舍抗战旧体诗的艺术美

（一）意象意境美

诗歌的意蕴美离不开意象美与意境美。吴组缃认为老舍的旧体诗“极为工稳，又讲究意境”。自幼受陆放翁和吴梅村的影响，老舍在学生时代就深谙此道。老舍抗战时期的旧体诗创作常常表现对日寇侵华行径的诅咒，对抗战胜利、收复河山的期盼与肯定，受此主题的影响，鲜明而突出的意象或情景成为诗人创作首选。“一水惊蛇岸欲流，黄沙赤血撼天浮！”（《诗四首·潼关炮声》），水中小蛇受惊四窜，岸上黄沙染血赤红，“蛇”意象与“沙”意象的运用将战争的残酷和惨烈触目惊心地凸显在读者面前，诗人的憎恶之情可想而知。“白鹤云间山色远，黄牛车缓柳荫深”（《诗四首·过天津桥》），风景如画，一只白鹤展翅悠然远去，融入山色，黄牛车也随之渐行渐远，没入柳荫深处。“鹤”意象与“牛”意象隐喻的是悠然平淡的和平景象，体现了诗人对战乱的厌倦及对和平生活的向往与追求。在《留侯祠·之一》中，作者表达一怀愁绪：“寂寂祠堂夏似秋，青泉赤松伴留侯。千峰环翠青天小，遮断斜阳无限愁。”寂静的祠堂凄凉无人，唯有清泉、赤松陪伴左右。千山环绕，遮蔽夕阳无限愁思。尾联一个“愁”字使得全篇景象拢上无限伤感，“斜阳”意象与意境相生，浑然天成。老舍善于发现生活美，点滴小景别有一番风韵。“蕉叶清新卷月明，田边苔井晚波生。村姑汲水自来去，坐听青蛙断续鸣。”（《蜀村小景》）这首颇有杜甫诗风的小诗以乡村风物为背景，以“蕉叶”“月明”“田边”“苔井”“村姑”等物象与人物构成了一个形象体系。清新蕉叶随风舒展，遮挡明月时隐时现，徐风拂过苔井，水波横生，汲水的村姑来去自如，场景鲜活明丽清新自然，静动结合，而抒情主人公在“坐听蛙鸣”。“青蛙”是一个古典意象，古代诗人常以清越远扬的“蛙声”吟唱恬静而又和谐的田园，或表达对故乡的思念等。在《蜀村小景》中，老舍借“坐听蛙鸣”，一方面表达对日常生活之美的喜爱，另一方面也是以此传达自我在离乱中期待明天希望之曙光出现之意。如此则情与景汇，意与象通，意境自现，是老舍将人生艺术化的体现。

（二）音韵节奏美

老舍认为，一首诗“虽然句子长短不定，可却是语言的精华，使人们不但爱读它，而且爱朗诵它，乐意把它背下来”，“形式可以不要，语言的美丽与音乐性却非要不可，因为中国诗之所以成为中国诗，必定因为它是中国语言的精华，这就是民族风格的所在”（老舍《诗与快板》）。可见，老舍对音韵的重视非同一般。

老舍抗战旧体诗的音韵节奏美主要表现在用韵方面。如打油诗《为关良〈凤姐图〉画题诗》："自古有恋爱，惟难尽自由。最好做皇帝，四海齐叩头。秀色细选刷，宫中百美收。一旦厌金紫，微服闲出游。旅舍逢娇小，轻灵似野鸥。飘飘龙心悦，金口涎欲流。百般肆调戏，龙步舞不休。可怜弱女儿，含怒倍娇羞。宛转拜尘埃，富贵乃可求。呜呼皇帝怪，恋爱得自由。"该诗句句押"ou"韵，读来朗朗上口，简单易背。再如《流亡》一诗："弱女痴儿不解哀，牵衣问父去何来。话因伤别潸应泪，血若停流定是灰！已见乡关沦水火，更堪江海逐风雷？徘徊未忍道珍重，暮雁声低切切催！"这首旧体诗在现代看来并不合乎音律，其实不然，这是古今读音的差异，在古代"哀""哉""来""雷""催"等字同属"灰"韵，《流亡》这首诗仍是押同一个音韵的。除此之外，老舍的抗战旧体诗通篇押韵的还有很多，读来朗朗上口，韵律十足，节奏感强。

（三）语言风格美

老舍的抗战旧体诗的文体多样化，有古体诗如四言诗《孝宾先生千古》，更多的是近体诗，如有五言七言绝句、五言七言律诗等。绝句有《寄慰达夫》《北碚辞岁》《蜀村小景》等，律诗有《赠田仲济》《诗二章》等。

1.语言既活泼浅俗鲜活清新，又典雅凝练蕴藉含蓄。老舍抗战旧体诗中表达日常生活情趣的作品语言活泼浅俗，鲜活清新，如《乡居杂记·端午大雨，组缃兄邀饮，携伞远征。幺娃小江，著新鞋来往，即跌泥中。诗记二事》其二："小江脚短泥三尺，初试新鞋来去忙；迎客门前叱小犬，学农室内种高粱；偷尝糖果佯观壁，偶发文思乱画墙；可惜阶苔著雨滑，仰天颠倒满身浆！"《赠台静农》《题高龙生〈涂鸦图〉赠卜少夫》等诗的语言也有这种特点，而《蜀村小景》的语言则是鲜活清新的："蕉叶清新卷月明，田边苔井晚波生。村姑汲水自来去，坐听青蛙断续鸣。"老舍抗战旧体诗中还有很多诗作的语言典雅凝练，蕴藉含蓄，如七律《自励》即用典精准，情感激昂高亢。首联"黄鹤楼头莫诉哀，酒酣风劲壮心来"的语言凝练精警。《赠涤非词人》之"春雨花开落，秋云梦往还"则对仗工整，语言典雅蕴藉。

2.风格多样。(1)既沉郁悲壮也慷慨激昂。沉郁悲壮是老舍抗战旧体诗的风格之一。如《留侯祠(一)》一诗："寂寂祠堂夏似秋，青泉赤松伴留侯。千峰环翠青天小，遮断斜阳无限愁。"末句一个"愁"字增添了诗篇的沉郁之气，意和境的结合浑然天成；而1939年11月创作的《诗四章》之《潼关炮声》则沉郁与悲壮共生，既低回忧伤也激昂高亢。像《赠冯纪法》这样的诗，则既歌颂中国人民抗日反侵略、重辉国土的英雄精神，也批判无耻之徒的投降行为，风格慷慨激昂。(2)诙谐幽默。老舍为文作诗执着地追求趣味与幽默。诙谐幽默是狄更斯特有的艺术特色，受其影响，老舍在旧体诗创作中呈现出特有的自嘲和幽默，给抗战旧体诗带来耳目一新、别开生面的艺术效果。如在写作《乡居杂记·端午大雨，组湘兄邀饮，携伞远征。幺娃小江，著新鞋来往，即跌泥中》其二诗时，老舍秉承一贯的幽默作风，抓住幺娃小江偷尝糖果却佯装不知，穿着新鞋却仰天摔倒的有趣细节，通篇运用白话口语，选取通俗易懂并且生动有趣的词汇，将一个天真调皮、活泼伶俐的孩童形象描画得跃然纸上，极具生活气息。抗战时期，日本敌机不间断轰炸重庆，据吴组缃回忆："在重庆最无聊的就是空袭中躲防空洞的时候。常常进了洞就出不来，久久闷坐着，无以自遣。后来我们就拿文艺界的人名拼凑诗句。"此类诗虽然有文字游戏的意味，但经老舍巧妙连缀，韵味十足。如《赠太虚法师》："大雨洗星海，长虹万籁天，冰莹成舍我，碧野林风眠。"四行短诗完全由八个当代艺术家的名字拼凑而成，无一虚字，可一幅曼妙图画跃然于眼前：大雨过后，星海闪烁，七彩的长虹横越天际，冰舍田边，和着清风，我在碧林中沉睡。这实在是流动着灵韵的好诗，体现了老舍深厚的文学底蕴和艺术功底，而它的内在幽默又让人忍俊不禁。而能将老舍诙谐幽默的品格淋漓尽致表现出来的，还要数他的打油诗了。如《抛锚之后》："一去二三里，抛锚四五回，下车六七次，八九十人推。"诗人模仿理学家邵康节的《山村咏怀》，同样采用列锦的手法，将通过精妙挑选的名词或名词短语，巧妙地排列组合成诗，把一走多抛锚，抛锚众人推，坐车难，难坐车的情形写得幽默生趣。诗作虽是取笑汽车随时抛锚，其实也把抗战期间物资匮乏、劳军奔波辛苦、司机恪尽职责的状况表达出来，幽默、风趣，读来令人笑中含泪，感慨系之。

总之，抗战期间，老舍用旧体诗向人们展现了一个爱国诗人感时忧国、流离思乡的复杂情绪，并将其苦中含乐的抗战流离生活展现在世人面前，还原了一个立体化的革命"战士"老舍的形象。这些旧体诗不仅是诗人爱国情感传达的华章，更是美的艺术创造，其深厚的古典文学功底及其娴熟的诗歌创作技巧展露无遗。在抗战期间写作旧体诗的诗人队伍中，老舍以其旧体诗的意蕴美、艺术形式美而别成一家！

（作者单位：聊城大学文学院）

论老舍的纪实文学创作

◎章罗生

与鲁迅、郭沫若、茅盾和巴金等人一样，老舍不但也有许多“纪实”创作，而且其“纪实”与“虚构”相辅相成、密不可分；我们在承认他们是“伟大”或“著名”的“文学家”与“作家”时，不能只看到其“虚构”创作方面的成就，而忽略或漠视其“纪实”成就及其重要意义。尤其是作为语言、幽默大师的老舍，其语言成就与幽默艺术等不只表现在他的小说、戏剧等文体中，而且也较鲜明、突出地表现在其传记文学与纪实散文创作方面。这是我们需要特别加以重视和关注的。

与鲁迅、郭沫若、茅盾和巴金等一样，老舍也创作了许多纪实文学作品。他虽没有写过严格的报告文学，但在20世纪50年代初的朝鲜战争期间，他在前线生活体验了5个月之后，以老秃山战役为原型写了长篇《无名高地有了名》。该作虽被人认为是小说而被收入《老舍小说全集》等，但实际可认定为报告文学或纪实小说。因为，老舍谈到，他本来想写长篇小说，但因“五个来月的时间不够充分了解部队生活”，不能写出鲜活人物，但又“不甘心放弃歌颂最可爱的人们的光荣责任”，认为“尽管只能写点报导也比交白卷好”，因而就“把听到的和看到的资料组织了一下，写成此篇，这只能算作一篇报导”，只是“篇中的人物姓名都不是真的”①。他虽没有如郭沫若那样，写有篇幅浩繁的《沫若自传》，但也有一些较零散、短小的自传文字，如《自传难写》《八方风雨》等，尤其是有《正红旗下》这样较全面、细致的长篇自传小说——虽然它因“大写十三年”等时代政治原因而未能终篇，但给中国当代文学尤其是当代纪实文学留下了意义深远、弥足珍贵的精品力作。正是如此，有人根据以上资料等，编成“准”《老舍自传》，即“将老舍的自传材料作了适当的调度、合并、删节、组合”，并“尽可能保持作品原貌”②。就纪实散文而言，老舍虽没有林语堂的《吾国与吾民》《生活的艺术》，茅盾的《杂谈苏联》《苏联见闻录》和巴金的《随想录》那样的长篇，但也有不少短小精悍的名篇力作。据有人统计，老舍共写有散文326篇，其中《老舍文集》第14卷收录“自1930—1964年的抒情记事散文162篇和幽默讽刺短文63篇”③。而据笔者考察，其中可认定为“纪实”，即以写人、叙事、纪游等为主的，约在125篇以上。而如果把“纪实”的外延进一步扩大，我们也可将《张自忠》《龙须沟》和《大明湖》等以真实人物、地点和事件为

---

①老舍：《无名高地有了名·后记》，人民文学出版社1955年版。

②徐德明：《老舍自传·后记》，江苏文艺出版社1995年版。

③见史承钧主编：《简明老舍词典》，甘肃教育出版社2000年版，第54—94、203页。

基础的作品，视为广义的“纪实戏剧”与“纪实小说”。至于因抗战爆发而仅刊载了前4章的长篇《小人物自述》，因其“主人公王一成——降生时的情况、家庭中的成员、寡居同住的姑母、父亲的早逝……无一不是以老舍本人的生活经历为原型的”，因而更应视为“自传体小说”。① 总之，老舍的纪实文学创作，数量虽不及他的小说、戏剧等虚构文学创作多，其总的成就和影响也不及《骆驼祥子》《四世同堂》和《茶馆》等，但却是老舍创作中不可忽视的重要组成部分。

其次，老舍的纪实文学创作具有鲜明的艺术特色与重要的价值意义：一是文献意义与认识价值；二是文学意义与审美价值。就前者而言，如同郭沫若的《沫若自传》、巴金的《随想录》与刘白羽的《心灵的历程》等一样，老舍的《正红旗下》《八方风雨》以及其他有关自传文字等，不但通过自己的身世经历，反映了一个平民知识分子尤其是一个满族贫民出身的北京青年的人生奋斗，而且从一特定角度反映了20世纪中国的忧患与苦难。如果说，《沫若自传》通过郭沫若的革命经历着重反映了20世纪上半叶中国社会的时代风云，《随想录》通过巴金的真诚反思主要批判了“文革”与极“左”政治，《心灵的历程》通过刘白羽的内心独白着重总结了从延安时期到新时期以后的非凡历史，那么，《老舍自传》则通过老舍的幽默与苦涩，着重反映了知识分子与城市贫民在国难深重、社会动荡中的辛酸与抗争；如果说，沈从文的《湘行散记》与《湘西》等再现了湘西社会的特殊文化与风土人情，那么，老舍的《正红旗下》与有关北京的纪实散文等，则反映了独特的北京风情与满族文化。同时，我们还从作家抗战时期写于济南、青岛、武汉等地的有关纪实文字中，不但感受到了中国知识分子“天下兴亡，匹夫有责”的责任担当，而且也领悟到了这段生活经历对于作家以后创作所起的重要作用，即为写作《四世同堂》等长篇力作，在生活素材、思想感情与文字、形式等方面所作的积累与准备②。不然，他抗战时期不在北京，怎么能写出真实反映北京人民抗战的《四世同堂》等作品？此外，《无名高地有了名》通过许多概括而成的人物与情节，从一侧面真实反映了朝鲜战争后期中国人民志愿军的战斗生活，从而也具有一定的认识价值。

当然，如果说，文献意义与认识价值是所有纪实文学的共性，即我们能通过不同的人物与事件，从某一特定的角度或侧面，认识特定的“典型环境”与“典型人物”，那么，其纪实文学的文学意义与审美价值，也许更能体现作家的创作个性、成就及其地位、贡献等。在这方面，如果说《沫若自传》《杂谈苏联》与《心灵的历程》等，所反映的主要是作为革命作家与文化战士的郭沫若、茅盾与刘白羽，《吾国与吾民》《生活的艺术》与《湘行散记》《湘西》等，体现的主要是作为学者与文学家的林语堂和沈从文，那么，《老舍自传》等则更多地再现了作为文学家与语言、幽默大师的老舍。也就是说，作为“语言、幽默大师”的老舍，其形象与成就不只体现在他的小说、戏剧等“虚构”文学中，还鲜明地体现在其有关自传与纪实散文创作中。这是因为，一是“晚节渐于诗律细”，《正红旗下》等许多“自传”写于晚年，此

①张桂兴：《老舍与第二故乡·山东——老舍的第二故乡(代序)》，青岛海洋大学出版社2000年版，第3页。

②如写于1933年的《估衣(济南通信之八)》，不但写了日本从青岛运来“估衣”，国人“拼命地买人家破烂”等事实，而且在语言上也为《四世同堂》等作了准备。如该文开头说：“和他们(引者按：指国民)要主意，等于要求鸭子唱昆腔”，而《四世同堂》中也有类似句式，如钱默吟的“名言”：“和日本人讲道理，等于和狗讲唐诗。”

时作家的语言、幽默艺术等已臻炉火纯青之境；二是“老舍的幽默往往挖苦或嘲弄自己”[①]，因而其“自传”文字更多充满“自嘲”。这一点，我们从《老张的哲学》等的“油滑”，到《猫城记》《骆驼祥子》的“严肃”，再到《茶馆》《正红旗下》的“纯熟”“精细”等，均可看出；三是与茅盾、林语堂等人相比，他的纪实散文更短小、精致，尤其是其叙事、写景之作，更讲究结构、意境与语言提炼，因而其审美价值与意义也不亚于小说等创作。

的确，“钱锺书的幽默是学者的机智‘讽世’，是客观、理智的会心微笑；老舍的幽默是主观‘自嘲’，是感时伤世、顾影自怜的含泪苦笑。钱锺书是居高临下，俯视一切；老舍是身临其境，感同身受。从整体上来说，老舍的幽默主要属于第二种含义，即‘车尔尼雪夫斯基认为，幽默家的情绪是自尊和自笑自鄙的混合。这说明幽默还具有表现人故意嘲笑自己，并借这种形式揭露不合理的事物和现象的特点’。”[②]这一点，我们从《老舍自传》中随处可见。如写自己 27 岁去英国时：“我能把它说得不像英语，也不像德语，细听才听得出——原来是‘华英官话’。那就是说，我很艺术的把几个英国字匀派在中国字里，如鸡兔之同笼。英国人把我说得一愣一愣的，我可也把他们说得直眨眼；他们说的他们明白，我说的我明白，也就很过得去了。”[③]而在叙说自己有了孩子后，面临既要写作又要养家糊口的狼狈与尴尬时，更饱含辛酸的“自嘲”与“感时伤世、顾影自怜的含泪苦笑”——

小女三岁，专会等我不在屋中，在我的稿子上画圈拉杠，且美其名曰“小济会写字”！把人气没了脉，她到底还是有理！再不然，我刚想起一句好的，在脑中盘旋，自信足以愧死莎士比亚，假如能写出来的话。当是时也，小济拉拉我的肘，低声说：“上公园看猴?”于是我至今也未成莎士比亚。

……小胖子也有这种困而不睡的时候，大概多数是与小济同时发难。两位小醉鬼一齐找毛病，我就是诸葛亮恐怕也得唱空城计，一点办法也没有！在这种干等束手被擒的时候，偏偏会来一两封快信——催稿子！我也只好闹脾气了。不大一会儿，把太太也闹急了，一家大小四口，都成了醉鬼，其热闹至为惊人。大人声言离婚，小孩怎说怎不是，于离婚的官司中瞎打混。一直到七点后，二位小天使已困得动不的，离婚的宣言才无形的撤销。[④]

总的来说，老舍的语言“具有鲜明的艺术特色，即：俗白、清浅，形象、准确，细腻、鲜明，幽默、风趣。与此相联系，其语言风格也表现出大众化、民族化与抒情性和幽默感的统一。”[⑤]这一点，不仅表现在小说、戏剧等虚构文学方面，同时也表现在其纪实文学创作中。如在“细腻、鲜明”方面，虽然《骆驼祥子》《四世同堂》等长篇中有一些精彩描写，尤其是短篇小说《微神》《月牙儿》等，其写景与心理描写也非常出色，但相对而言，老舍的一些纪实散文尤其是有关描写济南、青岛等地自然风光的篇什显得更为突出。如《一些印象》对济

①吴组缃：《〈老舍幽默文集〉序》，湖南人民出版社 1983 年版。

②章罗生：《老舍与中国新文学》，文化艺术出版社 1994 年版，第 118 页。

③徐德明：《老舍自传》，江苏文艺出版社 1995 年版，第 34 页。

④徐德明：《老舍自传》，江苏文艺出版社 1995 年版，第 119—120 页。

⑤章罗生：《老舍与中国新文学》，文化艺术出版社 1994 年版，第 125 页。

南风景的描写——

以颜色说吧，山腰中的松树是青黑的，加上秋阳的斜射，那片青黑便多出些比灰色深、比黑色浅的颜色，把旁边的黄草盖成一层灰中透黄的阴影。山脚是镶着各色条子的、一层层的，有的黄、有的灰、有的绿，有的似乎是藕荷色儿……

……这种鲜绿全借着水的清澄显露出来，好像美人借着镜子鉴赏自己的美。是的，这些绿藻是自己享受那水的甜美呢，不是为谁看的。它们知道它们那点绿的心事，它们终年在那儿吻着水皮，做着绿色的香梦。淘气的鸭子，用黄金的脚掌碰它们一两下。浣女的影儿，吻它们的绿叶一两下。只有这个，是它们的香甜的烦恼。羡慕死诗人呀！

在秋天，水和蓝天一样的清凉。天上微微有些白云，水上微微有些波皱。天水之间，全是清明、温暖的空气，带着一点桂花的香味。山影儿也更真了。秋天秋水虚幻地吻着，山儿不动，水儿微响。那中古的老城，带着这片秋色秋声，是济南，是诗。

类似描写，不只是"细腻、鲜明"，也不是一般的情景交融，而是层次分明，动静结合，山水、诗画、光影一体，色、香、味、声俱全。当然，如果以具体景点而言，也许《趵突泉的欣赏》(济南通信之四)是其代表。它也运用各种修辞手法，调动艺术"通感"，诗中有画，动中见静，在细腻上下功夫，于鲜活中见力量——

看那三个大泉，一年四季，昼夜不停，老那么翻滚。你立定呆呆地看三分钟，你便觉出自然的伟大，使你不敢正眼去看。永远那么纯洁，永远那么活泼，永远那么鲜明，冒，冒，冒，永不疲乏，永不退缩，只是自然有这样的力量！冬天更好，泉上起了一片热气，白而轻软，在深绿的长的水藻上飘荡着，使你不由地想起一种似乎神秘的境界。

池边还有小泉呢：有的像大鱼吐水，极轻快地上来一串小泡；有的像一串明珠，走到中途又歪下去，真像一串珍珠在水里斜放着；有的半天才上来一个泡，大，扁一点，慢慢地，有姿态地，摇动上来；碎了；看，又来了一个！有的好几串小碎珠一齐上来，像一朵攒整齐的珠花，雪白。有的……这比那大泉还更有味。

除"细腻、鲜明"等外，从以上文字中，我们还可看到老舍语言的另一特色，即"俗白、清浅"。老舍认为："世界上最好的著作差不多也就是文字清浅简练的著作"①，因而他的文学创作与语言实践都贯彻着这一目标。他在北京口语的基础上，广泛吸收古典文学、民间文学与外国文学的营养，创造了一种通俗易懂、简练有力的白话语言。如《骆驼祥子》，据有人统计，只用了常见汉字 2411 个，因而具有小学水平的人也可进行阅读。② 同时，他自己也说过：由于好友顾石君供给他"许多北平口语中的字和词"，因而写作时可以"从容调动口语，给平易的文字添上亲切，新鲜，恰当，活泼泼的味儿。因此，《祥子》可以朗诵。它的言语是活的"③。实际上，不只是《骆驼祥子》等小说是这样，以上所举的《趵突泉的欣赏》与

---

①老舍：《我怎样学习语言》，原载《解放军文艺》1951 年第 1 卷第 3 期，现收入《老舍文集》第 16 卷。

②王行之：《老舍语言艺术初探》，《当代》1981 年第 5 期。

③老舍：《我怎样写〈骆驼祥子〉》，原载《青年知识》1945 年第 1 卷第 2 期，现收入《老舍文集》第 15 卷。

《五月的青岛》等纪实散文也是这样，也都体现了“清浅简练”与“亲切，新鲜，恰当，活泼”等语言艺术特色。具体来说，即包括“用现成的字而设法使文章简练美丽”，而且使它“美在骨里”[①]，以及尽量不用连词，“少用专名词”，“不随便用，甚至于干脆不用形容词和典故”[②]等艺术技巧和审美追求。

老舍语言的这种“清浅简练”等，又与其“幽默、风趣”等特色紧密相连。这一点，除有关自传文字外，在有关写景状物的散文中也表现得较突出。也就是说，在这类散文中，作家描述的并非是世外桃源，他在歌颂真善美的同时也在鞭挞假丑恶，在倾吐对祖国山河与故乡（包括第二故乡山东）的热爱时，也表达了对现实的不满与对“国民性”的批判。因此，即使是写景状物时，他也并非是“悠然见南山”而也有“金刚怒目”的一面虽然他缺乏鲁迅的思想硬度与批判力度，但也表达了一个正直文人与爱国知识分子的忧患情怀与责任担当。而这一点，也正是构成其语言“幽默、风趣”的内涵与基础所在。正是如此，《趵突泉的欣赏》中首先就有这样的文字——

……泉的所在地并不是我们理想中的一个美景。这又是个中国人的征服自然的办法，那就是说，凡是自然的恩赐交到中国人手里就会把它弄得丑陋不堪。……一座假山，奇丑，穿过山洞，接连不断的棚子与地摊、东洋布、东洋磁、东洋玩具、东洋……加劲地表示着中国人怎样热烈地“不”抵制劣货。这里很不易走过去，乡下人一群跟着一群地来，把路塞住。他们没有例外的全买一件东西还三次价，走开又回来摸索四五次。小脚女人更了不得，你往左躲，她往左扭；你往右躲，她往右扭，反正不许你痛快地过去。

《一些印象》也是如此，开头即这样写道：“到济南来，这是头一遭。挤出车站，汗流如浆，把一点小伤风也治好了，或者说挤跑了；没秩序的社会能治伤风，可见事儿没绝对的好坏；那么，‘相对论’大概就是这么琢磨出来的吧？”接着，写自己挑选马车时，怀疑“有多少匹马是应当雇八个脚夫抬回家去？有多少匹可以勉强负拉人的责任？”“即使马能走三里五里，坚持到底不摔跟头；或者爬起来再接再厉；那车、那车、那车，是否能装着行李而车底儿不哗啦哗啦掉下去呢？”后来，“我确乎听见哗啦一声响，确乎看见连车带马向左右摇动者三次，向前后进退者三次”；“左轮的皮带掉了两次，随掉随安上”，“马打了三个前失，把我的鼻子碰在车窗上一次”；等等。尤其是反映济南道路之差时，更是尽情夸张、挖苦——

浪漫派的文人也一定喜爱这些石路，因为块块石头带着慷慨不平的气味，且满有幽默。假如第一块屈了你的脚尖，哼，刚一迈步，第二块便会咬住你的脚后跟。左脚不幸被石洼囚住，留神吧，右脚会紧跟着滑溜出多远，早有一块中间隆起，棱而腻滑的等着你呢。这样，左右前后，处处是埋伏，有变化，假如那位浪漫派写家走过一程，要是幸而不晕过去，一定会得到不少写传奇的启示。

……

坐车的时间也大有研究的必要，最适宜坐车的时候是犯肠胃闭塞病之际。不用吃泻

①老舍：《怎样写通俗文艺》，原载《北京文艺》1951 年第 2 卷第 3 期。

②老舍：《我怎样学习语言》，原载《解放军文艺》1951 年第 1 卷第 3 期，现收入《老舍文集》第 16 卷。

药，只须在饭前喝点开水，去坐半小时上下的洋车，其效如神。饭后坐车是最冒险的事，接连坐过三天，设若不生胃病，也得长盲肠炎。要是胃口像林黛玉那么弱的人，以完全不坐车为是，因没有一个时间是相宜的。

类似的思想情感与语言文字在《吊济南》《路与车》等散文中也有表现。如《吊济南》写道："济南的美丽来自天然"，"可惜这样的天然美景，和那座城市结合到一处，不但没得到人工的帮助而相得益彰，反而因市设的敷衍而淹没了丽质。大路上灰尘飞扬，小巷里污秽杂乱，虽然天色是那么清明，泉水是那么方便，可是到处老使人憋得慌。"尤其是写到暴敌入侵、山河破碎的惨状时，作家就再也无法"幽默"，而只有尖锐的讽刺、痛苦的揭露与批判了。如："大批的劣货垄断市场，零整批发的吗啡白面毒化着市民，此外还不时地暗放着传染病的毒菌，甚至于把他们国内穿残的破裤烂袄也整船地运来销卖。这够多么可怕呢？可是我们有目无睹，仍旧逍遥自在……"，等等。从这里，我们的确再次见到，老舍不但是有高远追求且造诣高深的"文学家"，而且也是忧国忧民、敢爱敢恨的"思想家"。"他常常用顶浅显的叙述，顶照顾大众读者阅读能力的文字，和顶教人们感到亲切生动的笔墨，引导人们逐渐走向严肃的人生思索与文化思索。"①

总之，老舍的纪实文学创作不但如《骆驼祥子》《茶馆》等小说、戏剧一样，同样表现了作家的杰出才华与文学成就，而且也较集中、鲜明地表现了老舍作为语言、幽默大师的一面。实际上，与鲁迅、茅盾、巴金、林语堂、沈从文、周立波和刘白羽等作家一样，老舍的纪实文学创作，也和他的小说戏剧等虚构文学相辅相成，它们"你中有我，我中有你"，相互依存，相互促进。这一点，对于现实主义文学或以现实主义创作方法为主的作家来说，尤其如此。因为，"纪实"本来就是文学的基础，一切想象和虚构都从此出发，问题只在于离此基础的远近，或想象与虚构成分的多少，即"虚构"越多，离"纪实"就越远；反之亦然。在这方面，如就创作思潮或创作方法而言，其先后次序应是：现实主义→浪漫主义→现代主义；如就文体而言，其排序则基本上是：报告文学→传记文学→纪实散文；等等。正是如此，所谓"纪实"与"虚构"就没有截然的界限，所谓"传记小说"、"非虚构小说"等就有存在的理由。而将老舍的《正红旗下》《无名高地有了名》以及散文中以写人、叙事与纪游为主的一类认定为"纪实"文学，也就是正常和合理的了。但问题在于，由于长期以来受西方"纯文学"观的影响，我们形成了"文学即虚构"的观念，因而将"纪实"与"虚构"相对立，并将"纪实"基本上排除在"文学"之外。这一点，不但表现在新时期以来的"当代"文学中，而且也表现在包括鲁迅、老舍等在内的"现代"文学中。因此，在文学与时代再次呼唤"重写"文学史与"重构"文艺理论的今天，应该是我们更新观念、纠正这一学术偏颇的时候了！

（作者单位：湖南大学文学院）

①关纪新：《老舍与满族文化》，辽宁民族出版社2008年版，第253页。

三代京味小说比较论

◎王中

方言作为一种文学语言形式，它的理论倡导与“国语的文学”、乡土文学、“大众语”诸口号的推进有不可分割的联系，因此它的发生发展难免带有一定的功利目的。但在这种功利目的下催生的方言写作成果，却在新文学发展过程中有不容小觑的力量。同时也因为这种功利目的和意识形态缘由，有关方言文学的理论探讨和提倡从来没有真正实现过。方言写作的成就得益于作家自觉的语言意识以及文化渲染，它是现代作家在操作、演练白话文过程中进行的有益尝试。以老舍为首的京味小说和以沙汀为代表的川味小说，是新文学成就最高的两类地域文学，同时也是地方土语所诞生的两类风格迥然不同但都能有效地呈现地域特色的小说类别。与京味小说相比，川味文学后继乏力。虽然有沙汀、艾芜、李劼人等杰出的小说家，但是当代以来，有意呈现作品的川味，以四川话为特色的小说却不多见。京味小说则在邓友梅、陈建功、王朔、刘一达等作家那里香火不断，蔚为大观，由之成为中国现当代文学史上最具标识性的文学脉络。

一

何谓京味？评论家赵园、王一川，作家赵大年、刘一达等人都有这方面的专述。总的来说，京味离不开以下三样：北京话、北京人、北京事(物)，北京文化就杂糅在这三样中。大多数学者在研析京味文学时，总过于强调文化在其中的重要地位。但如何直呈所谓的京味，笔者以为，北京方言才是最重要的。“味”的渗透、深入正在于语言的醇厚、内敛与节制；“味”的肤浅也来自语言的有意强调与自我陶醉。因此，离开了语言这一要素，就谈不上京味。这也正是“京派”与“京味”的区别所在。某种程度上说，京味自然隶属于京派，但以“味”取胜。京派中的许多作家如沈从文、萧乾、汪曾祺等人都写过北京，但是“京味儿”显然不足。并不是写新老北京题材的小说就能称之为京味小说的，那显然是将京味小说肤浅化了。可以说，没有北京话为佐料，堆砌再多的北京人事，排列再多的北京文化，也做不成满汉全席。因此京味的首要标志是语言：以北京方言口语为主的语言形式。从本质上来说，所有以“味”取胜的文学样式，无不是对某一类方言土语依赖性很强的作品。京味小说也不例外。

时下评论界将京味小说以时代为界划分为三代：老舍是京味小说的开创者，是第一代；邓友梅、陈建功、韩少华等人为第二代；王朔、刘一达等人为第三代。也有论者将汪曾祺、林斤澜、王小波、刘恒等人的作品放入京味小说中的。① 笔者以为，倘若以北京话为京味小说的标志，这几位作家作品被称为京味文学是有些牵强的。当然这种划分只是为了一种言说的方便，并不具备某种理论意义。从本质上说，三代京味小说风格不一，作家们各自的追求和写作的侧重点也并不相同，因此读者从他们作品中感受到的"京味"也略有不同。

老舍是老北京人，从小的生活环境就是大杂院，亲朋好友、左邻右舍有的是旗人，有的是从事各种下层职业的手艺人如拉车的、理发的。北京作为几百年的皇都，礼俗文明渗透到北京人生活的方方面面，有钱的真讲究，没钱的穷讲究。老舍描绘的就是渗透出浓浓的中下层日常生活气息的"京味"，因此这"京味"令读者觉得熨帖、平易、亲切。但最值得注意的是，老舍是满族，因此他的京味里就夹杂了许多微妙的情绪。精致的汉文化在作为统治者的满族人手里发扬光大，同时也走向没落，连同没落的还有满族的皇朝时代。因此在描摹这种京味时，老舍还深深地融入了自己的痛惜、眷恋、怀旧等诸种复杂的情绪。因而，老舍不仅算得上是现代京味文学的开创者，同时也是满族文明的悼亡者。爱之深、责之切、伤其逝，使老舍的京味融入了自我的灵魂，因此使读者读起来不"隔"，有直入人心的力量。

邓友梅作为第二代京味文学的代表，京味作品并不多，只有《那五》《烟壶》《寻访〈画儿韩〉》《"四海居"轶话》《索七的后人》等。多着墨于没落士族以及特殊行业的手艺人。当然这些个行当是故都文明的产物，如烧瓷的、画画儿的、制玉的、捣卖古董的等。但邓友梅不是土生土长的北京人，他是山东人。京城文化对他来说不是渗透，而是感染。因此他的作品对北京的人、事就有了某种强调和渲染，有刻意经营的传奇味道。到了陈建功、韩少华，对"京味"的描绘就更加用力过猛。北京话中的某个词如"敢情"，北京的某一景如地坛、四合院等，某一物如红点颏儿都能成为所谓"京味"的代表，难免带点儿"炫奇"与"炫独"的意味，已经失掉了老舍作品当中的那种"切己"之感。

到了第三代京味文学，"京味"已成为一个固定名词，已然是京城文化的象征，也是批评界长盛不衰的研究课题之一。不仅文学作品，包括影视、建筑、服饰、吃食等都能被琢磨出京味儿来。因此很多京城作家对京味都趋之若鹜，仿佛不了解、不写成"京味"就不是北京人。然而实质上，这时的京味已有渐趋消失的危险。比如语言上，北京方言已向普通话靠拢，老舍作品中记录的那些老北京话多数已消失了，只能在那些依然健在的老北京人嘴上去寻找，青年人大多说的都是过滤了方言腔调的普通话；许多古老行业如烧瓷、制玉的家庭作坊式生产早已消失，大杂院、四合院已被高楼大厦水泥桩子的世界代替，四轮汽车早就代替了洋车夫的两条腿；多礼、谦和的老北京人已被只具备二分之一或三分之一北京血统的新北京人代替，外地人的数量也早已超出了土生土长的北京人……因此，除了故宫颐和园天坛长城等古老建筑，北京已日益和世界上的其他城市面目相似，模样仿佛。京味也因此难以容身，描写京味也就更难了。在这种情况下，王朔独辟蹊径，放弃传统京味小说的写法，只写了代表一类人精神气质和生存方式的小说，这类人多被称为"侃爷"和"顽主"，他们的言行举止与读者阅读记忆中的老北京人完全不同，但他们依然是北京这块神

①王一川:《京味文学第三代——泛媒介场中的20世纪90年代北京文学》，北京大学出版社2006年版，第21页。

奇土壤的产物,而不大可能会是两广、湖南、四川或安徽的出品。

第三代京味文学的另一个代表人物刘一达,则恰恰与王朔相反,他继承了邓友梅、韩少华等第二代京味作家的精神,继续挖掘老北京的地理风俗、世故人情。但不同的是,刘一达的职业是《北京晚报》的记者,专栏主持人,他更多的是从一个媒体人而不是作家的视角来看待京味文化。他致力于京味文化的发掘、保存和整理,把京味文化当作一门学问来追求。刘一达非常多产,有一系列的京味作品,如长篇小说《故都子民》《胡同根儿》《北京华》等,纪实文学系列如"北京眼"(三部:《皇天后土》《苍生凡境》《凭市临风》)、"胡同风"(两部:《城根众生》《皇都市井》)、"刘一达京味儿"系列(《老根儿人家》、《老铺底子》、《有鼻子有眼儿》)等。从题目就可以看出,刘一达对京城文化进行了方方面面的探索与开掘,北京特有的人、事、景及礼仪风俗、历史变迁,无不被他详细周到地纳入囊中。他的作品,堪称一部京味文化全书。总的来说,刘一达的京味系列虽然比老舍等人所呈现的京味更全面更具体,但更偏向于"知识性"地介绍,少了那种经过个人生命体验过滤并升华的感性呈现,同时更加发扬了上一代的"炫独""炫奇"的意味。因此他的很多作品如《故都子民》《人虫儿》《胡同根儿》都被拍成了影视剧,影响更加广泛。由此刘一达的京味文学多被认为是京味文化与现代媒介相互催生的产物,引起过广泛的讨论。

二

上文已经说过,京味无非以下几方面:北京话(指的是北京方言,又称京白)、北京人、北京事(包括景与物)。三代京味作家对这几个方面各有侧重,并自成绝活。下面就以此为线索,具体分析他们的异同。

北京话是京味文学的生命所系,对京白的使用是三代京味小说的分水岭。现在看来,像老舍那样喜爱北京话,并能在文学作品中将北京话的神韵朴素精练地传达出来,很少有作家能做到。另一方面,虽然他们都使用了北京方言、土语,但也是有选择性的。同样是北京方言,选择哪一类人或哪一阶层的人所使用的日常口语,决定了小说的性质、风格等方面的特点。

在上世纪二三十年代用白话文写作的作家中,老舍是非常注重语言的优秀小说家。他的语言观念相当超前,他认为小说是语言的艺术,语言决定了小说的成败。从使用俏皮的语言到不如使用正确、有力的语言,从使用正确的语言到不如使用生动的语言,老舍的小说语言观念与语言运用经历了一个变化的过程,并逐步向方言土语靠拢,在生活中寻找活的语汇。而在方言土语的使用上,老舍也有一个逐渐使用——使用起来得心应手——谨慎使用的过程。这当中虽然有国家政策的影响,但总的说来,老舍以北京方言入文的方式,是最正确、最根本的,也最值得后来作家学习。对于北京方言的使用,老舍秉持的一个理念是:以真实为上,表现什么样的人物就用什么样的语言。"我们应当与小说中的人物十分熟识,要说什么必与时机相合,怎样说必与人格相合。顶聪明的句子用在不适当的时节,或出于不相合的人物口中,便是作者自己说话。顶普通的句子用在合适的地方,便足以显露出人格来。"[①]精确与恰当便要求作家对方言不是照搬照用,而是经过创造和提炼,

①老舍:《言语与风格》,《老舍文集》第15卷,人民文学出版社1990年版,第260页。

才能有效地提升方言的表现力。比如:“刘四自幼便是放屁崩坑儿的人!”“虎姑娘一向野调无腔惯了,……”高妈呢,则是“干净瞭亮的人”,但也不免“时常有些神眉鬼道儿的”,画线部分的方言对描述人物的性格起到画龙点睛的作用,既俗白又生动,令读者过目难忘。

其次,老舍对方言使用最关键也是最成功的一点是:使用方言的文法与腔调,而不仅仅只用方言的语汇来展示某种行业色彩或地域色彩。方言语汇有它不同于普通话的语法环境,语词是相互生长相互联系的,截断它们之间的血脉联络,就削弱了它们的生命力。老舍在1941年写的一篇文章中说:“在当代的名著中,英国写家们时常利用方言;……是的,它们的确与正规文法不合,可是它们原本有自己的文法啊!你要用它,就得承认它的独立与自由,因为它自有它们的生命。假若你只采取它一两个现成的字,而不肯用它的文法,你就只能得到它的一点小零碎来作装饰,而得不到它的全部生命的力量。因此,我自己的笔也逐渐的、日深一日的,去沾那活的、自然的、北平话的血汁,不想借用别人的文法来装饰自己了。”[①]在其代表作如《骆驼祥子》《正红旗下》等小说中,方言成为一种腔调和精神,它贯穿于全文始终。老舍并不挑拣最生僻的字眼,也并不选择花哨的、显示某种地域知识的语言,而只用一些最平易的、不具备多少陌生性的词汇,凭借它们将这种方言的神韵呈现出来。离开这种语言,人物就失了勃勃的生气,故事也会被抽离丰厚绚烂的底子。比如,老舍使用北京方言的一个最大特色就是:大量运用北京话的语气助词和叹词,《骆驼祥子》使用了诸如“呀”“啊”“哪”“吧”“呕”“哼”“啦”“哟”等。在其他作品中,老舍还用了“嘹”(如“我来嘹”,是“来哩噢”的合音),还有“吖”(哒)、啵等自造的语气词,但是并没有流行开去。一方面,因为北京方言有较多的语气助词和叹词;另一方面语气词有极强的辅助和装饰作用,老舍为求忠实地记录口语中的实际语音,同时也让对话更活泼更生动而大量使用语气词。如小说中写到祥子与虎妞发生关系后,为避虎妞到曹先生家拉包月,虎妞却找上门来与祥子摊牌:

“怕嚷啊,当初别贪便宜呀!你是了味啦,教我一个人背黑锅,你也不挣开死××皮看看我是谁!”

如果换成:“怕嚷,当初别贪便宜!你是了味了,……”语气就要硬得多。加入“啊、呀、啦”,一方面纾缓语气,加强语调中的揶揄和嘲讽,显得委婉;同时也不失它的威胁意味。因为虎妞知道她面对的是头犟驴,不可太用强,但也不可不用强,所以采用了这种稍稍委婉的方式。

同时,在京白的使用上,老舍还起了开创者的作用。很多方言入文、用文字表现声音是由他开始的,并由此就沿用下来了。比如“出溜”“摩挲”等。这方面,很多是得益于老舍的语言学家朋友,如金受申、罗常培、白涤洲、顾石君、何容等人。老舍的方言写作,得到了这些语言学家的大力帮助。同时,老舍也以其文学作品,丰富了现代汉语。现代汉语正是在这些作家一代代的努力下,才逐渐摆脱了欧化、文言化的影响。因此舒乙说:“所以我们现在很流利地写东西,那是因为我们站在巨人的肩膀上。这个你一定要承认他的伟大贡献。”[②]总的来说,作为现代京味小说的奠基人,老舍以《骆驼祥子》《正红旗下》《我这一辈

①老舍:《我的“话”》,《老舍文集》第15卷,人民文学出版社1990年版,第461页。

②舒乙:《老舍的内心世界》,转引自陈建功、傅光明编《老舍的文学地图》,新世界出版社2005年版,第147页。

子》等作品示范了"京白"在小说中如何恰到好处地运用,并由此遥继了早期的"京语教科书"如《红楼梦》《儿女英雄传》的语言传统。

相比老舍,后两代京味小说家对北京方言则缺乏深入骨髓的把握与研究。邓友梅不是北京本地人,因此扬长避短,并不在作品中炫耀北京话。他的语言冲淡、稳健,相当地有节制。在简洁的书面语中,不引人注目地夹杂着一些北京方言口语。正如他自己所说:"每个作家好比一块地,他那块是沙土地,种甜瓜最好;我这块地本来就是盐碱地,只长杏不长瓜,我卖杏要跟人比甜,就卖不出去。他喊他的瓜甜,我叫我的杏酸,反倒自成一家,有存在的价值。"①刘一达则与邓友梅相反,执着地追求所谓的"京味":"我写文章或写书,一直在苦苦地追求着'京味儿'。……这二十五年中,我几乎没有一天不动笔的,就是在追求或寻找着'京味儿'。但是,现在我自认为也只能算是'半瓶子醋',功夫还没到家。"②因为追求这种京味,所以他对北京方言有一定的研究。刘一达说,老北京人把看戏叫"听戏"。他在一部小说中用了这个词,但编辑改成了"看戏"。"'看戏'和'听戏'虽然是一字之差,不但意义满拧,而且味儿也不一样。"③"有一次,我的文章在某报上发表,文中有一个词儿:'这程子'。这是一个北京土语,到了编辑那儿给改成了'这阵子'。我说'这程子'放在文章里更有味儿,他却瞪了我一眼。"④刘一达的作品中的确有不少北京方言,但或者因为方言已渐渐溶入普通话,文本中记录的老北京方言与作家本人所使用的生活语言有一定距离;或者因为刘一达毕竟不是专业作家,对语言的使用还欠点火候,总之,他在流畅的书面语为主的叙述语言中"嵌入"北京方言,难免有点儿生硬、牵强,无法与叙事文本和谐一致。但与王朔小说、冯小刚电影所掀起京痞话语的潮流相比,刘一达的语言反倒呈现出一种与传统京味相承接的敦厚与蕴藉。

除邓友梅等人外,多数京味文学的传人都沉溺于京白所带来的语言陶醉中,把玩语言,不以语言所传递的信息量为重,却以它的"味儿"为重。用话赶话、为语言而语言的言说行为呈现出文化的优越感、语言的自得感。或者仅以北京方言中某些词汇的反复使用,来达到标识"京味"的目的。比如,北京方言与普通话、书面语的最显著的一个区别就是前者儿化词很多,后者基本上不儿化,因此儿化词几乎成为北京话的标志之一。有的作家为突出这种北京语言的特色,就不加节制地使用儿化词。试举一例:

坛墙根儿,那可真是个好去处。

先别提天坛。北京城,五坛八庙,得以它为尊。就瞧瞧这地坛吧,青泥砖的围墙,起脊出檐、四秩规整不说,单凭那成片的老松老柏,石坊祭坛,不就颇有些个古意儿么?如若一大清早儿,遛到这坛墙子西北角儿里头来,就更有意思了。春秋儿甭提啦,就这夏景天儿,柏树荫儿浓得爽人,即便浑身是汗,一到这儿,也立时落下个七八成儿去。冬景天儿呢,又背风儿,又朝阳儿,打拳、推手、站桩,都不一定非戴手套儿不可。难怪常来这儿"会鸟儿"的那个矬胖老头儿——就是说话又快、又脆、又亮,绰号人称"梆子"的那位,总爱夸这儿是

①邓友梅:《略谈小说的功能与创新——在小说创作讲习班的讲课(摘要)》,《北京文学》1983年第9期。

②刘一达:《老根儿人家·自序》,北京出版社2004年版,第4页。

③刘一达:《老根儿人家·自序》,北京出版社2004年版,第5页。

④刘一达:《老根儿人家·自序》,北京出版社2004年版,第4页。

块“宝地”了。①

这两段来自韩少华的短篇小说《红点颏儿》的开头。小说一开始的两百多字中，已然有十七处使用了儿化词（见画线部分）。试比较老舍的《骆驼祥子》，它被认为是老舍小说中最具京味儿的作品之一。《骆驼祥子》共二十三节，且看第一节，共有五万八千余字，儿化词也只用了近三十次，这当中还有一些是拉车这个行当的术语。可见《红点颏儿》对儿化词的使用过于刻意、泛滥，相较而言《骆驼祥子》对它的使用则较为适度。

老北京的口头语中还有另外一个词“敢情”，也是较为显著的北京方言之一。陈建功就专门写了一篇小说阐释这个词汇，以这个词汇来标志人物，显示时代变迁的内涵。如：

“敢情！”——这又是北京的土话。说“敢”字的时候，您得拖长了声儿，拿出那么一股子澉漫劲儿。“情”字呢，得发“轻”的音儿，轻轻地急促地一收，味儿就出来啦。别人说了点子什么事儿，您赶紧接着话茬儿来一句：“敢情！”这就等于说：“没错儿！”“那还用说吗？”甚至可以说有那么点儿“句句是真理”的意思。其实，此话在北京寻常得很，大街小巷，胡同里闾，不绝于耳，本来不值得在此絮叨。可是，在辘轳把儿胡同9号，这话可就不同寻常啦。②

“敢情”在《骆驼祥子》这部长约十三万多字的小说里只用了六次，但在陈建功的这篇《辘轳把儿胡同9号》里被郑重介绍，是人物的口头禅。然而我们除了这口头禅之外，没有看到更多的北京方言。

“侃”是北京人日常生活的重要消闲方式，是北京人最易于被辨识的典型姿态。“侃大山”、“神聊”、“海聊”等都是对北京人言说特色的形象说明，类似于四川人的“摆龙门阵”。北京语言话赶话的节奏轻快、音韵流畅也都在“侃”中表露无遗。专门显示京白“侃”的特色的，正是王朔的小说。它们以语言优势取胜。小说以对话的聪明漂亮、俏皮利索来反映说话人头脑的灵活，高人一等的智慧，以及在俗世中生存的技巧；同时也流溢出作者以能自在的驱遣文字为乐事的享受态度。且看小说中的一段：

“嗯。”石静说，自己也忍不住噗嗤一笑，旋又正色指着我道：“何雷，你这人怎么就能红一阵儿白一阵儿，说狠就狠，翻脸不认人，什么揍的？”

“变色龙揍的。”我虚心诚恳地说，“确实不地道，亲者痛仇者快，朝秦暮楚朝三暮四朝花夕拾，连我也觉得特没劲。这也就是我自个，换别人这样儿我也早急了，要不怎么说正人先正己上梁不正下梁歪，我本人这样儿怎么还能再严格要求你像个正人君子。”

“你就贫吧，”石静笑，“就会跟我逞凶，踩和完人又给人扑粉，里挑外撅，好人歹人全让你一人做了。”

“穷寇勿追，得饶人且饶人，你就别非逼着我当三孙子了，杀人不过头点地，我也算奴颜婢膝了。”③

情侣间吵架斗嘴，杂糅着土语、成语、俗语，没有一定文化水平的人无法领略语词流动里的调侃意味。在小说中，这两个人物的身份是工人，但画线部分的语言恐怕不是普罗大众能说得出来的。同时，“朝秦暮楚朝三暮四朝花夕拾”“正人先正己上梁不正下梁歪”这

①韩少华：《红点颏儿》，《万春亭远眺韩少华散文小说选》，同心出版社2008年版，第259页。

②陈建功：《辘轳把儿胡同9号》，转引自《鬈毛》，北京燕山出版社1997年版，第12页。

③王朔：《永失我爱》，《王朔文集·纯情卷》，华艺出版社1992年版，第77页。

样的词汇在句子里没有意义，纯粹是为说而说。“信息载体的语言不以负载信息为唯一目的时，有可能审美化，稍稍逾限即沦于‘贫’——纯粹的废话。”[①]因此王朔小说语言常招来“京油子”“耍贫嘴”的批评。

三

第一代第二代京味文学多注重于北京人物的塑造。如老舍强调以人物为小说的灵魂，人物语言为写作的根本，在他笔下出现了形形色色经典的下层北京人形象，比如《骆驼祥子》的祥子，《正红旗下》的姑母、大姐婆婆、福海，《我这一辈子》中做巡警的“我”，还有话剧《茶馆》中的王利发、常四爷、松二爷、秦仲义等。老舍以这些北京人浓缩了故都好几个时代的背影。

邓友梅的京味小说不以语言而以人物取胜，但不同于老舍的是，他的人物又并不以性格取胜，却以他们独特的身份、命运吸人眼球，以其了解的独门知识、掌故屹立于文坛的人物画廊中。邓友梅多塑造乱世中没落的皇族后代如那五，以及古玩、文物行中的人如甘子千、画儿韩、金竹轩等。《那五》《烟壶》等作品的写成非一日之功，而是经过很多的寻访、考察以及资料的搜集整理才写成的。同时这也与作者的亲身经历有关。作者曾记录过他与“北京通”金受申、皇族后代金寄水等的来往经历：

一会儿掌柜把拌好的黄瓜端来了，寄水和受申都坚持请他喝一杯，……（受申）转身就对我介绍说：“这是尚掌柜，平南王尚可喜的后人，都是朋友。”……又进来一位，……寄水又转身给我介绍：“这位是王府六爷，本来他要袭王的……”那位客气地一笑说：“别折我的寿了，手拿把掐要袭王的还是您……”……这时受申拿过他那把折扇来看，看着上边的画和题词念叨说：“唔，甲贝勒画的草虫，乙额附的兰草。这丙王爷的几笔字还真有他祖上成亲王的神韵……”接着寄水就和那爷们互相打听几个皇亲国戚的近况，说话就热闹起来。

……我整个听傻了眼，因为从没亲耳听身边的人讲皇亲贵族的事这么亲切，这么熟悉，这么没当回事的。[②]

有了这些真实的朋友间的来往，见过真实的皇族后裔，邓友梅才能将没落贵族写得那样生动、形象。刘一达的《故都子民》继承了邓友梅的衣钵。小说以一双乾隆玉碗为矛盾中心，将北京花儿市买卖古玩的“老家雀儿”宗二爷、琢玉大师杜五爷、宗家琦、旗人金五爷、太监颜三等，刻画得淋漓尽致。小说对古玩知识和玉文化丰富而生动的讲解令读者意兴盎然。而这些文化掌故一方面得自于作者少年时遇到的一位老北京古玩商，另一方面得益于作者对北京玉器行手艺人的探访，还得自于作者对各种资料的查证功夫。由此刘一达的京味小说人物比邓友梅来得更广更杂。出于一个新闻记者对热点文化的嗅觉，刘一达将老北京的三教九流、五行八作都纳入笔下，并或多或少给他们渲染了某种传奇色彩。但问题是行业的特点概括出来了，却少了具体的生命来阐释它，一如祥子阐释了洋车夫。读者只记得行业，不记得人，行业淹没了人。

如果说老舍、邓友梅、刘一达、韩少华等人还将笔墨放在老北京人身上，那么王朔则刻

---

①赵园：《北京：城与人》，北京大学出版社2002年版，第129页。

②邓友梅：《印象中的金受申》，《小说杂拌》，北京燕山出版社1997年版，第419页。

画了新一代北京人中的一类。这部分人多和王朔本人一样，出身于部队大院，有一定的文化水平，但多无所事事，没有正当职业，全身上下最精彩的地方是嘴皮。因此，王朔小说以语言取胜，但他的语言并不是像老舍笔下人物一样，将一口京片子说得流光溢彩，语言的方言色彩并不强，也没有多少口语，只是增强了语言的反讽色彩、解构意味，通过语言上的"侃"将"顽"的精神表现出来。这种精神的实质是：什么都看不惯、什么都无所谓，高大上的主流意识形态是他们嘲笑和反讽的对象，同时也包括正常严肃的人生态度。但这种看不惯，这种解构是站在高高在上的角度上的，因为他们是红色革命的后代、接班人，身份上的高人一等和精神上的不能满足使他们产生了深沉的虚妄无聊感。最终这些革命者的后人、"军二代"再一次落入了堂吉诃德的苦恼：他们"打倒权威"的解构意识某种程度上依然是"文革"时代盲目的政治激情的轮回。自居为普罗大众的"俗人"、流氓或痞子身份，嘲弄虚假的高雅、崇高和神圣，冒犯正统的精英知识分子，这种套路与"文革"的红小兵思维何其相似。王朔以城市俗人、痞子的形象反抗城市精英；看不起雅、看不起美，但自以为雅、自以为美，这何其荒谬。因此，他们对政治话语、神圣崇高的消解、调侃、反讽，没有触及根本，更大程度上只是耍花腔，因而显得没有力量，苍白而无聊。也因此，王朔笔下的人物，像堂吉诃德似的不安于正常的生活，奇思异想、花样百出，四处横冲直撞，利索的嘴皮子是他们手中的标枪，没有目标地乱刺，结果无非证明骨子里他们也不过是盲目冲动的信徒。王朔之所以被认为是京味文学的代表人物之一，笔者以为有两个原因：一个原因是语言，特定范围内的北京语言的使用；另一个原因是他笔下的人物是五十年代至八十年代中国时代巨变下，作为政治文化中心的北京的产物。部队大院子弟、红小兵的经历，在商业潮流中政治地位的丧失，没有经商的大脑，只有反讽和调侃的智慧，这样一批人，只有北京这块特定的土壤上才能生长得出来。

北京事（包括京景、京物）则是后两代作家所倚重的。老舍的京味小说，以人带事，人是主角，事是陪衬。对北京景、物及风俗的描写不过是闲笔，为其人物作衬托。只有一部小说例外，即《正红旗下》。在这篇小说中，老舍常偏离主题，对当时北京旗人的生活细节和风俗习惯进行细致的描写。有时竟中断了情节的发展，一味陷进讲解里面去。如"洗三""满月""除夕"，还有"花、鸟、鱼"，包括"赊账"等等。正如日本学者日下恒夫所说："如果专为写某个事件，这样详细地描绘这些事情是不必要的。不过，从另一个角度看，如此具体生动地描写清末下层旗人生活的真实面貌，如此充满生活感——毋宁说是现场感的作品是前所未有的。我敢断言，今后也不会有。老舍讲解的许多各种各样的片断都是独立成章的随笔。我们说老舍的笔正是想记录下那些已经消逝了的东西，就是如此。"[①]到第二、三代京味小说那儿，京物京景更是成为写作的重点，成为作家缅怀的对象。请看看作家对北京人提的鸟笼的精彩描绘：

炕桌上摆着个鸟笼子！那是个中号六棱紫竹笼儿：上头满是白铜顶盘儿、白铜抓、白铜小甩头钩子；周围六面紫竹立梃、上中下三圈紫竹横樘；笼子门儿上还刻着五只细巧蝙蝠，那叫"五蝠献瑞"；里头呢，一根黄杨木站梁，一对白地蓝花儿、外带"卐"字不到头、沿边锁口的细釉子食水罐儿；就连笼子底上的衬垫儿，都是崭新的高丽纸，随着底形铰成六角

① 日下恒夫：《关于满族旗人故事〈正红旗下〉》，胥敏译，《满族文学研究》1984 年。

儿，铺得平展展的。不说那成套的白铜饰件儿亮得能照见人影儿，紫竹梃也油润得打了蜡似的；就那对罐儿，甭细瞧，晚说也是同、光年间景德镇的上品……[①]

这可不是一般的鸟笼，它沉淀着北京的历史文化，折射着"京味儿"的高贵余韵。

再看看老北京人居住的四合院：

9号的门脸儿也不漂亮，甭说石狮子，连块上马石也没有。院儿呢，倒是咱们京华宝地的"自豪"——地道的四合院儿。四合院儿您见过吗？据一位建筑学家考证：天坛，是拟天的；悉尼歌剧院，是拟海的；"科威特"之塔，是拟月的；芝加哥西尔斯大楼，是拟山的。四合院儿呢？据说从布局上模拟了人们牵儿携女的家庭序列。嘿，这解释多有人情味儿，叫我们这些"四合院儿"的草民们顿觉欣欣然。[②]

以景物而不是人物来呈现京味，小说显得取巧，也因之辞气浮露，失了厚重之感。

总的来说，京味小说是对一种生活形式的表达。这种生活形式植根于几百年的京城文明，它形成了北京人特有的生活习惯、情感方式、人际关系、礼仪制度乃至衣帽服饰的样式、菜蔬果品的特色等。京味小说也是一种有意识的写作。无论京白、京人、京事，都是刻意经营的产物。从老舍到刘一达，这三代京味作家各有各的写作对象、写作重点，但他们都有自觉的地域身份意识，并分享了同一个写作意图，即留存民俗、立此存照。而这种地域意识（某种程度上来说是地域陶醉），并不仅仅是作家本人的，而是北京人的，它来源于三百年皇都所沉淀下来的故都文化，以及现代的政治经济中心所带来的优越感。也因此，其他的地域文学，比如胡适所认为的最有希望的吴语文学，还有诸如沙汀艾芜的川味小说，彭家煌代表的湖南味小说，吴组缃代表的安徽味小说，废名的黄梅腔调等，都不太具备与京味小说相抗衡的力量。

（作者单位：安徽师范大学文学院）

---

①韩少华：《红点颏儿》，《万春亭远眺韩少华散文小说选》，同心出版社2008年版，第264页。

②陈建功：《辘轳把儿胡同9号》，转引自《鬈毛》，北京燕山出版社1997年版，第13页。

传播学视野里的民族作家老舍及其创作

◎陈祖君

迄今为止,关于老舍及其创作的研究成果可谓汗牛充栋,我不在这里一一列举。这些成果中,少有从传播学的理论视野出发所做的研究。从传播学的理论视野观照作为少数民族作家的老舍及其创作的研究,似乎还没有见到。有学者提出,要从多维视野研究老舍,这应该是一种能够取得共识的见解。从多维中的一维或者多维出发考量老舍及其创作,应该是合理可行的,甚至是必要的。

本论题涉及的维度,首先是传播学。作者相信,从传播学的视野观照作为文化现象的老舍及其创作,可以对其做出新的理解和阐释。老舍和他的创作,获得读者的热爱,是读书界的热门话题,在文坛早已引起广泛的关注和研究。老舍和他的创作,因为其包含内容的丰富博大,已经成为重要的文学乃至文化现象,成为人类文化的一个组成部分。笔者大胆地称为老舍文化。凡文化都离不开传播,传播学界有一种重要的观点:“传播带有‘终极性’的特征,传播不仅仅是一个行为,一个实现某种目的的过程,而且是文化本身。”[①]根据这种观点,可以认为,是传播让文化得以成为文化,传播就是一种文化。所以在研究文化的时候,研究文化的传播异常重要,或者说,从传播学的视野研究文化异常重要。同理,从传播学的视野研究作为文化现象的老舍及其创作也就显得非常重要。

本论题所涉及的维度,还有中国少数民族文学。老舍是满族作家,这也是得到公认的。可是如何看待他创作中的满族特性,学界研究虽有,如关纪新的研究,就显得丰沛、沉厚,很具说服力,但总体仍很少。

我们不妨从老舍及其创作的巨大文化矿藏中,抽取他作为少数民族即满族作家这一事实,借助传播学的理论视野加以观照,看看能有什么发现。笔者从传播学的几个关键词即文化身份、跨文化传播、意见领袖等入手来解答这个问题。

一、文化身份的建构和彰显

文化身份在传播学里是一个抽象的、多层面的概念,是关涉传播主体的重要概念,指向传播主体对自我的认知,也即“我是谁”的问题。身份的确立是个体生命发展过程中的

①陈力丹、易正林:《传播学关键词》,北京师范大学出版社2009年版,第3页。

关键,提供给个体对自我和人格的认识,决定着人怎样生活以及与哪些人交往,关乎人生的幸福和安宁。

正如这个世界处于不断发展变化中一样,身处其中的人的身份也是发展变化的。各种身份交叉重叠,新身份可能不断出现。身份可以划分为多种类型:人种身份、种族身份、性别身份、国家身份、区域身份、组织身份、个人身份等。通过这样的类型划分,可以看到,老舍起码具备这样一些身份类型:黄种人、满族、男性、中国国籍、北京人、教师、作家、北京文联主席等。这些身份在他身上都得到显现,其中耐人寻味的是满族身份。这是一种种族身份,也有称族群身份的。种族身份的起源无疑是重要问题。有学者认为:"种族或种族身份源自共同的文化遗产、历史、传统、价值观念,相似的行为、种族发源地,在一些情况下还包括语言。"[①]应该说,这是成为共识的观点。

在中国,有清一代,满族虽然人数远少于汉族,却是至为显赫的民族,因为其是这个朝代占统治地位的民族。这个民族从其发迹起,一直到清朝灭亡,一直实行八旗制度。所有人等,一律编入正黄、正白、正红、正蓝、镶黄、镶白、镶红、镶蓝八旗中的一旗。老舍的父亲永寿便属于正红旗,母亲娘家属正黄旗。八旗制度本质上是一种军事制度。旗人即兵,平时享受所谓"铁杆庄稼",即政府定时发放的定额饷银,驻守在固定之地,不能随意离开,战事来临,就入营参加战斗。八旗制度可谓严苛,虽然帮助满族人夺得天下,但是对满族民众不一定是好事。"铁杆庄稼"虽然定期发放,但对于广大旗人来说,杯水车薪,并没有多少。而且,享受着这份"铁杆庄稼",旗人就不能从事耕种稼穑,不能从事商业贸易等关涉生计之事,从而导致严峻的生计问题。后来,随着清政府的覆灭,"铁杆庄稼"也没有了,广大旗人随即陷入更加艰难的境地,沦落为社会的下层,男的为挑夫、车夫等,女的当洗衣妇等,不少人在困苦中死去。一方面是经济上的生计问题,另一方面,随着清朝灭亡,这个民族显赫的政治身份也失去了。以前的荣耀、光环、声誉、尊重等都已消失,现在可能时时处处遭人白眼,所以在不少场合要隐藏起自己的民族身份。考察老舍的满族身份,不能不注意到这些背景。

老舍的满族身份来自父母。父母都是满族,他自然也是满族。老舍不满两岁,父亲战死在对抗八国联军的战斗中,他在母亲抚养下长大。母亲在父亲死后挑起一家人的大梁,在老舍心目中,她勤俭诚实、干净体面、要强好客、公道正派。这样一些传递给老舍的品质,正是满族文化中的元素。他在自述中说:"我的真正教师,把性格传给我的,是我的母亲。母亲并不识字,她给我的是生命的教育。"[②]老舍 9 岁才在慈善人士刘寿绵资助下入校读书,母亲在人生最初阶段给予的"生命的教育"至为关键,这样的教育当然会延续到 9 岁以后。这种"生命的教育"帮助个体建立自我即文化身份,既然母亲是满族人,母亲待人接物的习惯、方式、气度等会给老舍耳濡目染的影响,而这些是满族特有的,在母亲的教育下建立起来的文化身份极大程度上也就是满族的文化身份。

老舍的创作始于 1924 年他到英国以后,一直延续到 1966 年他离世。不过,从开始创作起,直到 1950 年代,长达 20 多年的文学生涯中,他没有公开彰显自己的满族身份。但这

①[美]拉里・A.萨默瓦、理查德・E.波特、埃德温・R.麦克丹尼尔:《跨文化传播》(第六版),闵惠泉、贺文发、徐培喜等译,中国人民大学出版社 2013 年版,第 104 页。

②老舍:《老舍自述》,京华出版社 2005 年版,第 13 页。

并不意味着满族身份是可以忽略的。因为人无法脱离孩提时代植根的土壤，而老舍在他的童年和少年时代已经建构起满族的文化身份。

1938年，老舍为自己写下自传云：

"舒舍予，字老舍，现年四十岁，面黄无须。生于北平，三岁失怙，可谓无父。志学之年，帝王不存，可谓无君。无父无君，特别孝爱老母，布尔乔亚之仁未能一扫空也。幼读三百篇，不求甚解。继学师范，遂奠教书匠之基。及壮，糊口四方，教书为业，甚难发财；每购奖券，以得末彩为荣，示甘于寒贱也。二十七岁，发愤著书，科学哲学无所懂，故写小说，博大家一笑，没什么了不得。三十四岁结婚，今已有一女一男，均狡猾可喜。闲时喜养花，不得其法，每每有叶无花，亦不忍弃。书无所不读，全无所获，并不着急。教书做事，均甚认真，往往吃亏，亦不后悔。如是而已，再活四十年，也许能有点出息！

著有：《老张的哲学》，《赵子曰》，《二马》，《小坡的生日》，《猫城记》，《离婚》，《赶集》，《牛天赐传》，《樱海集》，《蛤藻集》，《骆驼祥子》，《火车集》，皆小说也。当继续再写八本，凑成二十本，可以搁笔矣。散碎文字，随写随扔；偶搜汇成集，如《老舍幽默诗文集》及《老牛破车》，亦不重视之。"①

自传最能突显一个人的身份意识。老舍在40岁时的这篇自传更是如此，孔子"四十而不惑"的说法可谓众所周知，"不惑"意味着对自己的身份应该有清醒的认识；人在四十岁这样的年纪更会思考我是谁、我将何去何从这类涉及自我身份的话题。分析这份自传，首先会发现，老舍已建立作为小说家的文化身份。可以看出，他最为自豪的，是已出版12本小说；他还会把这事继续下去。当然这里还有作为教师的定位，不过已不占主要地位。再仔细分析，会领悟，里面有满族文化元素。第一，他说自己无父无君，这是在清理自己的由来，指向的是作为满族人的父亲的过早离开人世，以及满族建立的朝代的覆亡。第二，他说自己做事认真，吃亏也不后悔；又说自己难以发财，还甘于寒贱，表现得不善于理财。如滕绍箴所说，"满族是个淳朴、质直、好客的民族"②，待人有利他精神，处事讲究宽厚隐忍，在八旗制度的辖制下，更养成乐于礼让、不怕吃亏等性格特征。旗人的习性影响到老舍，他甘愿踏实、本分地做老实人，面对政治社会大动荡也不趋时逐利。这些是满族文化品格的体现，"是一种典型的满人式的守常持恒"③。第三，他的字里行间，渗透着人生艰难的悲苦感受，更有超脱于此的通达、调侃与幽默。这是源于满族历史悲剧的幽默。

尽管老舍作为八旗子弟很早就建立起满族的文化身份，不过，在1949年以前写下的文字里，从他作为公众人物展示出来的活动中，我们很难看到这种文化身份的公开彰显。从《老张的哲学》到《骆驼祥子》，再到《四世同堂》，看不到他宣称笔下哪一个重要人物是满族人，哪篇作品是关于满族题材的。这种事实表明，满族的文化身份被有意无意地隐藏起来了。其中的原因，不难推知，一是民族问题没有纳入国家的战略规划，少数民族的身份，并没有作为政治问题受到特别关注，出版物在推出一位作家的创作时，并不会公布其族别；二是清政府的覆灭导致满族人地位的急转直下，公开满族身份显然是一件不讨好的

①老舍：《小型的复活（自传之一章）》，《老舍文集》第14卷，人民文学出版社1989年版，第110页。最初发表于1938年2月1日《宇宙风》第60期。

②滕绍箴：《清代八旗子弟》，中国华侨出版公司1989年版，第168页。

③关纪新：《老舍与满族文化》，辽宁民族出版社2008年版，第62页。

事情。

老舍满族身份的公开彰显，是进入到当代以后的事情。新生的中华人民共和国把民族问题纳入国家战略，从国家层面认可各个少数民族，强调建立的是多民族国家。多民族国家倡导各民族平等，采取各种措施促进民族团结和繁荣。这些措施包括开展大规模的民族识别活动，在少数民族聚居区建立民族区域自治制度，以国家的名义推进少数民族的经济和文化建设等。总体而言，中国当代，少数民族受到异乎寻常的优遇。凸显来自少数民族的生命个体的民族身份成为政治问题，借此可以展示，少数民族受到平等对待，国家关于民族平等和团结的政策得到落实。中国的出版物从20世纪50年代起，来自少数民族的作家发表作品，一般会显示族别。这样的时代境遇中，老舍的满族身份进入公众视野。他的名字在公开出版物出现，作为著名文化人，其频率自然很高；当他的名字出现，现在多跟着满族二字。老舍的满族身份公之于众，也就是他满族文化身份的公开彰显。这是时代使然，跟国家推行旨在促进各民族平等、团结、共同繁荣的民族政策分不开。

他的文学活动彰显了满族的民族身份。他当选中国作家协会副主席，分管包括少数民族文学在内的一系列工作。由此，他的许多文学活动都和少数民族文学联系起来。他接见众多少数民族作者；写出多篇关于少数民族文学的评论文章；走访新疆、内蒙古等民族地区，参与那些地方的各种会议如中国作协新疆分会成立大会。1956年2月，在中国作家协会第二次理事会扩大会议上，老舍做关于兄弟民族文学的报告。1960年，在中国作家协会第三次理事会扩大会议上，老舍又做关于少数民族文学工作的报告。这两份报告是老舍大量调查研究，听取多方面意见，又经过深思熟虑写出的，内容极为丰富，对少数民族文学遗产的搜集、整理、研究，少数民族当代文学的创作、文学队伍的培养、文学活动的组织，以及各民族文学的交流等重要问题进行精辟阐述，是指导我国少数民族文学发展的纲领性文件。也是在这一年，他在第二届全国人民代表大会第二次会议上，做了《兄弟民族的诗风歌雨》的发言。为什么是老舍而不是别的作家做这样的报告和发言？这里起作用的固然是他的文学成就得到的广泛认可，同时无疑和他的作为少数民族的满族身份分不开。

他的文学创作也彰显了满族的民族身份。发表后受到多方好评，目前已成为经典剧作的《茶馆》第一次把满人形象搬进作品。不仅写了老实本分的松二爷，更写了一身正气、光明磊落，靠勤劳的双手养活自己的常四爷，是老舍异常难得地展示出来的满人的正面形象。《正红旗下》这部未能完成却被公认为经典之作的小说更是一部明确地以满族人为描述对象的作品。这部作品，一方面没有完成，另一方面，老舍生前也没有将其发表。作品虽远未写完，但这写出来的头两章，老舍晚年思想和艺术的光华已经油然可见。论者指出："《正红旗下》宛如一道描绘19世纪末北京满人社会生活的艺术画廊，具有强烈的历史表现力，作者于民俗世相的精雕细刻间，映衬出时代嬗交关头旗族乃至整个中国社会的风云走势。"①笔者要强调的是，这道艺术画廊围绕"我"的出生和成长展开，其中描绘的形形色色人物，刻画的各种各样民俗世相，都是满族的，揭示老舍对本民族及民族后面的文化的关注。明眼人会看到，"我"和作者老舍基本上可以等同，在小说展开的过程中，老舍彰

①关纪新：《满族小说与中华文化》，社会科学文献出版社2014年版，第63页。

显了自己的满族身份。

二、跨文化传播中的满族文化

考察老舍的创作，不妨从文化传播的角度来理解。如果我们把老舍进行的创作活动看成文化传播的话，他传播的内容是异常丰富的。老舍文化传播活动的重要特点在于，他进行的是一种跨文化传播。这种跨文化传播是跨越多种文化的传播，其中包含多种文化元素，如中国传统文化、五四新文化、北京文化、英国文化，以及满族文化，等等。这些文化在老舍作品中是互相融合、犬牙交错的，远非泾渭分明、截然不同的杂糅。老舍的创作显示，他进行的是一种多层次的跨文化传播。

从民族文化的角度而言，老舍从小生活在满族族群中，他的母亲、姐姐、哥哥以及众多亲戚都是满族，他当然很熟悉满族文化。他的周围，也有汉族、回族等民族的人们。及长，他又被送到学校，学习以汉语为载体的文化，主要是汉族文化。1924 年，他到了英国，一待就是 5 年，读了不少英语小说，正式走上小说创作之路，相继创作出《老张的哲学》《赵子曰》《二马》三部长篇小说。他也熟悉英吉利民族的文化。1946 年，他到美国讲学和写作，这是长期性的停留，停留时间达 4 年。煌煌百万余言的《四世同堂》就创作在美国。美利坚民族的文化他也有观察和体认。这些经历，使老舍成为具有多方面文化储备的作家，使他有条件成为跨文化传播者。传播学有一个概念叫多元文化人，"指的是一个人在思维和情感上既能把握整个人类的基本统一，但同时又能意识、承认、接受并欣赏不同文化的人们之间所存在的根本差异。"[①]老舍以他的经历和写作显示，他是能进行跨文化交流和传播的多元文化人。

老舍跨文化传播中的重要内容是满族文化，这是他进行的跨文化传播中不可或缺的组成部分。老舍关心、惦念满族人，他的众多作品展现满族人的命运，揭示满族人的性格。如《骆驼祥子》展现车夫祥子的奋斗历程，他最终以失败而告终。他虽然失败，但他在奋斗期间的淳朴、豪爽、正派、爱干净和他奋斗失败后的游手好闲、荒嬉堕落给读者留下深刻印象。《我这一辈子》写下层巡警的悲苦生活，《月牙儿》写堕落风尘，不得不以卖笑为生，度过皮肉生涯的母女。做车夫的祥子、做巡警的"我"、做妓女的"我"，作者虽然没有明言，但我们不妨进行合理猜想，他们都是旧时代苦命的满族人。老舍也在作品中对满族文化进行反思与批评，有两条路径，一是像《牛天赐传》和《骆驼祥子》那样，展现人物从蒙昧天真、淳朴率真到扭曲畸变的过程，"拟写一个民族——满族——在历史文化衍进中的教训"[②]。一是像《正红旗下》那样一边呈现满族人的民俗风情，一边审视满族历史文化中人们的陋习，借此检讨民族思想中的痼疾。

必须指出，老舍满族文化传播是和他进行的多层次的跨文化传播结合在一起的，你中有我，我中有你，不分彼此。他生前发表的所有作品，没有哪一篇是指明单独甚至主要写满族的。或许《正红旗下》是例外，但这部远未完成的小说是老舍去世后 13 年即 1979 年发表的。这在某种程度上表明他跨越了单一民族，指向多民族的命运与发展方向。他的创

---

①陈国明、安然：《跨文化传播学关键术语解读》，中国社会科学出版社 2010 年版，第 145 页。

②关纪新：《老舍与满族文化》，社会科学文献出版社 2014 年版，第 276 页。

作心理是开放的，他学贯中西，文承满汉，海纳百川，建构起多重多元的文化参照系统。因此他的创作就显得内容丰富，境界博大，情感深沉。

三、意见领袖的多级传播

文坛认可老舍的成就，对老舍有诸种评价和认识，如称他为城市文明病的批判者，贫民苦难的反映者，鲁迅之后国民性的探索者，京味文学的体现者，等等。研究老舍的学者很多，如吴小美、赵园、关纪新、宋永毅、樊骏、韩经太、傅光明，以及老舍子女舒济、舒乙等，他们对老舍及其作品做了诸种发掘和阐释。就文学层面而言，他们是老舍及其创作的研究者、阐释者、批评者。就传播学领域而言，他们是老舍文化传播的意见领袖。

意见领袖是传播学领域的重要范畴。什么是意见领袖呢？意见领袖指活跃在特定领域，经常为他人提供信息、观点或建议，并对他人施加个人影响的人物。美国传播学者拉扎斯菲尔德等人在20世纪四五十年代的研究揭示，人们对公共事务、购物、时尚等领域问题做出选择和决策之际，大众传播媒介固然会起作用，但更大的作用来自群体内其他成员的个人影响。对其他成员施加个人影响的人物即为意见领袖。意见领袖的提出和拉扎斯菲尔德主张的两级传播理论分不开。该理论认为，大众传播的信息和影响不是直接流向一般受众的，而是要经过意见领袖的中介，即经过大众传播——意见领袖——一般受众这样一个过程。意见领袖社交范围广，信息渠道多，对大众传播信息接触量大，“尤其更多地接触与形成他们意见领袖地位有关的内容”[①]，所以能在大众传播效果形成过程中起着重要的中介和过滤作用。

后来，有学者在把大众传播区分为“信息流”和“影响流”的基础上，主张信息的传播是“一级”的，即媒介信息可以直接抵达一般受众；而影响的传播则是“N级”（多级）的，其间经过大大小小意见领袖的中介。这样，两级传播就变成了“N级”（多级）。意见领袖所做的传播是一种多级传播，是一种创新的扩散。[②]

在笔者看来，老舍的作品在杂志、出版社这些大众传播媒介发表、出版后，其中包含的大量信息可以直接流向一般受众即广大读者，这样的传播是信息流的“一级”传播。但一般读者对这样直接抵达的信息流不一定有深刻的认识，这就需要花费大量心血研究老舍，从而掌握众多信息，拥有更高超见识的文学研究者的阐释，通过“多级”传播对读者产生更大的影响。对于老舍及其创作掌握更多信息，有着更为高超见识的研究者，就是老舍文化传播过程中的意见领袖。这些意见领袖提供信息、观点和建议，对读者施加影响，帮助读者形成对老舍的判断和定位。意见领袖实现了老舍文化传播中信息流向影响流的转化。意见领袖也会因所处时代不同，以及掌握的信息渠道、抱持的文化立场等的不同而形成不同的结论，产生不同的影响，因此有多级传播。

老舍的满族身份虽然在20世纪50年代公之于众得到彰显，但是他创作于1949年以前的大量作品，由于满族文化身份有意无意的隐藏，其中的满族意蕴也是隐藏着的，需要

①伊莱休·卡茨和保罗·F.拉扎斯菲尔德：《传播的两级流动》，[英]奥利弗·博伊德—巴雷特、克里斯·纽博尔德编：《媒介研究的进路：经典文献读本》，汪凯、刘晓红译，新华出版社2004年版，第156页。

②相关介绍可参见程曼丽、乔云霞主编的《新闻传播学辞典》，新华出版社2012年版，第18页。

研究者的发掘和阐释。几十年来,老舍文化中的满族意蕴并没有得到众多研究者的充分揭示。

笔者在这里乐意特别指出的是,真正把老舍文化中的满族意蕴挖掘、传达出来的,是关纪新先生。

从20世纪80年代起,关纪新有多篇论文探讨作为满族作家的老舍。90年代以来,他先后出版两本专著,《老舍评传》(重庆出版社1998年)和《老舍与满族文化》(辽宁民族出版社2008年),形成集束效应。《老舍评传》选择民族历史文化视角,在梳理老舍的生平事迹,研究老舍的思想及创作中,充分注意到老舍的满族出身、满族历史文化背景、满族的生活和思维特点,对作家的创作思想、作品进行系统深入的剖析和论述,比较准确、科学地揭示老舍文学创作中深厚的民族文化底蕴,从独特的角度还原了老舍思想和创作的实际。《老舍与满族文化》剖析京师旗族的家庭出身对老舍思想情感的塑造、满族社会变迁对老舍民族心理的制约、满族伦理观念赋予老舍的精神烙印、老舍的京旗及北京情结,阐释老舍赖以托足的满族文化艺术沃壤、满人的语言天分与老舍的提炼琢磨、老舍文学艺术中的满族文化调式,揭示老舍对满族及中华文化的忧思与自省,对老舍与满族文化之间的关联做了全方位的呈现。

关纪新在老舍文化传播过程中,起着非常重要的创新的扩散作用。关纪新在自己主编的一本书中写道:“时至今日,将老舍创作个性中的满族素质认真纳入研究视野,将老舍文学贡献视作少数民族文学对中华文学殿堂的卓越贡献,已经形成老舍研究界乃至中国文学界一项基本共识。”[①]没有关纪新一系列论著产生的创新的扩散推动,这项“基本共识”无法落地,将很难达成。因为发掘、阐释老舍作品丰富深厚的满族文化意蕴所做的独特贡献,关纪新无疑已成为传播老舍文化至关重要的意见领袖。

(作者单位:贵州财经大学)

①关纪新:《20世纪中华各民族文学关系研究》,民族出版社2006年版,第66页。

论老舍、沈从文民族身份认同的异同

◎梁桂莲

在现代文学史上，老舍和沈从文都是致力于国民性批判和人性解剖的少数民族作家。在他们身上，少数民族不仅是一种姿态，而且也是形成他们文学观念、文化视角、文化品格的重要元素。不过，由于他们文学观念、趣味、志向等的不同，其作品对自我民族身份的认同，对现代民族国家的建构、想象又呈现出不同的风格与面貌，显示出少数民族文学与个人对时代主流话语、意识形态呼应的不同路径和选择。

一

民族意识，顾名思义，是民族成员对本民族的感情与看法。它包含两个方面的内容：一是人们对自己归属于某个民族共同体的认识；二是在与不同民族交往的过程中，人们对本民族生存、发展、权利、荣辱、得失、安危、利害等等的认识、关切和维护。① 前者是民族意识的核心，即通常所言的民族归属，民族认同。因此，对于少数民族作家来说，民族身份认同就包含两个层次：一是对本民族的归属、认同；二是对中华民族文化共同体的认同。两个层次相叠重构、互动呼应，既形成作家独有的民族意识和文学特色，又彰显了少数民族作家以其写作融汇中华民族文化、参与民族国家建构的文化选择。

老舍与沈从文差不多同时走上文坛。不同的是，由于两人所处的文化环境、成长经历、文化视野并不相同，因此，二人对民族身份的认同、建构，对时代、主流话语的呼应都迥然不同，代表了现代文学史上少数民族作家写作的不同路向。

老舍出生于京都大邑，满族正红旗人。老舍生活的年代，正是满族社会地位不断滑落的时代。其父是一名满族护军，在老舍出生不久后，即战死在八国联军攻打北京的战役中。父死家贫的变故、国破家亡的经历、民族命运的衰变更迭，使得老舍对国与家、民族与个人的关系，有了切身的体会和认识。而 1919 年发生的五四运动，不仅丰富了老舍的阅历，启迪了他的心智，给了他新的心灵和文学语言，而且增强了老舍的民族责任感和使命感，促使他从更高的层面来思考个人、民族、国家的关系。在《“五四”给了我什么》一文中，老舍即说：“‘五四’运动送给了我一双新眼睛。其次是：‘五四’运动是反抗帝国主义的。自从我在小学读书的时候，我就知道了国耻。可是，直到‘五四’，我才知道一些国耻是怎

①熊锡元：《民族意识初析》，《中央民族学院学报》1989 年第 3 期。

么来的，而且知道了应该反抗谁和反抗什么。以前，我常常听说‘中国不亡，是无天理’这类的泄气话，而且觉得不足为怪。看到了‘五四’运动，我才懂得了‘天下兴亡，匹夫有责’。这运动使我看见了爱国主义的具体表现，明白了一些救亡图存的初步办法。反封建使我体会到人的尊严，人不该作礼教的奴隶；反帝国主义使我感到中国人的尊严，中国人不该再作洋奴。这两种认识就是我后来写作的基本思想与情感。”在五四运动的激励下，老舍渐渐树立了国家意识，将个人命运与民族、国家命运结合起来，从而将自我民族认同升华为中华民族文化认同。怀抱着这样的文化心态和民族情怀，老舍游学英国时期，就在作品《二马》中痛心疾首地呼喊：“二十世纪的‘人’是与‘国家’相对待的：强国的人是‘人’，弱国的呢？狗！中国人呢，是——！中国人，你们该睁开眼看一看了，到了该睁眼的时候了！你们该挺直腰板了，到了挺直腰板的时候了！——除非你们愿意永远当狗！”并借马威之口说出了“只有国家主义才能救中国”的肺腑之言。

游学英国的经历，使得老舍清醒地认识到中国在国际上的地位，认识到中国文化落后的境遇与现实。在《二马》中，老舍即说：“民族要是老了，人人生下来就是‘出窝儿老’。出窝老是生下来便眼花耳聋痰喘咳嗽的！一国里要有这么四万万出窝老，这个老国便越来越老，直到老得爬也爬不动，便一声不出的呜呼哀哉了！”因此，为了改变弱国、弱民的境遇，首先就必须改变文化落后的现实。由此，老舍站在中西文化对照的角度，对发展了几千年的烂熟的传统文化进行批判，创作了《老张的哲学》《赵子曰》《猫城记》《牛天赐传》《离婚》等一系列作品。在这些作品中，老舍以夸张、幽默的笔法，对传统腐朽文化及其所造成的懦弱、敷衍、出窝儿老的国民性格以及官本位、钱本位的市侩哲学进行大胆的嘲讽和揭露，形成独具特色“京味”作品。

与老舍不同，沈从文的民族身份并不纯粹，祖父和父亲是汉人，祖母苗人，母亲是土家族，按理说，沈从文应属于汉族。但进入北京以后，理想与现实的矛盾、新旧文化的冲突、苗汉对立的现实、城与乡的隔膜，最终使得沈从文在洞悉了都市文化及其人性的弊端——“琐碎、懒惰、敷衍、虚伪”，人们同“虫蚁一样”，“在庸俗的污泥里滚爬”——之后，建立起了以湘西世界为文化认同的苗族身份立场。在1931年为《龙朱》写的序里，沈从文毫不掩饰地承认了自己的苗族身份——“血管里流着你们民族健康的血液的我”，并称道苗人“诚实、勇敢、热情”。站在苗汉对立的立场，沈从文一方面在《有学问的人》《诱——拒》《篁君日记》《八骏图》《元宵》《菌子》等小说中对以汉族为代表的都市人性的萎缩、市侩进行批判与解构，认为他们“自大，骄矜，以及懒惰，私心，浅见，无能”，是“阉寺性的人”；一方面又以湘西世界为本位，建构其人性话语立场，在《月下小景》《七个野人与最后一个迎春节》《龙朱》《神巫之爱》《媚金·豹子·与那羊》等作品中，沈从文不仅赋予了苗人雄伟的体貌，而且也赋予了他们诚实、刚毅、果敢的性格与品德。两个世界互为映照，一破一立，前者代表了人性的堕落与退化，后者代表了人性的美好。

站在湘西世界的立场，沈从文不仅对汉—苗、都市—湘西、进步—落后、文明—野蛮等二元对立关系进行了重新界定、阐释，实现了对以汉文化为代表的传统儒家文化的否定、排斥，而且也对以都市为代表，以理性、科学为进步的现代西方文化进行了质疑：“城市中人生活太匆忙，太杂乱，耳朵眼睛接触声音光色过分疲劳，加之多睡眠不足，营养不足，虽俨然事事神经异常尖锐敏感，其实除了色欲意识以外，别的感觉官能都有点麻木不仁。这并非你们的过失，只是你们的不幸，造成你们不幸的是这一个现代社会。”[①]虽然沈从文认可现代文明民主科学的发展和现代民族国家的统一，却也对现代文明所造成的人性堕落、价值沦丧深怀隐忧，因此，他既不以传统儒家文化为贵，也不以西方现代文化为是，而是回归到以自然、原始著称的湘西文化立场。这种独辟蹊径的思路和选择，显然有别于老舍及其五四以来文学“向前看”的冲动——以现代西方文化为价值尺度的文学思考，显示出其人性书写的独特魅力。但另一方面，沈从文苗汉对立的文化视点，以“过去”世界为本的写作立场，也使得其“人性小庙”的建构犹如沙上聚塔：作为互为映照的文化世界，湘西世界只有以都市为参照，才能凸显出其意义和价值。离开苗族文化的支撑，离开都市世界的参照，湘西世界作为文化意义的世界也就无从建构了。

与沈从文大力书写苗族文化，彰显苗族身份不同，老舍直到解放前，都对自己的满族身份比较避讳，不仅从不在公开场合称自己是满族，而且作品中有描写满族的地方，也不标明。老舍自己也说：“那时，我须把一点点思想，像变戏法的设法隐藏起来，以免被传到衙门，挨四十大板。”[②]即便如此，作为满族作家的老舍，也不可能绕开自己熟悉的满族社会生活，去进行超民族写作，相反，从老舍作品中，我们不仅可以看出老舍强烈的民族意识，也可以找出丰富的满人生活、文化、礼仪、民俗等，这些都构成了一个丰富的“隐式满族文学”世界。这种潜抑的民族身份和立场，是老舍在特定历史境遇下的不得已而为之，但也正因此，老舍才能在中西文化的交流中，在异国他乡的种族歧视下，超越个体族别限制，融会贯通，上升到现代民族国家的高度写作，对包括满族文化在内的传统文化进行批判、疗救，为民族寻求安身立命的文化根基。

二

如果说抗战前沈从文是通过“向后看”的方式建立民族身份立场，进而建构自己的话语和文学世界的话，那么，老舍对传统文化的解剖，对国民劣根性的批判，则无疑代表了五四以来现代文学的潮流与方向，蕴含着“启蒙”的冲动。抗战时期，这种来自文化内部的文学“启蒙”，逐渐让位于外部的“救亡”斗争，不同民族的文化冲突被置换为民族利益的博弈。虽然老舍也把“抗战”理解为是固有文化的一次重新洗牌，认为“在抗战中，我们认识了固有文化的力量，可也看见了我们的缺欠——抗战给文化照了‘爱克斯光’”[③]。。但显然，在国家主义思想的主导下，老舍在抗战时期的文学创作，是功利的、现实的。他不仅改变了自二十年代以来驾轻就熟的国民性批判主题，以笔代枪，写下了《是的，抗到底！》《此仇必报》《写家们联合起来》等宣传抗日救国、铿锵有力的战斗檄文，而且还积极参与著名救亡刊物《抗到底》《抗战教育》和《抗战画刊》的编辑工作，积极创作通俗文艺作品，进行文艺大众化的尝试，将自己化为革命洪流中的文艺小兵。在《火葬·序》中老舍即说：“无分前方后方，无分男女老幼，处处全都受着战争的影响。历史，在这一节段，便以战争为主

①沈从文：《习作选集代序》，《沈从文全集》第9卷，北岳文艺出版社2002年版，第4页。

②舒济：《回忆我的父亲老舍》，《新文学史料》1978年第1辑。

③老舍：《大地龙蛇·序》，《老舍全集》第9卷，人民文学出版社2013年版，第358—359页。

音。我们今天不写战争和战争的影响，便是闭着眼过日子，假充糊涂。"[①]抗战的炮火，民族的危难，不仅激发了中华儿女的斗志，也升华了中国人民的民族意识：无论男女老幼，满汉苗蒙，都"把民族复兴作为共同的意志和信仰，把个人的一切放在团体里去"[②]，同仇敌忾，共御强敌。

抗战以前，老舍认为文艺者"最大的使命便是以自己的这信仰去坚定别人的这信仰"，希望通过文学来筑就整个民族、国家的信仰。抗战时期，老舍更注重文学的宣传功能和功利作用。在抗战与文艺的关系上，老舍清醒地意识到：一方面，文艺是时代的产儿，"大时代的文艺，不用说，必是以民间的言语道出民族死里求生的热情与共感"[③]，文艺是中华民族解放斗争新疆场上的一位身经百战的勇士！"它在中国民族的喋血苦战之中生长，紧紧地伴随着为痛苦而挣扎的民族，以血泪为文章，为正义而呐喊。"[④]另一方面，"我们必先对得起民族与国家；有了国家，才有文艺者，才有文艺。国亡，纵有莎士比亚与歌德，依然是奴隶。"[⑤]在《大地龙蛇·序》中，老舍又说："抗战的目的，在保持我们文化的生存与自由；有文化的自由生存，才有历史的繁荣与延续——人存而文化亡，必系奴隶。"在老舍等知识分子看来，文艺（文化）与抗战并不冲突，抗战的目的，不仅是为民众争自由，也是在为文艺（文化）争自由，否则国亡了，文艺（文化）也就失去了根基。因此，反映时代发展的文艺，应责无旁贷地为抗战贡献自己的力量，"立在全民抗战的旗帜下，尽责地掌起救亡图存的号筒"[⑥]。

与老舍以抗战胜利来谋求民族解放不同，沈从文则立意以民族心灵的解放来实现民族重建、国家重造。在这方面，沈从文延续了三十年代湘西世界的人性视角，将具体的人性、生命思考纳入新的民族精神成长的层面，思考个体与整体、族别与国家的关系问题。在《凤凰》《苗民问题》等散文中，沈从文从民族国家建设和稳定的立场出发，提出了湘西未来的建设问题。在《绿魇》《文运的重建》《长庚》《新的文学运动与文学观》《白魇》等文章中，沈从文又提出了以文运重塑人心，以人心重造实现国家重造的理想。"社会必须重造，这工作得由文学重造起始。文学革命后，就可以用它燃起这个民族被权势萎缩了的情感，和财富压瘪了的理性。两者必须解放，新文学应负责任极多。我还相信人类热忱和正义终必抬头，爱能重新粘合人的关系，这一点明天的新文学也必须勇敢担当。"[⑦]在沈从文看来，民族的危难，虽然一部分是因为战争，但更重要的则在于人心的堕落。而人心的堕落又在于工具与思想的误用。只有以文学重造人的心灵，才能为这个民族培养新的信仰和人生观，民族重造、国家重造才能成为可能。

抗战是中华民族检讨自身的一面镜子，它既是克敌制胜的外部工程，也是国民性再造的内部行为，既是兵刃相见、真枪实弹的军事较量，也是刮毒疗伤、涅槃新生的文学救赎。

---

①老舍：《火葬·序》，《老舍全集》第3卷，文汇出版社，2008年版。

②老舍：《快活得要飞了》，《老舍全集》第14卷，文汇出版社2008年版，第127—128页。

③老舍：《三个月来的济南》，《老舍全集》第14卷，文汇出版社2008年版，第93页。

④《抗战文艺》发刊词，1938年5月4日。

⑤老舍：《努力，努力，再努力！》，《老舍全集》第14卷，文汇出版社2008年版，第208页。

⑥老舍：《抗战中的中国文艺》，《老舍全集》第16卷，文汇出版社2008年版，第627页。

⑦沈从文：《从现实学习》，《沈从文全集》第13卷，北岳文艺出版社2002年版，第376—377页。

如果说老舍所走的是“强调民族的统一性、同源性，并借以整合中国的抗日力量，从而达到其‘国家主义的目的’”[①]，“鼓励抗日军民同心同德”从而战胜敌人的“救亡”文学之路的话，那么，沈从文则更注重民族内部的心灵“救亡”。而要实现这一宏伟工程，文学的作用不可小觑。在这方面，沈从文不仅相信文字的力量，“相信一切庸俗腐败小气自私市侩人生观建筑的有形社会和无形观念，都可以用文字作为工具，去摧毁重建”[②]，也相信：“在当前，在明日，我们若希望那些在发育长成中的头脑，在僵化硬化以前，还能对现实有点否定作用，而又勇于探寻能重铸抽象，文学似乎还能作点事，给他们以鼓励，以启示，以保证，他们似乎也可望有一种希望和勇气，明日来在这个由于情绪凝结自相残毁所作成的尸骨瓦砾堆积物上，接受持久内战带来的贫乏和悲惨，重造一个比较合理的国家！”[③]

文学与救亡并不冲突。不同的是，老舍视抗战为“用血肉的牺牲赎取国土河山”，是“全国军民都骨肉相连的共赴国难”，因此“抗战期间已无个人可言，个人写作的荣誉应当改作服从——服从时代与社会的紧急命令——与服务——供给目前所需——的荣誉”[④]。相反，沈从文则视救亡为中华民族心灵的重造与国民信仰的培养和更新，是同一切“庸俗腐败小气自私市侩人生观建筑的有形社会和无形观念”斗争。因此，在老舍等知识分子放弃自我，以个人融入群体不同，追求革命胜利同时，沈从文却批评“革命，继续战争和屠杀，他的代价是人命和物力不可衡量的损失，它的所得是自私与愚昧的扩张，是复古，政体也由民主式的自由竞争而恢复专制垄断”[⑤]，主张以“哲学之再造，引导人类观念转移”，进而修正一切制度的谬误和习惯的惰性，实现民族重造和国家重造。

在抗战的烽火中，沈从文的这种民族重造思想，很容易就会被认为“与抗战无关”。但正所谓，爱国之心相同，救国之路有异。无论是强调实实在在对敌斗争，甘当号角与吹鼓手的老舍，还是以人性视角救治民族劣根性而近于迂阔的沈从文，其对民族、国家的思考，都无不饱含着拳拳赤子之心。不同的是，一个与主流、时代话语合拍，呼应了文艺为现实服务的救亡主题，一个则与时代、主流背离，开启了以生命美学建构民族国家的密钥。两人同而有异，既显示了在抗战的洪流中，在现代民族国家语境下，个人或个体族别以中华民族文化共同体为依归的民族认同，同时也显示了少数民族作家以文学表现自我，参与民族国家建构的不同选择和路径。

三

中国是一个多民族国家，每个民族都有独属于自己的文化特质和价值认同。但在近现代革命史上，由于救亡图存，文学不得不与时代同步，充当时代的号角。在这种语境下，少数民族文学作为边缘文学，多少会受到忽略或冷落。不仅如此，由于中华民族文化的同源共生性以及国家主义的理念，使得抗战时期，少数民族作家自身也会放弃自己的民族意

①魏巍，马玥玥：《现代少数民族文学与主流意识形态——以沈从文、老舍为中心》，《长江师范学院学报》2015 年第 3 期。

②沈从文：《长庚》，《沈从文全集》第 12 卷，北岳文艺出版社 2002 年版，第 39 页。

③沈从文：《从现实学习》，《沈从文全集》第 13 卷，北岳文艺出版社 2002 年版，第 391 页。

④老舍：《写家们，联合起来！》，《老舍全集》第 14 卷，文汇出版社 2008 年版，第 96 页。

⑤沈从文：《凤子》，《沈从文全集》第 7 卷，北岳文艺出版社 2002 年版，第 165 页。

识，而参加民族团结、救亡的大合唱。在这种情况下，少数民族作家对自我民族意识的书写，不仅成为“问题”，而且还会被误认为“反动”“不革命”，受到批判。如郭沫若在解放战争后期就将沈从文称为“桃红色作家”“反动作家”。这种革命/反革命的二元政治划分法，不仅在事实上造成了少数民族文学的被遮蔽以及边缘化，而且也在某种程度上限制了少数民族文学的发展。

因此，民族意识的提出，不仅有助于我们在汉族文化语境中重新认识少数民族文学的意义和价值，而且也有助于我们研究少数民族文学在族别、地域等阈界下向中心策动的路径和话语表达。从这个意义上说，沈从文与老舍的差异，就不仅是文学观念的差异，也不是民族意识彰显与隐匿的差别，而是少数民族文学不同写作路向的差异：一种是本位升华型，即以本民族文化为本位，以民族文化建构为己任，由个体之思进阶为民族国家之思，最终达到对人类共性揭示的写作表达；一种是本源融汇型，即以本民族文化为基础，博采众长，以个体勾连国家，以族别汇入中华民族大家庭的写作思路。不可否认，两种文学都因为强烈的民族意识和对本民族文化的表达而具有民族特色，但不同的是，前者由于坚持自我的民族意识及个性表达，而与主流意识呈现出紧张、背离的关系，后者则因为怀抱民族国家的理念、信仰，而能被主流认可。老舍在建国后即被称为“人民艺术家”，这一崇高的荣誉，是对老舍数十年如一日坚持为人民写作的礼赞。但值得注意的是，由于抗战时期老舍视笔杆子为枪杆子，强调文艺的宣传性和鼓动性，因此降格相从，努力创作通俗文艺，但其中的艰辛，身份角色的转换、“工作上与心理上的双重别扭”却是“个中甘苦只自知”的。在《保卫武汉与文艺工作》一文中，老舍即表达了这种在文艺的独立性、审美性与现实需求之间寻求平衡的两难，以及为抗战而牺牲文艺、牺牲自我意识的苦衷：“说真的，写这种东西给我很大的苦痛。我不能尽量的发挥我的思想与感情，我不能自由创构我自己所喜的形式，我不能随心如意的拿出文字之美，而只能照猫画虎的摸画，粗枝大叶的述说；好象口已被塞紧而还勉强要唱歌那样难过。”

中华民族文化共同体的形成，离不开各民族文学和各地域文化的广泛参与，这一方面来自各民族、地域文化对“中国”这一政治主权和文化意识的认同感和归属感，另一方面也来自“中华民族”的涵容性和包容性。因此，中华民族文化，应是承认多元、容忍差异性和多样性的文化。而少数民族文学的发展，不仅提供了独具特色的民族性和差异性，而且也在事实上丰富了中华民族文化的构成和发展。因此，对于少数民族文学，我们不应画地为牢，因为民族不同、描述对象有差异将其视为异类，而应以开放的心态，尊重它们的特异性和民族性，鼓励它们为中华民族文化的丰富多样添光溢彩，这是一方面；另一方面，少数民族作家虽然也可以代言或建构自己的族别和身份意识，书写有别于整体主义或中心主义的个体话语，但他脱离不了民族、国家等整体主义语境，因此，只有跳出狭隘的民族主义视角，站在人类文化的高度，以其书写揭示人类普遍的生存境遇和可能，才是有意义、有价值的。

（作者单位：湖北省社会科学院文史所）

第二编 文本解读与创作阐释

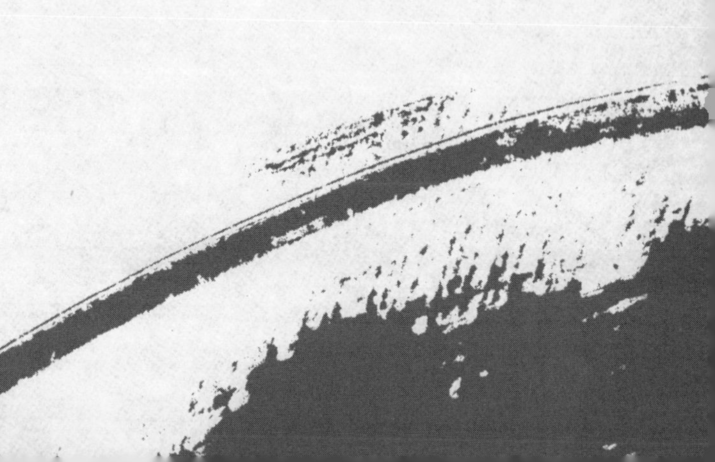

抗战时期长篇小说中的《四世同堂》

◎吴小美

“七七事变”，拉开了我们全民族神圣的全面抗战的序幕，形势是严酷的，也是催人猛醒和发人振兴的。我们的作家，包括许多过去并不十分关心政治和时事的作家，都或先或后拿出自己的笔，以实际行动，汇集到抗日战争这面大旗下，炼出一块块或大或小的“真金”，贡献给我们民族神圣的领土。从上世纪三十年代开始到四十年代中期，与抗敌形势相呼应，大批作家相继迁徙。有的去了重庆、成都，有的到了桂林、昆明，有的去了延安。随着国民政府迁都重庆，“文协”总部也迁往重庆，《抗战文艺》等重要的文艺刊物也都先后在重庆出版。直到抗战胜利，大部分作家都聚集在重庆。老舍，就是其中的中坚，而且担任了“文协”的实际负责人。当时在重庆的重要作家还有茅盾、曹禺、张天翼、沙汀、陈白尘、叶圣陶等。

抗战时期，由于宣传鼓动抗日的需要，文艺工作者创作的主要是小型作品如通讯报告、街头剧、朗诵诗等，及时反映时代生活、鼓舞斗志。其中“好一计鞭子”(《三江好》《最后一计》《放下你的鞭子》三个独幕剧)影响最大；而民族化、通俗化则是当然的要求。小说也是以短、中篇为主；长篇小说的创作，则是在上述的“预热期”之后的产物。一旦产生，就佳作频出，势不可挡。本文只举其要者，目的在于围绕着这些“群星”来探讨老舍的长篇小说《四世同堂》在其中的占位。

正如夏衍说的：那时“文艺再不是少数人和文化人自赏的东西，而变成了组织和教育大众的工具。”①当时的“工具”是个褒辞，是作者的自觉。仅从长篇小说的作者看，至少丘东平、姚雪垠、茅盾、张恨水、沙汀、艾芜、路翎、钱锺书、师陀、鹿桥、徐訏、无名氏、张爱玲、黄谷柳等皆是。而他们的作品中有一个耐人寻味的共同点，就是重要人物都是“非英雄”的，而越是“非英雄”，就越能说明神圣抗战的群众化和全民化。可惜丘东平英年早逝，留给后来人的是一部未能终篇的《茅山下》，但其战争实感、浓郁的悲剧情怀，都给后继的作者留下了很好的表率。姚雪垠贡献颇丰，创作出《戎马恋》《春暖花开的时候》《长夜》，特别是《长夜》，一改前期长篇的儿女情长，而接触到一个别的作家较少涉及的题材，以自己的经历为依托，表现了农民被逼为“匪”的奇特生涯。巨匠茅盾的《腐蚀》是广大读者耳熟能详的，开辟了对抗战时期国民党统治暴政的揭露和讽刺的先河。说到暴露讽刺，不由得不提出张天翼那篇精彩绝伦的短篇小说《华威先生》。通俗小说大家张恨水以大局为重，以

①夏衍：《抗战以来文艺的展望》，1938年5月10日《自由中国》1卷2期。(老舍也是署名者之一)。

他的长篇《八十一梦》《五子登科》《魍魉世界》，将民国初年的谴责小说改造成梦幻与寓言的融合，表达了自己和广大民众对国民党黑暗统治的不满。沙汀著名的《淘金记》《困兽记》《还乡记》的问世，使他从一个优秀的短篇小说家成长为一位对抗战文学——主要是对抗战时期中国农村和农民的变化十分关注的作家。他继承了鲁迅和茅盾的传统，分别描写了土豪劣绅、流氓恶霸，在抗战困境中挣扎的知识分子，以及不甘忍受地主贪官的凌辱的农民，进入到许多作家尚未深入的领域，好评如潮；而其中的"川味"独具特色，和其他许多作家不同。在社会分析方面与沙汀齐名的当然是艾芜。他的长篇小说《山野》颇有分析深度，全面揭示了抗战时期民族矛盾与阶级矛盾的变化，较之他此前同为抗战文学作品的《丰饶的原野》和《故乡》，更胜一筹。再看路翎，其名著《财主底儿女们》的心理分析和史诗笔法的结合，使他成为那一代作家中独特的"这一个"，"七月"派作家中的骨干，恰如一部文学史著作所评："他不仅领略了尼采的强者哲学，马克思的辩证法，托尔斯泰描写人在战争与和平生活中的心灵辩证法，车尔尼雪夫斯基的理想主义英雄色彩，高尔基对流浪汉的浪漫书写和对革命者典型性格的沉着描写，还见识了从波德莱尔到纪德的现代主义作家倾心表现的都市社会的堕落与现代人的忧郁，罗曼·罗兰式的富于青春激情和理想，陀斯妥耶夫斯基式的灵魂拷问，肖洛霍夫笔下的人民原始的力量和泼辣生命，以及厨川白村所谓生命力被压抑者之共同的象征的文艺理论者……"，[①]证明了路翎不愧为左翼的一位底气十足的新生代作家。

赫赫有名的大家钱锺书的代表作《围城》，是抗战时期长篇小说的扛鼎之作。这位颇有精神贵族气的学者作家，以小说象征人类生存困境，又调动了自然科学和人文科学的素养，通过主人公方鸿渐一次次地向人生道路上的"围城"冲进去，又因总是感到不"理想"而又一次次地再冲出来，始终找不到人生归宿而苦闷彷徨不已。学贯中西、博古通今的作家钱锺书，将自己在抗战中蛰居上海而萌生的悲忧之情，寄寓于笔下的典型人物，意图探讨人的基本生存处境和人自身的根性，全书满溢文化批判和人类生存境遇探索色彩。而作者在《围城》初版序言中写道："在这本书里，我想写现代中国某一部分社会，某一类人物。写这类人，我没有忘记他们是人类，还是人类具有无毛两足动物的基本根性。"这种人生哲学思考，并非起始于《围城》的写作，他在大学就学时，就曾将西方思想中人的思想和生存的批判概括出以下观点："（一）现代的人不讲理性，不报理想；（二）现代是有史以来最奇特、最好或最坏、最吃紧（critical）的时代。"[②]钱锺书在抗战时期，贡献出一部如此"形而上"的著作，读者可否也来思考一下自身的"存在"?!

颇经生活特别是抗战时期创伤的师陀，给自己起笔名为"芦焚"[③]，以示自己沦为"亡国奴"生涯中对国民党反动统治的忧愤。除了不少抒发乡土之情的短篇外，抗战时期他又写出了长篇小说《马兰》《结婚》，分别以当时他居住的北京和上海为背景。《马兰》以北平的青年学生知识分子独特的革命方式为素材，有的是意在投机，有的志在劫取"美色"，也有真正要走向革命的乡村女知识青年马兰几经曲折，最终走向了革命。《结婚》则以上海这个最有条件成为浪漫温床的城市，反思这里比比皆是的人性异化。作家本意为唤醒书中

①严家炎：《二十世纪中国文学史》，高等教育出版社，中册第220页。

②钱钟书：《旁观者》，1932年3月16日《大公报》、《世界思潮》29期。

③"芦焚"是英语ruffiand的英译，就是暴徒的意思。

视财色为命的人群（这是现实中的人）。诚如作家所说，上海是“文明”的，什么样的人都有[①]。写下来，这部小说成了抗战时期深入解剖了人性的优秀作品。更具浪漫叙事特色的是作家鹿桥。他以抗战时期西南联大的学生生活为素材的长篇小说《未央歌》，作家自己所看重的是“以情调风格来谈人生理想”，但由于其情调过于“理想”，写下来，抗战时期的西南联大“理想得只有爱没有恨，只有美没有丑”[②]，一定程度上削弱了其社会意义。

从作品的畅销度来看，没有其他作家比得上徐訏、无名氏和张爱玲。大学期间徐訏就读于北京大学哲学系，毕业后又在心理系进修两年，所以即使在抗战时期身在重庆时，他的代表作长篇小说《风萧萧》，也是择取了生命的厚度和人性的深度来书写，“风萧萧兮易水寒，壮士一去兮不复还”，宇宙的渺茫和生命的苍凉扑面而来，哲学命题和生命的困扰，再配合以浪漫的爱情故事。今天看来，该书当年吸引的读者群的所思所想，绝不是用尼采总结的生命美学特质、罗素对形而上学的思想实验就能概括的。与徐訏齐名的无名氏（卜乃夫）青年时期就受到左翼思潮的影响。奇特的是，其长篇代表作《北极风情画》和《塔里的女人》，不知是否与他本人在爱情经历上的受挫有关，以浓厚的宗教文化意味呈献给读者。无怪乎无名氏与徐訏一样，其作品虽然畅销，却也颇有争议。作家张爱玲虽然在基本特色——现代主义流派上与徐訏、无名氏同“派”，都在对存在与生命进行不倦思考，但张爱玲的代表作《金锁记》，显然更侧重于对婚恋题材的思考和表现，虽然也侧重于现代哲学视角的切入，但眼界高于徐訏和无名氏。她追求一种“人生的安稳”，认为这才有着“永恒的意味”，并认为这是“人性”或“妇人性”[③]。当时这些作家及作品，就有读者和评论者指为“《蝴蝶梦》式的新式的通俗小说”，但也要看到，它们并不违背抗日战争的“主旋律”，又还满足了都市民众要求放松疲倦身心的欲望，占据了旧式通俗小说的阵地，不能不承认其有一定的贡献。与当时“新式通俗小说”并存却又有异的是作家黄谷柳及其代表作《虾球传》。他出身于一个华侨家庭，兵与当过苦力，对下层社会和民众的生活较熟悉，后又参加了中国共产党。《虾球传》以黄谷柳非常熟悉的香港为背景，描述了一个流浪少年虽沦落为黑社会和小流氓，但最终发展成一个游击队员的故事，连茅盾对这部小说也有好评[④]。

以上简述了抗战时期一批“非英雄”化的长篇小说，它们都是寻找民族振兴之路的实践。老舍的长篇小说《四世同堂》（《惶惑》《偷生》《饥荒》）也进入了我们的视野。

经历了九年的曲折历程之后来到重庆的老舍，他“必须写战争”。1944 年，中华全国文艺界抗敌协会为他创作生活二十周年举办了一次纪念会，对他是一个很大的鼓舞；“炮火和血肉使他愤怒，使他要挺起脊骨，喊出更重大的粗壮的声音……”[⑤]有别于前述的众多作家作品，《四世同堂》触及了抗战的全过程，这是其他长篇小说所未企及的。小说通过故都北平沦陷及其民众沦为“亡国奴”之痛，也就是他们失去民族尊严之痛、灵魂受到凌迟之痛，对侵略者示以最强烈的愤懑作为抗议，而这抗议又更多表现为敢怒不敢言，用祁瑞宣

①师陀：《上海手札·马食全》，《师陀全集》第 5 册，河南大学出版社 2005 年版，第 209 页。

②鹿桥：《六版再致〈未央歌〉读者》，《未风歌·前奏典》，明天出版社 1990 年版。

③参阅张爱玲：《流言·自己的文章》。

④参阅《茅盾文集》24 卷中的《在反动派压迫下斗争和发展的革命文艺——十年来国统区革命文艺运动报告提纲》，人民文学出版社 1996 年版，第 52 页。

⑤老舍：《三年写作自述》，初载于 1941 年 1 月 1 日《抗战文艺》7 卷 1 期。

的话说就是"把所有的血流尽也比被征服强"。对小羊圈的居民来说,就是苦莫大于钝刀割肉般的冻死与饿死。这和正面接触血肉横飞的战争场面不同,虽然不够"壮怀激烈""刀光剑影",却更加生活化、世俗化;而这生活化和世俗化,又无不围绕着维护我们国家、人民的尊严。人的尊严的丧失,就是作家愤懑之情的动人表现,很能反映老舍其人其文的独特风格。众所周知,老舍是最理解北平中下层人民的美好素质的,诸如自尊、爱体面、诚实规矩、善良仗义……《四世同堂》中那些内涵丰厚的小羊圈居民,特别是其中的悲剧形象的惨死(如祁天佑、小崔、孙七、常三爷、李四爷等)比同期的其他小说更深刻地反映了日本侵略者如何撕毁了他们的尊严。笔者认为,老舍在《四世同堂》中饱含的感情色彩,使读者很自然地联想到黑格尔评价极高的"情致"。黑格尔说:"情致所打动的是一根在每个人心里都回响着的弦子,每个人都知道一种真正的情致包含的意蕴的价值和理性,而且容易把它认识出来。"[①]这是我们今天将《四世同堂》置于抗战时期众多长篇小说中应该首先肯定的。这部被有的文学史著作喻为《清明上河图》式的历史风俗长卷[②],既包括了抗战历程的全部重大事件,又那么生活化,的确是老舍创作集大成之作,是一部史诗般的作品。其核心,就是维护我们国家和民族的尊严,虽不能说是"绝后"的,但的确是空前的。

其次,值得注意的是,抗战不但改变了老舍,也改变了"五四"传统和众多作家的人文关怀,用现在的语言说,就是"意识形态化"了,或者说,作家更明确了自己肩负的时代使命,从"五四"启蒙思潮纷纷转向对政治斗争的关怀。而老舍在这众多作家中,国家至上的狂热占据了他创作的主题。有别于"五四"时期以来众多文学作品对家族制度的抨击,《四世同堂》中的祁家再普通不过了,其中大量的情节也是再平凡不过的生活细节;但"特殊"的是,这些情节和细节却都与侵略与反侵略紧密相关。这就区别于老舍在抗战时期写过的不少宣传抗日的通俗文艺作品,而成为一座集大成的"高峰"。这既是老舍长篇小说的高峰,又是抗战文学史诗般的高峰。小说也是在写历史,但又绝不是随心所欲地写,正如马克思所说:"人们创造自己的历史,但是他们并不是随心所欲地创造,而是在直接碰到的、既定的,从过去承继下来的条件下创造。"[③]"总之,我们可以看到,发展不断进行着,单个人的历史决不能脱离他以前的或同时代的个人的历史,而是为这种历史决定的。"[④]《四世同堂》是那个时代的特殊创造。

再次,我们都知道,《四世同堂》较之老舍之前的小说创作,是"意识形态化"了的创作,但综观老舍其人其文,他毕竟是个伦理文化型的作家。通观他一生的创作,都侧重于对"农"的、"乡土性"的描写,他对几千年农业社会土壤上的"礼俗文化"的深层结构有着清晰的深层把握,即使他写的是都市,写的是市民,也离不开这一根本。《四世同堂》中古老封闭的四合院注定成为中国传统农业文化的绝妙象征,所以,小说没有正面触及血腥的战场和战争,而是将全部情节包括细节对准了小羊圈胡同所映现的中国文化,包括这文化的历史和再造的、更新的基础。宏放的汉唐文化曾经屹立于世界文化之林,流传到抗战时期,

---

①[德]黑格尔:《美学》第1卷,商务印书馆1996年版,第296页。

②有关评价,参阅严家炎主编《二十世纪中国史》上册,高等教育出版社2012年版,第376页。

③[德]马克思:《路易·波拿巴的雾月十八日》,《马克思恩格斯选集》第1卷,人民出版社1995年版,第585页。

④[德]马克思、恩格斯:《德意志意识形态》,《马克思恩格斯全集》第3卷,人民出版社1960年版,第515页。

还在激发着从祁瑞宣到常二爷们抗敌反侵略的斗争意志。抗战时期的老舍毕竟更成熟了，他通过小羊圈胡同市民从中秋节时买不到点缀佳节的“兔儿爷”而更敏锐地体验到亡国之痛这样的细节，其可贵之处正在于作家深深体察到中国传统文化“烂熟”后的负面效应，这不能不说是时代赋予他的、抗战赋予他的。这“负面效应”不可忽略的是中国传统文化也确有自己的先天性的弱点，以致使其笼罩下的子民如小羊圈胡同中的下层民众，难免对敌人（包括汉奸走狗如大赤包、冠晓荷之流）的“和平相处”和敢怒不敢言。正因为作家自己是旗帜鲜明的，所以他敢于正视，做出了细心的读者能体悟到的适度的批判。这种倾向性，的确是被许多读者长期以来曾经感受到的，这不能不说是老舍在全民抗战中迈出的坚实的一步。

以上我们简述了《四世同堂》高于同期长篇之处，这里我们有必要阐释一下它们的一个共同点——这里不是谁高谁低的问题，而是《四世同堂》和抗战时期其他长篇小说的人物基本都是非英雄化的，平凡到不能更平凡，普通到不能更普通，但又绝无类型化之嫌。

说《四世同堂》是写人的杰作，是我们众多读者谁都不会否认的。让我们回到原作。

正如作家自己所说的，《四世同堂》是在自己“精神上、物质上、身体上，都有苦痛”，所以不敢“保险”能把它写完，甚至说自己“简直有点不知好歹”。[①] 但老舍“好歹”是写完了，而且写出了那么多让读者忘不了、摸得着的人物形象。

在写人的手法上，《四世同堂》较之他自己其他的长篇小说（也包括抗战时期其他的长篇小说）更鲜明地用对比的手法写人。比如在《惶惑》中写到北平沦陷后不同人物的“怕”：祁老人是“怕”自己过不了八十大寿；不怕穷不怕苦的钱诗人只“怕”丢了“咱们的北平城”，因为它太美了；祁瑞宣因为上有老下有小，主要靠自己支撑，所以脸上勉强笑着，眼睛却湿了，只能对弟弟说：“你去尽忠，我来尽孝”；弟弟瑞全十分有把握地说：“我看哪，不是战，就是降……”。那位平时比蝴蝶还温柔、比羊羔还可怜的年近五十的钱太太，在丈夫失踪后自己一个人走遍北京城寻找丈夫钱诗人而未果。当祁老人想借给她几块钱的时候，她却刚强地说：“不，我的丈夫一辈子不求人，我不能在他不在家的时候……”她想要得到的只是丈夫的消息。而北平的下层人民和贫民马寡妇在沦陷最困难的日子里，是那么自然而然地拾起“忍”的生活哲学：“日本人厉害呀，架不住咱们能忍啊”，他们深信这“忍”的哲理是天下最好的，是能使他们度过患难的。四世同堂大家族中长孙媳妇韵梅，由于各方面的压力太大，作家特别描述了她一向水灵的眼睛变得发昏了，老太爷和婆婆的病、丈夫的忧郁、老三的出走、家中艰难，给她增添了无尽的痛苦，但她仍然不太清楚日本人为什么要和我们打仗，为什么占据了北平，她始终清楚的是这是日本人带来的。老舍从不用同一个角度去写不同的人物，而是在对比中去描述他们，在同一背景不同侧面去突出各自的主要特性。

除了在“对比”中去写人外，老舍写人物决不“眉毛胡子一把抓”，而是十分准确精练地掘取人物最“动人”之处，这也是鲁迅所提倡的“画眼睛”。诗人钱默吟，是贯全书的重要人物，作家用心用笔甚多，但最动人之处，莫过于在高弟得知钱仲石与一车日本兵同归于尽后，冒险翻墙来到钱家给老人报信，老人并没有哭，只是眼睛湿润了些，用有点颤抖的手给

---

①老舍：《四世同堂序》，均据《老舍文集》第4至第6卷，人民文学出版社1993年版。

自己倒了大半杯茵陈酒，一扬脖子喝了一大口，眼睛发出亮光，低声说："死得好！好！"在高弟劝说他快逃时，他反倒笑了，说："我没地方去，这是我的家，也是我的坟墓，况且，刀放在脖子上的时候，我要是躲开，就太无勇了吧，小姐，我谢谢你……"作家用自己的评价，动人地写下钱先生就好像一本古书似的，宽大，雅静，尊严（当然，这里同时也写出了汉奸晓荷的女儿高弟的动人之处）。在他从狱中"放"出来后，不是先回家，而是直奔晓荷家去，只为告诉冠晓荷"我的心永远是中国人的心……你的心是哪一国的呢？请你回答我"，当他在狱中饱受毒打后，他忘记了自己的诗、画、酒、花草，想到的只是自己必须活着，因为"活着才能再去死！"前文提到的长孙媳妇韵梅，作家不仅用对比的手法去写她，同时不忘在关键之处写出她的感人动人。这位最老实善良的妻、主妇、媳妇、孙媳妇、母亲、她最动人之处不仅在于咬着牙微笑着去操劳一切家务，还在于她也是一个战士——在关键的时候，她竟敢在李四爷起草的营救方六的联名信上替丈夫瑞宣签了名，能说她不是一个战士吗？诚实善良公正的商人祁天佑，是《四世同堂》中独特的"这一个"，全书中他并不像其他人物如祁老人、钱诗人、祁瑞宣等占有更多的篇幅，作家在《偷生》第五十九段中，集中了他最动人之处。店铺买不进货，也就没货卖，可是还得对付日本人和形形色色的国人，对付"奉旨查抄"式的清查，有便衣的，有武装的，有日本人，有中国人，不论从内容到方式都无法应付。谁叫他生活在如此倒霉的乱世呢，连保住最诚实的生存都不可得。他把自己唯一值钱的皮袍卖掉，想通过打点钱财让自己"混"下去也不可得，更别说试图保护自己的人身尊严。一直到他被逼着"高喊"我是奸商，不得不走向另一个世界去洗净自己。作家通过天佑无端挨了日本侵略者一个嘴巴，写尽了这个诚实、守规矩、爱体面的商人那种不是一个人，而只是立着的一堆肉的体验，将小说的感情浓度推向了一个高峰。祁瑞宣是贯穿《四世同堂》全书的重要人物，占的篇幅当然很多，但当读者掩卷深思时，能感到其中最动人之处莫过于在他为英国的富善先生做了"洋"事后，他联系着钱先生必会再被捕、再受刑，但钱先生却快活地勇往直前，而瑞宣叩问自己，自己可能不会被捕，不会受刑，可是也永远没有快乐，"心在受苦刑"。而在冠晓荷和大赤包巴结不上英国的富善先生后，不得不离开富善家，富善伸了好几下脖子才说出话："这也是中国人？"瑞宣勉强笑了笑，说："我们应当杀日本人，也该消灭这种中国人，日本人是狼，这些人是狐狸。"可以体会到，他的内心在滴着血。还有，在钱孟石病故后，瑞宣去钱家吊丧，心里想着怎样为钱太太实实在在地办点事，在看到脸瘦得剩了一条的孟石遗体，终于大串大串地落下泪来。他不是去哭一位亡友，更多的是哭北平的灭亡与耻辱，在抗日战争越来越艰苦的时候，他多想把自己那一点点血洒在战场上，但四世同堂的锁镣，把他牢牢地锁在了"家"里。这痛苦越来越深，人物动人的力量就更大。

小说中也塑造了一系列反面人物。正是在这些塑造中，老舍献出了他的神圣的憎恶，讽刺的锋芒（鲁迅语）。老舍不是简单地往这些败类的鼻子上抹白粉，而是直指他们丑恶的灵魂。也正因为如此，《四世同堂》成为老舍创作中，讽刺多于、大于幽默的一部，其中不可忽略的特色是，讽刺、幽默、批评三种手法的并存，为其他作品所不如，永垂文学史册。在众多丑类中，读者印象最深的，莫过于冠晓荷和大赤包这一对"宝贝夫妇"。情节是读者耳熟能详的，这里只说小说中精彩绝伦的细节。

让我们先看大赤包。这确是中外文学创作中独一无二的个体，连她妹夫都恭称为：

"会思想的坦克车"。仅此一"恭维",就画活了这个女汉奸的外形和灵魂——当然,读者也不能不佩服作家的用心。这个老娘儿们的所作所为,一个是讨好日本鬼子,一个是给自己和丈夫调动官做。再一个就是千方百计打探"消息"——不论这消息是真是假,她都能做到"消息假而心不假",这就是对日本人心不假。且不说给日本人办事,就连在一个普通的牌局上,她都能用右眼看自己的牌,左眼扫射他人的神气和打出的牌,同时还得看桌面,她的全身像都发着电波,给大家的精神都通了电,她说什么就是什么。当她终于"荣任"了北平妓女检查所所长后,气势大到连咳嗽都猛了些,气派大到了女儿不能叫她妈,丈夫不能叫她太太,而必须都恭称她"所长"。她每天为此用力之勤之苦,就连随身带着滋补的鸡汤都补不过来,而最后仍逃脱不了悲剧的下场,再看她忠实的崇拜者冠晓荷。如果说,大赤包是"会思想的坦克车",冠晓荷则只是一只"体面的苍蝇",普天之下第一号的苍蝇,其特点是哪儿有粪,便到哪儿去凑热闹,给自己多少捞点"油水"就能满足自己的虚荣心和好奇心。他永远不会了解自己的环境和处境,倒能闭上眼陶醉于自己的有思想。他无聊、无知、无心肝、无廉耻。他连自己太太的那一点"本事"都没有,高不成,低不就,只能忍气吞声地等待着,有机会就往前钻,最后好不容易钻到个小小的"里长"。这期间,作家在《偷生》的三十七段中,十分精彩地写下了冠晓荷内心深处的"不解"与"发痛",只能私自低声地抱怨:"白亡了会子国,他妈的连个官儿也作不上,邪!"作家在小说中比较了两种疯狂:日本人的疯狂是总要试试自己的力气,冠晓荷的疯狂是"沉溺在烟酒马挂与千层底缎鞋之间",连自己亲生女儿招弟被李空山抢去了,他一点也不动心。而此时的太赤包一时还准备去与李空山计较一番,冠晓荷却只能说:"我看哪,所长,把招弟给他就算了!"像这种小丑式的恶人,最终只落了个被活埋(鬼子美其名曰"消毒")的下场。

至于次一流的小汉奸,在《四世同堂》中也一个个粉墨登场,同样丑恶无聊,却没有雷同。同是一个大家族祁家,既出了在家尽孝的瑞宣,也出了为国尽忠的瑞全,还出了个"小汉奸瑞丰"。作家写他的小,是他当汉奸只是希望和大赤包们在亡城中人们都在饿死和冻死的挣扎中,能够过几天痛痛快快的日子,他还谈不上罪大恶极,因为他还没这份能力,他只是汉奸中的一个"小三花脸"。作家刻意通过这个小汉奸写出在国家危亡的时候,浮浅、无聊、俗气是可以把人变成汉奸的。他可恨,可怜,所以他无论如何能理解自己的大哥为何不不愿意去运动当个校长,以为这是把肉包子往外推。瑞丰最后丢了官,其实也是出于他的无聊。当他得服从"上级"的指示,与学生一起去参加天安门的"游行"时,不管自己如何爱热闹,也嗅出了一点异常而无所适从,以致第一次低下头去,第一次感到亡国的不合适,最后连从不打人——更别说打自己亲人的祁老人都打了他。与瑞丰成双作对的另一小汉奸是兰东阳,他和瑞丰两人都无聊,但瑞丰的无聊在于他没什么野心,而兰东阳却是没心无肺,所以总能占上便宜。作家写这个小汉奸最精彩的细节在《偷生》的第四十四段中:由于自己没能运动上校长当,由"恨"而产生了灵感,居然很快地构成了三行"诗":死去吧,你,白吃了我的花生米,狗养的。甚至准备向报社投稿,也就是这样的狗汉奸,在广州沦落,军队自武汉撤退后,日本人需要扩大"宣传"和"动员",改组新民会,加强工作,东阳仅靠他的相貌,卑贱得出奇,将试官都感动得要落泪,从此当上了宣传处长。至于李空山、高亦陀之流,则只需共同将本是"处女"的冠招弟"玩",和她共同上演了亡城北平的一出说不出什么品味的"戏",一旦玩腻了,就将她送给日本人。还值得读者注意的有,在北平人的"偷生"中，出了像牛教授这样的"不关心政治"的科学家，他有学问而没有常识，有脑子而没有人格，正如作家在五十二段中所写的，他好像是忽然由天上掉下来的一个没有民族、没有社会的独身汉，于是不顾什么羞耻与气节，民族和国家的尊严，当了汉奸。《四世同堂》中形形色色的汉奸，牛教授是很值得注意的，他反映作家的寓意，既显示了老舍在全民抗战时期对抗日(也是当时最高的政治)的关心，也证实了如前一再强调的老舍对国家、民族、人民的尊严的极高关注，这是《四世同堂》在抗战时期的小说中的制高点，为其他小说所不及。

前文已提及，老舍是一位伦理文化型的作家，这给他的创作带来了辉煌，也带来了一定缺陷。因为我们的国家、民族，有许多的问题，最难以只从文化的角度去表现和剖析，而《四世同堂》却有了改观，摆脱了老舍此前创作的一些缺陷——以"笑"代"愤"的色彩，而变得更意识形态化了，而是对侵略者、对民族败类表现出了一个真正的作家、一个为艺术拼命的人特有的真正的"愤"，这是一种愤怒，爱憎极分明的愤怒，这是在国破家亡时的最可贵的情怀。

同样是写于抗战时期的《残雾》《国家至上》《张自忠》《大地龙蛇》等作品，都带有明显的配合时势和抗战任务的宣传痕迹，《四世同堂》则大不一样了，这是小说成功的一个重要原因。老舍在这部小说中，也没有抛弃文化的视角，但用得十分"到位"。例证很多，比如小汉奸瑞丰一次要请冠晓荷吃饭，但晓荷却"诚恳"极了地说"笑话了"，老舍将这两个大小汉奸的"真诚"剖析为是来自北平的文化，这文化使他们在每天亡一次国的情况下也要争着请客，"这是个极伟大的亡国的文化"，在主宾几杯酒下肚后，觉到世界是那么美好的，作家适时点评："当一个文化熟到了稀烂"的时候，人们会麻木不仁地把惊心动魄的事情与刺激放在一旁，而专注意到吃喝拉撒中的小节目上去。在全书中，文化视角与政治视角的相辅相成，是作家长足的进展，也是作家高于抗战时期众多作家之处。《偷生》自始至终贯穿的中心思想——亡国就是最大的"罪"得力于此。一开篇的第三十五段，通过常二爷怀揣邻居们凑的十块钱到前门去为他买药，却被鬼子抢走了钱，自己还被罚了跪，这个世界上最爱和平的常二爷几乎不认识自己，也不认识这个世界！全书写出了中国的抗战，是以抵抗来为世界保存一个和平、古雅、人道的文化，但爱和平的人如果没有了勇敢，和平便变成屈辱，保身便变为偷生！《偷生》四十六段中，写瑞宣的被捕，既离奇又必然。作家在短短的篇幅中，写出了这个大家族中和胡同中不同人的反应，其中尤以写祁老人的最好。是人性的，又是政治性的，最世俗的，又是最崇高的。他本以为自己和家人都活得近情近理，不招灾惹祸，日本人就能允许他享受一团和气的四世同堂的幸福，日本人再厉害也不会寻衅得自己和家人身上来，可现在怎样啦？三孙子逃开，大孙子被捕，还有两支手枪堵住了自家的大门，这是什么世界呢？自己的理想和一生的努力要强，就此全没了！同样是读者没想到的是，病病歪歪柔弱不堪的天佑太太表现出惊人的冷静，她不畏不怕，而是觉到自己这时不能怕，哪怕比痛更可怕的死在等着她！这个大家族和小羊圈胡同的中、下层众人，没法子不"偷生"，从瑞宣到长顺等都一样，家和孝道把他们牢牢地拴在了小羊圈，国家在呼唤他们，可是他们只能装聋。而心中充满了惭愧和不安的陈野求，一方面信奉"这年月不死就算平安"，一方面又和最正直勇敢的至亲钱默吟绝了交，只因为要养活一家老小。他甚至吸上了大烟，并且不得不给日本人办点事。瑞宣曾试图劝说他，最后却不得不情不自禁地在一张纸上写下了“我们都是自取灭亡”！而在此之前，作为钱老人太太的弟弟陈野求，还是一想到岳武穆和文天祥就意识到，这些圣人也有家有孩子，自己也不由得不惭愧，自责为“我简直是个妇人，不是男子汉”，自此“欠的文化或者只能产生我这样因循苟且的家伙，而不能产生壮怀激烈的好汉”！这其实是作家对我们过熟过烂的文化的担忧——尤其是在全民抗击侵略者的日月，不能不令我们这些读者由衷敬佩！

优秀的文学作品，是古今中外作家安身立命之本。在老舍二十部的全集里，仅就其中《骆驼祥子》《四世同堂》《茶馆》三座高峰，说奠定了他在中国现当代文学史（乃至世界文学史）的地位，这是谁也不能否认的。而在中国全民抗日战争胜利七十周年之际，我们怎么能不骄傲地回首三座高峰中的《四世同堂》。读者和研究者中的年长者，就亲身经历过如《饥荒》中所表现的生与死、爱与恨、笑与泪、爱国与战争的对对“双生婴儿”，经历过连日本女人都三五成群地在菜摊子上抢菜，尽管他们的配合比中国人的多得多。更别提陈野求沦落到抢瑞宣给家人买的油条烧饼。前文笔者提及，抗战时期的长篇小说作家作品不少，但像《四世同堂》这样纳入了抗战全程的长篇小说只有《四世同堂》这一部。重读《四世同堂》，我们不能不感谢作家通过亡城北平的“生活”，提醒我们，那长时期的苦痛、忧虑、惶惑、偷生、寒冷、饥饿、耻辱……，却不能不挣扎着活下去。我们也要感谢作家揭露侵略者如何将折磨被征服者当作一种“艺术”；侵略，成了鬼子的职业，宗教、是一种“崇高”的享受。抗战时期的老舍，不但懂政治了，也懂军事了，甚至懂得了政治与军事的关系，用《惶惑》第七段的一句话，“她（按：指侵略者，笔者注）的政治是给军事擦屁股用的”。多么真切，多么通俗。侵略者没有料到平津陷落后，中国会有全面的抗战；他们更没想到，这反抗会持续十四年，而最终是以非正义一方的全面失败告终。他们只会以枪炮的数目估计一切，而过低估计了觉醒的中国和中国人民！侵略者连小羊圈胡同一号那个普通日本老妇都不如，老婆婆会在北平人痛苦的“偷生”中看到了貌似胜利的征服者的终局，并找机会对瑞宣表白：“我们日本人在此就所作的一切，当然你也知道。我必须告诉你一句老实话：日本人必败!”没有另一个日本人敢说这句话。这是老婆婆的心声，也是作家的坚信。应该说，这就是《四世同堂》高于同时期其他许多文学创作的鲜明表现。

（作者单位：兰州大学文学院）

老舍笔下的两个女人的形象

——读《月牙儿》和《阳光》

◎[日本]布施直子

一、《月牙儿》和《阳光》两部作品的故事梗概

老舍是在发表了《月牙儿》(初刊 1935 年 4 月《国闻周报》第 12 期卷第 12 至第 14 期)一个月之后,发表了《阳光》(初刊 1935 年 5 月 1 日《文学》第 4 卷第 4 期)的。

《月牙儿》中,一个不识字的女人在失去丈夫后,为了养活女儿,靠给别人洗衣服维持生活,再婚后一家三口曾有过幸福生活,但不知为何丈夫走了。妈妈让女儿继续上学,为了挣口饭而当上了暗娼。女儿厌恶妈妈为了维持生计而当暗娼,决定自己找事儿做寻找活路。但是,结果还如小说中所讲"我们母女得吃得穿决定了一切",除了出卖肉体别无出路。

《月牙儿》中的故事叙述者是女儿。女儿作为作品中的"我"讲述自己的人生。"我"最后在狱中将月牙儿唤作"好朋友",想念妈妈在做什么。老舍寄托在"我"的身上,描写了"我"残酷的人生和对社会的反抗精神。

《阳光》中的主人公和《月牙儿》截然相反,出生于富裕家庭,把幼年时期的自己比喻为牡丹花,小说叙述了记忆中一片阳光的幼年生活。但是,在这个富裕的家庭内部,父兄因行为不端而恶名在外,小说叙述"我"逐渐意识到自己的使命应该是通过守身如玉来给家庭争得脸面,这是家庭寄予自己的希望,"我"失去了幼年的阳光。自诩为"新女性"的"我",当婚事提到日程上后,尽管希望由自己来决定结婚对象,争取一个有"爱"的婚姻,但最后还是选择了父母给订的婚事。这个结婚对象有财力、身份、体面、人品,除了"爱"以外,无可挑剔。结婚以后,小说描写了"我"心中萌发的欲望和"我"所采取的行动这一系列事情的经过。小说中这样写道:"我的丈夫倒下来。我们的财产,到诉讼完结以后,已剩了不多。我还是不到三十岁的人哪,后半辈子怎么过呢?""我失去了明天的阳光!"通过《阳光》中的叙述,可看出老舍的夸张和幽默。

二、《月牙儿》中"我"的形象

小说开篇的第一章是序,"我"讲述到:月牙儿,"它带着种种不同的感情,种种不同的

景物,唤醒了我的记忆”。第二章之后,叙说的是从幼年时期到现在发生的事情。全篇共四十三章,由“我”的年龄和主要事件划分为4个部分,以下我们来看看各个时期主人公的形象。

按:引号“”中为原作的引用部分;引用文后括号( )内是该引用原文“第一章—四十三章”的章节编号;括号【 】内为笔者的分析。

(一)第二——第十三

我叙述关于月牙儿的最初记忆:“那第一次,带着寒气的月牙儿确是带着寒气。它第一次在我的云中是酸苦,它那一点点微弱的浅金光儿照着我的泪。(二)”

当妈妈带我去看爸的坟墓时,“我们紧走慢走,还没走到城门,我看见了月牙儿。四外漆黑,没有声音,只有月牙儿放出一道冷光。我乏了,妈妈抱起我来。怎样进的城,我就不知道了,只记得迷迷糊糊的天上有个月牙儿。(三)”

八岁的时候,我已经学会了去当铺。在那时候,“我尽了我的力量赶回当铺,那可怕的大门已经严严地关好了。我在门墩上,握着那根银簪。不敢高声地哭,我看着天,啊,又是月牙儿照着我的眼泪。(四)”

也有过一段在妈妈身边的幸福时光:“妈妈洗完这些‘牛皮’就吃不下饭去。我坐在她旁边,看着月牙儿……。我越可怜妈妈,便越爱这个月牙,因为看着它,使我心中痛快一点。(五)”【通过以上的叙述,可以看出幼年时期“我”的形象:幼年时期的悲伤、害怕、强忍着不哭的忍耐力,以及和妈妈在一起时的高兴心情等。】

妈妈为了养活我而找了新爸。离开曾经住惯了的小屋,妈妈坐上了轿子在前边走。“离开我们那间小屋的时候,天上又挂着月牙。这次的月牙儿比哪一回都清楚,都可怕。(七)”【这时候我对月牙儿的感觉,表现了我对即将开始的新的生活的害怕情绪。】

在三个人一起生活中,有吃有喝,在幸福的时候想不起曾经看见过月牙儿了。“新爸叫我上学。有时候他还跟我玩一会儿。……我心中明白,妈和我现在是有吃有喝的,都因为有这个爸,我明白。是的,在这三四年里我想不起曾经看见过月牙儿;也许是看见过而不大记得了。(八)”

“我很爱上学。我老觉得学校里有不少的花,其实并没有;只是一想起学校就想到花罢了,……妈妈是很爱花的,虽然买不起,可是有人送给她一朵,她就顶喜欢地戴在头上。(九)”

不知道为什么新爸走了,我下学回来,几次看见妈妈在门口立着。我知道妈妈是为了养活我而当了暗门子的,但我的心里是苦的。我心中的苦处如果有形状的话,一定是月牙儿形的。“‘念书!’‘念书!’妈是不识字的,为什么这样催我念书呢?我疑心;又常由疑心而想到妈是为我作那样的事。妈是没有更好的办法。……我可以跑,假如我手中有钱。我最阔的时候,手中有一毛多钱!在这些时候、即使在白天,我也有时望一望天上,找我的月牙儿呢。我心中的苦处假若可以用个形状比喻起来,必是个月牙儿形的。它无依无靠的在灰蓝的天上挂着,光儿微弱,不大会儿便被黑暗包住。(十)”【无依无靠,悬挂在灰蓝色天空里的月牙儿和自己重叠在了一起。】

妈妈的屋里常有男人来了。在恨她的同时,另一方面我又原谅妈妈为了照顾两个人的嘴而当了暗娼。“妈妈的屋里常有男人来了,她不再躲避着我。……我得保护自己,我觉出我身上好像有什么可贵的地方，我闻得出我已有一种什么味道，使我自己害羞、多感。……我很冷静地思索，妈妈可原谅的。她得顾我们俩的嘴。（十一）”

妈妈问我“怎样?”她是在说假若我真爱她的话，我就应该帮助她。我是真心愿意帮助妈妈的。但是，一想到挣钱的方法，我就浑身哆嗦。“假如我愿意‘帮助’妈妈呢，她可以不再走这一步，而由我代替她挣钱。代替挣钱，我真愿意；可是那个挣钱办法叫我哆嗦。……妈妈不逼着我走哪条路，她叫我挑选——帮助她，或是我们娘儿俩各走各的。我怎么办呢？（十二）”

我红涨着脸，向校长诉苦:“我对校长说了。校长愿意帮助我。她不能给我钱，只能供给我两顿饭和住处。解决了天大的问题。……妈妈就在暗中像个活鬼似的走了，连个影子也没有。……我的世界里剩下我自己。（十三）”

（二）第十四——第二十四

我和妈妈分开了，走进了和以前不同的世界。

“我必须有用，我是吃着别人的饭。我老在我的心上，因为没人爱我。我在我自己手中拿着，像捧着一朵娇嫩的花。没有希望就没有时间。可是我的身体是往大了长呢，我觉得出。（十四）”

“我又老没看月牙了，不敢去看，虽然想看。晚上，我一个人在院中走，常被月牙给赶进屋来，我没有胆子去看它。我的心就好像在月光下的蝙蝠……；即使会飞，也还是黑的，我没有希望。我可是不哭，我只常皱着眉。（十五）”

“我有了点进款；可是进不了许多，因为她们也会织。虽然是这样，我的心似乎活了一点，我甚至想到:假若妈妈不走那一步，我是可以养活她的。有一天，我跟着学生们去到城外旅行。我看见了妈妈！我要过去抱住她。可是我不敢。我怕学生们笑话我，她们不许我有这样的妈妈。（十六）”

“正在这个时候，学校换了校长。我不敢坐在那儿呆呆地发愁，我得想主意。我应当自己担着自己的苦处。可是怎么担着自己的苦处呢？我觉得世界很小，没有安置我与我的小铺盖卷的地方。我还不如一条狗，狗有个地方便可以躺下睡；街上不准我躺着。我不肯哭，可是泪自己往下流。（十七）”【心里清楚自己的苦处得自己承担，但不知道怎么办才好。连一条狗都不如，变得极其悲观。】

“我出去找事了。走了整整两天、抱着希望出去，带着尘土与眼泪回来。没有事情给我作。我这才真明白了妈妈，真原谅了妈妈。妈妈所走的路是唯一的。……同学们不准我有那样的妈妈；她们笑话暗门子；我差不多要决定了:只要有人给我饭吃，什么我也肯干；妈妈是可佩服的。我才不去死、虽然想到过；不，我要活着。（十八）”【整整找了两天的工作，心情上发生了转变，只要能有饭吃，我什么都能肯干。说道:明白了妈妈所走的路是唯一的路。】

“这么一想，我好像已经找到了事似的。我敢在院中走了，一个春天的月牙在天上挂着。我看出它的美来。天是暗蓝的，没有一点云。（十九）”

“我又找了胖校长去，她没在家。一个青年把我让进去。他很体面，也很和气。他叫我说什么，我便不好意思不说。我把找校长的意思对他说了，他很热心，答应帮助我。我要怀疑，可是不敢。我觉得我要疑心便对不起人，他是那么温和可爱。（二十）”

“他的笑唇在我的脸上，从他的头发上我看着那也在微笑的月牙。……什么都在溶化着春的力量，然后放出一些香味来。我忘了自己，我没了自己，像化在了那点春风与月的微光中。月儿忽然被云掩住，我想起来自己。我失去那个月牙儿，也失去了自己，我和妈妈一样了。（二十一）”【在我和他经历了甜美而充满生命活力的性事之后，我说道：“我失去那个月牙儿，也失去了自己，我和妈妈一样了。”我是带着冲动这样说的。对我来说，对那个青年的感情是初恋。但是，初恋并不是成熟的恋爱，我不得不以“我失去那个月牙儿”，“我和妈妈一样了”来表现。之后，我再也没有见过月牙儿。】

“我要跑开，永不再见他；我又想他，我寂寞。两间小屋，只有我一个人，他每天晚上来。他供给我吃喝，还给我作了几件新衣。（二十二）”【并非是讨厌他。但是，我知道过的是不正常的生活，自己在心中因矛盾而感到痛苦。】

“没有多久，我的春梦作到了头儿。有一天，来了一个少妇。她是他的妻。只口口声声的说：‘你放了他吧！’我可怜这个少妇。我答应了她。（二十三）”

“我在街上走了半天。可是我怎么办呢？既然要离开他，便一刀两断。他给我的那些东西我不愿意要，好吧，我得要那些东西，无法。我偷偷搬了走。我不后悔，只觉得空虚，像一片云那样的无倚无靠。（二十四）”

（三）第二十五——第三十二

“凑合着手里还有那点钱，我想马上去找个事。妇女挣钱怎这么不容易呢！妈妈是对的，妇人只有一条路走，就是妈妈所走的路。我不肯马上就往那么走，可是知道它在不很远的地方等着我呢。（二十五）”

“我成了小饭馆的第二号女招待。摆菜、端菜、算账、报菜名，我都不在行。我有点害怕。可是第一号告诉我不用着急，她也都不会。……我们当招待的只要给客人倒茶，递手巾把，和拿账条。……晚上九点多钟完了事，我非常的疲乏了。到了我的小屋，连衣裳没脱，我一直地睡到天亮。醒来，我心中高兴了一些，我现在是自食其力，用我的劳力自己挣饭吃。（二十六）”

第一号教训我：“‘你是女跑堂的，没让你在这儿送殡玩’。……我也并非看不起她，从一方面看，我实在佩服她，她是为挣钱。妇女挣钱就得这么着，没第二条路。但是，我不肯学她。我仿佛看得很清楚：有朝一日，我得比她还开通，才能挣上饭吃。可是那得到了山穷水尽的时候；‘万不得已’老在那儿等我们女人，我只能叫它多等几天。我干不了，拿了一块另五分钱，我回了家。（二十七）”

“最后的黑影又向我迈了一步。我不后悔丢了那个事，可我也真怕那个黑影。可是，我并不想卖我自己。我并不需要男人，我还不到二十岁。他的甜言蜜语使我走入梦里；醒过来，不过是一个梦，一些空虚；我得到的是两顿饭，几件衣服。我不想再这样挣饭吃，饭是实在的，实在地去挣好了。可是若真挣不上饭吃，女人得承认自己是女人，得卖肉！（二十八）”

“我遇见几个同学。她们有饭吃，吃饱了当然只好想爱情，男女彼此织成了网，互相捕捉。我没有钱，我连个结网的屋角都找不到。我得直接地捉人，或是被捉，我比她们明白一些，实际一些。（二十九）”

“有一天，我碰见那个小媳妇，像个磁人似的那个。‘他又弄了别人，更好了，一去不回头了!'她也是还作着梦,还相信恋爱神圣。她说她得找到他,她得从一而终。她有公婆,娘家还有父母,她没有自由,她甚至于羡慕我,我没有人管着。还有人羡慕我,我真要笑了!她没自由,我没饭吃,我俩都是女人。(三十)"

"自从遇上那个小磁人,我不想把自己专卖给一个男人了,我要浪漫地挣饭吃了。我不再为谁负着什么道德责任,我饿。把我所有的一点东西都折卖了,作了一身新行头。我上了市。(三十一)"

"我想我要玩玩,浪漫。我还是不大明白世故。我还是饿着肚子回家。他若是要你,你得给他相当的好处。要卖,得痛痛快快地。我明白了这个。(三十二)"【一直害怕"黑影"的我,终于决定为了挣饭吃而卖身了。】

(四)第三十三——第四十三

"我有了买卖。可是我的房东不许我再住下去,他是讲体面的人。就搬了家,又搬回我妈妈和新爸爸曾经住过的那两间房。搬了家以后,我的买卖很不错。连文明人也来了。顶可怜的是那像学生样儿的,袋里装着一块钱,和几十个铜子,叮当地直响,鼻子上出着汗。我可怜他们,可是我也照常卖给他们。我有什么办法呢!还有老头子呢,都是些规矩人。但是我知道他们有钱,想在死前买些快乐,我只好供给他们所需要的。这些经验叫我认识了'钱'和'人'。(三十三)"

"我发现了我身上有了病。我想象着自己已是快死的人了。我非找到妈妈不可,我疑心她是死了。我穿好了衣裳,擦上了脂粉,在床上躺着,等死。门外又敲门了,找我的。我把病尽力地传给他。我不觉得这对不起人,这根本不是我的过错。(三十四)"

"一天早晨,大概有十点来钟吧。我听见院中有脚步声。那点脚步声,向我的门外来了。我看见一对眼睛,从门上那块小玻璃向里面看呢。我轻轻的开了门。'妈!'(三十五)"

"她的掌柜的回了老家,没告诉她,偷偷地走了,没给她留下一个钱。她已找了我半个多月。最后,她想到上这儿来。哭完了,我发狂似的笑起来:她找到女儿了,女儿已是个暗娼!她养着我的时候,她得那样;现在轮到我养着她了,我得那样!女人的职业是世袭的,是专门的!(三十六)"

"我告诉她,我有了病,希望她劝我休息几天。没有;她只说出去给我买药。我心中很明白——除了干那个,还想不到第二个事情作。我们母女得吃得穿——这个决定了一切。钱是无情的。(三十七)"

"我想好好对待她,可是我觉得她有时候讨厌。她什么都要管管,特别是对于钱。看在钱的面上,我们不应当得罪人。我的方法或者出于我还年轻,还幼稚;妈妈便不顾一切的单单站在钱上了,她应当如此,她比我大着好些岁。恐怕再过几年我也就这样了。可是妈妈说的好:咱们是拿十年当作一年活着的,等七老八十还有人要咱们吗?(三十八)"

"干了二三年,我觉出自己是变了。我的皮肤粗糙了,我的嘴唇老是焦的,我的眼睛里老灰渌渌的带着血丝。我起来的很晚,还觉得精神不够。我觉出这个来,客人们更不是瞎子,熟客渐渐少起来。不必想了,一天一天地活下去就是了,我的妈妈就是我的影子,我至好不过将来变成她那样,卖了一辈子肉,剩下的只是一些白头发与抽皱的黑皮。(三十九)"

“我勉强地笑，勉强地疯狂，我的痛苦不是落几个泪所能减除的。我这样的生命是没什么可惜的，可是它到底是个生命，我不愿撒手。况且我所作的并不是我自己的过错。我绝不是怕死的痛苦，我的痛苦久已胜过了死。我爱活着，而不应当这样活着。我想象着一种理想的生活，像作着梦似的：这个梦一会儿就过去了，实际的生活使我更觉得难过。这个世界不是个梦，是真的地狱。（四十）”

“因为接触的男子很多了，我根本已忘了什么是爱。我爱的是我自己，及至我已爱不了自己，我爱别人干什么呢？（四十一）”

“正在这个时期，巡警把我抓了去。我们城里的新官儿非常地讲到道德，要扫清了暗门子。正式的妓女倒还照旧作生意，因为她们纳捐；纳捐的便是名正言顺的，道德的。在感化院，有人教给我作工。他们教给我工作，还告诉我必须爱我的工作。假如我爱工作，将来必定能自食其力，或是嫁个人。我可没这个信心。到这儿来领女人的，只须花两块钱的手续费和找一个妥实的铺保就够了。从男人方面看；据我想，这是个笑话。我干脆就不受这个感化。当一个大官儿来检阅我们的时候，我唾了他一脸的唾沫。我换了地方，到了狱中。（四十二）”

“自从我一进来，我就不再想出去。世界比这儿并强不了许多。死在哪儿不一样呢。在这里，我又看见了我的好朋友，月牙儿！多久没见着它了！妈妈干什么呢？我想起来一切。（四十三）”

三、《阳光》中“我”的形象

叙述我从充满阳光的幼年时代，经过青春期，到结婚，以及结婚后曲折的经历，最后感叹“我失去了明天的阳光”。全篇四十九章由“我”的年龄和主要事件划分成四个部分，叙述各个时期主人公的形象。

按：引号“”中为原作的引用部分；引用文后括号（ ）内是该引用原文“第一章——四十三章”的章节编号；括号【 】内为笔者的分析。

（一）第一——第十二

“想起幼年来，我便想到一株细条而开着朵大花的牡丹，在春晴的阳光下，放着明艳的红瓣儿与金黄的蕊。我便是那朵牡丹。”我之所以“精明”，并不一定是我有这个能力，“这大概是因为有许多人替我做事；一张嘴，事情便做成了。（一）”

“因此不但我是在阳光中，而我是自居是个明艳光暖的小太阳；自己发着光。（一）”

“父母只有我一个女儿，兄弟只有我这么一个姊妹，我天生来的可贵。（二）”

“我的成绩也是最好的；假如我有作不上来的，回到家中自有人替我作成，而且最高分数是我的。（四）”

“入了高小，我开始觉出我的价值。（五）”

“我们常因服装与头发的式样，或别种小的事，发生意见，分成多少党。我总是作首领的。我天生来是该作首领的，多数的同学好像是木头作的，只能服从，没有一点主意。（六）”

“在毕业的那一年……我们既都是阔家的女儿，在谈话中也低声报告着在家中各人所看到的事,关于男女的事。""我们愿意听那些坏事,而希望自己保持住娇贵与聪明。(七)"

"到了二三年级,我们不这么老实了。这二年是我的黄金时代。……我们要干什么便干什么。我非常好动怒,看谁也不顺眼。我与班友们都有了追逐的男学生。而且以此为荣。可是男学生并追不上我们,他们只使我们心跳,使我们彼此有的谈论,使我们成了电影狂。及至有机会真和男人见面,我反倒吐吐舌头或端端肩膀,说不出什么。(九)"

"功课呢,虽然不能算是最坏的,可至好也不过将就得个丙等。……我的美已经是出名的,报纸上常有我的像片,称我为高材生,大家闺秀。"得意之极,我这样看自己:"我是个风筝,高高的在春云里,大家都仰着头看我,我只须晃动着,在春风里游戏便够了。(十)"

"到了高年级,我不这么野调无腔了……我想,这一方面是由于我的家庭,一方面是由于我自己的发育,而成的。……在这个时节我对于男人是老设法躲避的。我知道自己的美,而不能轻易给谁,我是有价值的。我非常的自傲,理想很高。影影抄抄的我想到假如我要属于哪个男人,他必是世间罕有的美男子,把我带到天上去。(十一)"

"因为家里有钱,所以我得加倍的自尊自傲。我这时候有许多看不上眼的事都发生在家里,我得装出我们是清白的。……别人家的女儿可以糟蹋在他们的手里,他们的女子——我——可得纯洁,给他们争脸面。……这个,使我清醒了一些,不能像先前那么欢蹦乱跳的了。(十二)"

【"我"作为富家的女儿,在充分享受爱和保护的过程中长大,极其自然的,在感到幸福的同时滋长了自尊自傲,和别人比觉得有优越感,所以"我"把自己比喻成阳光下盛开的牡丹花。而在家中,依仗殷实的经济实力,父兄把别人家的女儿糟蹋在自己手里,"我"对此逐渐学会了理解。此外,还描写自己将来将要嫁的理想的男人。】

(二)第十三——第二十六

"在清醒之中,我也有时候因身体上的刺激,与心里对父兄的反感,使我想到去浪漫。我凭什么为他们而守身如玉呢?……我还没想到结婚与别的大问题,我只想把青春放出一点去。……在这么想的时节,我心中的天是蓝得近乎翠绿,我是这蓝绿空中的一片桃红的霞。可是一回到家中,我看到的是黑暗。……我失了我自幼所有的阳光。(十三)"

"我很想用功,可是安不下心去。偶然想到将来,我有点害怕。……假若有朝一日和家庭闹翻了,我仗着什么活着呢?……可是再一想呢,我不会和家中决裂。……现在呢,我是富家的女儿;将来我总不至于陷在穷苦之中吧。我庆幸我的命运,以过去的幸福预测将来的一帆风顺。……在这个时候,我听见一点使我不安的消息:家中已给我议婚了。(十四)"

"我才十九岁!即使非结婚不可,也得容我自己去找到理想的英雄。我过惯了舒服的日子,不能嫁个穷汉。我必须继续着在阳光里。(十五)"

"及至我细一想,我决定我不能这么断送了自己;我必须先尝着一点爱的味道。我忽然想自由,而自由必先平等。假如我爱谁,即使他是个叫花子也好。可是,我能不能爱个叫花子呢?不能!(十六)"

"我自己是个人,自幼儿娇贵;我还是得作点什么,作点惊人的,浪漫的,而又不吃亏的事。说到归齐,我是个'新'女子呀,我有我的价值呀!(十七)"

"机会来了!我去给个同学作伴娘,同时觉得那个伴郎似乎可爱。(十八)"

“他给我开了爱的端，我只感激他这点。（二十二）”

“家中还进行着我的婚事。我暗中笑他们，一声儿不出。我等着。等到有了定局再说，我会给他们一手儿看看。是的，我得多预备人，万一到和家中闹翻的时候，好挑选一个捉住不放。我在同学中成了顶可羡慕的人，因为我敢和许多男子交际。那些只有一个爱人的同学，时常的哭。她们只有一个爱人，怎能不哭呢。（二十三）”

“中学毕了业，我要求家中允许我入大学。我没心程读书，只为多在外面玩玩。我得入学，因为别的女子有入大学的，我不能落后。学校并不给我什么印象，我只记得我的高跟鞋在洋灰路上或地板上的响声，咯噔咯噔的，怪好听。入学不久我便被举为学校皇后。在中学交的男朋友全断绝了关系，连那个伴郎。我的身分更高了，我的阅历更多了，我既是皇后，至少得有个皇帝作我的爱人。作了皇后以后，我的新朋友很多很多了。我戏耍他们，嘲弄他们，他们都羊似的驯顺老实。（二十四）”

“我觉得空虚。别的女同学们每每因为恋爱的波折而极伤心的哭泣，或因恋爱的成功而得意，她们有哭有笑，我没有。（二十五）”

“我几乎有点着急了。到了这个时节，也不知怎么了，男子不上我的套儿了。他们怕我。我要是真的哭起来，恐怕也得不到同情，而只招她们暗笑。我真想不再读书了，不再和这群破同学们周旋了。（二十六）”

【“我”清楚地意识到了自己的身体因成长而出现的变化，而在家中，只要求我一个人守身如玉，让我觉得不公平，感到了释放自己青春的欲望。而为作为新娘的同学当伴娘，则提供了一个好的机会，由此我结交了新郎的伴郎。但是，“我”将自己摆在女神的位置，自始至终采取了傲慢的态度，而没有发展成恋爱。大学生活原本不为读书，上了又退学离去。】

（三）第二十七——第三十六

“正在这个时期，家中已给我定了婚。我的将来必须与现在差不多，最好是比现在还好上一些。家中给找的人有这个能力；我的将来，假如我愿嫁给他，可很保险的。可是爱呢？这可有点不好办。我怎能在这一点上输给她们呢？假若她们知道我的婚姻是家中给定的，她们得怎样轻看我呢？倘若有个男子，既然可以给我爱，而且对将来的保障也还下得去，虽不能十分满意，我是不是该当下嫁给他呢？这把小姐的身分与应有的享受牺牲了些，可是有爱足以抵补；我是位新式小姐呀。是的，可以这么办。奋斗，对，奋斗！（二十七）”

“大概他们是并没有把我看在眼里，小事由着我，大事可得他们拿主意。我并不是像我所想的那么贵重。我的太阳没有了光，忽然天昏地暗了。（二十八）”

“怎么办呢！我既是位小姐，又是个‘新’的小姐，这太难安排了。身分地位是必要的，爱也是必要的，没有哪样也不行。我应当，必须，对得起自己，把自己放在最高最美丽的地点。（二十九）”

“家中给提的人家到底是合乎我的高尚的自尊的理想。除了欠着一点爱。爱，说回来，值多少钱一斤呢？（三十）”

“自然我还不能完全忘掉那个无利于实际而怪好听的字——爱。但是没法子再转过这个弯儿来。我只好拿这个当作一种牺牲。也该挑个没多大用处的东西扔出去了。况且要维持我的'新'还另有办法呢，只要有钱，我的服装，鞋袜，头发的样式，都足以作新女子的领袖。钱使人有生趣，有身分，有实际的利益。我的一生是在阳光下，永远不会有一小片黑云。（三十一）"

"我的丈夫是个顶有身分，顶有财产，顶体面，而且顶有道德的人。他是二十世纪的孔孟，我们的结婚像片在各报纸上刊出来，差不多都有一些评论，说我们俩是挽救颓风的一对天使！我在良心上有点害羞了，我曾想过奋斗呢！曾经要求过爱的自由呢！幸而我转变的那么快，不然……（三十二）"

"我的快乐增加了我的美丽，我觉得出全身发散着一种新的香味，我胖了一些，而更灵活，大气，我像一只彩凤！可是我并不专为自己的美丽而欣喜，丈夫的光荣也在我身上反映出去，到处我是最体面最有身分最被羡慕的太太。我随便说什么都有人爱听。（三十三）"

"可是我也必得说出来。我的快乐是对于我的光荣的欣赏，除了这点光荣，我必得说，我并没有从心里头感到什么可快活的。我的快活都在我见客人的时候，出门的时候，像只挂着帆，顺风而下的轻舟，在晴天碧海的中间儿。赶到我独自坐定的时候，我觉到点空虚，近于悲哀。还有呢，我必须谨慎一点，因为我的丈夫是讲道德的人，我不能得罪他而把他给我的光荣糟蹋了。（三十四）"

"我纳闷，为什么他——一个社会上的柱石——要娶我呢？说真的，我不甚明白，他待我很好，可是我不甚明白他。他是个太阳，给我光明，而不使我摸到他。他很客气，有礼貌，每每使我想到他是我的教师或什么保护人，而不是我的丈夫。在这种时节，似有一小片黑云掩住了太阳。（三十五）"

"久而久之，我的快活的热度低降下来。我不是应当要个男子么？一个男子，哪怕是个顶粗莽的，打我骂我的男子呢，能把我压碎了，吻死的男子呢！他的行止言谈都是戏文儿。我什么也别说了，说出去只招人笑话；我的苦处须自己负着。只有一条路给我留着呢，好好的作太太，不要想别的了。这是永远有阳光的一条路。（三十六）"【对我来说，理想的结婚是，作为新式女性，自己自由地找到结婚对象的"有爱"的婚姻。并且，结婚对象要有一定的经济实力，以维持住自己自幼习惯了的舒适的生活。家中给安排的婚事似乎很顺利地达到了目的，但实际上，我知道我仅仅满足于在别人看来我是幸福的太太这一点上。我是抛弃了那个无利于实际的"爱"而结了婚的。我不得不劝说自己，作个好太太是我唯一的出路。】

（四）第三十七——第四十九

"人到底是肉作的。我年轻，我美，我闲在，我应当把自己放在血肉的浓艳的香腻的旋风里，不能呆呆对着镜子，看着自己消灭在冰天雪地里。丈夫给我支持着身分，我自己再找到他所不能给我的，我便是个十全的女子了，这一辈子总算值得！小姐，太太，浪漫，享受，都是我的，都应当是我的。（三十七）"

"我预料着这不是什么难事，果然不是什么难事，我有眼光。一个粗莽的，俊美的，像团炸药样的贵人，被我捉住。他要我的一切，他要把我炸碎而后再收拾好，以便重新炸碎。我所缺乏的，一次就全补上了；可是我还需要第二次。我这才明白了什么是爱，爱是肉体的，野蛮的，力的，生死之间的。（三十九）"

“奇怪，奇怪，他一声也不出。他仿佛暗示给我——‘你作对了！’多么奇怪呢！他是讲道德的人呀！不久我就明白了，他升了官，那个贵人的力量。啊，我明白了，怨不得他这么有道德而娶我这个‘皇后’呢，他早就有计划！（四十）”

“我的身分在外表上还是那么高贵，身体上呢，也得到满意的娱乐，算了吧。我只是不满意我的丈夫，他太小看我，把我当作个礼物送出去，我可是想不出办法惩治他。他既是仗着我满足他的志愿，而我又没向他反抗，大概他也得明白以后我的行动是自由的了，他不能再管束我。这无论怎说，是公平的吧。（四十一）”

“我的丈夫有时候到外面去演讲，提倡道德，我也坐在台上；他讲他的道德，我想我的计划。我觉得这非常的有趣。社会上都知道我的浪漫，可是这并不妨碍他们管我的丈夫叫作道德家。他们尊敬我的丈夫，同时也羡慕我，只要有身分与金钱，干什么也是好的；世界上没有什么对不对，我看出来了。（四十二）”

“我的丈夫娶了姨太太。一个讲道德的人可以娶姨太太，嫖窑子；只要不自由恋爱与离婚就不违犯道德法律。我早看明白了这个，所以并不因为这点事恨他。我已不是他升官发财的唯一工具了。他找来个生力军。我算完了事。我的力量不过如是而已！我不管他，他也别管我，这是顶好的办法。（四十三）”

“我最爱的那个贵人不见我了。他另找到了爱人。这比我的丈夫娶妾给我的打击还大。身分，地位，爱情，金钱，享受，都是我的；啊，现在，现在，这些都顺着手缝往下溜呢！我的运气！太阳也有被黑云遮住的时候呀。是，我不要灰心，我将慢慢熬着，把这一步恶运走过去再讲。我不承认失败；只要我不慌，我的心老清楚，自会有办法。（四十四）”

“但是，我到底还是作下了最愚蠢的事！在我独自思索的时候，我大概是动了点气。我想到了一篇电影：这个，使我从记忆中掘出许多旧日的朋友来：他们都干什么呢？他们必至少能打开我的寂寞与悲哀，必能给生命一个新的转变。想到这儿，我没再思索一下，便出去找他们了。（四十六）”

“我找到一个旧日的同学。我呢，也不愿太和他亲近了。可是，呕，我的愚蠢！这被我的丈夫看见了！他拿出我以为他绝不会的厉害来。我给他丢了脸，他说！我明白他的意思：我们阔人尽管乱七八糟，可是得有个范围；同等的人彼此可以交往，这个圈必得划清楚了！我犯了不可赦的罪过。（四十七）”

“我失去了自由。在大众面前，我还是太太；没人看着的时节，我是个囚犯。叫我逃跑，我也跑不了啊！（四十八）”

“有了，离婚！离婚，和他要供给，那就没有可怕的了。脱离了他，而手中有钱，我的将来完全在自己的手中，爱怎着便可以怎着。看守我的仆人受了贿赂，给我找来律师。状子递上去了，报纸上宣扬起来，我的丈夫登时从最高的地方堕下来。他是提倡旧道德的人呀，我怎会忘了呢？别的都不能打倒他，只有离婚！只有离婚！他所认识的贵人们，马上变了态度，不认识了他，也不认识了我。和我有过关系的人，一点也不责备我与他们的关系，现在恨起我来，我什么不可以作，单单必得离婚呢？我的母家与我断绝了关系。我丢了一切。假如我没有这一个举动，失了自由，而到底失不了身分啊，现在我什么也没有了。（四十八）”

“事情还不止于此呢。我的丈夫倒下来，墙倒人推，大家开始控告他的劣迹了。我们的财产，到诉讼完结以后，已剩了不多。我还是不到三十岁的人哪，后半辈子怎么过呢？太阳不会再照着我了！我这样聪明，这样努力，结果竟会是这样，谁能相信呢！谁能想到呢！坐定了，我如同看着另一个人的样子，把我自己简略的，从实的，客观的，描写下来。有志的女郎们呀，看了我，你将知道怎样维持住你的身分，你宁可失了自由，也别弃掉你的身分。自由不会给你饭吃，控告了你的丈夫便是拆了你的粮库！我的将来只有回想过去的光荣，我失去了明天的阳光！（四十九）”

【通过和丈夫的婚姻，我曾经想象自己会是“我的一生是在阳光下，永远不会有一小片黑云”，我完全拥有了丈夫给我的身份和财产，而从丈夫那儿得不到的，则通过和贵人的交往得到了肉体上的满足。但是，当得知丈夫得到最高的地位是因为那个贵人的力量时我结愤在心。想不出什么办法惩治丈夫，为了出口气，暗想自己以后的行动就可以更自由了，就这样，我自己也不知不觉地陷入了“只要有身分与金钱，干什么也是好的；世界上没有什么对不对。（四十二）”的错觉中。即使对丈夫娶妾感到意外，但对我来说并不是太大的打击。贵人不再见我，对我却是极大的打击。因为情绪低落，我想起了学生时代交往的男友们，去乡村寻找单纯的情爱，因为和旧友见面（超过了和贵人圈交往的范围），被暴怒的丈夫关在了屋里。我忘记了像丈夫这样信奉旧道德一派是绝对不能允许自由结婚和自由离婚的，而通过律师打起了离婚官司，被报纸宣扬，丈夫丢掉了最高的地位变成了平民。我失去了一切。】

四、小说中是如何描述两个女性的形象的呢？

（一）《月牙儿》中的“我”

（1）“月牙儿”也是小说的题目，月牙儿的形状和不同时期的“我”的形象密切联系在一起。在小说中，第二十一章里有这样的叙述：“我失去那个月牙儿，也失去了自己。”之后，在最后一章之前都不再出现。

（2）《月牙儿》中描写的“我”，在憎恨妈妈当暗娼养活自己的过程中长大，离开妈妈后想要独立找份事做。但是，没有找到可以养活自己的事。我害怕踏上和妈妈同样的路，曾试着努力反抗过，但是终于明白要挣口饭吃别无选择。因这样的生活身心逐渐遭到摧残。

“代她挣钱，我真愿意；可是那个挣钱方法叫我哆嗦。（十二）”

“我这才真明白了妈妈，真原谅了妈妈。妈妈所走的路是唯一的。（十八）”

“我和妈妈一样了。（二十一）”

“我不肯马上就往那么走，可是知道它在不很远的地方等着我呢。（二十五）”

“‘万不得已’老在那儿等我们女人。（二十七）”

“最后的黑影又向我迈了一步。（二十八）”

“要卖，得痛痛快快地。（三十二）”

“她找到了女儿，女儿已是个暗娼。（三十六）”

（3）通过《月牙儿》整篇小说，描写了“我”对逆境较强的反抗精神。“即使会飞，也还是黑的，我没有希望。我可是不哭。（十五）”

“只要有人给我饭吃，什么我也肯干：妈妈是可佩服的。我才不去死，虽然想到过：不，我要活着。(十八)"

"我这样的生命是没什么可惜的。可是它到底是个生命,我不愿撒手。(四十)"

(二)《阳光》中的"我"

生于富家,从小娇生惯养的"我",因美貌和精明而自尊自傲,一有机会就在人前炫耀。我作为"新女子"追求自由、平等和爱,但比起这些抽象的概念,我更关心的是凭借服装、发式、鞋袜等来证明自己是个"新女子"。至于结婚,能否维持住自幼习惯了的舒适的生活是第一条件,所以我带着"爱"这个未知数,决定和家中定下来的有体面、有财力、有人品、有道德,无可挑剔的男人结婚。婚后过完了一段幸福时光后,我意识到自己其实只是满足于向别人显摆自己的幸福。之后经过了曲折的故事情节(和贵人之间的性关系、丈夫的升官、我的愤怒、丈夫娶妾、贵人不再见我、我去乡村、丈夫对我的惩罚、下决心离婚等),我失去了一切。而我的人生计划,原本设计的是一生在阳光下度过。

小说一开始描写的所谓幸福,从幼年的"我"的形象开始,结果还不到三十岁,"我"就失去了一切。这种反差也太大了些。"我"的自我炫耀显得夸张。也许我们可以作为一部喜剧作品来读这部小说。

以上,对两部姊妹篇文章中女主人公的形象做了初步分析与比较,希望起到抛砖引玉之作用。

(作者单位:日本神奈川大学)

谈《火葬》

◎[日本]平松圭子

一

《火葬》是1943年老舍居住在北碚期间撰写的长篇小说。全篇32章，连续登载在《文艺先锋》4卷第1期(1944)至第6期上。老舍原本打算写中篇小说，但最终写成了长篇小说，在序言中这样写道："本拟写中篇，但已得五、六万字，仍难收笔，改作长篇。"虽然这是老舍第一部以战争为题材的小说，但由于其后撰写的《四世同堂》闻名于世，因而《火葬》完全湮没在《四世同堂》的光环背后。作为《四世同堂》之前的作品，我认为我们应该更多关注《火葬》一些。《火葬》中的文城是一个虚构的小镇，作者把小说的舞台设定在了保定附近一座不通水电的北方农村小镇。

小说登场人物并不多。我简单来介绍一下这些人物形象。

1.王举人：满脑子只考虑如何保住家宅、财产、世家身份，如何保护自己和女儿的安全。在日军占领后，听从日军的命令当了"治安维持会长"。

2.王梦莲：王举人的独生女儿。在经历了文城沦陷、未婚夫之死、汉奸刘二狗的求婚，以及和便衣队石队长、农民老郑的交往后，一个天真无知的女性逐渐发生变化，开始想到要为国家做些什么。

3.丁一山：青年，王举人的远亲。本为梦莲的未婚夫，因家境贫寒而遭王举人嫌弃。后参军入伍，在前往文城侦察的路上被枪杀。

4.老郑：王举人的佃户。一个诚实的农民。把梦莲当成自己亲生女儿一样疼爱。

5.刘二狗：青年，文城有钱人家的儿子。因勾结日军而有了权势后，设计暗杀了丁一山，向梦莲求婚。

6.田麻子：抽鸦片的"瘾君子"。刘二狗的爪牙。

7.石队长：便衣队的队长。潜入文城做了王家的佣人，秘密地指挥游击活动。

下面介绍全篇32章的故事梗概。

第1章：文城已经沦陷。但是，国军还驻守在西边的山麓下，等待夺回文城的机会。丁一山在侦察途中去了一趟老郑家，他刚离开，老郑隐约听到了枪声，感到不安。

第2章：介绍石队长和丁一山副队长。

石队长是一个已当兵9年多的硬汉子，可以说是久经沙场的军人。丁一山则正好相反，还是个乳臭未干的小伙子。

第3章：介绍了王举人、梦莲、丁一山各自不同的情感，以及老郑对梦莲的疼爱之情等。

第4章：王举人一心只想着要保住财产。对丁一山出身贫寒一事心存不满。石队长来老郑家，知道了丁一山原是王家未来的女婿，以及一山被谁杀害。

第5章：文城尚未沦陷，但已有日军飞机飞来，市民们越发感到惊慌。

第6章：日军占领下老郑和王举人之间思想的差异。“地亩、股票、房产……还有女儿，缠绕住了王举人的心”。王举人从来就不可能考虑到别人。

第7章：即将沦陷的文城。市民们越发惊慌。国军唐连长劝市民们疏散。市民们开始怀疑王举人是否已经当了汉奸。县长决定转移县政府。

第8章：为了开展游击活动，石队长潜入了文城。城内，日军已进驻，整个小镇悄无声息。

第9章：文城攻防战。郊外，唐连长和他的士兵一起战死。

第10章：西门外火焰冲天，文城沦陷。驻扎在城外的国军军营附近，老郑四处走动，开始和士兵们有了交流，从而改变了老郑以往对士兵的看法。以前他一直认为只有居无定所的地痞流氓才会去当兵，看到士兵们彬彬有礼的行为，他理解了丁一山为什么会去当兵。老郑为部队打水，士兵们也找老郑缝补衣服，老郑和士兵之间产生了一种友情。但是军营一夜之间就消失了，一场激战之后，文城终于沦陷。

第11章：王举人在日军的命令下当了“治安维持会长”。时间背景又回到了沦陷前，描述了丁一山、刘二狗和梦莲之间的交往情况。一山和二狗一旦主动追求，梦莲就会退缩，在她身上还带有幼稚。

第12章：梦莲对父亲和二狗深感失望，想买手枪。

第13章：日军残酷进行抢掠和屠杀的场面。

第14—30章：在日军占领下，王举人和有了权势的二狗相勾结。王举人劝女儿和二狗结婚，二狗更加急切地逼迫梦莲。二狗得到了检查通信物品的权力。他是在读了一山写给梦莲的信后，出于嫉妒起了杀害一山的念头，并派田麻子枪杀了一山。读者在第19章才知道枪杀一山的是田麻子，也知道了其中的缘故。

田麻子以此为由威胁二狗，向其勒索金钱，反被二狗捉弄，因而杀了二狗。因田麻子将王举人和石队长的关系向日军告密，王举人被捕。石队长怕田麻子将游击活动向日军告密而杀了田麻子。

梦莲得知一山之死是在第20章。面对悲伤哭泣的梦莲，老郑能为梦莲做的事情只有“扶住了她，她的泪流湿了老郑的衣肩”。

石队长当了王家的佣人，并和梦莲约好了保持联系的。梦莲获得了精神力量，有了觉悟，要从失去一山的悲痛中站起来。

第31、32章：国民党军队进行了反击，炸毁了城外的武器库和仓库。而城内也出现了游击活动，发生了火灾，市民们也与之呼应参加了战斗。几百名市民牺牲了生命，王举人死于狱中。城外老郑的儿子和儿媳妇也被日军杀害。石队长在经过激烈的战斗后负伤，弹尽粮绝，最后战死。城外和城内火焰冲天，暗示了文城的成功夺回。

老郑和梦莲参加了部队的政治工作大队，帮忙干些杂活。但老郑总是无意识地把儿子的名字“铁柱子”挂在嘴边而无法自拔。

二

故事情节的进展并不一定遵循时间的推移而开展。例如，在第 1 章里，文城已经沦陷了。从第 2 章至第 10 章，则描述了沦陷之前市民的慌乱情况。第 11 章之后，叙述的是沦陷后的混乱和汉奸的出现等变化。人物和题材都以较快的节奏发生变化，随之时间背景也发生变化。人物的算计、意图和行为连锁似地交织在一起，构成了复杂的故事情节，让人感受到和老舍其他长篇小说不同的节奏。

小说中人物并不多。特别是女性，只出现了王举人的女儿梦莲。还出现过被称为小蛸儿的孤独的少女和老郑的儿媳妇，但都不过是点缀故事的次要角色，至于那个儿媳妇，连名字都不知道。王家的女佣人也没有出现一个。

全篇通过作者的描述，精心细致地表现了人物的感情、心理、思考、个性以及身体的特点、习惯甚至服装。笔触时而幽默，时而讽刺，有时又表现得过于唠叨。农民老郑对梦莲疼爱得不得了。

她是王举人的掌上明珠，而老郑也就永远把她捧在手心上！无论他有什么一点“宝贝”，像是头一个成熟了的鲜玉米，或是两条还顶着黄花的嫩黄瓜，他都极小心的摘下来，用他的最干净，几乎是专为这种事儿预备的白花蓝布大手绢，像裹起珍珠与玉钗那么慎重的包好，给梦莲送了去。（第 3 章）

老郑是王举人的佃户，对主人很忠诚，而对梦莲就像对自己女儿一样疼爱有加。而梦莲对老郑的信任也超过了自己的父亲，只要有什么烦恼就找老郑商量。因为父亲和汉奸勾结，她对老郑就越发信任了。作者把老郑纯朴的爱和忠诚寄托在“嫩黄瓜”“玉米”这些农民身边的农作物上加以表现。老舍在作品中对自然景物运用自如，非常巧妙，可以说是他独特的手法。老郑叫梦莲为“莲姑娘”，而不叫“小姐”。梦莲也不叫“老郑”，而是叫“松叔叔”或者“松树叔叔”。这也是因为他的家在城外，在松树围绕之中，同时也显示了她对老郑较高的亲密程度。

这种将人的感情、心理、行动寄托在自然现象和植物上，象征性地加以表现的方法还可见于《月牙儿》（第 21 章）和《骆驼祥子》（第 6 章）里，前者出现在少女和前校长的亲戚的青年有了关系后的场景里，后者则出现在祥子受到虎妞诱惑后的场景里。老舍是非常善长通自然景物来象征性地表现人的心理和行动的作家。

二狗戴着梦莲给他的戒指，来向她求爱。他的永远像肉蛆那样扭动的身体，现在像中了电似的那么活动；胳臂、腿、脊背、屁股，都在动，好像四肢百体都要分家似的。他的嘴张着，眼睛只剩下一条缝，满脸都是笑纹，像一条野猫在发笑。（第 14 章）

读到刘二狗这样的身体动作，真不知读者会如何想象。作者不分善人恶人，对人物都进行了细致的描述。二狗是文城有钱人家的儿子，但没有教养，是个想通过巴结王举人获得社会尊重的人物。文城沦陷后，他和日军勾结在了一起。作者也许想通过有趣而讽刺性的比喻来表现这个人物的性格和个性。这种描写就像看漫画一样，让人感到夸张而滑稽。

第 1 章的开始，首先叙述了文城城外的风景和地势，其中有这样的一段。

大山在西边。我们不要说出它的名字吧，因为它仿佛已经不是山，而是一个伟大的会放射与接受炮火的，会发出巨响与火光的，会坚决抵抗暴力的武士。（第 1 章）

以介绍风景和地势开篇的小说，在老舍作品中并不多见。在《微神》里，一开始也是风景描写，以暗示悲剧恋爱的结束。这样的作品也有，但真的不多。在《火葬》的第 1 章，占领文城的日军和想要夺回小镇而驻扎在城外西边大山脚下的国军的对立，城外这种险恶的氛围是通过风景描写进行了暗示的。梦莲的未婚夫丁一山来到老郑家，送走连白开水都不喝而远去的丁一山，老郑感到隐隐约约听到了枪声。是谁为什么开了枪，读者到了第 19 章才总算明白。一开始就像推理小说，在这一点上，也可以说是作者新的尝试。被枪杀的是丁一山，为了侦察而在潜入城内途中被暗算了。而梦莲知道丁一山的死则在第 20 章。关于一山之死，情节错综复杂，试举一例。田麻子在刘二狗的命令之下杀害一山，其理由是二狗在检查通信物时发现了一山写给梦莲的信而心生嫉妒。另一方面，田麻子在石队长的威胁下说出了日军武器库的地点，并且策划告发了王举人，以便撤掉王举人治安维持会长的职务，由二狗取而代之，又让麻子当其秘书而从中赚钱。其结果，王举人被日军逮捕。二狗更加急迫地向梦莲求婚，但因金钱发生争吵，田麻子杀死了二狗，而田麻子又被石队长他们杀死。石队长劝梦莲逃出文城。就这样，小说中人物各自的算计、欲望二层三层地交织在一起，连锁般展开。对这部小说的故事情节的结构，作者恐怕费了不少心思。情节开展节奏之快，让人感受到和别的作品不同的风格，印象深刻。

三

1943 年 6 月，老舍来到北碚，决定长期居住在这里写一部长篇小说。当时的老舍，无论是身体还是心境都可以说是欠佳。就像受苦刑一般，他强迫自己努力写完了它。序中他这样写道：

我吸烟，喝茶，楞着，擦眼镜，在屋里乱转，着急，出汗，而找不到所需要的字句！

并且，还出了因盲肠炎手术而住院的意外事故。但即使是在这样的状态下，老舍还是愿意撰写战争题材的作品。他认为，有爱国心，关心战争，叙说战争是件重要的事情。序中他这样写道：

今天的世界已极显明的分为两半，一半是侵略的，一半是抵抗的，一半是民主的。侵略的那一半，他们也有强词夺理的一片道理好讲。因此，在抵抗暴力与建设民主政治的这一半，不但是须用全力赴战，打倒侵略，他们也必须阐扬他们的作战目的，而压倒侵略者的愚弄与谎言。我们的笔也须作战，不是为提倡战争，颂扬战争，而是为从战争中掘真理，以消灭战争。

"通过叙说战争，思考战争，从而消灭战争"的这种思想，和当今我们的想法有着共同之处，70 年前老舍就已经这样陈述了，借此向他表示敬意。

曾经天真无知的梦莲，经历了未婚夫的死，和父亲的对立，和向她逼婚的刘二狗的关系，石队长和国军的活动，老郑儿子和媳妇的死——被日军所杀害。经历了这许多之后，活在战争之下，她憎恨敌人，萌发了抗战意识和爱国心。换句话说，这部作品，还可以作为普通富裕人家的小姐通过战争而成长起来的故事来解读。梦莲的成长模式，也许是老舍当时所期待的普通人的成长模式。

假若没有战争、流血、屠杀、灭亡、饥饿、毒刑，梦莲大概只是梦莲（中略）。可是，她遇到了战争、流血，与它们带来的一切不幸与恐怖。她不能再只是她自己。（第 15 章）

通过遭遇战争带来的各种事件，梦莲的心态发生了变化。想要阻止战争这一"风暴"，但无论怎么思考，她都无能为力。陷在这样的苦恼之中，她遭遇了一件又一件的事情。当她知道了一山的死后，她曾经因悲伤而无法自拔，但当石队长告诉她为了一山需要她帮忙时，她心头直跳。

她的心跳得很快，可是也很有力，很痛快，就像看着耍真刀真枪的武戏时，刀或枪刺过去，而并未真的刺着的那样。她觉得她也有了事作，她自己会跳上台去，耍一套刀枪。她已不是梦莲，一个没办法的，可怜的梦莲，而是一个必须作些什么的角色。抗战的热气充满了她的全身。（第 22 章）

她觉得自己需要做些什么，而刘二狗又执拗地向她逼婚，梦莲受尽了磨难。父亲被日军逮捕，她逃离文城，在去城外老郑家的路上，她看见老郑的儿子和媳妇被日军杀死在田地里。她托老郑进城办事后，守在两个人的尸体旁边。

战争把她的天真的心里的秩序打碎，除非她能重新建设自己，她就不能再抓到生命的意义。（中略）弹去泪珠，挺起胸，才能得到新的生命。她体会到这一点。也盼望松叔叔能这样。（第 28 章）

小说人物中，活下来的只有王梦莲和老郑两个人。老舍序中这样写道："在战争中敷衍与怯懦怎么恰好是自取灭亡。"

可以想象，哪怕被人指责说是失败之作，老舍还是想以战争题材写一部小说。

什么比战争更大呢？它使肥美的田亩变成荒地，使黄河改了道，使肉体与钢铁相抗。
最要紧的，它使理想与妄想成为死敌。我们不从这里学习、认识，我们算干吗的呢？
写失败了一本书事小，让世界上最大的事轻轻溜过去才是大事。

在这里，我们可以感受到老舍对撰写这部小说的热情。

（作者单位：日本大东文化大学）

在生成与转向间

——1936—1966年《骆驼祥子》的接受研究

◎陈思广

在20世纪30至60年代中国现代经典长篇小说的接受史上，《骆驼祥子》的接受最具典型意义。它既没有像《子夜》那样被神话定向，也没有像《围城》那样浮沉跌宕，而是始终处于平实稳定的接受常态中，无论是在文学审美观念开放的时代还是一元化的时代，《骆驼祥子》都保持着较高的关注度，并未受到根本性的冲击与影响。因此，《骆驼祥子》接受的命运实际上较为完整客观地反映出中国现代经典长篇小说在20世纪30至60年代接受的历史命运，《骆驼祥子》在接受过程中接受视阈的生成与打开，转向与过滤，透视出20世纪30至60年代中国现代经典长篇小说接受观念的历史嬗变。所以，从审美的视阈考察1936——1966年间中国现代经典长篇小说接受的历史命运，《骆驼祥子》就具有了“标本”的意义。

一、1936——1948：接受视阈的生成与展示

1936年8月1日，第22期《宇宙风・编辑后记》里刊登了如下一小段文字：“老舍先生一口气给本刊写了八篇《老牛破车》后休息了一阵，现在暑假已到，就把全部工夫放在给本刊写作上面。除了随笔之外，更有一个长篇在创作中，名曰《骆驼祥子》，决定在本刊二十五期刊起。老舍先生是中国特出的长篇小说家，《骆驼祥子》就是这长长时间中构思成功的作品，写作时又在长闲的暑假期，写作地正在避暑地的青岛，其成功必定空前。本刊得此杰作，喜不自胜，就急急忙忙地报告读者。”这是《骆驼祥子》传播接受史上最初的文字。虽然编辑看到的仅仅是这部新作的开头，但凭着对老舍创作的高度信任，他还是喜不自胜地大胆对它做出了预断。诚然，书业的预告多带有商业气息，夸大性的宣传比比皆是，但这段预告却成功地将预言变成了断言，将“杰作”变成了公论。随后，在《骆驼祥子》出版之际，《宇宙风》(乙刊)于1939年第3期再次刊登广告并以老舍的自得作为自信的筹码：“《骆驼祥子》是近年来中国长篇小说中的名篇，是名小说家老舍先生的巨著，作者自云这部小说是重头戏，好比谭叫天之唱定军山，是给行家看的。”自此，《骆驼祥子》是老舍的“重头戏”之说广为播扬。1939年3月，《骆驼祥子》由上海人间书屋出版发行，虽然时逢抗战，但

小说依然获得了读者的热烈欢迎，至1949年2月共印行16版。[①] 与此同时，《骆驼祥子》的接受也随之展开。据笔者统计，自1936年10月25日圣陶在《新少年》第2卷第8期发表第一篇接受文章《老舍的〈北平的洋车夫〉》，至1948年11月24日秦牧在《华商报》上发表《哀〈骆驼祥子〉》，1936——1948年间共有14篇文章及两部论著对老舍的这部"重头戏"（不含预告、广告及消息）进行了评介，也在以下几个方面生成并打开了《骆驼祥子》的审美视阈。

(1)出色的语言艺术。老舍的语言艺术为人所共识，《骆驼祥子》刚刊出第一节，叶圣陶就撰文指出，老舍的语言首先不仅是口头语言，而且是精粹的口头语言，其次又从幽默的趣味显示出来。[②] 因是仅看了开头就匆忙写的观感，对于幽默的认识当然是建立在对以往老舍创作的理解上，难免出现偏差，但首肯老舍精粹的语言艺术还是显出叶圣陶敏锐、精当的艺术判断力。更进一步予以概括的是司徒珂，他认为老舍"把说话和行文打成一片，口劲与笔锋相互的联系，一扣紧似一扣，所以简洁，俏丽，明快，机智，真而且美。他是用纯粹的本国语言写小说的中国第一个作者，在他以前没有如此成功的人，在他之后我还没有发现第二者。"[③]梁实秋同样深有所感："老舍先生的小说第一个令人不能忘的是他那一口纯而干脆的北平话。他的词汇丰富，句法干净利落，意味俏皮深刻。"[④]可以说，出色的语言艺术是《骆驼祥子》接受史中最先为接受者所认同并生成的既定视野，即便是对《骆驼祥子》持批评意见的接受者，[⑤]也对此表示认同，而老舍因《骆驼祥子》所展现出的语言才华也被公认为老舍语言艺术的杰出范本，至今毫无争议。

(2)成功的人物形象。这是《骆驼祥子》接受中随后生成却稍有分化的期待视野。小说刚一出版，毕树棠就认为，作者写骆驼祥子朴实、倔强、死板，"含着辣又嚼着甜，软不是，硬不成的劲儿，实很出色。"[⑥]祁龄也认为老舍清晰地揭示出祥子堕落的性格轨迹并指出："骆驼祥子的一身，不但是每个北平人力车夫的一身，简直是所有北平的苦力、手工匠人的一身"。[⑦] 司徒珂则以祥子"代表着一群干苦活的弟兄们的一个典型"相称。[⑧] 更具慧眼的是梁实秋，他将祥子的得失视为全书的得失，认定《骆驼祥子》的意义就在于祥子形象的成功塑造。[⑨] 当然，并不是接受者的视野都相互交融。吉力就觉得刘四爷形象最成功，虎虎有生气，[⑩]许杰则说："写得最成功的，还该算到虎妞。"[⑪]而王任叔却认为老舍是用现象学的方法处理他的人物的，祥子是"在他这一种方法上概括成为一个世俗的类型，不是典型"。[⑫]

---

①陈思广：《〈骆驼祥子〉的版次及其意涵》，《出版史料》2011年2期。

②圣陶：《老舍的〈北平的洋车夫〉》，《新少年》1936年第8期。

③司徒珂：《评〈骆驼祥子〉》，《中国文艺》1940年第6期。

④梁实秋：《读〈骆驼祥子〉》，《中央周刊》(重庆)1942年第32期。

⑤许杰：《论〈骆驼祥子〉》，《文艺新辑》第1辑，文艺新辑社1948年版，第35—44页；秦牧：《哀〈骆驼祥子〉》，《华商报》1948年11月24日。

⑥毕树棠：《骆驼祥子》，《宇宙风・乙刊》1939年第5期。

⑦祁龄：《杂谈〈残雾〉并及〈骆驼祥子〉》，重庆《时事新报》1939年12月5日。

⑧司徒珂：《评〈骆驼祥子〉》，《中国文艺》1940年第6期。

⑨梁实秋：《读〈骆驼祥子〉》，《中央周刊》(重庆)1942年第32期。

⑩吉力：《读〈骆驼祥子〉》，《鲁迅风》1939年第14期。

⑪许杰：《论〈骆驼祥子〉》，《文艺新辑》第1辑，文艺新辑社1948年版。

⑫王任叔：《文学读本》，珠林书店1940年5月版，第192页。

不过，王任叔的视野随之沉入历史。

(3)文本的艺术价值。作为一位杰出的平民艺术家，老舍对于北平的一切——北平之人、北平之象与北平之味烂熟于心，信手写来，惟妙惟肖。这一创作个性在《老张的哲学》中就为人称道，[①]至《骆驼祥子》更达到顶峰。毕树棠对此赞叹不已，他认为《骆驼祥子》的艺术价值首先就体现在老舍“写出了北平的真美，言语，风俗，习惯，气象，景物，所有色色形形的调子，无论美丑好坏，都是道地北平的，用北平的滋味一嚼模，就都是美的”。[②] 而华思更将老舍对北平图景栩栩如生的艺术再现作为全书的中心形象。他说：“这是北平，中国大众的北平，北平的污浊与活力，北平的美好与丑恶，北平的颜色与味道，这是本书的中心形象，这幅图是忘不掉的。”[③]显示出论者敏锐的艺术感受力。

(4)人性的切入点。《骆驼祥子》是老舍将偶然听来的两个车夫的故事糅合、扩写而成的。为集中精力写好这部小说，老舍辞去大学教职，一改以往幽默夸张的创作个性，以平易写实的手法叙述祥子的人生悲剧并以之为支点带动全局，取得了巨大的成功。老舍为什么能够成功并使《骆驼祥子》成为现代文学史上的重要收获？梁实秋说：“他在另一方向上找到发展的可能了。”“哪一个方向呢？就是人性的描写。《骆驼祥子》有一个故事，故事并不复杂，是以一个人为骨干，故事的结构便是随着这一个人的遭遇而展开的。小说不可以没有故事，但亦绝不可以只是讲故事。最上乘的艺术手法是凭藉着一段故事来发挥作者对于人性的描写。《骆驼祥子》给了我们一个好的榜样。”[④]的确，转向写人，即专注于从人性的视角深入发掘祥子的性格特征及其悲剧意蕴，是老舍准确找到艺术的切入点进而排除幽默，明确目的，从容淡定地创作《骆驼祥子》并取得成功的关键缘由，也是理解老舍从三起三落的车夫故事中获得启悟并融创康拉德创作精髓的一把钥匙。不过，这一视野虽早已发现，[⑤]却并没有引起足够的注意，而学者呼应并新拓梁实秋的这一视野则是在半个世纪以后了。[⑥]

(5)域外接受心理与文本意义潜势。1945 年 7 月，《骆驼祥子》英译本在美国出版，美国新闻处前总编辑华思读后立即发表文章，高度认同这部表现“一个想到北平谋生的青年农民的偶有的快乐与数不清的烦恼的直朴的故事”，将它视作了解中国普通人民的人道主义及其不可毁灭性的一本“最适当的著作”，认为它能在美国传播，是“中美了解事业中的一件大事”。他说：“这本书不但把普通中国人民表现得真实而且平易可解，并且把中国人民写得温暖，不单调，谦和而又勇敢，全世界都可以从本书理解到，为什么那些深知中国人民的外国人，这样的珍爱他们。”他认为，作者在本书的朴素风格中，不朽地雕刻出一个好人的形象，一个伟大的民族和一个伟大城市的心灵，具体而微描绘出一个阶级的悲剧，一个长期忍受痛苦的勇敢的心灵，一个动荡变乱的国家的狼狈之况，使读过这本书的读者对于中国普通人民再不会感到陌生，“这不是过奖，是对本书应有的评价。”他对老舍的人物

---

①知白：《〈老张的哲学〉与〈赵子曰〉》，天津《大公报》1929 年 2 月 11 日。

②毕树棠：《骆驼祥子》，《宇宙风·乙刊》1939 年第 5 期。

③[美]华思：《评〈骆驼祥子〉英译本》，《扫荡报》1945 年 8 月 27 日。

④梁实秋：《读〈骆驼祥子〉》，《中央周刊》(重庆)1942 年第 32 期。

⑤陈子善：《梁实秋与老舍的文字之交》，《明报月刊》1989 年 278 期。

⑥王润华：《〈骆驼祥子〉中〈黑暗的心〉的结构》，《中国现代文学研究丛刊》1995 年 3 期；温儒敏：《论老舍创作的文学史地位》，《中国文化研究》1998 年春之卷。

选取以及由之传达出的意蕴十分赞赏。他还说:“对于美国读者,选择一个洋车夫作为全书中心人物,是值得赞美的一个想头。从美国人的关于人类尊严的混乱的概念说来,我们很自然地以为,一个人把自己卖做拖别人的牲畜,是堕落到极点了。然而事实上这正是普通中国人民最重要的独立精神,他虽然献身于这样一种低贱的工作,他却非常有把握,决不会因此失去了人类的尊严。把自己卖身做这种工作,绝没有使他感觉到他比他拉的客人有所不如。骆驼祥子是一个极为动人的人物,遭受到人类与社会残酷的痛苦,他受苛待,受折磨,受打击,但他从没有失掉骄傲之感,对于他的工作的尊严与价值,从未失掉信心。作者清晰地传达出中国古老文明的这一目不识丁遭受蹂躏的子孙的个人价值与民主的个人主义,作者也就一方面浮雕出这种好人本性中固有的将来的希望,一方面也描绘出那使他陷害于如此狼狈的中国的绝望的情况。”①这同样是极具重构意义的接受视野。然而,华思这一客观公正而非心存偏见的接受视阈长期以来被遮蔽,也失收于老舍研究的各类史料中,殊不知华思对于《骆驼祥子》故事内核的理解,对于文本意义潜势的解读,对于祥子形象的内涵,以及国外接受者对于文本的接受心理的展示等,已开启了我们认同与重构、修正与跨越的新视阈,例如,将《骆驼祥子》视为一部捍卫人类尊严与价值的小说的视点就充满张力,但学界至今仍无人呼应,偶有的承续与扩展亦未实现真正的跨越,令人遗憾。

此外,也有接受者将《骆驼祥子》的成功归于结构与线索紧严以及写出了祥子的悲剧性等,②但也仅是点到为止。

1936——1948年是中国历史沧桑巨变的时代,也是审美观念开放交融的时代,《骆驼祥子》的出版虽然相对而言有些生不逢时,但仍有众多的接受者对这部不以强烈的时代气息见长而以深刻的人性刻画取胜的文本投去了审美的目光,接受者各具视野,见仁见智,尤其在语言艺术、人物形象、艺术价值、艺术切入点、域外接受心理与文本意义潜势等介入点上生成了有待实现的期待视野,为《骆驼祥子》的接受深化开启了通道。其中,出色的语言艺术为接受者所公认,成为《骆驼祥子》接受的既定视野,之后的补充只是丰富与完善,并无歧义与改变。成功的人物形象虽略有分歧,但总体而言,将祥子视为小说的中心人物,一个非常成功的人物形象,则是接受者的共识。颇具发散潜势的是文本的艺术价值,接受者高度认同老舍对北平之象与北平之味入木三分的刻画,虽然只是稍稍触及并未充分打开,却为之后老舍创作风格及文学史地位的定向打开了通道,成为理解老舍之所以为老舍的标志性视阈。此外,《骆驼祥子》的人性书写及其意义也终于在50年后得以承续并形成新的接受视阈。但是关于域外接受心理以及文本意义潜势的接受等因接受视阈的遮蔽而中断,至今未能形成有效的接受链,令人期待。

二、1949——1966:接受视阈的转向与过滤

1950年8月20日,老舍在《人民日报》发表《老舍选集·自序》。在自序里,老舍检讨

①[美]华思:《评〈骆驼祥子〉英译本》,《扫荡报》1945年8月27日。

②许杰:《论〈骆驼祥子〉》,《文艺新辑》第1辑,文艺新辑社1948年版;李兆麟:《与刘民生先生论〈骆驼祥子〉》,《上海文化》1946年第8期。

了自己创作《骆驼祥子》时处理人物命运的不当以及主题的低沉，并表达了“继续学习创作，按照毛主席所指示的那么去创作”的愿望。随之，一向不愿修改自己已公开发表的创作的老舍，违背自己的意愿，对将要收入《老舍选集》中的《骆驼祥子》做了重大修改，不仅删除了许多“不必要的”情节，而且删去了倒数第二章的一半与最后一整章，为新时代的读者提供了一个尽可能符合规训语境的《骆驼祥子》。[①]《老舍选集》于1951年8月由开明书店公开发行，《骆驼祥子》的改定本也成为50——70年代的通行本。但是，老舍试图以遮蔽祥子的堕落结局与凄惨命运的方式改变原有的立意与结构的姿态，并没有在接受者那里得到认可。王瑶就以旧版本为例肯定了《骆驼祥子》在老舍创作中的突出地位后，又指出结尾虽倾向于集体主义的进展但思想性较弱的不足。[②] 随后，丁易、刘绶松、蒋孔阳等人也在其新文学史及相关论著中维护了这一视野。诚然，王瑶的视野形成于小说修改版未刊行之际，但丁易、刘绶松、蒋孔阳的视野则建立在小说修改版发行之后。问题不在于老舍是否对文本进行了修改，而在于接受者如何在文本中生发出新的理想主义色彩，批评作者旧的个人主义思想，借此彰显文本“应有的”审美效应。《骆驼祥子》的原版恰恰是介入者生成与过滤这一指向的模板。这是接受者在《讲话》理念的引导下探索成功的新路向，也是新的历史语境下接受者普遍遵循的新范式，它的形成与确立标志着《骆驼祥子》的接受视阈彻底转向。

转向一，对文本的理想主义色彩与审美效应的强调。早在1948年10月，许杰就对《骆驼祥子》的人物处理进行了批评，认为“在这部作品中，非但看不见个人主义的祥子的出路，也看不见中国社会的一线光明和出路”[③]。新中国成立后，希求文本的理想主义色彩就成为时代的群体期待，无论是丁易的叹惜：“前途看不出一点光明”，“没有给受压迫者以光明的希望”，[④]还是刘绶松的苛求：“使祥子这样的人物得到这样一个结局，是不真实的，是不应该的，故事的结尾太低沉了，太阴惨了！”[⑤]或是蒋孔阳的责难：“《骆驼祥子》的整个气氛，尤其是结尾，就显得太阴沉了，闪现不出任何一点新时代的阳光”，[⑥]都传达出这样的信息：在塑造劳动人民的艺术作品中，应当表现出旧社会对他们的欺压与不平，表现出他们作为被压迫者不屈的灵魂与高尚的情操，表现出他们对革命的追求与赤诚的向往，表现出他们对未来社会的期盼与果敢的追求，当他们为未来感到迷惘的时候应当为他们指明前行的方向或至少暗示出光明的前景。而“未显示出劳动人民斗争的目标和胜利的远景”则被视为文本的不足，[⑦]或不真实的反映。[⑧] 虽然有接受者对此并不认同，如思齐就认为，不能据此得出作品的结局是不真实的结论，“《骆驼祥子》是一部真实地反映了旧中国社会城

①之后老舍还对《骆驼祥子》做了重要修改，详见金宏宇：《中国现代长篇小说名著版本校评》，人民文学出版社2004年版，第130—167页。

②王瑶：《中国新文学史稿》(上)，开明书店1951年版，第232—233页。

③许杰：《论〈骆驼祥子〉》，《文艺新辑》第1辑，文艺新辑社1948年版。

④丁易：《中国现代文学史略》，作家出版社1955年版，第272页。

⑤刘绶松：《中国新文学史初稿》(上)，作家出版社1956年版，第374页。

⑥蒋孔阳：《谈〈骆驼祥子〉》，《语文教学》1957年3期。

⑦方白：《读〈骆驼祥子〉》，《文艺学习》1956年6期。

⑧刘绶松：《中国新文学史初稿》(上)，作家出版社1956年版，第374页。

市劳动人民的悲惨生活的，具有不可磨灭的社会价值的文学作品。"[①]但占据主控地位的依然是对文本的理想主义色彩及审美效应刻意强调的时代视野，它同时也衍化为衡量一部作品真实与否以及是否具备新质素的重要指标，成为这一时代具有主流地位的接受视野，直到1980年代后才渐行渐远。也正如此，这一时期一度引发的关于祥子形象真实性的争论最终化为历史的印痕。

转向二，对文本的思想内容与艺术倾向的定向。与文本的理想主义相关联，对文本思想内容与艺术倾向的介入也自然定向在对黑暗社会的揭露与批判、对集体主义观念的认同和对个人主义（资本主义）思想的批判即证明个人奋斗的徒劳无益上，文本的价值亦定向于此。蒋孔阳说："《骆驼祥子》可说是一部对于人吃人的旧社会的控诉书！也就是在这个意义上，《骆驼祥子》具有一定的进步意义和思想价值。"[②]公兰谷也予以认同："作者意在告诉人们这样一个令人痛恨的事实：在旧社会，劳动人民个人的努力往往是徒然的，劳动人民勤奋、要强，想做个好人，但到头终不免成为社会的牺牲，而趋向于堕落。这是作者写这部小说的意图所在，也是这部小说的主题思想。"[③]这与蔡师圣的视野："小说相当深刻地反映了二十年代旧中国社会的阴森可怕，封建军阀统治的黑暗和罪恶，作者以同情的态度生动地描写人力车夫工人的悲惨生活，严正地指出祥子逐渐失去生活理想而走向堕落'不是他自己的过错'，根本原因是旧社会的残酷和不合理"，以及"《骆驼祥子》主题思想的深度还在于：作者揭示并批判了祥子个人盲目奋斗道路的错误"，[④]视界交融。这种强调文艺的政治功利性，以扬抑分明、对立统一的接受理念衡定文本艺术价值的群体视野，成为这一时期的"时代视野"，它不仅左右了这个时代的接受指向，也对《骆驼祥子》的传播与接受产生了重要的影响。最典型的个案便是梅阡推翻老舍《骆驼祥子》原有的意旨与艺术图式，按"时代的要求"改编成话剧《骆驼祥子》，并阐述了之所以如此的理由与现实的基础。[⑤]岂料，这一传播尝试虽一时引起较大的反响，但终至成为时代的悲剧与历史的遗憾。

这一时期也有接受者对阮明、曹先生、虎妞等人物形象的不足提出了不同的认识，[⑥]但在今天看来已无须赘言。

1949——1966年的《骆驼祥子》接受是在新的历史条件下转向并过滤的，一元化的审美观念使接受者在新的时代语境下将文本的审美观照转向社会学的、政治学的美学观照，"政治标准第一，艺术标准第二"的接受导向，使接受者注重彰显文本的社会效应，注重滤去潜在的不应有的文学杂质，寻求符合新时代标准的文学元素。因此，强调并定向《骆驼祥子》的理想主义色彩与思想倾向就成为介入者一致的接受视阈，视点交融，视界重合也就不足为奇了。新标准的确立及其所强调的强烈的意识形态性将文本的审美感知限定在狭隘的政治视野中，无形中隔断了原有的开放的接受视野，特别是对于《骆驼祥子》这样一部不表现主流意识形态的非主流文本，强力嗅寻其中的政治意味恰恰不是《骆驼祥子》所

①思齐：《〈骆驼祥子〉简论》，《语言文学》1959年5期。

②蒋孔阳：《谈〈骆驼祥子〉》，《语文教学》1957年3期。

③公兰谷：《老舍的〈骆驼祥子〉》，《现代作品论集》，中国青年出版社1957年版，第57页。

④蔡师圣：《略论老舍的早期小说》，《厦门大学学报（哲学社会科学版）》1963年2期。

⑤梅阡：《谈〈骆驼祥子〉的改编》，《戏剧论丛》第4辑，中国戏剧出版社1957年版，第139—155页。

⑥公兰谷：《老舍的〈骆驼祥子〉》，《现代作品论集》，中国青年出版社1957年版，第68—71页。

透含的接受阈值，这就使得这一时期《骆驼祥子》的接受较之前一时期而言，非但没有拓宽接受的视阈，深化原有的视野，生成有效的接受环链，反而更加逼仄，更加偏离，直至中断。当然，在新的历史时代面前，求证历史来路的合法性，寻求文本意识形态的从属性，也属常规，甚至无可厚非。但集体臣服，以立场替代方法，以现实代替历史，一味地苛求作家，削足适履，以“理想的”要求“现实的”，以“未来的”要求“历史的”，使介入者的个体视野衍化为大同小异的群体视野，特别是一些看似已形成了接受环链，并短暂地转化为“既定视野”，却随着新的历史时期的到来而自然断裂并沉入历史深处，文本接受环链的生成与接受视阈的新拓，不得不重新从起点出发。历史的教训意味而深长。

20 世纪 30 至 60 年代，被视为中国现代有影响的杰出的长篇小说只有茅盾的《子夜》、巴金的《家》、老舍的《骆驼祥子》、丁玲的《太阳照在桑干河上》、周立波的《暴风骤雨》等少数几部，经过 1950 年代新文学史的筛选与官方的确认后被经典化，其中《子夜》更被神圣化。而人物灰暗，主题低沉，缺乏“时代性”的《骆驼祥子》虽“灰头土脑”(当然，《家》的境遇也不好)，但毕竟是较为“中性”的一部。《子夜》《太阳照在桑干河上》和《暴风骤雨》的经典化，缘于主题的“时代性”与艺术书写的政治功利性，它们的“升”缘自它们在政治与艺术之间寻找到了“契合”的基点，缘自它们对主流中心话语的积极应和，在“政治标准第一，艺术标准第二”的文艺观念下，它们赢得非常的声誉也在预料之中。然而，当文学一旦回归到文学的场阈中来——回归到人学的意义上来，回归到审美的品格上来，政治的功利性的水分就会被无情地挤干，它们的审美阈值也就不再被无限放大，它们的审美意味也随之急剧蜕变，从中心置换到边缘，从天空滑落至地面也就在所难免了。只不过《骆驼祥子》的接受有些“错位”：在审美观念开放的时代逢遇战争语境，在审美一元化的时代逢遇政治语境。开放的审美观念将文本视为作家艺术能力的具体体现，一元化的审美观念将文本视为作家世界观、创作观的艺术呈现，前者关注“写得怎样”，后者关注“为谁而写”，二者的错位自然导致受视阈的转换，导致接受视野的隔断，导致接期待视野的彻底转型。处在夹缝中“错位”的《骆驼祥子》自然只能始终处于边缘中的经典这一尴尬的历史语境中。

不过，《骆驼祥子》的接受又是幸运的，在开放的时代接受者们给出了新拓的基点，虽然多是印象式、扫描式的把握，但仍为后来者进一步开启文本的审美意蕴打开了通道；《骆驼祥子》的接受也是不幸的，“错位”的接受观使两个时代的接受视野无法对接，扩展，深化，而那些看似理性、导向性的接受视阈在历史翻开新的一页时，最终淡出历史。当然，这不仅是《骆驼祥子》的接受命运，也是那个时代“《骆驼祥子》们”的接受命运。

(作者单位：四川大学文学与新闻学院)

关于《骆驼祥子》结尾部分的改写与改编

——以话剧《骆驼祥子》为中心

◎[日本]大山洁

老舍的小说《骆驼祥子》自1936年问世以来，出现了许多改写本和改编本，其中话剧《骆驼祥子》是改编本中的代表作之一。跟原著相比，无论是改写本还是改编本，结尾部分都出现很大变更。对老舍本人的改写前人已有很多研究，但是对话剧《骆驼祥子》还未见系统专门考察。话剧《骆驼祥子》是怎样改编又是怎样随历史而变化的呢？为什么会有这样的改变呢？本文试对此做一初步探讨。

为了对话剧剧本的改编有准确深入的把握，我们首先概述一下原著的版本和修改情况，以及1957年话剧出现之前的英译本、漫画本的改写情况。

一、原著版本以及老舍的改写

1949年12月老舍从美国回到中国以后，1951年7月，同年8月，1955年1月，三度改写《骆驼祥子》。关于《骆驼祥子》的版本，笔者所见有以下几种。

（一）老舍原著版本

手稿本

①《骆驼祥子》手稿本（影印本，人民文学出版社，2009年4月1版）

初版本

②《宇宙风》杂志本（半月刊，第25期[1936年9月]至第48期[1937年10月]）

③人间书屋本（1939年3月初版，1949年2月为止16次再版，笔者所见为1940年8月第4版）

④文化生活出版社本（1941年11月，重庆初版。1948年10月，上海第7版。笔者所见为第7版。版式及页数与③一致，区别是专有名词右侧有旁线）

⑤晨光出版公司本（校正本，附新序，1950年5月初版。附老舍1950年4月〈序〉。版式及页数与④同。1951年2月第2版为止，与初版同。笔者所见为第2版。）

改写本

第1次改写本(也称“斩尾本”)

⑥晨光出版公司的改写本(1951年7月初版。此改写本的第3版以后[①],附⑤中的老舍〈序〉。印刷部数3000部。笔者所见为1952年1月第4版)

第2次改写本(也称“节录本”)

⑦开明书店《老舍选集》本(1951年8月初版。附老舍1950年6月〈自序〉。印刷部数5000部。笔者所见为1951年12月第2版)

第3次改写本(也称“修订本”)

⑧人民文学出版社本(1955年1月,第1版。附老舍1954年9月〈后记〉。印刷部数37000部。于1962年及1978年再版。笔者所见为第1版。这个改写本是定本,印刷部数多,再版次数多,影响最大)

复原本(以恢复初刊本为目标,但未能达到完全复原[②])

⑨1982年版《老舍文集》本(第3卷,人民文学出版社,1982年5月)

⑩1993年版《老舍小说全集》本(第4卷,舒济・舒乙编,长江文艺出版社,1993年11月)

⑪1999年版《老舍全集》本(第3卷,人民文学出版社,1999年1月)

⑫2004年版《老舍小说全集》本(第4卷,舒济・舒乙编,长江文艺出版社,2004年8月)

(二)三次改写的情况

第1次改写,集中于最后的第24章(共25个段落),删除了第1—17段,其内容包括:初夏的北平风景市容;市民观看游街和处决革命者阮明;祥子回想阮明用思想换金钱,自己为金钱出卖阮明的前后,因恐惧而溜进白房子。

第2次改写本,不分章,字数由初版本的15万3千减少到7万余字,删除145处,结尾第23章,原有36段落,删除第1—8,13,22—36段,第24章全部删除。删除的内容包括:有关阮明、老马、小马的情节,祥子的出卖和堕落行为,北平的风景风情描写[③]。

第3次改写本,增加72个注释,修改删除90处,删除的内容包括:有关阮明部分;祥子的出卖和堕落;有关性的描写[④]。结尾第23章(共36段)删除了第22—36段以及第24章全部。于是,祥子的吃喝嫖赌;骗钱骗到曹先生家;讨厌拉车,混在公民团请愿团的行列中打旗子(以上是第23章内容);初夏的北平风景;民众观看阮明的游街和处决;阮明出卖思想;祥子出卖阮明;祥子混在丧葬或结婚仪仗队里举着旗子或花圈;老舍的哀叹“不知道何时何地会埋起他自己来,埋起这堕落的、自私的、不幸的、社会病胎里的产儿,个人主义的末路鬼!”(以上是第24章的内容),全部被删除。

---

①关于晨光出版公司改编本第3版的情况,参考立间祥介译《骆驼祥子》(岩波文库1980年12月16日第1版、1994年5月16日第15版、第405页)。

②金宏宇:《中国现代长篇小说名著版本校评》,人民文学出版社2004年版,第150页;日本学者小生常谈《〈老舍全集〉所收〈骆驼祥子〉校读》,《老舍研究会会报》19号(2005年8月5日)、24号(2010年9月4日)。http://laoshe.jp/wp-content/uploads/kaihou_24.pdf

③金宏宇:《中国现代长篇小说名著版本校评》,人民文学出版社2004年版,第132—145页。

④金宏宇:《中国现代长篇小说名著版本校评》,人民文学出版社2004年版,第146页。

（三）老舍为何要改写——从序跋随笔中寻求答案

1945年，老舍在《我怎样写〈骆驼祥子〉》一文中写道："这是一本最使我自己满意的作品。……使我自己最不满意的是收尾收得太慌了一点。因为连载的关系，我必须整整齐齐的写成二十四段；事实上，我应当多写两三段才能从容不迫的刹住。这，可是没法补救了，因为我对已发表过的作品是不愿再加修改的。"①

1950年4月，老舍在《骆驼祥子》〈序〉（初刊本⑤所收）中介绍了《骆驼祥子》初版再版的原委，《骆驼祥子》在美国的英译本和世界多国的译本，以及好莱坞电影公司准备把《骆驼祥子》拍成电影的情况，其中同样没有丝毫要修改的意思。

然而，两个月后，1950年6月写的〈自序〉（1950年8月20日《人民日报》登载，第2次改写本⑦所收）中情形急转。这篇序是针对《黑白李》《断魂枪》《上任》《月牙儿》《骆驼祥子》所写，4028字中有一半是自我辩护和自我检讨。检讨的内容归纳起来有三：第一，误解并嘲讽了革命家；第二，没能给受压迫的人指出一条出路；第三，不敢高呼革命。关于《骆驼祥子》老舍是这样叙述的：

"《骆驼祥子》因为是长篇，又比《上任》与《月牙儿》，无论在思想上与描写上，都更明确细致了些。可是，我到底还是不敢高呼革命，去碰一碰检查老爷们的虎威。我只在全部故事的末尾说出：'体面的、要强的、好梦想的、利己的、个人的、健壮的、伟大的祥子，不知陪着人家送了多少回殡；不知道何时何地会埋起他自己来，埋起这堕落的、自私的、不幸的、社会病胎里的产儿，个人主义的末路鬼！'（这几句在节录本中，随着被删去的一大段删去。）我管他叫"个人主义的末路鬼'，其实正是责备我自己不敢明言他为什么不造反。在《祥子》刚发表后，就有工人质问我：'祥子若是那样的死去，我们还有什么希望呢？'我无言对答。"②

以上对《骆驼祥子》的检讨内容归纳有二：一是不敢高呼革命；二是没有给祥子带来希望。从此次修改结果来看，原作的一半以上被删除，其中包括革命家阮明、老马和小马的部分，祥子出卖阮明和彻底堕落的描写，以及北京的风景风物等诸多内容，但是在高呼革命造反和带来希望方面，没有任何改善。这一情形在第3次改写本中依然如故。老舍改写的目的究竟在哪里呢？我们再来看一下老舍1954年的跋文。

这篇跋文（第3次改写本⑧所收）要点有三：首先是对删除部分的说明，其次是表明自己对劳动人民的同情和敬爱，同时检讨自己没有给他们找到出路，最后是谈再版的意义。关于删除的内容，老舍的说明是"删去些不大洁净的语言和枝冗的叙述"。这是老舍本人对删除内容所作的为数不多又很费解的说明。"不大洁净的语言"是对性描写的委婉说法。在中国从20世纪50年代至70年代，性爱描写作为资产阶级黄色的东西遭到批判和禁止，老舍的陈述证明了这一动向的开始。"枝冗的叙述"是指什么呢？前面已经介绍，除了性描写以外，老舍还删除了阮明及祥子堕落的部分。在前后三次的改写中，老舍始终都

①老舍：《我怎样写〈骆驼祥子〉》，《老舍文集》第15卷，人民文学出版社1990年版。

②引自改写本⑦老舍《自序》（1950年6月）。

对阮明以及祥子的堕落做了删除。阮明是革命者，同时又是为金钱出卖思想的投机分子；祥子是劳动者，却为金钱而出卖革命者，堕落成人类的渣滓。这样的内容为什么说是“枝冗的叙述”呢？这里有必要回顾一下当时中国的政治形势。

1957年6月26日第一届全国人民代表大会第四次会议上，周恩来在《政府工作报告》中对当时的政治形势做了如下概述：

“我们先后进行了土地改革①，抗美援朝②，肃清反革命③，三反④五反⑤和思想改造⑥的五大运动。土地改革彻底摧毁了封建基础。抗美援朝击退了美帝国主义对新中国的挑战，破除了我国一部分人的特别是许多知识分子的亲美，崇美，恐美的思想。肃清反革命运动相当彻底地打击了各种反革命分子，巩固了人民民主专政。三反五反，击退了资产阶级的猖狂进攻，创造了对私营工商业实行社会主义改造的有利条件。思想改造运动，批判了许多反动思想，初步解决了大多数知识分子为谁服务的问题。”

在这样的形势下，老舍对阮明和祥子的描写，很可能被上纲上线成为对革命者的歪曲和对劳苦大众的诬蔑，这比没敢呼喊革命、没能指出活路（这些是觉悟问题）要严重得多，是重大政治问题，倘若如此，不要说是作家生命、政治生命，恐怕连身家性命也是难保。老舍可能是意识到了这一问题的严重性，所以才把阮明以及祥子的堕落彻底删除，同时又把删除的理由模糊地解释为“枝冗的叙述”。

《骆驼祥子》能否不修改也不再版呢？《猫城记》是这样的。老舍在第2次改写本序中反省道：“最糟的，是我，因对当时政治的黑暗而失望，写了《猫城记》，在其中，我不仅讽刺了当时的军阀，政客与统治者，也讽刺了前进的人物，说他们只讲空话而不办真事。这是因为我未能参加革命，所以只觉得某些革命者未免偏激空洞，而不明白他们的热诚与理想。我很后悔，我曾写过那样的讽刺，并决定不再重印那本书。”（事实上，《猫城记》在中国国内的再版是在1980年《老舍文集》之后）。《猫城记》是描写火星上的猫王国的幻想讽刺小说，不再版也无大碍。但是《骆驼祥子》不行，新中国需要这部以穷苦大众为主人公的名作。为什么呢？老舍在第3次改写本的跋文结尾处这样写道：“在今天而重印此书，恐怕只有这么一点意义：不忘旧社会的阴森可怕，才更能感到今日的幸福光明的可贵。大家应誓死不许反革命复辟，一齐以最大的决心保卫革命胜利！”可见，《祥子》已被当作教育人民、巩固政权的工具。

---

①土地改革（1950年6月30日—1951年冬）：将地主的土地没收后，分配给无地少地的农民。此运动消灭了地主阶级。

②抗美援朝（1950年10月19日—1953年7月27日）：指中国派遣人民志愿军去朝鲜抗击美国支援朝鲜的战争和运动。由此中美关系彻底对立。

③肃清反革命（1955年—1957年）：肃清在中共、政府、军队中的反革命分子运动。

④三反（1951年11月30日—1952年6月30日）：在党政机关工作人员中开展的“反贪污、反浪费、反官僚主义”的运动。

⑤五反（1952年1月26日—1952年10月）：在私营工商业者中展开的“反行贿、反偷税漏税、反盗骗国家财产、反偷工减料、反盗窃国家经济情报”的斗争。

⑥思想改造（1951年秋—1952年秋）：在知识分子中展开的自我教育自我改造运动。

二、其他人的改写

老舍进行了3次改写，最终也没能给祥子找到活路。与此相比，其他人（到梅阡为止）的改写都赋予祥子以希望。

（一）美国英译本（1945年）①

最早的改写本出现在老舍改写本之前，第二次世界大战刚刚结束的1945年，由美国的伊万·金(Evan King)翻译的"Rickshaw－Boy"。其中不仅把最后的第24章全部删除，而且还把故事的结尾改成了皆大欢喜。

老舍在初版本⑤(1950年5月)序文中对此译本评价说：

"一九四五年，此书在美国被译成英文。译笔不错，但将末段删去，把悲剧的下场改为皆大欢喜，以便迎合美国读者的心理。译本的结局是祥子与小福子都没有死，而是由祥子把小福子从白房子中抢出来，皆大欢喜。译者既在事先未征求我的同意，在我到美国的时候，此书又已成为畅销书，就无法再照原文改正了。"

由此可见，把悲剧性结尾改成皆大欢喜，老舍是不赞成的。

但是，这个英译本引起了世界的关注，法国、德国、捷克、意大利、西班牙、瑞士、丹麦、瑞典先后翻译出版。从这个意义上说，英译本起到了把《骆驼祥子》及作家老舍传达给世界的重要作用。

（二）漫画《骆驼祥子画传》(1951年4月初刊，2006年再版）②

据该书《再版后记》(见同书第209页)介绍，这个画传从1948年10月7日至1949年1月5日在北平的《平明日报》上连载，但只连载到第59张就中断了。1951年4月单行本出版，笔者所见为2006年再版的附有原作者之女孙燕华解说的《骆驼祥子画传——老舍名著的形象解读》，共112张画，有祥子出卖阮明的画面。其出版时间在老舍第一次改写本之前，因此必是依据老舍初刊本改编。

虽包含祥子出卖阮明的内容，但其后的情节有所改变，祥子因曹先生的教诲而觉悟，决心参加革命，最后怀揣曹先生的推荐信，朝着革命根据地出发。据笔者所知，这是第一次用革命的因素给祥子带来希望的改编本。老舍对此书的评价是："祥子没毛病，虎妞很合理想，刘四爷也不错。"(见同书第5页)。

（三）漫画《骆驼祥子》(1953年4月初版，2010年再版）③

书中提到：曹先生在一个大学教书，"有一个学生因为分数不及格而怀恨在心，去告密他是'乱党'"(见上级，第124页。这是原作第12章内容，在第2、第3次改写本中被删除)，没有阮明用思想换取金钱和祥子出卖阮明的内容(这是第24章内容，三次改写都加删除)，有老马和小马(这是第10章内容，第2次改写本中被删除)，因此依据的可能是老舍

---

①Rickshaw boy / by Lău Shăw ; translated from the Chinese by Evan King ; sketches by Cyrus LeRoy Baldridge:Reynal & Hitchcock , c1945。

②孙之俊图、孙燕华文：《骆驼祥子画传——老舍名著的形象解读》，人民文学出版社2006年版。

③冷千改编、金戈·龙禾绘画：《骆驼祥子》(上、下)，影华出版社1953年4月初版，人民美术出版社，2010年4月第1版(此为1953年初刊本的修订本)。

第1次改写本。漫画本在祥子混在仪仗队举旗子、举花圈(原作到此为止)的情节之后，增加了以下内容：祥子因偷窃被关了3个月，在监狱里遇到了一位年轻工人，告诉祥子吃人的世界快要垮了，穷人可以翻身了，于是祥子开始觉悟。那个工人刑满释放时告诉了祥子自己的地址，祥子想象着新世界，决心一出狱就去找他。

2010年的再版本中附有1953年初版本序《关于〈骆驼祥子〉》，其中有两点值得注意。一是对《骆驼祥子》的评价："它的成功，不仅在艺术描写方面，更重要的，它启示我们在旧社会没有被彻底改造以前，个人的要强——个人英雄主义——是不会有用的"，以此强调《骆驼祥子》的社会教育作用。与一年后老舍的"在今天而重印此书，恐怕只有这么一点意义：不忘旧社会的阴森可怕，才更能感到今日的幸福光明的可贵。大家应誓死不许反革命复辟，一齐以最大的决心保卫革命胜利！"(见第3次改写本跋文)相比，漫画本的口气要平和许多。

还有一个值得注意的内容是："本书的结尾，我们遵照连环画评审委员会的指示，把祥子的最后遭遇给了他一个'明朗'的出处。谢谢该会的指示并向原著者附致歉意。"由此可知，至迟在1953年4月，给《骆驼祥子》一个明朗的结尾，已成为国家出版审查机关的重要审查标准之一。

三、梅阡的话剧《骆驼祥子》

(一)刊本

初刊本

①1957年连载本：梅阡《〈骆驼祥子〉根据老舍的同名小说改编》(于1957年月刊《剧本》第7、8期上连载，中国戏剧出版社)，剧中老马2次登场，没有阮明及祥子堕落的情节，因此推测可能是根据老舍1955年第3次改写本改编。

改写本

②1958年单行本：老舍原著、梅阡改编《骆驼祥子(五幕六场话剧)》(中国戏剧出版社，1958年6月。附《内容说明》，与①相比，在字句和误排上有修改。笔者的翻译本以此为底本。)

③1982年台词本：《演出台词本(1980年，1981年)》北京人民艺术剧院演出，原著老舍，改编、导演梅阡，舞台美术设计王文冲、宋垠、关哉生。这个台词本收录于《〈骆驼祥子〉的舞台艺术》(北京人民艺术剧院《艺术研究资料》编辑组蒋瑞、张帆、杜澄夫编，中国戏剧出版社，1982年3月)，附《内容说明》,《后记》。《后记》中提到"一九五七年，梅阡同志将它改编为话剧"，但未言及82年本与58年本之间的异同。笔者通过校勘确认，有三段被删除(参考第2幕《校本異同》⑳，第5幕〈校本異同〉㉖，第5幕《校本異同》㊹)，修改字句400多处。

④2008年顾威本：《〈骆驼祥子〉场记本(依据2007年演出整理)》原著老舍，改编梅阡，导演顾威，设计吴穹、李聪、鄢霓，场记李阳，出版整理王翼。这个台词本收录于《〈骆驼祥子〉的舞台艺术(北京人艺经典文库)》(文化艺术出版社2008年12月)。书的左页是台词，右页是导演提示或舞台平面图以及演员移动示意图。笔者通过校勘确认，此书以1982年

版③为底本,同时又做了删除、追加和字句的修改。

(二)梅阡1958年的改编

为了给祥子带来希望,梅阡做了怎样的改编呢?

1.更改时代背景

原作《骆驼祥子》讲的是“北平”的故事。1928年6月15日北伐战争胜利后,中国的首都迁到南京,北京改名为北平[①]。原作发表于1936年,因此其时代背景应该是1928年至1936年间的北平。

与此相比,话剧《骆驼祥子》的时间,第一幕是“一九二五年间,夏末秋初。黄昏。(第一次国内革命战争的前夕。)”最后一幕是“距前场十个月以后(一九二六年),一个十分萧索的秋天的夜晚。”也就是说,话剧把时代改在了1925年秋至1926年秋,变成了北平之前的“北京”的故事。

两个时代前后虽然只差2年,但是中国社会尤其是北京发生了巨大变化。北平时代是北伐战争获得胜利,军阀割据基本结束,全国得以统一的时代。而之前的北京时代则是军阀混战的时代,在北方,各派军阀为操纵北京政府不断发起战争,在南方,为推翻北京政权结束军阀割据,广州的国民政府发起了北伐战争。

2.以汀泗桥大战作为尾声

梅阡在话剧的结尾部分导入了一个历史事件——汀泗桥大战。汀泗桥大战是1926年8月25日至28日,发生在湖北省咸宁汀泗桥一带的战役,北伐途中,国民革命军与直隶派军阀吴佩孚的军队交战,结果北伐军获胜。汀泗桥大战是北伐战争中重要的一战。

在话剧最后第5幕的开始、中间、结尾处,三次传来报童的叫卖声:“号外,喂,看号外,看看刚出版的号外,看看汀泗桥大战的新闻,看看吴大帅亲自督战的新闻,号外,号外……”,最后,全剧在“窗外风狂雨暴”中落幕。如此处理是想使人意识到,北京虽然还在军阀政权统治之下,但北伐的狂风暴雨即将来临,世道即将大变,从而给祥子的未来赋予希望。笔者认为把北平时代改为北京时代的目的正在于此。

与北伐相关的战役很多,为什么要选择汀泗桥大战呢?在这场战役中,以叶挺为团长的独立团发挥了重要作用。北伐的主力军——国民革命军是国民党的军队,叶挺独立团以“铁军”闻名,是国民革命军的精锐部队。而该团的另一个特点是,从团长叶挺到连以上的干部大多是共产党员或共青团员。所以,在谈到北伐时期共产党的作用时,汀泗桥大战、叶挺独立团必定会被提到,这可能是选择汀泗桥大战的原因之一。

3.改变故事的结尾

老舍原作中,虎妞死后(第19章),祥子得了性病,自暴自弃,得知小福子死后更加意气消沉,为获得金钱出卖阮明,最终成了“堕落的、自私的、不幸的、社会病胎里的产儿,个人主义的末路鬼”。在这个过程中,虎妞的死可以说是祥子走向堕落的分歧点。在话剧中梅阡把虎妞的死作为故事的结尾,从而断绝了祥子堕落的途径,也免去了小福子的死。祥

①1937年七七事变后,北平被日军占领,北平改为北京。1945年日本战败,8月21日恢复原名北平。1949年1月31日,中国人民解放军和平进入北平,宣告“北平和平解放”。1949年9月27日,北平市改称北京市,北平走入历史。

子最后的台词是对小福子说："有一天我要是混好了，……我准来看你。"从而使观众对二人的将来寄予期待。

4.增加了小顺子这个人物

梅阡在〈谈《骆驼祥子》的改编〉(1957年)一文中谈到，小顺子"对祥子的那条主线来说，起着烘托与反照的作用"，"小顺子这个人物具有着一定的反抗精神，与祥子的逆来顺受不同。"①在第一幕里，他交车份时要滑头，干活泡蘑菇，时不时用报复或泄愤的方式得到满足。可是经历了"拉红差"——用人力车拉青年学生工人游街赴刑场之后，他喊出了"儿时天要兜底儿翻个个儿，让穷人的气儿也喘顺了"(第3幕)。之后他进工场当了工人(第4幕第2场)，最后参与北伐及共产党活动(第5幕)，走上了一条与祥子不同的道路。梅阡说："老马不能高呼革命，我便代之以小顺子"(见注18第21页)，可见小顺子是劳苦大众走上革命之路的象征。话剧的最后，小福子问祥子："你到哪去"，祥子回答："我去找小顺子。"由此暗示，祥子也将从单枪匹马的个人奋斗走上革命道路。

梅阡通过把时代由北伐之后改到北伐期间，使人们得以期待北伐的胜利，期待北京政权的崩溃，军阀混战的终结。这种历史的必然性和不可抗拒性可以坚定人们的信念——太平的日子就会到来。同时，通过把故事的结尾提前，既断绝了祥子的堕落又断绝了小福子的死，使人们对二人的未来寄予期待。通过小顺子展示了一条通往革命的路。

梅阡的改编在当时大获成功。老舍夫人胡絜青女士在《〈骆驼祥子〉的舞台艺术〈代前言〉》(见话剧刊本③)中介绍了当时的火爆人气之后说："老舍看了梅阡同志改编的《骆驼祥子》之后，曾经想写一部话剧《骆驼祥子》下集。注意，是话剧下集。可见，梅阡同志的改编不光是夺走了观众的心，对老舍本人也产生了多么大的新的引诱。"

顾威导演评价说："梅老对《骆驼祥子》的改编，堪与曹禺对《家》的改编媲美，他独创性的改编被广泛认可，后来出现的诸多剧种的舞台演出本，实际上都没有脱开梅阡改编本的窠臼。"②

然而这一改编却种下了灾难的种子，20年后梅阡不得不亲手对其加以删改。

四、1982年话剧刊本的删改

梅阡在1982年刊本中对1958年刊本内容做了很大修改。

(一)两种类型的修改

"文革"结束后的1980年，话剧《骆驼祥子》经过18年的空白再度上演，2年后的1982年，由梅阡亲自修改的剧本正式出版(话剧刊本③)。这次的修改大致可以分为两类：字句修改和内容删除。

字句的修改，例如：把结构助词"的"区分为"的、地、得"；把副词"象"改成"像"，以更符合现代汉语规范。把"城门口儿"改作"城门脸儿"，把"自己"改成"自个儿"，以突出北京话的特征。这类修改共有400多处，使人深感作者为追求准确真实生动，为使作品更加完善而竭尽全力。

---

①《戏剧论丛》1957年第4期(话剧刊本③《〈骆驼祥子〉的舞台艺术》(1983年)，第20、22页)。

②顾威：《新排〈骆驼祥子〉导演阐述》(见话剧刊本④第24页)。

另一类修改是内容的删除，共3处。第1处：第二幕高妈与祥子的对话（见《校本異同》⑳），第2处：第五幕跳大神的一场戏（见〈校本異同〉㉖），第3处：有关北伐的台词（见第5幕〈校本異同〉㊹）。我们先来看一下具体内容。

第1处，在深夜闯进曹宅来找祥子的虎妞回去后，高妈对祥子说："敢情祥子也有这么一手啊！人不可貌相，别看老实巴交的。""这么大人，害什么臊啊！依我看，挺不错，只要人好，模样儿甭挑肥拣瘦的。有个人总比打光棍强。几时好日子啊？我还得随个份子，喝你杯喜酒呢。"笔者推测，梅阡是担心这些台词有被认为带有黄色意味，所以作了删除。

第2处是跳大神。在"文革"前的演出中，巫婆陈二奶奶的登场引起观众大笑，与悲剧气氛不合，所以这场戏那时就被删除了（详见本书专栏《5－3 神降ろし——顶神》）。由此可知1982年刊本是对此删除的追认。

北伐为什么要删除呢？

（二）删除北伐——祥子的希望变得空洞

前文已述，1958年版第1幕的时间是"一九二五年间，夏末秋初。黄昏。（第一次国内革命战争的前夕。）"然而1982年版却改成了"一九二六年间，夏末秋初。黄昏。"故事的开始推迟了一年，表示北伐的"第一次国内革命战争的前夕"消失了。

1958年版最后一幕的时间是"距前场十个月以后（一九二六年），一个十分萧索的秋天的夜晚"，而在1982年版中"（一九二六年）"被删除，结尾的时间变得模糊。通过计算可以得知是1927年8月，然而，"汀泗桥大战"（1926年8月）的叫卖声却没有删除，于是出现了时间上的错误。1982年版在字句修正上是十分严谨的，为什么会出现如此重大的失误呢？

1958年版第5幕的结尾部分，小顺子有以下台词："你们听见了吗？南边咱们打的挺好……北伐军这就要过来啦"，"那里边有咱们的人哪，咱们苦哥们就有指望了，天会兜着底儿翻个个儿。"1982年刊本中这一部分被删除（参见第5幕《校本異同》㊹），小顺子和北伐的关系不存在了。这样一来，汀泗桥大战的叫卖声就变得既错误又莫名其妙。梅阡为什么要做这样的修改呢？

梅阡在1980年发表的《老戏新演时的"找回来"与再创造》中对小顺子参加革命做过这样的解释："劳动人民谋求彻底的解放，必须走小顺子的道路，即革命的道路，必须献身于解放全人类的伟大斗争，才能获得个人的解放。"①在此，小顺子的革命被解释为解放全人类的斗争，即共产主义事业。小顺子要参加革命，但北伐不行。为什么？

北伐分前后两次。梅阡导入的是第一次，由广东的国民政府主导，中心人物是当时的国民革命军总司令蒋介石。这期间大量共产党员以个人身份加入国民党，在国民党内展开活动。但是，由于共产党势力急速扩大，1927年4月12日蒋介石发动清党（四一二政变），很多共产党员被捕被杀。此事件以及国民党内部的混乱使第1次北伐中断。1年后的1928年4月8日，蒋介石在全面清除共产党的情况下，开始了第2次北伐，2个月后获得胜利统一全国，之后的中国是蒋介石的天下。

为什么这样的内容1958年没问题，到1980年就必须删除呢？新中国成立后制定了"武装解放台湾"的方针。1954年12月2日，台湾和美国签署了所谓的《美华相互防卫条

①《人民戏剧》1980年第8期（收载于话剧版本③《〈骆驼祥子〉的舞台艺术》，第22页）

约》。作为回应，中国人民解放军于1955年1月19日和2月11日分别收复了浙江省的一江山岛和大陈岛。但是，美华防卫条约的签署使台湾政局得到稳定，武装解放台湾变得困难，另外，中央力图把工作重心转移到经济上，也由于中美在金门岛和马祖岛（两岛由"中华民国"管辖）上的意见冲突，使和平解放台湾出现了可能性。1956年1月25日，毛泽东在第6次最高国务会议上提出"国共已经合作了两次，准备进行第三次合作"，30日，周恩来在全国政协第二届二次会议上提出"为争取和平解放台湾，实现祖国的统一而奋斗"的口号。

但是1966年"文革"爆发后，不仅对台和平工作中断，"文革"期间国民党被彻底打倒，蒋介石被视为人民公敌，与其有关人士多遭批判和斗争。

梅阡1957年的北伐构思正是在积极倡导和平解放的政治形势下得以诞生的。但是，在"文革"结束后不久的1980年，如果上纲上线，梅阡的北伐构思就可能被说成是把希望寄托于蒋介石，把劳动人民的未来寄托于蒋介石的天下。在中国，公开承认国民党的功绩是在2005年9月3日胡锦涛在抗日战争胜利60周年纪念大会讲话发表之后①，而在1980年，把希望寄托于北伐胜利该有多么反动，从"文革"活过来的梅阡是深知的。因此，他需要更改剧本的时代，把结尾的时间变得模糊，删除北伐内容，同时把小顺子参加的革命解释为"解放全人类的伟大斗争"。

尽管如此，象征北伐的汀泗桥大战的号外声却被保留了下来，为什么？如前所述，梅阡改编的一大关键是给祥子带来希望，而此希望的可能性则潜在于北伐。梅阡比任何人都懂得北伐的重要性，深知如果没有了北伐，革命必将爆发，军阀统治必将崩溃的历史必然性和不可抗拒性也将随之消失，祥子的希望就会变得空洞。然而，他必须亲手删除。可以想见作为北伐构思创始人的梅阡该是多么痛心而无奈。也许正因如此，哪怕是引起混乱，即使是变得莫名其妙，他还是留下了并非台词只是效果配音的汀泗桥大战，以作为北伐构思最后的见证。

五、2008年的改写版——革命的因素被删除，祥子变得茫然

梅阡逝世5年后的2007年，话剧《骆驼祥子》由北京人艺导演顾威新排上演，新剧本也于2008年出版。新剧本的改写包括字句修改，季节变更（原作是秋→冬→春→秋，新剧本一律改在冬天），通过使用转台增加新场景（拉人力车过场，祥子与虎妞的结婚仪式，虎妞的葬礼，小福子送别祥子），以及对小顺子和全剧结局的改写。这里着重介绍一下小顺子和结局部分。

2007年顾威在《〈骆驼祥子〉导演阐述》中说："'加红线'是那个时代的产物，没必要苛责，这次准备对小顺子稍作调整。"（见话剧刊本④第23页）。

前面已经介绍，小顺子是梅阡为了"烘托与反照"祥子而创造的人物，但是2008年刊

①方可成、李惠普：《中共正修改的历史评价》，(《南方周末》2011年7月11日。http://www.infzm.com/content/61134)"2005年的抗战胜利60周年纪念大会上，中共中央总书记胡锦涛在讲话中说，国民党军队是正面战场的'主体'，他们'组织了一系列大仗，特别是全国抗战初期的淞沪、忻口、徐州、武汉等战役，给日军以沉重打击'。国军领导人蒋介石获得的评价随之改变，他的功劳可以获得公开肯定。"

本中，表现他反抗精神的台词，从车夫变成工场工人的情节，暗示参加革命活动的台词，祥子要去找小顺子的台词，以及汀泗桥大战的呼声全都被删除①，革命要素消失了。话剧的结尾是这样的。(画线部分是新增加的内容)

1)小顺子甭管怎么难，也得咬住牙挺下去，大叔，你还记得那年你说的吗？天不管阴得多沉，老阳总有出来的时候。是不是，大叔？

铁蛋：盼着吧，盼着吧。大叔。

2)老马(木然，进屋里)哎！

祥子：盼着吧，盼着吧。

收光。

尾声

台逆时针转，送葬队伍顺时针走，大雪中老马和小顺子抬棺，铁蛋撒纸钱(台中一把，坡上一把，豁口一把)。小六子打着幡和车夫甲跟着，祥子和小福子提着包走最后。抬棺的都下了以后，祥子和小福子在城壁豁口处停住，祥子接过小福子手里的包。

3)小福子：祥子你打算怎么样呢？以后的日子？……祥子……

祥子：家没了，人埋了，我就走！

小福子：你上哪儿去！

祥子：谁知道呢……

小福子：那我……(欲言又止)

4)祥子：有一天我要是混好了，……我准来看你。盼着吧。(下)

小福子：祥子，我盼着……

台词右侧有导演提示，对A的提示是："小顺子重复的是老马的话，但是游移状态的，而不是信心十足的"。对B："铁蛋说完：'盼着吧，盼着吧。大叔。'老马看了铁蛋一眼，潜台词是：'盼什么啊？没盼！'转身走进了里屋"。对C："小福子的话问得是虚无缥缈，不要太具象。"对D："祥子的盼着是空盼着，他也不知道能盼来什么。"

如此一来，小顺子失去了革命因素和引路作用，变成"浮游状态"，小福子的期待是"虚无缥缈"，祥子"不知道能盼来什么"。

革命不需要了。为什么？中国开始改革开放后，发展经济使一部分人先富起来变成了当务之急，从80年代起党中央放弃了群众运动、政治运动和阶级斗争。1989年2月25日，邓小平会见美国总统布什时针对当时的学生民主运动指出："中国的问题，压倒一切的是需要稳定"②，从此以后，维护社会和国家的安定成为历届政府的重要课题。90年代以后，经济发展带来的贫富差距使不安定因素增大。胡锦涛在2004年提出了"和谐社会"的口号③，此后维护社会安定团结的"维稳体制"不断强化。在此政治形势下，梅阡给《祥子》

---

①被删除的小顺子的台词主要有以下部分。(页数为本书的页数)①第142页第8行—第143页第2行。(参考2008年版336页)②第158页下倒数第8,9行。(参考2008年版348页)③第242页倒数第3行—第243页第5行。(参考2008年版394页)

②见1989年2月25日《人民日报》，http://www.people.com.cn/GB/historic/0225/89.html

③参见胡锦涛同志《论构建社会主义和谐社会》主要篇目介绍(人民网、人民日报，2013年4月26日)http://paper.people.com.cn/rmrb/html/2013－04/26/nw.D110000renmrb_20130426_1－03.htm

加的红线——鼓动民众投身武装革命以推翻现政权的内容，当然没有必要了。

2007 年的导演方针中还有一个值得注意的内容，就是对体现人情味的重视。“我们如何讲出些新意呢？我们更想突出现今社会早就被淡漠了的人情，看看老世年间老北京人，老北京的底层劳动人民的淳朴，真挚的浓郁人情味，说实在的，达官贵人是并不那么有人情的。我们就是要在老北京的人情味上做文章”（引自顾威《〈骆驼祥子〉导演阐述》，见话剧版本④第 23 页）。在此之前确不见有人提过《骆驼祥子》的人情味，为什么人情味受到重视了呢？

2001 年 9 月 20 日，以江泽民为首的党中央公布《公民道德建设实施纲要》[①]指出：“道德失范、是非、善恶、美丑界限混淆，拜金主义、享乐主义、极端个人主义有所滋长，见利忘义、损公肥私行为时有发生，不讲信用、欺骗欺诈成为社会公害，以权谋私、腐化堕落现象严重存在。”

针对上述问题，《纲要》规定：“电影、电视剧、戏曲、音乐、舞蹈、美术、摄影、小说、诗歌、散文、报告文学等各类文艺作品的创作，要积极反映改革开放和现代化建设的火热生活，热情讴歌人民群众的开拓进取精神和良好道德风貌……要在各种文艺评论、评介、评奖中，把是否合乎社会主义道德作为一条重要标准”。（见前注 26《公民道德建设实施纲要》）根据以上情况推测，注重人情味是与“合乎社会主义道德”相同步的。

小说《骆驼祥子》诞生近 80 年。这期间它被翻译成多国文字，改编成漫画、话剧、地方戏、电影、京剧、电视连续剧、歌剧等，祥子的结尾也经历了诸多变化。1936 年的原作是祥子的堕落和毁灭，1945 年二战结束后的美国英译本是皆大欢喜。1951 年—1955 年间，老舍三次亲手修改，删除了祥子的堕落和毁灭。1951 年的漫画本，觉悟后的祥子朝着革命根据地出发。1953 年的漫画本，祥子在监狱里觉悟，想象参加革命。1958 年的梅阡话剧，北伐胜利即将到来，祥子决定去投奔已参加革命的小顺子。1982 年“文革”结束后，梅阡删除北伐，祥子的希望变得空洞。2008 年改革开放 30 年后新排的《骆驼祥子》，革命要素消失，祥子变得茫然。由此可以看出，在中国现当代史的诸多重大关头，祥子的结局都随之而变化。

如果说美国人的改写是为了迎合美国读者的心理，在中国的改写则可说是为了符合国家意识形态。环境决定人的特性。祥子已成为劳动人民的象征，他的命运当然要跟人民共和国同步，他的结局也必然要随之改变，这也许是祥子注定的命运。

（本文根据《〈骆驼祥子〉の改变について——祥子の结末を中心に》（老舍原作/梅阡脚本/大山潔訳注《戯曲〈骆驼祥子〉全 5 幕 6 场（MP3CD 付）》东方书店，2015 年 3 月，第 436—455 页）翻译修改）

（作者单位：明治大学、东京理科大学）

①见《公民道德建设实施纲要》，新华社 2001 年 10 月 24 日，http://news.xinhuanet.com/focus/xiangguan/ddjy/xg02.htm

老舍话剧《残雾》中的“雾象”

◎马云

《残雾》是老舍的第一部话剧作品，为老舍后来的话剧创作奠定了基础。老舍第一次写话剧就出手不凡，获得了舞台演出的巨大成功，鼓舞了老舍创作话剧的热情。建国后，老舍创作的话剧《茶馆》和《龙须沟》更是获得了中国现代话剧里程碑式的价值。因此，学术界对于老舍话剧的研究主要集中在《茶馆》和《龙须沟》上，相对而言，忽略了其他的话剧作品，包括《残雾》这样优秀的作品。

《残雾》写的是抗战期间大后方重庆人民的生活，从剧作的题目看，是写重庆的一种“雾象”。重庆是一个山城，雾是常见的自然景观，但是读完全剧，不见一个“雾”字，甚至在每一幕的剧前布景中都没有见到对于自然之雾的描写。显然，作者要写的不是自然中的雾，而是人世间的“雾”。从这样的角度去看这部话剧，可以说，全剧一直笼罩在“雾气”中，不用一个“雾”字，但处处雾气弥漫。

一、战争的阴霾

《残雾》是一部抗战题材的话剧。剧作表现重庆老百姓战时的日常生活，并不直接描写战争，但是战争的阴霾始终笼罩在人们的头上。据中央电视台2015年6月13日新闻联播播出的纪录片《抗战影像志》披露，从1938年3月到1944年12月，在长达6年零10个月的时间里，日军战机对重庆共进行了218次狂轰滥炸，炸死16376人。到处都是废墟，到处都是难民。《残雾》真实地记录了这一切。老舍说他是重庆“五四”大轰炸的那天，把它写完的。[①] “晚间大轰炸，抱稿入地室。”[②]剧中故事时间发生在1938年初秋，第一幕人物一上场，就在谈论战事。刘妈，洗局长家的一个佣人，她是因为战争逃难，失去一家老小，屈作女仆的。她一天到晚最惦记的就是失散的家人，关心的是战事如何，什么时候能回到老家去。她与洗局长的弟弟洗仲文的对话，把战争中老百姓的焦虑都真切地表达出来了。

刘妈：仗打得怎样了？

洗仲文：还是那样。

---

①老舍：《记写残雾》，《老舍全集》第16卷，人民文学出版社1999年版，第680—681页。

②老舍：《由〈残雾〉的演出谈到剧本荒》，《老舍全集》第16卷，人民文学出版社1999年版，第658页。

刘妈：二爷别那么说呀！难道咱们白丢了那么多地方，白死了那么些人，就不往回打吗？我就永远回不去老家啦吗？

冼仲文：你别那么说！事情是那样吗，教我怎么说呢？别忙，慢慢的打，准能打胜！

刘妈：可也对！咳！二爷，您要不嫌麻烦啊，还得替我写封家信！

冼仲文：你这一月的工钱，大概都买邮票用了吧？

刘妈：那有什么法子呢！一家大小全没个信，活活把人急死！

冼仲文：可是，你不是说过，他们和你一同逃出来，在中途走散了吗？你现在还往家里寄信，他们怎能接得到，还不是白费事？

刘妈：我尽我的心就是了！万一，万一，他们有人又跑回家去呢。我是个女的，要不然我就不往外跑，要不是鬼子糟蹋女人，谁能舍得了家呢！老天爷瞎了眼，不把日本畜类都用雷劈了！（括号内提示语略去——引者注）①

前方逃难的百姓生活在惶恐不安之中；后方的百姓也同样不得安宁。冼老太太，一个六十多岁，只求温饱，期盼有小牌打，乐享晚年的人，也不得安生。战争期间的警报已经让她产生了条件反射，她说："把我都吓出毛病来了，听见一个长声，我就以为是警报呢！"她最惦记的是自己的一对金镯子，希望死的时候能够戴上它。于是她让儿子冼仲文给她拿出来戴上，随时等待被炸死。她的孙女儿淑菱劝她说："奶奶，不用戴上金镯子，刚才是我嚷嚷着玩来的，不是警报！"冼老太太不信，她似乎已经掌握了警报的规律了。她说："十六那天，一清早，门口有辆车叫唤，我以为是警报呢，心里一动。赶到十点多，真警报了；你看，我的心不会白动！刚才你一嚷，我心又动了一下；你等着，待一会儿准警报，错不了！反正我不躲，就坐在这儿；炸死，好戴着我一对心爱的金镯子，不至于空着手儿'走'了！"在战争的阴霾下，人们都生活在死亡的恐惧中。甚至连那些对抗战漠不关心的人，他们的谈资也离不开战争。汉奸杨先生给冼老太太讲了一个关于"抗战麻将"的"笑话"：他说，去年在武昌，他同三个朋友凑成了局，正打到热闹中间，警报了！他们对此已习以为常，继续打麻将。飞机投弹了，他们还接着打，谁也不动。忽然，院子里噗咚一声，他们近前一看，不是炸弹，原来是一只人腿，一只女人腿，穿着长筒的白丝袜子。一摸呀，腿还是热的。这几个人把这当作笑话，跳呀，喊呀，足吃足喝了一大顿，高兴得忘乎所以，连警报都没有听到。杨先生把这么残酷的事情当作笑话讲，冼老太太却不禁悲凄地想到："我就盼着别把我的胳膊炸飞，教人家把我的镯子拾了去！"冼仲文一针见血地指出："真要是那样，杨先生就又多了个笑话！"无情揭露了那些在战争阴霾下醉生梦死的人。

在抗战期间，日本帝国主义对重庆进行了无数次惨无人道的轰炸，刺激着人们敏感的神经。淑菱写文章发表，想起个笔名，红海想了想，给她取了一个"红冼"，红海的"红"，冼局长的"冼"。淑菱一听就说不行，"红冼""红冼"，猛一听像"空袭"，不吉祥！取个笔名都会联想到空袭，可见人们对空袭多么敏感和恐惧，生活在战争阴霾下的人们多么悲惨！

---

①老舍：《残雾》，《老舍全集》第9卷，人民文学出版社1999年版，第5—6页。

二、用抗战作“烟雾”的人物

战争是残酷的，在战争中最不幸的是贫苦百姓。剧中朱玉明母女的遭遇就说明了这一点。朱玉明，一个21岁的女孩子，在逃难中，为了救自己的母亲，只有出卖身体，无奈地与洗局长同居。洗局长乘人之危，在朱玉明母女走投无路时，霸占了朱玉明，而且还要朱玉明心甘情愿地跟着他。在洗局长制造的烟雾下，朱玉明开始还以为他是好心。她说：“你救了我们母女是真的；入难民所，妈妈必死。找事作，即使能够找到，我去作事，谁伺候妈妈，还是得死。”无论如何，总归是死，所以，朱玉明没有别的选择。她说：“反正只有我这条身子有点用处。母亲给我的身子，还为母亲用了就是啦。况且，一路逃难，这条身子也许教日本人霸占了去，也许教炸弹炸碎；它已经是个不值钱的东西，已经是个不由自主的东西。”残酷的战争毁灭了朱玉明的一切，而洗局长却是一个企图在战争中捞取好处的人，他强占民女，却还要别人对他感恩戴德，可以说是丧尽天良！他表面上却是一个道貌岸然的人，正如他自己所言：“我在政界有个精明刚正的名声。”他城府很深，当想发国难财的杨先生来找他帮忙拿到一项政府采购权的时候，他开始只是表面应酬着，打着官腔，劝杨先生不要着急。当杨先生说：“我们必须抓住抗战，像军火商抓住抗战一样。在抗战中爬上去，一辈子就不用发愁了，抗战的功臣永远有吃有喝”的时候，显然与洗局长产生了共鸣，洗局长招呼他坐下谈。但洗局长仍然说他权力有限，帮不了什么忙。杨先生就对一直打着官腔的洗局长谈起了家事和抗战的关系。他说：“抗战就是建国，建国必先建家。”在抗战的烟雾下，杨先生谈着为家和为官之道，两人的谈话终于切入了正题，洗局长也点明了两人的关系：“你给我排难解纷，我帮你升官发财。”当杨先生提到那个采购差事的时候，洗局长一边说事情倒可以办，一边仍然装腔作势地说这是公事，说他的心血都留着用在国事上。他对自己的家人也是端着架子，拿着官腔，口口声声“国难期间”，好像他是一个为国难操心的家长。他对女儿说：“国难期间，年轻轻的不知作些有益处的事，一天到晚乱跑乱说，是对得起国家，还是对得起自己？看我，我拥护政府，我决心抗战，一个人做着五个人的事。”他对洗老太太说：“国难期间，老人家得加倍保重；老人家一不留神，闹点病，也足以增加我们做儿女的顾虑，妨碍我们的抗日工作。”他说弟弟洗仲文：“在抗战期间，谁都当尽力工作，在家里蹲着算干什么呢？”洗局长就是拿抗战做烟雾来遮掩他那一副假仁假义的汉奸嘴脸。

与洗局长的扭捏作态不同，杨先生是赤裸裸地宣扬他的个人生存哲学。不过在抗战时期，既然是要发国难财，他也要不断施放抗战的烟雾，打着抗战的幌子。他对洗仲文说，他来找洗局长是为了抗战的事，“政府要采办一大批抗战时需要的东西，存起来，以免将来发生恐慌。”他希望能揽下这个差事。他并不避讳是为了挣钱，但是挣钱也是为了抗战，他有他的逻辑：“咱们抛家弃业的来到此地，为了什么？还不是为了抗战？还不是为乘着抗战多弄下几个钱？人同此心，心同此理；没有人，不能抗战；没有钱，谁也犯不上白白抗战。”他把发国难财说得如此冠冕堂皇！可惜了他的口才！他请求洗局长帮忙的时候，更是把抗战与赚钱紧密联系在一起。他说：“我们当然是要抗战，可是抗战而得不到利益，食不饱，力不足，也就难怪我——”“等到抗战结束了，还是赤手空拳，一无所得，怎么办呢？”杨先生真是急不可耐了，不发国难财不甘罢休。他使出了浑身解数，为达目的不择手段。

他给冼局长道出了他编织的关系网："徐小姐打上层，局长太太打中层，杨太太打下层，小姐打少年层。"他提到那批价值二百多万的政府采办项目，终于让冼局长对杨先生产生了兴趣，两人一拍即合。

徐芳蜜这个交际花，大汉奸，她一面以"美人"为掩护，施行美人计，一面也要释放抗战的烟雾。她对冼局长说："自从抗战以来，咱们大家都仿佛是在一只极大的轮船上，咱们苦闷，咱们无聊，咱们想家乡。这就很容易使咱们作出些咱们自己也不大明白的事来。"以此为她的卖国行为开脱。她利用红海做汉奸也是以抗战为借口，她要让红海到前线去，采集战事材料，作战地通讯，以获取战事情报。

剧作通过冼老太太和杨先生的对话，一针见血地揭露了这群趁着国难向上爬的汉奸官僚和文人的罪恶本质。冼老太太说，"这一打仗，丢了多少东西呀！"杨先生说："可是，老太太，要是不打仗，大哥也许不能这么快就升到局长呀。"在战争的烟雾下，一些人自私贪婪的本性暴露无遗。

三、人物语言的迷雾

《残雾》中的那些汉奸、皮条客都是在抗战的烟雾中进行见不得人的肮脏交易，因此他们之间的谈话往往是遮遮掩掩，充满了暗语、隐语，显得迷雾重重。杨先生为了让冼局长帮他拿到那个政府采购权，并没有直奔主题，在讲明来意之前，他进行了一个长长的铺垫。先说了四件无关紧要的事，要向冼局长打听一下关于时局的消息。接着发了些有关抗战的牢骚。看到冼局长不爱听，又自我吹嘘自己是个人才，顺便又与冼局长拉家常，闲聊天，弄得冼局长一开始不明白他的来意，以为是向他要官的，劝他别着急。他向冼局长提到局长太太，说到家庭和太太，建国与建家的关系。冼局长就站起来了，不想听他扯闲篇。杨先生不恼也不急，继续跟他聊家常，他给冼局长讲了一通"太太关系学"的大道理，讲到贪官与太太的关系。这番道理在今天看来，还有它的讽刺意义。他说：

一个人的地位，就是他的防毒面具；有了地位，决不怕别人背地里攻击。……另一个是有位得力的太太，她至少有三种用处；第一，在大庭广众之下，哪怕她笨得像个驴呢，你老得把她摆出去；她能驱妖避邪。她就是'姜太公在此！'第二，人是种奇怪的东西，谁都讨厌自己的太太，而谁都承认别人的太太的威严，只要教太太过得去，大家仿佛就都过得去。第三，太太若是肯帮助一个男人，男人的胆子就可以大出两三倍去；不幸而男人惹出祸来，太太若一出马奔走，凡是男人对男人说不通的，女人对女人或女人对男人就能说得通。[①]

企图利用局长太太打通关节，这才是杨先生此番话的目的。在这种语言的烟雾中，冼局长仍然摸不着头脑，他有点不耐烦地站了起来，他说："你说了这么一大套，到底为什么呢？公事已忙不过来谁有功夫去操心这些小小的私事呢！"最后，杨先生说明了自己想做采办委员、多赚些钱的真正目的，并且给出了利益共享的承诺。冼局长这才准备去泡茶，好与这位"知己"坐下来聊一聊。剧作表现非常具有戏剧性。

①老舍：《残雾》，《老舍全集》第9卷，人民文学出版社1999年版，第33页。

洗局长是一位表面道貌岸然，实际上满肚子男盗女娼的伪君子。他的话语都是迷雾。在第二幕一开场，他与难民朱玉明的对话好像围绕一个“爱”字，似乎他很爱朱玉明。乘人之危，霸占了朱玉明，还要逼着朱玉明说爱他。朱玉明只说一切都是为了妈妈，那个“爱”字实在与事实相背，她说不出口。洗局长似乎很喜欢听那个“爱”字，不听到朱玉明说“我爱你”不罢休。最后，朱玉明终于说出了“我爱你”三个字，但那是哭着说的。

红海是一个文化汉奸，他与徐芳蜜勾结在一起收集情报，出卖民族利益。但他口口声声都是文化，办刊物，写稿子，作诗，学问与天才。他的话语都是雾气。当他吹捧徐芳蜜伟大，他要跟随徐芳蜜的时候，淑菱对他彻底失望，要他滚。他说：“淑菱，我太伤心了！没想到一个像你这样的女子能这么渺小卤莽。为了这个，我必须到前线去，一个女子也看不见，我只随时把我看到的，想到的写给芳蜜。她将是我的安慰，我的灵魂!”他是为了完成徐芳蜜交给的收集情报的任务而上前线，但他的话中仍然施放着与淑菱感情纠葛的迷雾。

徐芳蜜是利用交际手段探听情报的汉奸，她为了获得洗局长手中的情报，也是煞费苦心，先把自己置于弱女子的地位，打消洗局长对她的戒心，然后打出后台老板的牌子，作为自我保护的后盾，接着用极贴心的语言表示对洗局长“另立小家庭”的理解，与洗局长套近乎。徐芳蜜的语言都是迷雾，没有一句真话。洗局长也是一个老道的人，他戳穿了她的谎言，识别出她的真面目，两个臭味相投的人走到了一起。语言的迷雾使生活场景充满了戏剧性。

四、隐藏的妖雾

《残雾》的主题是对出卖国家和民族利益的败类——汉奸的揭露和批判。在老舍抗战题材的作品中，始终贯穿这一主旨。在《残雾》中，我们看到，社会的各个阶层都存在着这样的民族败类，有代表政府官员的洗局长，有文化人红海，还有一个具有神秘身份的交际花徐芳蜜；但老舍创作的目的则直指上层、当局和政府。在剧终的时候，洗局长和红海的汉奸罪行败露，他们被抓走了。但是，徐芳蜜——他们的上线，却受到一个神秘太太的邀请和保护，被一辆小汽车接走了。剧作给观众留下了一个悬念：这人是谁？是谁在充当一个大汉奸的保护伞，或者说是谁在幕后指使和利用徐芳蜜？剧作给了观众一些暗示，但是真正的答案值得思索。

徐芳蜜是谁？仿佛是皇帝的新衣，幼稚的淑菱就看出了她的不同寻常，对她产生了质疑，她为什么不用真名而要改名？她让红海给她办刊物，一个女孩子，她哪来的钱呢？只有淑菱明白指出徐芳蜜是汉奸，但是由于她与红海是恋人的关系，她似乎是嫉妒徐芳蜜接近红海，她的指认没有受到认可。这里，淑菱就给观众留了一个悬念。徐芳蜜一上场，就打出了招牌，诸如庞院长、于处长、马军长等等，说这些人都是她父亲的老友；杨先生也介绍了她的特殊身份，她与政府上层的联络；而洗局长一眼就识破了她的谎言，认准了她的汉奸身份。同样有着汉奸心态的洗局长把杨先生夫妇和女儿都支使出去，他要与徐芳蜜单独谈谈，进行一桩秘密交易。在他的较硬要挟下，徐芳蜜与他订立了攻守同盟：两个人互送情报，合作互助。这是他们的第一次密谈。具有戏剧性的是，他们第二次密谈的时候，两人交换了东西。老谋深算的徐芳蜜留了一手，她给洗局长的报告说是用药水洗过才能看见字，实际上没有字。洗局长把情报给她以后，她因为手中拿住了洗局长的把柄，态度随之强硬起来。她需要从冼局长那里获得更多的东西。冼局长已经做了汉奸的勾当，却声称自己坚决不当汉奸。他说："贪污，不巧而倒了霉，还有方法打点，即使打点不通而杀了头，也还不至于遗臭万年；作汉奸可就不那么简单了！贪污近乎人情，汉奸无可原谅！"可见，冼局长是明知故犯，他为了捞钱，凭着侥幸心理，与徐芳蜜坐在一条罪恶之船上。徐芳蜜威胁他说：做官捞钱就是汉奸，而且你明知我是什么人，还愿意与我合作！双重汉奸。冼局长只得满足徐芳蜜的要求，给她签字盖章，也为当汉奸留下了难以毁灭的证据。

令人费思索的是，冼局长当汉奸的败露，是谁告的密？徐芳蜜吗？也许，她看到冼局长是一个阴险毒辣的人，搞不好会被他算计，所以先发制人，把他抓起来，以防后患；冼局长也怀疑是她的指使："你是不是要这么压迫我一下，教我丢了官，让我无路可走，好完全听你的支配？听你的调遣？"但徐芳蜜的回答似乎否定了这一点："你作官，才有势力，才能帮助我""你丢了官，于我有什么好处呢？"也许是国民党政府内部的蒋汪之间的派系斗争，蒋系看似在抗日，在抓汉奸，实际与汪系的卖国求荣有着千丝万缕的联系。那个侦探长看到来接徐芳蜜的卫兵递过来的名片，就把徐芳蜜放了。这就表明，他们之间的瓜葛是扯不清的。老舍留给观众思考的问题就是，为什么国难当头，中国有那么多的人当汉奸，这就是亡国的根源，而最大的根源在哪里？除了徐芳蜜、冼局长、杨先生、红海之流，是不是还隐藏着更大的妖雾呢？老舍说导演马彦祥在把《残雾》搬上舞台时对结局做了改动，他把徐芳蜜捉去了。老舍认为可能剧本欠明朗清楚："假若我当时能心到手到的写得详密，也许使她逃脱是比她被捕更多余味的。"[①]可见，徐芳蜜的脱逃隐藏着更多的意味，剧作的弦外之音更让人深思，老舍不想让剧作一览无余。

老舍说，他写《残雾》是为了弥补剧本荒，他对这出剧的演出成功感到意外，他对自己的第一个剧本很不自信。老舍对自己的作品总是检讨，这也是他不断超越自己的原因。这部剧有很多值得称道的地方，最难得的是，在那个激情的时代，他没有写成标语口号式的作品，这是很不容易的，其中一个重要的原因就是他用艺术之笔在剧中撒了些聚散不定的"雾气"，使剧作表现得比较含蓄蕴藉，充满诗意。所谓"不著一字，尽得风流"。

（作者单位：河北师范大学文学院）

①老舍：《由〈残雾〉的演出谈到剧本荒》，《老舍全集》第16卷，人民文学出版社1999年版，第661页。

老舍《残雾》的创作、演出与论争[①]

◎梅琳

老舍的戏剧之路是从《残雾》起步的，虽有些“身不由己”，但他却是义不容辞。面对舞台演出与戏剧评论的反差，他不断试验，虽屡试屡踬，但不断反思提高自己的创作经验，最终实现了从小说家向戏剧家、从日常生活向民族国家叙事的创作转变。可以说，没有抗战时期老舍的戏剧创作，也就没有老舍在当代戏剧创作中的成功；也可以说，老舍抗战时期戏剧创作所取的民族国家叙事视角为其小说《四世同堂》提供了经验和铺垫。实际上，老舍的戏剧创作受到了小说创作的影响，有着小说化的痕迹，他的戏剧创作也为他的小说贡献了经验，形成相互影响与渗透的创作格局。这样，《残雾》的创作不仅带有老舍抗战时期戏剧写作的试验性，在它的创作、演出和论争过程中也隐含着老舍与戏剧、老舍与抗战文艺等复杂关系。

一、身不由己：老舍的戏剧创作

1939年5月4日，《残雾》在重庆完稿，这是老舍创作的第一个剧本。老舍以前没有写过剧本，“写剧本，我完全是个外行”[②]。那他为什么要写呢？老舍自己多次作过说明，“文协友人拟演剧募款，公推我执笔”[③]。这是简洁的说明，说得更详细具体点，“文协为筹点款而想演戏。大家说，这次写个讽刺剧吧，换换口味。谁写呢？大家看我。并不是我会写剧本，而是因为或者我会讽刺。我觉得，第一，义不容辞；第二，拚命试写一次也不无好处。不晓得一位作家须要几分天才，几分功力。我只晓得努力必定没错。于是，我答应了半个月交出一本四幕剧来。”[④]这里说到四个方面的原因，一是抗战环境形势和“文协”所迫，老舍只好临危受命。二是难违朋友之请，特别看重朋友感情的老舍，虽然对戏剧是“十足的外行”，也“根本不晓得小说与戏剧有什么分别”，但“和戏剧界的朋友有了来往，看他们写剧，导剧，演剧，很好玩”，他也就“见猎心喜，决定瞎碰一碰”[⑤]。“有写剧与演戏经验的朋友

①本文系国家社科基金重点项目“中国现当代文学制度史”(批准号:11AZD064)、重庆市社科项目“抗战大后方报纸戏剧副刊史料整理与研究”(批准号:2014QNWX25)和中央高校基金“大后方文化研究”(批准号:SWU1509393)的阶段性成果。本文系与导师王本朝教授合作之成果。

②老舍:《记写〈残雾〉》,《老舍全集》第17卷,人民文学出版社2008年版,第258页。

③老舍:《由残雾演出想到剧本荒》,《老舍全集》第17卷,人民文学出版社2008年版,第238页。

④老舍:《记写〈残雾〉》,《老舍全集》第17卷,人民文学出版社2008年版,第260页。

⑤老舍:《八方风雨》,《老舍全集》第14卷,人民文学出版社2008年版,第396页。

们，如应云卫、章泯、宋之的、赵清阁、周伯勋诸先生都答应给我出主意，并改正。我就放大了胆”[①]。三是“强烈的社会意识与政治意识甚至成为讽刺作家戏剧创作的自觉”[②]。老舍认为“作家的责任是歌颂光明，揭露黑暗。只歌颂光明，不揭露黑暗，那黑暗就会渐次扩大，迟早要酿成大患。讽刺是及时实施手术，刮骨疗伤，治病救人”[③]。因此，讽刺喜剧自然成为不二之选。四是老舍个人也有做“试验”和探索的想法。他想，“什么事情莫不是由试验而走到成功呢”[④]，于是，他开始写作《残雾》。无论是因为抗战形势还是来自朋友的情谊，抑或个人的艺术愿望，老舍创作《残雾》，多少有些“任性”，如同他自己所说的“不知好歹”，近乎“舍身饲虎”的意味。

《残雾》是“速成品”。“每天平均要写出三千多字”，“整整的受了半个月的苦刑”[⑤]。虽然在写之前有过约定，完成初稿后“大家给改正，亦集团创作之意”[⑥]，但计划没变化快，写完后即发生了著名的重庆“五四大轰炸”，并被安排离开重庆参加西北战地访问团，没来得及去打磨和修改。于是，剧本《残雾》就成了老舍口中的“四不像”，“一本乱账”[⑦]，“乱七八糟”，“不能算是个剧本，而只能算作一些对话的草拟”[⑧]，“只能算作试写的草稿，不能算作完整的剧本”[⑨]。当然，这里有老舍一向自谦的成分，也说的是事实。老舍对剧本《残雾》多持严厉的批评态度，并自我分析了不成功的原因。首先是初次写作，“分不清小说与戏剧的界限”[⑩]，“不懂戏剧，只按照写小说的办法，想了个故事，写了一大片对话”[⑪]。其次是写作时间的仓促，没法作进一步修改，“只花了半个月的工夫，我写成了《残雾》。当然不成东西，我知道”[⑫]，“假若剧本可以随便一写就成功的话，我们似乎就用不着尊敬易卜生和萧伯纳了”[⑬]。再就是抗战需要“宣传剧的气味”，“在抗战中，一切是忙乱的，文艺作品也极难避免粗糙之弊”[⑭]。但是剧本《残雾》并没有完全失败，也有它些许长处。“剧本既能被演出，而且并没惨败，想必是于乱七八糟之中也多少有点好处”，一是“对话中有些地方颇具文艺性”，“时时露出一点机智来”，二是“人物的性格相当的明显，因为我写过小说，对人物创造略知一二”[⑮]。

从老舍创作《残雾》的过程之中不难看出，老舍创作戏剧和小说不一样。小说是他对

---

①老舍：《记写〈残雾〉》，《老舍全集》第 17 卷，人民文学出版社 2008 年版，第 260 页。

②胡星亮：《中国现代戏剧论集》，中国戏剧出版社 2010 年版，第 369 页。

③曾广灿、吴坏斌：《论讽刺》，《老舍研究资料》，北京十月文艺出版社 1985 年版，第 504 页。

④老舍：《八方风雨》，《老舍全集》第 14 卷，人民文学出版社 2008 年版，第 397 页。

⑤老舍：《记写〈残雾〉》，《老舍全集》第 17 卷，人民文学出版社 2008 年版，第 260 页。

⑥老舍：《由残雾演出想到剧本荒》，《老舍全集》第 17 卷，人民文学出版社 2008 年版，第 238 页。

⑦老舍：《闲话我的七个话剧》，《老舍全集》第 17 卷，人民文学出版社 2008 年版，第 375 页。

⑧老舍：《三年写作自述》，《老舍全集》第 17 卷，人民文学出版社 2008 年版，第 276 页。

⑨老舍：《小报告一则》，《老舍全集》第 14 卷，人民文学出版社 2008 年版，第 308 页。

⑩老舍：《一点点写剧本的经验》，《老舍全集》第 17 卷，人民文学出版社 2008 年版，第 337 页。

⑪老舍：《三年写作自述》，《老舍全集》第 17 卷，人民文学出版社 2008 年版，第 276 页。

⑫老舍：《三年写作自述》，《老舍全集》第 17 卷，人民文学出版社 2008 年版，第 276 页。

⑬老舍：《一点点写剧本的经验》，《老舍全集》第 17 卷，人民文学出版社 2008 年版，第 337 页。

⑭老舍：《三年写作自述》，《老舍全集》第 17 卷，人民文学出版社 2008 年版，第 278 页。

⑮老舍：《闲话我的七个话剧》，《老舍全集》第 17 卷，人民文学出版社 2008 年版，第 375 页。

北平生活的主动情感表达，力图“在小人物当中开掘那纯朴的、有时代性的、有着无穷魅力的美”①。而戏剧则相反，戏剧创作并非他艺术创作冲动的结果，而是朋友、文协、时代对他的召唤，是被外力推动而行。朋友邀约他却之不恭，剧本荒使得为“文协”出力成为了他的责任，抗战形势危急，民族存亡之际，戏剧的普及性和宣传性使他认识到“戏剧已经与战争结为无可分离的密友”②。在多方力量推动下，写作戏剧成为老舍唯一且必然的选择，虽然有些身不由己，但开始了他的颠踬窄路之行。

二、意外的惊喜与不被理解的无奈:《残雾》的演出与评论

1939年11月19日至22日，《残雾》由中国电影制片厂怒潮剧社在国泰大剧院首演③，所获反响与成功却是老舍始料不及的，也让老舍有些“偷着乐”。《残雾》完成之后，老舍离开重庆六个月。临走时，他把剧稿交给了王平陵代为保存，当老舍回到重庆时，《残雾》“已被发表了，并且演出了”，并且“还有三百元的上演税在等着我。我管这点钱叫作‘不义之财’，于是就拿它请了客，把剧团的全班人马请来，喝了一次酒。别人醉了与否，我不晓得，因为我自己已醉得不成样子了。”④“请客”只是说明老舍想感谢剧组，“醉得不成样子了”就有些“喜不自禁”了。虽然《残雾》“在渝和别处上演，我也没有看见过”，但“据说，在各地上演，都相当的成功。我找不出它所以成功的理由来”⑤。成功虽来自“据说”，“返渝，友人告诉我，《残雾》在台上相当的成功”⑥，但也是事实。在导演马彦祥的回忆中曾谈到，当时回教救国协会负责人、复旦教授马宗融先生看到《残雾》的成功“便高兴的称老舍为‘我们的戏剧家’了”⑦。老舍自己也提到这件事:“因为《残雾》的演出，天真的马宗融兄封我为剧作家了”⑧，于是邀请老舍写《国家至上》。《残雾》的演出成功绝不是导演、编剧的自吹自擂，著名战地记者勾适生看过《残雾》首演后在通讯中写到“在演出上是相当的成功，怒潮剧社的诸位朋友演出是太纯熟了”⑨。后来，老舍还提到，因为写完后就去参加战地访问团，半年后才回重庆，“《残雾》已经上演了，很成功”，“可惜，我没有看见”⑩。他为自己没有亲身到演出现场体验《残雾》演出的“成功”而遗憾。

可以说，作为剧场的《残雾》是成功的。其原因有多方面，老舍自己说出了四点理由:一是社会上对以写“以小说为业”的老舍的“好奇心”;二是导演马彦祥的经验，“把那生硬的一堆材料调动成可以看得下去的几幕，会设法把没动作的地方添上动作，足以摆到台上去”;三是演员是“名手”，“肯卖力”“尽责表演”;四是“剧情虽无可取，可是总算给抗战戏剧

---

①范亦豪:《迟到的老舍及其他》，天津人民出版社2015年版，第146页。

②老舍:《文艺成绩》，《老舍全集》第14卷，人民文学出版社2008年版，第235页。

③《新蜀报》，1939年11月19日。

④老舍:《闲话我的七个话剧》，《老舍全集》第17卷，人民文学出版社2008年版，第375页。

⑤老舍:《小报告一则》，《老舍全集》第14卷，人民文学出版社2008年版，第308页。

⑥老舍:《由残雾演出想到剧本荒》，《老舍全集》第17卷，人民文学出版社2008年版，第238—239页。

⑦克莹、候堉中:《马彦祥谈老舍》，《剧坛》1948年第4期。

⑧老舍:《闲话我的七个话剧》，《老舍全集》第17卷，人民文学出版社2008年版，第375页。

⑨勾适生:《评老舍底〈残雾〉》，《国民公报》1939年12月3日，星期增刊第1版。

⑩老舍:《八方风雨》，《老舍全集》第14卷，人民文学出版社2008年版，第398页。

换了个花样，讽刺剧也许另有味道，谁管他好坏”[①]。四个原因中，最为重要的是导演马彦祥也根据自己多年的经验对剧本进行了适当的修改，他特地在《国民公报》发表文章“一点声明”，讲述对《残雾》改编的缘由：

我很愉快的有机会导演老舍先生的《残雾》，老舍先生的小说在圈内早有定评，无待捧场，但他创作剧本《残雾》确实第一本，如他小说中作的一样，对于人物、布局、情节、丝毫不会放松了一点，几乎使人相信，竟会是他的处女作，这在舞台效果上给导演者以莫大的便宜。但是和一般不常写剧本的朋友所容易有的弱点一样，《残雾》中也有其舞台上的一些缺陷，就如人物的上下场，常常缺少充分的理由。或是对话太长、动作太少，这都增加了排演上不少困难。这些地方我已经在尽可能不损害剧作者原意的范围给予解决了。只有两点改动比较大的：第一点，洗仲文一角，据原剧中所写是有点思想而不深刻，爱发愁，会骂人打架，带点洋习气的青年人。这样的一个人物在剧中是不能担当什么任务的，因此把他改为一个在思想上比较纯洁，抗战中在前方很努力服务受伤回来的政工人员，这样可以和后方醉生梦死的人们作一个对照。第二点，女间谍芳蜜在原剧作中是被漏网的。尽管事实尚不能如此，但是在舞台上是容易被观众同意的，主犯漏网，将是舞台上的莫大损失。因此只得将她改写为一并被捕。这与《残雾》的剧名或许有些出入吧？因为老舍先生不在重庆，未能事先征求他的同意，对于上面两点的改动，如果有欠妥的地方，当由我负责。除向老舍先生抱歉外，谨作声明。[②]

导演将仲文改了，“使他更硬些”，“把芳蜜捉去了”，这样的修改让老舍感觉到导演“未免太厉害”，“芳蜜须比局长更聪明，更大胆，更有办法。所以局长被捕，她可以逃脱。假如我写得好的话，我是要以她这一跑，指示出一个公务人员若不忠于职守，就会自陷于阱；自己受罚还不算，且使真正的间谍逍遥法外，纲纪全弛，毫无办法。可惜我没能把这一层写的更明显；自己有话未说，自难希望别人都猜测得到；彦祥先生的改正并非多事，而是由于剧本的欠明朗清楚。假若我当时能够心到手到的写的详密，也许她逃脱是比她被捕更多余味的。”[③]参与《残雾》演出的阵容也堪称豪华。著名导演马彦祥作指导，主演为时任中国电影制片厂厂长的郑用之，其他演员有舒绣文、吴茵、孙坚白，剧务主任为周伯勋。当时的广告称它“如《二马》的笔法；如《赵子曰》般的故事；如《老张的哲学》般的作风”[④]。更为重要的原因是抗战时期的“剧本荒”。剧本虽成为“抗战宣传最得力的东西”，“大家都认识了戏的效力，都极度热心的组织剧团”[⑤]，却没有剧本，“《残雾》之所以得到上演的机会，其原因多半在此”[⑥]。

《残雾》的成功也引起了国民党当局的不满。1939 年 2 月 10 日，重庆成立“戏剧审查委员会”[⑦]，1940 年 3 月 21 日，国民党中宣部下发《戏剧电影审查办法》，要求对“描写战时

①老舍：《由残雾演出想到剧本荒》，《老舍全集》第 17 卷，人民文学出版社 2008 年版，第 238—239 页。

②马彦祥：《一点声明》，《国民公报》，1939 年 11 月 19 日第 4 页。

③老舍：《由残雾演出想到剧本荒》，《老舍全集》第 17 卷，人民文学出版社 2008 年版，第 241 页。

④《扫荡报》，1939 年 11 月 17 日第 1 页。

⑤老舍：《由残雾演出想到剧本荒》，《老舍全集》第 17 卷，人民文学出版社 2008 年版，第 241 页。

⑥老舍：《由残雾演出想到剧本荒》，《老舍全集》第 17 卷，人民文学出版社 2008 年版，第 242 页。

⑦马俊山：《论国民党话剧政策的两歧性及其危害》，《南大戏剧论丛》（二），南京大学出版社 2006 年版，第 163 页。

社会畸形动态”,“暴露我国民族不良风习嗜好”,“诋毁现政府之措施,足以消减政府之威望”[①]等的戏剧剧本进行修改和禁演。《残雾》揭露了国民党的贪腐行径,也使得国民党当局极为不满,并且由于《残雾》在四川、重庆、桂林等地的成功,国民党当局召开了一次关于《残雾》的检讨会[②],马彦祥、周伯勋等均被要求参加。随后《残雾》的演出遭到了打压,1943年被国民党中央图书杂志审查会列为不准出版、不准上演的剧本。国民党当局认为《残雾》扰乱人心,禁止上演。《残雾》在重庆、成都、桂林的接连上演,且大受欢迎,何尝不是国民党当局将其禁演的理由呢?

但是,《残雾》在评论界却受到不少批评,且多是否定性评价。也许是剧本的演出让人们在兴奋之余冷静下来,也许是剧场的成功让人们发现了剧本存在的诸多不足。由于导演对剧本的修改,因此,相关论争是以文学剧本和戏剧演出的两个版本为前提的。由于抗战时期通讯困难,大多数评论集中发表于1939年12月上旬期间,而不是在11月戏剧演出的当月,论争主要集中在以下几个方面:

首先,关于《残雾》揭露发国难财的贪腐行径主题,对于观众是不是无益而且有害,艺术可不可以暴露社会的丑恶现象。《残雾》虽然不是第一部揭露抗战时期国民党统治区贪腐行径的文艺作品,前有张天翼先生《华威先生》,但是在戏剧领域却是前锋,并且由于演出成功使得《残雾》得到了更多的关注。刘念渠认为老舍的《残雾》虽有暴露和讽刺,但“不能只消极的暴露讽刺”,还应对“观众和读者必须有启示”,使观众不仅“看到黑暗的一面,还该在黑暗中发掘其积极的、有益的现实的因素”[③]。显然,刘念渠出于抗战剧的宣传性比老舍走得更远,认为它没有很好地完成为抗战服务的任务。他这样的观点在当时也是颇具代表性。当然,也有人给出了不同意见,萧蔓若就谈道:

> 一个丑恶的人看了暴露丑恶的作品,不会就不丑恶,这是肯定的。否则良心、法律这些玩意都可以不要了,只要艺术就够了。但如果说看了揭露丑恶的作品就会悲观,或者就认为自己会就此丑恶起来那也未必。相反的倒会发生一些另行的作用。为了懒得自己绞尽脑汁让我引用一段茅盾先生一年前的话来发答复那些过虑的先生们:有人以为写了丑态徒然给读者以沮丧,但这样的过虑是多余的,一些作家对于丑恶的无比憎惧和愤怒写出来的作品,其反应一定是积极的……文艺的教育方面不仅在示人以何者有前途,也须指出何者没有前途……直面《残雾》所揭露的,值得什么大惊小怪呢?也真如茅盾先生在同一文中所说,我们作家笔尖所触的,实在不过百分之一而已。[④]

其次,关于《残雾》中女性形象是否过于消极,缺少当时戏剧创作中常见的觉醒和抗争。当时有人认为《残雾》创作中存在着对剧中女性形象“故意夸大的刻薄”,但当时的妇女杂志的文章中也不得不承认“在战时后方的我们只要睁开眼仔细看看,似乎这样的妇女,在我们的周围到处都可发现。像这样的妇女,多半是受过教育的……然而只要他们的

---

①国民党中宣部:《戏剧电影审查办法》,1940年3月。

②申列荣、石曼:《戏剧的力量——重庆抗战戏剧评论选集》,西南师范大学出版社2009年版,第59页。

③申列荣、石曼:《戏剧的力量——重庆抗战戏剧评论选集》,西南师范大学出版社2009年版,第58页。

④萧蔓若:《从“残雾”说起》,《新蜀报》,1940年1月28日第4页。

一家存在，人必然是可以什么都不管的。由着个人主义的发展，他们可以做汉奸，可以做不顾廉耻的少奶奶，也可以做封建残余的守护神！”[①]可见老舍对女性形象的描写并无不恰当之处，反而是直面了当时女性的一种社会生存状态，给人以警示。

此外，也有剧评人王洁之对《残雾》的结构设计给出了建议：

从结构上来讲，仿佛太散漫一点。有人说：“四幕局的处置有一个起、承、转、合的公式。”这当然不是如此呆板的，西洋名剧中也有不平铺直叙的剧本，演出来则甚得效果。但在《残雾》这剧本上，似乎能有一些高潮(Climax)则更动人了。还有一点，在写《残雾》故事的过程中，有许多不必要的过程上，似乎可以节省的，第四幕的上半部，完全是些无聊的应酬客套，更显得散漫。反之，像洗局长自持是一个严正的人物，被杨茂臣说一句活动到了×主任委员，就可以捞到“二百万”，洗局长就即发了“贪污的心”，转变了内里。——洗局长的转变才形成故事发展的骨骼——然而这过程，描写得像是太单纯，太简便一点，或又：“这洗局长本来是个伪君子”，那么伪君子在表现上，还转变到伪君子的真相时，一定是更经过许多烦杂的过程。[②]

王洁之的建议较为中肯。戏剧是由不同目的而产生的冲突所推进的。由于在戏剧结构、情节铺设上面的不熟悉，洗局长的转变显得很是突兀，观众对这个人物的厌恶本应是逐渐升级的，但是由于洗局长转变过快，观众的情绪未能同步，一定程度上影响了戏剧效果。后来也有人劝老舍对《残雾》进行修改，但是先生认为“原样不动，也许能保留着一点学习进程中的痕迹”[③]。

围绕《残雾》的暴露主题、女性形象和结构设计，人们发表了不同意见。有批评并没有关系，《残雾》本来就是一个不成熟的剧本，但出乎意料的是，老舍对人们的批评却多有不满。老舍感到这些批评是“大骂特骂”，“回到重庆，看到许多关于《残雾》的批评，十之六七是大骂特骂”，“写了一本戏，挨了许多骂”[④]。他在给郁达夫的信里说：“我的《残雾》上演大红，把教授们的鼻子都气歪了，那剧本根本要不得，可是谁叫他们懒惰不写呢？”[⑤]这明显是说斗气话。《残雾》存在的诸多缺陷，老舍自己是非常清醒的。如“缺乏舞台上的知识”，“只写了对话，而忘了行动”，“我的对话写得不坏，人家的穿插结构铺衬得好。我的对话里有些人情世故。可惜这点人情世故是一般的，并未能完全把剧情扣紧；单独的抽出来看真有些好句子；凑到一处，倒反容易破坏了剧情。有些剧作，尽管读起来没有什么精彩，一句惊人的话也找不到，可是放在舞台上倒四平八稳的像个戏剧。”[⑥]在写作时，他“丝毫也没感到还有舞台那么个东西”，“没有顾虑到剧本与舞台的结合”，“写戏是我的责任，把戏搬到

①宛英：《“残雾”中的妇女问题》，《妇女生活》，1939年第8期。

②王洁之：《残雾》，《新蜀报》，1939年12月6日第4页。

③老舍：《闲话我的七个话剧》，《老舍全集》第17卷，人民文学出版社2008年版，第375页。

④老舍：《三年写作自述》，《老舍全集》第17卷，人民文学出版社2008年版，第276—277页。

⑤老舍：《致郁达夫》，《老舍全集》第15卷，人民文学出版社2008年版，第534页。

⑥老舍：《三年写作自述》，《老舍全集》第17卷，人民文学出版社2008年版，第277页。

舞台上去是导演者的责任,仿佛是"[①]。他进一步指出:"从故事上说,《残雾》只是一片残雾,流动聚散,而没有个有力的中心,从而也就没有明显的哲理与暗示。它是把一些现象——说丑态或更恰当些——拼凑到了一块","这剧本乃成为事与事的偶然遇合,而不是由此至彼的自然演进与展开;是街头上指挥交通的巡警眼中的五光十色,而不是艺术的择取与炼制。暴露往往失之浮浅冗杂,残雾即中此病。"[②]总之,在老舍眼里,从演出角度,《残雾》存在缺乏"舞台""动作"和"中心"等不足,一句话,缺少"可演性",但作为剧场的《残雾》却是成功的,这让老舍心里又多了些不服气。特别是批评者没有设身处地理解抗战时期的特殊语境和老舍"临危受命"创作《残雾》的辛劳,而在那里空谈戏剧艺术。甚至有些评论者仅仅是读了第一幕就写下了评论[③]。于是,他反驳说:"批评者只顾要求理想的作品,而每每忽略了大家在战时的生活的窘迫忙乱,假若批评者肯细心读一读他自己在忙乱中所写的批评文字,恐怕他要先打自己的手心吧。"[④]并以不服气的口吻说:"笼统的批评理论,对我,是没有什么用处的。只有试验的热心,勤苦的工作,才教我长进。"[⑤]到了 1944 年,临近抗战结束时,他还说:"剧本写了不少,可是也没有一本像样子的:目的在学习,写得不好也不后悔。"[⑥]这是老舍对批评者的回应,不无自负也很无奈。

三、宏大叙事:老舍戏剧创作的民族国家主题

自《残雾》小试身手之后,从 1939 到 1943 年的四五年间,老舍将创作的重心放在了话剧创作上,独立创作了《张自忠》(1941)、《面子问题》(1941)、《大地龙蛇》(1941)、《归去来兮》(1942)、《谁先到了重庆》(1943),并与宋之的合作写了《国家至上》(1940),与萧亦五、赵清阁合作写了《王老虎》(1943,又名《虎啸》),与赵清阁合作写了《桃李春风》(1943,又名《金声玉振》)等 9 部话剧。这是老舍戏剧创作的探索期,它们有着相似的主题,那就是国家至上,抗战第一,民族团结。它们有别于抗战之前老舍以《骆驼祥子》《离婚》和《月牙儿》等为代表的小说创作,着眼于日常生活和文化批判,而呈现出以民族国家为中心的宏大叙事特征。

《残雾》取材于重庆的社会现实,剧中的洗局长贪权、好色、爱财,一面高喊抗战,一面贪财、好色、弄权。他不仅利用职权玩弄女性,还与汉奸勾结,为其窃取情报,后来事败被俘,身陷囹圄。洗局长和女汉奸徐芳蜜相识后,答应为徐提供情报,终因泄露机密而获罪被捕。但正当洗局长供出徐芳蜜是汉奸的时候,徐芳蜜却被"要人"的太太派车当场接去赴宴了。老舍意在拂去笼罩在抗战形势下的"残雾",把讽刺的锋芒直刺腐朽的统治,揭露政府官僚腐败,消极抗日,掀起一股讽刺喜剧的创作潮流。《国家至上》描写抗日前线的一个村镇上,暗藏汉奸金四把,利用两个回民拳师的矛盾,挑拨结盟兄弟之间的不合,企图破

①老舍:《闲话我的七个话剧》,《老舍全集》第 17 卷,人民文学出版社 2008 年版,第 374—375 页。

②老舍:《由残雾演出谈到剧本荒》,《老舍全集》第 17 卷,人民文学出版社 2008 年版,第 240 页。

③梅英:《残雾消散吧——读老舍处女剧作第一幕》,《新蜀报》1939 年 12 月 3 日。

④老舍:《三年写作自述》,《老舍全集》第 17 卷,人民文学出版社 2008 年版,第 278 页。

⑤老舍:《三年写作自述》,《老舍全集》第 17 卷,人民文学出版社 2008 年版,第 281 页。

⑥老舍:《习作二十年》,《老舍全集》第 17 卷,人民文学出版社 2008 年版,第 418 页。

坏回汉民族团结，破坏全民族的抗日统一战线。在血的事实面前，人们终于明白：大敌当前，要以国家利益为重，要以民族团结为重，个人的恩恩怨怨都是小事，必须携手并肩，狠狠打击日本侵略者，保卫祖国神圣的领土！《张自忠》选取“临沂之战”“徐州掩护撤退”“随枣之役”和“殉国”场景，集中表现抗战将领张自忠的身先士卒、严明军纪、体察下情、深得民心，特别突出了他身上英勇无畏、与侵略者血战到底、战死疆场的精神，以此来激励抗战中的人民。张自忠说的“抗战就是民族良心的试金石！”成为戏剧主题。《面子问题》的剧中人物佟景铭秘书所苦恼的是“不能因为抗战失了身份”，“不能因为一件公事而把自己恼死”。他不务正业，对工作敷衍了事。当他闹了一辈子“面子问题”，终于丢尽面子被免职以后，他所考虑的是向医生讨要一个“体面”的自杀办法，保住他的“面子”。老舍对这些人物的讽刺，不仅是对国民劣根性的又一次批判，也是对抗战时期国民党官僚机构的腐败作风的鞭挞。《大地龙蛇》是一部“受命”之作，是受东方文化协会的委托，起初定名为《东方文化》，后改名《大地龙蛇》。老舍的解释是：假若中国是一条睡龙，日本军阀就是毒蛇。老舍借抗战背景来检讨中国文化和东亚文化，并在“现在”时态上建构中国以及东亚的未来文化图景，抒发自己的文化想象。戏剧借赵立真之口说出“东方的义气，西方的爽直，农民的厚道，士兵的纪律”，正是老舍对于东亚新国民的理想，是东亚新文化的理想。《归去来兮》围绕着商人乔绅的家庭分化而展开，唯利是图的商人乔绅趁国家面临危难之际，靠囤积居奇大发横财。他从不关心抗战，也不顾民族的存亡，他认为，只要能成为实业家、金融家，“就可以立下永远不倒的势力，无论政权在谁的手里，咱们总是高等的人”。他自以为他为子女赚了钱，靠他的精明厉害和一家之主的地位，在家庭里是可以随意发号施令和控制一切的。其实不然。他不关心抗战，但是抗战的热潮、时代的风雨，时时冲击着他的家庭；他崇拜金钱的力量，但是金钱并未能维系他与子女及朋友的关系。他彻底陷入孤立的境地。作品通过对乔绅的命运和遭遇的描写，讽刺了发国难财的投机奸商，鞭笞了他们丑恶的灵魂，揭示出一切有违于抗战的行为都是可耻的。《谁先到了重庆》表现敌占区爱国义士的锄奸反日斗争，主人公吴凤鸣帮助弟弟凤羽逃出北平沦陷区去重庆参加抗战，自己则留在北平刺杀日本军官和汉奸，最后以身殉国。他在牺牲前说：“还是我先到了重庆。”重庆已成为抗战的中心和精神的象征。一颗心先到重庆，也就为抗战献了身。后来，老舍还创作了反映在国难中坚守岗位的教师的爱国精神的《桃李春风》以及《王老虎》等。

老舍最初是以小说笔法写剧本，他不知道小说与戏剧的区别，“以为剧本就是长篇对话”，“只要有的说便说下去，而且在说话之中，我要‘带手儿’表现人物的心理。这是写小说的办法，而我并不知道小说与戏剧的分别。我的眼睛完全注视着笔尖，丝毫也没感到还有舞台那么个小东西，对故事的发展，我也没有顾虑到剧本与舞台的结合，我愿意有某件事，就发生某件事，我愿意叫某人出来，就教他上场”①。但他毕竟已经是出色的小说家，小说写作的成功经验帮助他写作戏剧。虽然他从《残雾》开始就感受到了“剧本难写，剧本难写，在文艺的大圈儿里，改行也不容易呀！”的困难②，但他却坚持了下来，完成了从小说家到戏剧家的转型。也正是有了戏剧创作路上的经验，才会有解放后创作《龙须沟》和《茶

①老舍：《闲话我的七个话剧》，《老舍全集》第17卷，人民文学出版社2008年版，第374页。

②老舍：《记写〈残雾〉》，《老舍全集》第17卷，人民文学出版社2008年版，第261页。

馆》等的成功。从1949年到1966年的17年间,老舍创作了《方珍珠》(1950)、《龙须沟》(1950)、《春华秋实》(1953)、《西望长安》(1956)、《茶馆》(1957)、《全家福》(1959)等20余部话剧。显然,这个时期的剧作比老舍抗战时期的创作更为成熟,但它们之间依然有着非常紧密的联系,且不说艺术上的承接与发展,就是主题立意也有连续性,那就是积极配合社会时代或政治运动,有宏大叙事的构思,也有赶任务的应时特点。老舍写于共和国时期的不少剧作,都有配合当时政治运动或表现新生事物的立意,如《生日》《春华秋实》《青年突击队》《红大院》《女店员》等。老舍以高昂的政治热情来从事这些剧本的创作,表现以戏剧参与社会斗争的意愿,这与抗战时期有着相似的创作逻辑。如果说,老舍小说多以个人熟悉的北平生活和文化感悟为表现对象,呈现出文化记忆和人性反思的特点,那么,他的戏剧创作则与社会时代保持紧密联系,有着鲜明的时代性和政治性,属于民族国家和社会时代的大叙事。

老舍抗战时期的戏剧创作也与其小说创作有着密切联系,且不说他的小说经验对他的戏剧创作人物刻画和个性化对话的帮衬,就是他的戏剧创作也有着《四世同堂》等小说相似的生活气息和立意。老舍因为战争使他失去了"安坦闲适"之心,不得不放弃熟悉的北平,"那里的人、事、风景、味道和卖酸梅汤、杏儿茶的吆喝的声音,我全熟悉。一闭眼我的北平就完整的,像一张彩色鲜明的图画浮立在我的心中。我敢放胆的描画它。它是条清溪,我一探手,就摸上条活泼泼的鱼儿来"①。但是,戏剧《谁先到了重庆》里所拥有的扑面而来的地方气息和生活气息明白地宣告,老舍依然保持着充实的"北平记忆",它为以后写作《四世同堂》和《鼓书艺人》等小说提供了热身的机会。就其戏剧创作主题而言,也有与小说相近的地方。《大地龙蛇》就借抗战检讨中国文化,表达了老舍的文化理想,这与《四世同堂》以及抗战之前创作的《老字号》《断魂枪》都有相似的文化批判立意。

总之,由《残雾》发端老舍抗战时期的戏剧创作拥有特别的文学史意义。有研究者认为,"它和陈白尘的《乱世男女》、曹禺的《蜕变》等剧作一起,标志着抗战戏剧现实的开始——从那种比较表面的表现全民抗战热情的时事宣传,转向比较深入的揭示抗战时期复杂的社会现实;从博取观众在特定环境下短暂'共鸣'的政治口号,转向有一定生活深度的人物形象的塑造。"②这是从现代戏剧发展角度的定位,从其创作、表演和评论视角,还可以得出这样的认识:剧本与剧场拥有不同的运行方式,剧本是文学艺术,剧场是剧本演出的载体。戏剧是为演出而创作的,必须借助舞台才能实现戏剧的社会化和大众化功能。可以说,作为剧本的《残雾》虽是不完善的、粗糙的,但《残雾》在抗战时期的演出却是成功的。它实现了特定时期的特殊使命,显示了老舍在抗战文艺创作上的身份特征。如配合抗战的宣传性,创作的被动化,主题的时代性和文体形式的试验性。如果从戏剧的审美性和经典化看,它们都有其艺术的局限性,但如果从演出和服务抗战的效果和影响看,它们的贡献和作用则是不能抹杀的。《残雾》作为老舍抗战时期创作的第一个戏剧,在它身上折射了五四以来新文学运动和作家的再次转向,由此带来文学的审美与功利、独立与工具、个人与大众以及小说经验与戏剧文体之间的种种关系,具有某种样本意义。在面临民

①老舍:《三年写作自述》,《老舍全集》第17卷,人民文学出版社2008年版,第273—274页。

②陈白尘、董健:《中国现代戏剧史稿1899——1949》,中国戏剧出版社2008年版,第370页。

族存亡的关键时期,老舍“身不由己”进入戏剧创作,采取与小说不同的叙述视角,完成了他报效国家的文学宗旨。老舍曾经说过:“今天的一个艺术家必须以他的国民资格去效劳国家,否则他既已不算个国民,还说什么艺术不艺术呢?”[①]于是,他以戏剧直面外敌入侵、直面社会腐败、直面民族病症,不再以寻常百姓的日常生活为描写对象,而以社会政治、民族国家为选题,显示了老舍文学创作中的另一种身份特征:宏观立意,时代切入的宏大叙事,其良苦用心和意义均不可小视。

(作者单位:西南大学文学院)

①老舍:《艺术家也要杀上前去》,《老舍全集》第17卷,人民文学出版社,2008年版,第244页。

爱国立场、民族国家缺失与启蒙现代性的彰显

——《国家至上》再解读

◎陈红旗

作为一部与宋之的合作的话剧,《国家至上》不仅是老舍重要的作品之一,也是20世纪40年代抗战题材话剧创作的重要收获之一,更是一部被誉为“在回族文化史上体裁新开、风神别具,填补着不应有的缺失”[①]的经典话剧。与同时代的同类题材话剧相比,《国家至上》不仅有着突出的文学价值与社会影响力,还有着重要的审美价值和教育意义。剧中发生在张老师与黄子清之间的人格冲突,张老师的个人英雄主义情结与赵县长等人之间的抗日理念冲突,回族人民的爱国与汉奸的卖国之间的敌我矛盾,以及回汉之间因为生活方式、思维方式、表达方式、行为方式和宗教信仰等差异而产生的文化冲突,这些冲突反映的个人与民族、宗教认同与种族歧视、身份政治与国家意志之间的矛盾,一直是理解中国抗战文艺、“国家主义”思想和启蒙现代性的核心问题,更是理解老舍的爱国立场和启蒙思想等的重要介体。

一、新“抗战主体”形象建构与回汉国家主义价值观的相通性

抗日战争全面爆发以后,起初的抗战题材话剧并未取得很高的艺术成就,这已经是学界的共识。当然,这里的“成就不高”是相对于20世纪30年代的小说和40年代的历史剧而言的。应该说,发轫期抗战文艺成就不高是有其客观原因的,但很多人将其归结为“文艺不应与抗战结合”,这就有问题了。对于这种言论和观点,老舍非常不满,所以向来自谦的他毫不掩饰地表达了对《国家至上》的“得意”和“欣喜”之情:“在宣传剧中,这是一本成功的东西,它有人物,有情节,有效果,又简单易演”,这证明抗战文艺终于取得了“一点成绩”,“的确可以堵住那些说文艺不应与抗战相结合者的嘴”[②]。问题在于,几乎是全体爱国文人参与的抗战文艺,何以会在很长一段时间内无法产生令人公认的精品呢?这对于以

①李佩伦:《话剧〈国家至上〉纵横谈——为成达师范西迁重庆65周年而作》,《回族研究》2009年第4期,第82页。

②老舍:《闲话我的七个话剧》,《老舍全集》第17卷,人民文学出版社2008年版,第375—376页。

表达抗日的主流政治意识为己任的抗战文艺界来说是难言满意的，因为“抗战”是20世纪三四十年代中国主流政治的基础，是当时中国作为一个国家的最高“政治”，也是国家主义者（老舍等）宣传“国家至上”等社会政治话语的中心词。

非常明显，1937年“七七事变”后国民政府宣告全面抗日，这表明中国进入了各阶层均可参与抗日活动的全民族抗战时期，对于“国家”这一历史主体的认同就此成了老舍等文化人最自觉也是最重要的使命。但经过数年努力，抗战文艺作品却多被讽刺为“抗战八股”。对于一种自觉服务于主流政治意识形态和全民族抗战诉求的文艺形态，抗战文艺始终无法将主流政治转化为成功的文学叙事或形象建构，其原因除了抗战文艺自身的缺陷——缺少文艺性之外，更取决于抗战题材在特定历史语境中的功能定位——“负起宣传的任务”[①]。与农村题材、知识分子题材和革命历史题材创作所取得的艺术成就相比，抗战题材的作品数量虽然极多，但由于抗战的紧迫性和急于宣传抗日主张的功利目的，所以文艺工作者很难静下心来写作，抗战文艺作品的艺术内蕴沉淀不下来，结果成功塑造的“抗日英雄”形象太少，至于少数民族方面的抗日英雄形象就更少了。是时，即使是普通老百姓也能看出中国的抗日难关不通过全民族的努力是无法渡过的，在这种情形下，无论是知识界还是民间，呼吁各民族联合抗日的呼声已经极高了。可由于世代积怨，汉族与满族、蒙古族、回族、苗族等少数民族之间的隔膜依然很深，在这样的社会历史文化语境中，《国家至上》能取得演出成功的重要原因之一就是作者“减去些宣传剧的气味”[②]并成功塑造了新回族这一新的抗战主体形象，正是通过张老师这样的回民形象及其牺牲情节，“中国”这一共同体才得以实现。在老舍看来，回民勇敢、洁净、有信仰、有组织，他们因误会往往与外教人发生冲突，而有效避免暴力冲突和利用抗日资源的最佳方式是培育包括回民在内的各族人民的国家意识，将保家卫国的使命内化为他们的血脉和自觉意识。比起各民族之间的械斗与内耗，国家认同当然是一种更有效的方式。以《国家至上》为代表的以回汉合作抗日为题材的抗战作品，正是通过刻画回民张老师、黄子清、张孝英、马振雄、马宗雄等与国家共存亡的全新的“抗战主体”形象，使他们完成了由宗教身份认同到民族国家认同的转换，也完成了作者所属意的话剧对抗战的切入和国家主义思想的宣传。

毫无疑问，创造出能够激励各民族团结抗日的高大的新英雄形象，对老舍这样的抗日题材“写家”来说是一个极为紧迫的社会使命，也是一种必须被自觉强化的政治觉悟。在这种被抗战宏大叙事极度挤压的情况下，老舍回避书写回汉械斗等冲突场面而专注于张老师与黄子清的性格冲突，是经过深思熟虑的。有学者认为：“张、黄之间矛盾非是善恶的交攻，严格地讲，也不是是与非的抉择。只是认识上的差别。有差别的绿色境界，本应相守、相持、相亲，却彼此间在对立中，解构着共有的活生生的绿色境界，让绿淡化在无谓的纷争中。”[③]这是非常符合老舍的生命哲学的分析和论断。在老舍看来，即使如张老师这样爱教爱族、纯洁自律的回民也是有缺点的，他对黄子清小学收留教外儿童的拒斥和谴责以及对日寇战力的低估，都证明其判断力出现了问题，加之过度自负导致其心理上产生了一

①老舍：《闲话我的七个话剧》，《老舍全集》第17卷，人民文学出版社2008年版，第376页。

②老舍：《三年写作自述》，《老舍全集》第17卷，人民文学出版社2008年版，第278页。

③李佩伦：《纵谈回族抗战话剧〈国家至上〉——纪念抗战胜利70周年》，《中国穆斯林》2015年第2期，第34页。

定的自恋和排他倾向，但这些缺点的存在恰恰让这个人物形象显得真实和鲜活。这不仅符合艺术形象塑造的规律，也体现了老舍对回汉之间民族关系问题症结的透视，在矛盾冲突发生过程中，双方都是有责任的，是故要拆除回汉之间那堵“不相往来的无形墙壁”的办法只能是：“第一，须双方彼此尊敬，彼此认识；除去了那点不同的生活习惯，我们都是中国人，都是兄弟。第二，地方官须清楚的认识问题，同情的一视同仁，公平的判断，热诚的去团结。”[①]老舍的药方简单而有效，这是因为他在骨子里坚持了最重要的一条政治和道德准则——“国家至上”。

与张老师这样的真回民相比，金四把这样的假回民形象同样体现了老舍的辩证思维、启蒙立场和爱国意识。“作者出于对回族的爱护把金四把写成个假回民，其实，在本是族籍为回的人群里，这类吃里扒外，食回憎回，倚回拆回、恃回毁回的金四把，不难发现。他们在人生舞台上，踩着应时应令的锣鼓点，迎合着，自显着，出乖弄丑。”[②]由于现代民族国家缺失和民众抗日意志的羸弱，伴随着日寇侵略而衍生出来的汉奸可谓层出不穷。“汉奸”这一群体的奴性心理和卖国立场自然无须解释，而回汉爱国民众对汉奸的痛恨同样体现了国家意志的力量和国家主义价值观的权威性，正所谓“汉奸不除，国无宁日”，因此作者安排张老师打死了他曾最信任的“朋友”——金四把。这一结局固然有些出乎读者的意料但又在情理之中，其意义更在于明示读者：真回民是爱国的，真的回族英雄是像张老师这样的，而不是像金四把这样的；同时，打杀汉奸走狗不仅符合中华民族的集体利益，更与华夏子民的现代性追求有着直接的密切关系。在这一点上，回汉之间的英雄认同和国家主义价值观并无根本矛盾与本质差异。

二、“挣扎”、“抗战想象”与民族国家缺失

老舍在谈及《国家至上》的创作动机、目的和缘起时，曾一再强调他是为了“促进回汉的团结，为引起国人对于回民生活以及回教文化的注意”，才接受回教协会的委托与宋之的合作编写这个剧本“以事宣传”[③]的。在老舍看来，在日本帝国主义的侵略下，中国不但无法走上西方的现代化之路——“一种西方业已完成的历史叙事”[④]，反而陷入了即将亡国灭种的危机局势，因此，剧中的张老师和马振雄以自身强健、固执的性格和悲剧命运结局的具象性，进一步揭示和隐喻了是时回族所处社会的抗战背景及其与汉族联合抗日的必然性。长期以来，学界大多是按着这种最初由老舍提供的“问题”理路和“挣扎”视角对《国家至上》及主要人物张老师的形象进行“互文性”的政治阐释的，从而得出了与作者的创作意旨相契合的且被学界广泛认同的政治性主题。

这种政治阐释固然没有问题。不过，我们如果有意识地从老舍故意回避书写回汉正面冲突的角度切入，挖掘回汉多重冲突背后的历史文化背景并对剧本进行文化阐释，就会

①老舍：《〈国家至上〉说明之一》，《老舍全集》第17卷，人民文学出版社2008年版，第257页。

②李佩伦：《纵谈回族抗战话剧〈国家至上〉——纪念抗战胜利70周年》，《中国穆斯林》2015年第2期，第34页。

③老舍：《国家至上·后记》，《老舍全集》第9卷，人民文学出版社2008年版，第188页。

④逄增玉：《〈子夜〉：现代性缺失与冲突的悲剧寓言》，《海南师范学院学报》2001年第2期，第81页。

发现,《国家至上》不仅迎合了当时国家主流意识形态的宣传需要和受众日益增强的民族国家认同的政治诉求,还密集折射了20世纪三四十年代中国社会的多元信息、有关“抗战主体”的多重组成以及“救亡”母题下启蒙意识的泛化,这些都使得《国家至上》成为一种覆盖多重社会与文化信息的“话语空间”。而《国家至上》中以“回教三杰”之一——张老师的性格命运为主旨的悲剧性叙事内容,其实早就被老舍进行了价值预设和命运喻示,这正如他在介绍人物形象时所说的:“张老师——六十岁的回教老拳师,干净,利落,强健,固执,褊狭,绝对的自信,异常勇敢,遵守教律甚严。壮年时,曾独力灭巨盗,名驰冀鲁,识与不识咸师称之。对人具热诚,但少礼貌,极自是,强人服从。爱名誉甚于爱身,虽老仍敢冒险——一个个人主义的英雄。”①这位性格倔强的爱国拳师,在文本中明示的抗战背景下,其命运必然是会因在战场上冲锋在前而为国捐躯。但从文本的深层意指来看,其实是当时中国的社会文化语境使得作者做出了如下的叙事安排:张老师自身的性格缺陷和身份认同误区使他与他人的现代性追求存在矛盾冲突;同时,在启蒙理性和现代视域的观照下,作者让张老师走向了国家认同,做出了抗日义举,清除了抗日队伍中的内奸,强化了“回汉得合作”的政治方针和斗争策略的正确性。就这样,回汉之间冲突、隔膜或误解得以消除后的“合作抗日”构成了《国家至上》中以张老师命运悲剧为中心和主导的政治叙事。

有趣的是,与《国家至上》的政治叙事并行的一条副线是汉族知识分子李汉杰对张老师独女张孝英产生婚恋心理的情爱叙事。表面上,这样一个情爱故事夹杂在一种严肃的抗战叙事中显得有些“跑题”,但其实这是符合实际情况的。在历史上,回汉之间的关系极为密切,由于伊斯兰教教义允许教徒有条件地与异族通婚,因此回汉之间的通婚现象非常普遍。由于回汉之间存在直接的血缘关系,加之回族人信奉汉语为母语,因此回族人对中国的国家认同和文化认同是深入骨髓的。在这种情况下,无论是汉族人还是回族人,对另一方产生婚恋想法都是正常的。可惜的是,由于天灾人祸和生活习惯等方面的差异,回汉之间也很容易产生误会、敌视乃至械斗,加之清朝统治者的挑拨、镇压和“以汉制回”等政策的实施,所以回汉冲突在近代时期变得日益普遍。更不幸的是,“地方官吏没有高于平民的理能与识见,也以为回是回,汉是汉,天然的不能合作;从而遇事行断,率遵成见,而往往把小小的龃龉演成流血的风潮事变”②。也正是因为考虑到了这些客观因素,所以老舍并没有生硬地让李汉杰和张孝英结为伴侣,这不仅是为了文学意义上的“现实主义的胜利”的需要,更展现了老舍对“婚恋政治化”这一修辞手法的巧妙运用:以情感的沟通来象征政治的归训,既照顾了回族观众的情绪,又使得剧作本身充满生趣,毕竟观众对情爱情节还是喜爱多于厌恶的。换言之,老舍在这里表面上是在写情爱故事,内里仍是在启蒙现代性视阈下进行政治叙事——回汉应以国家利益为重并放弃一切成见和矛盾联合抗日。这也是老舍在李汉杰的情爱故事上大费笔墨的原因,而对于李汉杰来说,他对张孝英产生爱慕之情的开始,也是一种新的抗战体验和身份政治的开端。

值得注意的是,尽管老舍努力于抗战宣传和政治启蒙,但他所面临的民族国家缺失和“化大众”的困境,还是让他不由自主地借剧中人物之口表达了对国民党官僚体制尤其是

①老舍:《国家至上》,《老舍全集》第9卷,人民文学出版社2008年版,第103页。

②老舍:《〈国家至上〉说明之一》,《老舍全集》第17卷,人民文学出版社2008年版,第256页。

科层制之下官员办事效率低下、腐败无能现象的愤怒与无奈，这正如黄子清所感慨和夸赞热心服务、积极苦干的赵县长时所说的那样："真的！要是以前的县长都像你这么公平，那可以少出多少乱子！"①一句"乱子"背后隐喻的是回汉之间无数血的教训。抛开清朝年间回汉互杀的情况，民国以来回汉之间的相互仇杀事件同样多不胜数，其中最典型和最可怕的就是"河州之乱"。② 由于"河州之乱"所产生的巨大的负面影响，所以老舍在赴西北考察和调研过程中，不可能不对此有所耳闻。最关键的是，老舍对于满汉之间的种族仇杀、仇视对立③现象太熟悉了，对于其中的惨痛教训和悲剧感受极为深刻，也正是出于对这种教训和痛苦的切肤之感，使他非常担心设若情节处理不当会激化回汉矛盾的情状。由此可知，老舍的"回避"写法极为高明，这也是迄今为止我们所能看到的书写回汉矛盾冲突最聪慧的艺术手法和情节设计。

在老舍看来，其现代性抉择是以力促"回汉团结联合抗日"为首要目标的，其核心思想是与国家主义相关的"一切为抗战服务"，"个人的私事，如恋爱，如孝悌，都可以不管，只要能有益于国家，什么都可以放在一旁"④。须强调的是，老舍的国家主义并非等同于狭隘的爱国情结，因为他说过："我们不要学日本的褊狭爱国，或什么铁血主义。斯巴达克式的教育能使人成为武士，也能使人成为强盗。"⑤从这种角度去审视，我们会发现老舍看到了回汉之间爆发矛盾冲突的本因——中国作为一个民族国家的现代性缺失，使得她无法有效对外抵抗帝国主义侵略和对内消解各民族矛盾。本来，回汉在面对日本帝国主义侵略时是利益一致、目标一致、国家主义价值观一致的，但当时的国民政府却无法合理有效地动员各民族团结起来实施现代化和抗敌御侮的国家工程。《国家至上》所呈现的中国社会历史文化环境——1938 年夏天，使得张老师们所面对的是一个不具有现代民族国家统一形式的政权，这个政权治下的中国不仅备受帝国主义势力的欺压，还承受着内部政治纷争不断的麻烦。那么，一个合法性尚且无法自持的政权或曰政府有可能为张老师等回民们提供生活保障、制度保障和安全保障吗？答案不言自明。在《国家至上》的具象书写中，我们看到，不管张老师多么自信回族同胞能够保家卫国，但他的家和清真寺还是受到了日寇的轰炸和摧毁。这不仅体现了国民党政府的无能和国家实力的羸弱，还体现了当时中国的现代民族国家缺失及国民政府合法性备受日寇消解的具象化存在。因此，当回民们表达对汉人软弱性的蔑视时，当回民们表达对昔日政府官员的不满时，当回民们宁愿自己组队抗日冲锋在前时，从他们更深层的心理意识来看，这其实表达了他们对现代性缺失和无法给他们提供现代性保障的国民政府的深度失望。在某种意义上，这类失望和不满情绪也是老舍的一种潜意识。以是观之，当我们强调老舍国家主义思想中的"无私"成分时，我们更应该看到他因民族国家缺失而导致现代化工程无法实现时的反思意识和批判立场，只不过这种意识和立场比较隐晦而已。

---

①老舍：《国家至上》，《老舍全集》第 9 卷，人民文学出版社 2008 年版，第 111 页。

②西尔枭：《血祭马家军》，国际文化出版公司 1995 年版，第 54 页。

③关纪新：《老舍与满族文化》，辽宁民族出版社 2008 年版，第 33 页。

④老舍：《我怎样写〈二马〉》，《我怎样写小说》，文汇出版社 2009 年版，第 13 页。

⑤老舍：《新气象新气度新生活》，《老舍全集》第 14 卷，人民文学出版社 2008 年版，第 140 页。

此外，老舍和宋之的进行的有限度的抗战叙事或曰故意回避了张老师战斗场面的细节也同样值得注意。透过《国家至上》对当时历史文化背景和政治意识形态内容作深层分析可知，张老师的牺牲表面上是其缺少战斗策略、莽撞硬干的结果，实际上其悲剧根源在于国民党政府的无能和失策。就此而言，在剧本中，国民党正规军的不在场与战斗场面的缺失是意味深长的，一个面临多重合法性危机的国民政府才是造成张老师等回民悲剧命运的本质性因素，尽管作者对这一因素进行了有意遮蔽，尽管作者把破坏回汉合作的原因归结为汉奸的挑拨离间、造谣生事，尽管作者极力强调创作过程中"抗战想象"的缺憾，但在文本话语之外所隐含的是非常真实和发人深思的政治叙事与启蒙立场，是对民族国家缺失情状的深深的忧愤之情。

三、历史焦虑、文艺宣传论与启蒙现代性的彰显

中华民国是一个以现代民族国家为标杆而建立起来的政权，但它并未把中国建设成一个真正的现代民族国家。在民国的历史进程中，先是袁世凯复辟、二次革命、军阀混战，后是北伐革命、中原大战、日寇入侵等，中国一直处于风雨飘摇的危难之中。《国家至上》反映的正是这种现代民族国家缺失在 20 世纪 30 年代引发的回汉之间的文化政治冲突。对于以"资本主义现代化"作为自己战略目标的国民政府和爱国知识分子而言，他们必将面临这一冲突。在这种情况下，很多人是从民族本位或个人本位的角度去思考问题的，而老舍是从国家本位的角度去思考问题的：一方面，中国必须通过抗日战争胜利建立强力政权，然后才能自上而下地推行国家现代化工程，因为现代化是当时的世界潮流，不推行现代化工程，中国将难以避免因落后而挨打的被动局面；另一方面，进步知识分子必须对普通民众进行启蒙，让各族人民放弃个人乃至种族利益，团结一心抗日御侮，实现抗日战争的最终胜利。由于后者是前者的前提，这意味着回汉之间必须握手言和、联合抗日才有获得胜利的可能性。

问题的复杂性在于，逻辑上易于解决的问题，在现实中并不一定容易解决，这就会令人产生焦虑情绪。而《国家至上》进一步表达了作者和回教协会以及文本中回汉双方的有识之士催生"回汉合作"的历史焦虑。在剧中，赵县长不断游说张老师的情节生动地折射了这种焦虑的真实存在。赵县长的抗敌思路是让大家团结起来，"黄子清和张老师合作，然后回汉再合作，教内相亲，教外相友，大家一起跟日本人干"，但张老师因黄子清"偏袒"教外人而拒绝与之合作。更糟糕的是，善于逢迎、见利忘义的金四把得到了张老师的信任，在他的调拨离间、要奸使坏下，张黄之间的矛盾变得日益激化，甚至到了互不相容的地步。在这一过程中，金四把这个日本走狗在剧中成为时常出场的人物，他的言行不仅为赵县长的抗日大计带来了变数，还影响到了张老师的情绪起落和理性判断。作为一个有着真性情、"心口如一"的拳师，张老师为什么会如此看重和信任一个搬来此地才两年的"说媒拉纤"的掮客呢？最直接的原因就是他认为金四把是一个"教内人"，一个谨慎小心、善于识破汉人阴谋诡计的"有用的人"，一个值得结交的"朋友"。张老师的宗教偏见和身份认同使他更愿意相信金四把的"分析"和恶意揣测，而不愿意相信赵县长等人联合抗日的真诚性。对于女儿张孝英和朋友们的合理化建议，他采取不屑一顾、统统否定的傲慢做

法。但发人深省的是，张老师的不信任并非源于他的多疑和蠢笨，而是源于历史和现实的多重“教训”。尽管孙中山曾夸赞过回族人品质优秀、“革命性亦最强”，“回教向以勇敢而不怕牺牲著名于世”，“打倒帝国主义之工作，非有回族之整个结合，亦势难完成也”[①]，但他为了推翻清政府所宣扬和鼓动的“驱除鞑虏，恢复中华”的口号早已深入民心，这种“狭隘”的民族情绪的泛滥也贻害到了回汉民族关系上。这种已经内化到心理深层的排斥心理和怀疑心态，肯定不是赵县长几句“回汉得合作”的劝说就能改变的，这才是金四把只要一挑拨张老师就马上对回汉合作倡议产生犹疑心态的根源。因此，从张老师和金四把、赵县长的关系中，反映出的依然是他们所置身其中的社会环境下的现代民族国家缺失情状，以及这种缺失对老舍现代性追求的拆解，而反过来，这也势必会强化老舍对启蒙现代性追求的必然性的认同，进而加重了其启蒙回汉乃至各民族民众必须“携手抗日”的政治焦虑。

老舍的这种政治焦虑在文本之外要表现得更为明显，这可以从他不遗余力地推行“文艺为抗战服务”的言行中得窥一斑。老舍曾对左翼文艺界提倡的“文艺宣传论”表示不屑，但在“文协”成立前后，他的看法完全变了，尽管他在骨子里并不愿意接受左翼的“文艺宣传论”，但他是绝对认同“抗战文艺宣传论”的。他不但主张政府要拟制抗战教程和国耻教材，还要求教育工作者“应以抗战作为教育——游击战式的教育”：“这就是说，每一个地方必视本地之所需，决定教育上有利于抗战的实际方法的，目的都在抗战，方法尽可不同，靠山的要利用山，近水的须利用水，为游击战的妙用；教育亦应如此。”[②]在为老向的《抗日三字经》作序时，他明确表示，希望老向继续努力多写多印这类小册子，“广为宣传，增加抗战的力量”[③]。在探究连环图画的发展问题时，他认为“连环图画在平日就有极广大的势力，今日更成为最有效的宣传品”，因此希望“多出些抗战连环图画”[④]。在分析抗战文艺为什么必须深入民间时，他指出：“北伐时期能以宣传代替武力，现在我们可不能专凭文字打退日本。我们的宣传多半是朝向着我们的军士与人民，于是我们去唱，去演，我们的歌，我们的戏剧。”[⑤]在提倡文艺的通俗化时，他强调：“当此抗战时期，艺术必须尽责宣传，而宣传之道，首在能懂”[⑥]；作家要学会利用通俗文艺的旧形式、旧思想乃至旧套路，“把民心引到抗战上来”[⑦]，也由于“文艺必须尽它抗敌卫国的责任”以及通俗文艺的巨大影响力，所以新旧文人都要创作抗战文艺，“在这里，文艺的宣传性战胜了艺术性是事所必至的”，“这事实也就极合理的把文人的眼转移到通俗文艺上来”[⑧]。在看到了西北抗战宣传工作的情形后，他希望有艺术修养的人多到“前方”去给热诚的青年们以帮助和指导，并鼓励艺术家们去准备宣传工作上的“白刃战”：“在敌人方面，现在已利用我们老百姓所习见的图画，所听惯

①余振贵：《中国伊斯兰教历史文选》(上册)，宗教文化出版社 2009 年版，第 317 页。

②老舍：《抗战教育》，《老舍全集》第 17 卷，人民文学出版社 2008 年版，第 124 页。

③老舍：《〈抗日三字经〉序》，《老舍全集》第 17 卷，人民文学出版社 2008 年版，第 125 页。

④老舍：《连环图画》，《老舍全集》第 17 卷，人民文学出版社 2008 年版，第 127—128 页。

⑤老舍：《保卫武汉与文艺工作》，《老舍全集》第 17 卷，人民文学出版社 2008 年版，第 141 页。

⑥老舍：《释“通俗”》，《老舍全集》第 17 卷，人民文学出版社 2008 年版，第 146 页。

⑦老舍：《制作通俗文艺的苦痛》，《老舍全集》第 17 卷，人民文学出版社 2008 年版，第 160 页。

⑧老舍：《抗战中的通俗文艺》，《老舍全集》第 17 卷，人民文学出版社 2008 年版，第 170 页。

的歌调，来作他的宣传，我们自然也应迎面给予打击，去粉碎他的毒计阴谋。”[①]此外，老舍在1939年对抗战以来的中国文艺进行评价时，明确宣称感到“不满意”，虽然他知道抗战文艺“收获很少”有一定的客观原因，但他更希望的是抗战文艺能够快速“长进”，能够实现大众化、通俗化、立体化和民族化的发展新格局[②]。至此，其意图利用文艺的宣传功能来推动民众“为抗战服务”的峻急心态和启蒙立场可谓展露无遗。

同理，老舍对待民众或曰读者的态度也生动地体现了其启蒙意识和现代性追求。老舍在提倡抗战文艺的过程中处处优先考虑读者的接受问题。他告诫文艺青年爱好者：“作文第一要求清楚”，“作文要说自己的话，而且得教别人看得懂，不许整本大套的说梦话”。[③]他希望“写家们”能够在大时代中为读者写出充满“血与泪”的文学，为此他们必须“把自己放在大时代的炉火中，把自己放在地狱里，才能体验出大时代的真滋味，才能写出是血是泪的文字”[④]。他鼓励抗战文艺工作者要充分利用大鼓书词，因为它有着“雄壮、利落、普遍（较比的）、容易写、活动、读唱两可”[⑤]的长处，这是非常有利于老百姓明白抗日宣传道理的。在提倡艺术家多出抗战连环画时，老舍开篇就明示文艺界：“歌曲图画的宣传力量，在今日，实远胜于文字。文字宣传品尽管力求通俗，怎奈大家目不识丁，还是没用：百分之八十的同胞们是不识字的。”[⑥]他认为通俗文艺写作要遵循四个重要原则：文字应当“痛快爽朗”；文字“应当现成，通大路”；“内容须丰富充实”；“须是用民间的语言，说民间自己的事情”[⑦]。在提倡通俗文艺时，他更是身体力行去从事通俗文艺创作，比如在参加“文协”工作后，他曾在一段时间内致力于写作鼓词、旧剧、歌曲、小说等文体的通俗读物。他在解释自己为什么这么做时说：“艺术既久与民众无缘，今也欲事宣传，写新文，画新画，则老百姓不懂，故不能不求通俗。”[⑧]他还表示自己之所以“牺牲了文艺”而“痛苦”地去“制作”那些并不熟悉和擅长的通俗文艺作品，就是为了“尊重教育程度稍低的读众，与表现文艺抗战的热烈”[⑨]，当然也是为了抗战文艺能够产生更良好、直接的宣传效果。不过，这里须明确的是，老舍在提倡通俗文艺创作以便解救“民众精神食粮的饥荒”时，其内心对于文艺“经常之理”与抗战文艺“权宜之计”的考量是非常澄明的，他知道要写好民众读物必须向民众学习，但其最终目的是为了启蒙民众，这正如他向“同志们”所强调的：“先明白了同胞们，然后才能去指导同胞们，这个次序是万不能颠倒过来的。”[⑩]在这里，老舍不自觉地再次流露出了其精英意识和启蒙立场。老舍对于问题的透视使得其观点总是指向当时中国现实与启蒙困境的症结，这也使得其思维方式具有、显现了无可置疑的现代性和前瞻性。

---

①老舍：《宣传工作还不够》，《老舍全集》第17卷，人民文学出版社2008年版，第251页。

②老舍：《抗战以来的中国文艺——在内江沱江中学讲演》，《老舍全集》第17卷，人民文学出版社2008年版，第195—201页。

③老舍：《几句不得人心的话》，《老舍全集》第17卷，人民文学出版社2008年版，第103页。

④老舍：《大时代与写家》，《老舍全集》第17卷，人民文学出版社2008年版，第111页。

⑤老舍：《关于大鼓书词》，《老舍全集》第17卷，人民文学出版社2008年版，第122页。

⑥老舍：《连环图画》，《老舍全集》第17卷，人民文学出版社2008年版，第127页。

⑦老舍：《谈通俗文艺》，《老舍全集》第17卷，人民文学出版社2008年版，第130—131页。

⑧老舍：《释“通俗”》，《老舍全集》第17卷，人民文学出版社2008年版，第146页。

⑨老舍：《制作通俗文艺的苦痛》，《老舍全集》第17卷，人民文学出版社2008年版，第155—156页。

⑩老舍：《编写民众读物的困难》，《老舍全集》第17卷，人民文学出版社2008年版，第192页。

综上所述,《国家至上》作为一部凝聚着 20 世纪三四十年代多元社会信息和启蒙话语价值的话剧,一方面其基本的情节、戏剧冲突和主题思想具有明晰的政治意识形态性和启蒙现代性,是一种"抗战叙事";另一方面,这种"抗战叙事"并非主观臆造和虚构,而是在特定的抗战宣传氛围中依托社会客观现实和历史文化语境得以完成戏剧结构和政治叙事的。《国家至上》反映了抗战初期中国社会中回汉之间多重的文化矛盾与思想交集情状,是一部有关回汉民众合作抗日和老舍启蒙现代性追求的"高密度文本",也是一部展现回汉民众在国家现代性缺失的情形下"挣扎"着做出自身价值判断和生命抉择的现代寓言。

(作者单位:文学院)

论老舍《茶馆》对传统戏曲艺术的继承

◎杨迎平

1917年3月至1918年11月间，《新青年》同人以否定旧戏为前提倡导戏剧改良，拉开了中国现代戏剧革新的序幕。陈独秀、胡适、钱玄同、刘半农、傅斯年、周作人都是戏剧革新的先驱，他们对旧戏的“唱工”“脸谱”“马鞭子”“武把子”，以及“开门”“关门”等戏曲程式都进行了批判，胡适将这些戏曲程式都视为“遗形物”要全部废除。《新青年》的戏剧革命使中国戏剧跳出了旧思想、旧模式的束缚，走上了现代戏剧的革新之路，在中国现代戏剧史上有着划时代的意义。但是，他们对中国旧戏的全盘否定也不失其偏颇，有些矫枉过正。其实，中国传统戏剧有很多值得中国现代戏剧继承与借鉴的地方。后来，人们也认识到对旧戏不能全盘否定，连反对旧戏最猛烈的刘半农也说：对旧戏“已不必再取攻击的态度；非但不攻击，而且很希望它发达，很希望它能够把已往的优点保存着，把已往的缺陷弥补起来，渐渐的造成一种完全的戏剧。”[①]这种态度是理性的、诚恳的。事实上，五四以后的戏剧革新并没有完全否定旧戏，五四以后的典范戏剧作品，对旧戏都是有所扬弃、有所继承的。

《新青年》在彻底否定以古典戏曲为主体的旧戏之时，积极引进以易卜生的话剧为典范的现代戏剧模式，从而奠定了中国现代戏剧以写实主义话剧为发展方向的现代化基础。建国以后，中国现代话剧热衷于斯坦尼斯拉夫斯基的戏剧理论，创作中逐渐走向单一化和模式化，正如黄佐临说的：“我国从事话剧的人，包括观众在内，似乎只认定这是话剧的唯一创作方法。”[②]对其他的创作方法是有所排斥的。当中国现代话剧将斯坦尼斯拉夫斯基的戏剧方法作为话剧的唯一创作方法的时候，老舍却将目光投向中国传统的戏曲与曲艺，尝试将中国传统戏曲艺术融进中国现代话剧。老舍说：“从形式上看，我大胆地把戏曲与曲艺的某些技巧运用到话剧中来，略新耳目。”[③]《茶馆》便是老舍将中国传统戏曲艺术融进现代话剧的典范，这样做的目的有两点：一，为了“写法多少有点新的尝试”[④]；二，将传统的“玩艺儿”保留下来。老舍在《茶馆》里借剧中人物邹福远的话说：“咱们死，咱们活着，还在其次，顶伤心的是咱们这点玩艺儿，再过几年都得失传！咱们对不起祖师爷！常言道：邪

①刘半农：《梅兰芳歌曲谱·序》，《刘半农文选》，人民文学出版社1986年版，第225页。

②黄佐临：《漫谈“戏剧观”》，《人民日报》1962年4月25日。

③老舍：《老舍的话剧艺术》，文化艺术出版社1982年版，第181页。

④老舍：《老舍的话剧艺术》，文化艺术出版社1982年版，第159页。

不侵正。这年头就是邪年头,正经东西全得连根儿烂!"[①]这句话,表现出老舍对中国传统艺术的担忧。但对待传统艺术,老舍并不是盲目地继承,他说:"继承传统绝对不是将就,不是生搬硬套","我们就要推陈出新,给文字使用开辟一条新路,既得民族的奥妙,又有我们自己的创造。"[②]

一、从写意到象征:《茶馆》对中国古典戏曲的继承

在《新青年》与刘半农等进行戏剧改良论争的张厚载在《我的中国旧戏观》中说:"中国旧戏第一样的好处就是把一切事情和物件都用抽象的方法表现出来。抽象是对于具体而言。中国旧戏,向来是抽象的,不是具体的。"[③]张厚载所说的"抽象"就是中国旧戏的"写意"特征,是德国戏剧家布莱希特所欣赏的象征手法。布莱希特说:"人们知道,中国古典戏曲大量使用象征手法。一位将军在肩膀上插着几面小旗,小旗多少象征着他率领多少军队。穷人的服装也是绸缎做的,但它却由各种不同颜色的大小绸块缝制而成,这些不规则的布块意味着补丁。各种性格通过一定的脸谱简单地勾画出来。双手的一定动作表演用力打开一扇门等等。"[④]布莱希特认为这是艺术的、巧妙的表演方式,他甚至说:"与亚洲戏剧艺术相比,我们的艺术还拘禁在僧侣的桎梏之中。"[⑤]

老舍的《茶馆》不追求故事性,而是追求象征性。挪威评论家克努特·哈姆逊说:"一个人物的性格如果不鲜明,演出就失败了。可是,人物形象如果太鲜明,就势必会变成一种性格象征,一种人物类型。"[⑥]《茶馆》因为其人物形象鲜明,具有突出的象征性而获得了巨大的成功。老舍用一个茶馆象征一个社会,茶馆是中国社会的一个微缩,茶馆 50 年的历史就是中国社会 50 年的历史。作品通过茶馆的命运变迁来见证半个世纪以来中国社会历史的变迁和命运,"裕泰茶馆"的倒闭象征了黑暗社会的结束,暗示了一个新社会的到来,李健吾说:《茶馆》"在感情上还是伏下了暗流的(康大力出走)。这股暗流是逐渐紧张,逐渐光明的。老舍同志虽然未写到解放后,实际上是暗示了。"[⑦]《茶馆》写王利发、写秦仲义,是为了说明改良派不行,民族资产阶级也不行,只有社会主义才能救中国。这是作者要告诉我们的真理。如郭汉城所说:"所以(《茶馆》)不统一中有大统一,无故事中有大故事,即那个时代的故事。"[⑧]《茶馆》中每个出场的人物都有独特的象征性。结尾处三位老人撒纸钱的情形,渲染着一种悲剧的气氛,象征着给旧时代送葬。《茶馆》中"莫谈国事"四个字一幕比一幕大,也有其象征意义。

---

①老舍:《老舍剧作选》,人民文学出版社 1978 年版,第 123 页。

②老舍:《老舍的话剧艺术》,文化艺术出版社 1982 年版,第 204 页。

③张厚载:《我的中国旧戏观》,《新青年》,1918 年第 5 卷第 4 号。

④[德国]布莱希特:《布莱希特论戏剧》,中国戏剧出版社 1990 年版,第 192 页。

⑤[德国]布莱希特:《布莱希特论戏剧》,中国戏剧出版社 1990 年版,第 196 页。

⑥[挪威]克努特·哈姆逊:《论易卜生》,《易卜生评论集》,外语教学与研究出版社 1982 年版,第 64 页。

⑦李健吾:《座谈老舍的〈茶馆〉》,《老舍的话剧艺术》,文化艺术出版社 1982 年版,第 398 页。

⑧郭汉城:《〈茶馆〉的时代与人物》,《老舍的话剧艺术》,文化艺术出版社 1982 年版,第 413 页。

二、舞台的假定性:《茶馆》对古典戏曲的借鉴

老舍曾在1938年尝试写了四出京剧。老舍喜欢唱京剧。他说:“我心目中的戏剧多半儿是旧剧。”[①]所以,他对传统戏剧的舞台假定性很钟情。黄佐临说:“中国戏曲充分肯定舞台艺术的假定性,坦率承认我们是在演戏……舞台上出现的事物,虽然源于生活,并非真实生活的翻版,虽然重视符合生活的逻辑的‘情’与‘理’,但决不追求酷似生活的舞台幻觉……中国戏曲演员的表演,除了围绕他的三堵墙之外,并不存在第四堵墙。他使人得到的印象,他的表演在被人观看。这种表演立即背离了欧洲舞台上的一种特定的幻觉。观众作为观察者对舞台上实际发生的事情不可能产生视而不见的幻觉。”[②]舞台假定性突出了戏剧的优势,超越了中国现代话剧的写实手法,更展示其写意特征。

《茶馆》借鉴了中国传统戏曲的舞台假定性特征:“假定性本是艺术共有的属性,然而舞台假定性浪漫主义色彩更浓,充满着创作的想象,充满着诗的提炼与诗意的夸张。”[③]老舍《茶馆》里的人物安排是:主要人物由壮到老,贯串全剧;次要的人物父子相承,父子由同一演员扮演。这样的设计本身是假定的,在生活中儿子不必继承父业,可是在舞台上这一设计保持了剧情的连续性和整体性,父子由同一演员扮演强化了中心人物命运的戏剧性效果,使观众看出故事是连贯下来的,而且明确地告诉观众这是在演戏,一个演员可以扮演父子两人,舞台意识增强了,突出人物了的表演性和舞台性。这样的子承父业似乎淡化了人物的个性,所以李健吾会说:“这个戏的人物虽活,但仍会感到个性不深。”[④]显得不够真实。其实老舍在这里没有将现实中的真实照搬到舞台上,而是时刻记住话剧的舞台性和假定性,他督促自己要“笔落在纸上,而心想着舞台”。舞台上的假定性可以将作者的思想和作品的寓意生动地传递出来,这是戏剧作为一门艺术要达到的目的。老舍说,戏剧“必须表演于大众目前,所以他差不多利用一切艺术来完成它的美……戏剧是文艺中最难的。世界上一整个世纪也许不产生一个戏剧家,因为戏剧家的天才,不仅限于明白人生和文艺,而且还须明白舞台上的诀窍。”[⑤]《茶馆》在“舞台上的诀窍”就是通过“子承父业”这样不一定符合生活真实的假定性,表现出时代的真实。演员换换服装,就换了一个人物,换了一个时代。有的换了时代却不换服装,如第一幕是清朝,宋恩子和吴祥子穿灰色大褂,但到了第二幕,宋恩子和吴祥子仍穿灰色大褂,使得松二爷不能不请安:

宋恩子:这是怎么呢?民国好几年了,怎么还请安?你们不会鞠躬吗?

松二爷:我看见您二位的灰大褂呀,就想起了前清的事儿!不能不请安!

这“灰大褂”表明是次要人物的符号特征,也是一种假定性,是人物类型化的一种表现,从而说明时代的变换也是换汤不换药的。

《茶馆》中50年的历史,仅仅截取了三个时代的侧面,不同时代间的连接是依靠幕与幕的连接。这样,幕与幕之间就有了空间距离,第一幕与第二幕之间有10多年的时间跨

①老舍:《闲话我的七个话剧》,《老舍全集》第16卷,人民文学出版社1999年版,第208页。

②佐临:《布莱希特〈中国戏剧艺术中的陌生化效果〉读后补充》,《戏剧论丛》1982年第1期。

③徐晓钟:《向“表现美学”拓宽的导演艺术》,中国戏剧出版社1996年版,第31页。

④李健吾:《座谈老舍的〈茶馆〉》,《老舍的话剧艺术》,文化艺术出版社1982年版,第398页。

⑤老舍:《文学概论讲义》,《老舍全集》第16卷,人民文学出版社1999年版,第140页。

度，茶馆的变化很大："现在，它的前部仍然卖茶，后部却改成了公寓。前部只卖茶和瓜子什么的；'烂肉面'等等已成为历史名词。"①第二幕与第三幕之间有20多年的时间跨度，变化更大："现在，裕泰茶馆的样子可不像前幕那么体面了。藤椅已不见，代以小凳与条凳。自房屋至家具都显着暗淡无光。"②连女招待都进了这个传统的老式茶馆。幕与幕之间，大傻杨的竹板承担着叙事的任务，在幕前幕后介绍故事和人物，使观众跳出戏外，积极思索，参与评价，达到了陌生化效果，充分体现了戏剧舞台的假定性。

李健吾说：《茶馆》中"戏有图卷性质，三个画面相隔是多年，有些人物贯串到底，特别是茶馆主人王利发（剧作者利用这一点来维持观众兴趣），我个人起了这样一个好奇心，那就是：幕间休息（假定是10分钟）短暂，扮王利发的演员该怎样忙着改装啊。"③为了解决这个问题，老舍在幕与幕之间各安排了一段快板，老舍说："此剧幕与幕之间须留较长时间，以便人物换装，故拟由一人（也算剧中人）唱几句快板，使休息时间不显着过长，同时也可以略略介绍剧情。"④剧情的介绍再次突出了假定性，这样，就在《茶馆》的舞台空间中融入了现实的空间，这个现实空间是听得见而看不见的，因为"茶馆是三教九流会面之处，可以容纳各色人物。一个大茶馆就是一个小社会"⑤。半个世纪的历史，舞台上只有三幕戏，幕前有形的空间是有限的，老舍把幕后无形的、无限的空间留给了观众，舞台假定性有利于观众的遐想，观众的想象丰富了舞台，丰富了剧情的发展。于是，现实社会就展现在舞台上，极大地扩展了话剧的主题空间。

另外，快板的穿插运用，也把戏曲与曲艺的技巧运用到话剧中来了。通过快板，《茶馆》突出了不同时代的主题特征，完成了埋葬三个旧时代的历史使命。

"假定性特征"能够产生一种"间离"，也就是布莱希特追求的"陌生化效果"。黄佐临说："布莱希特戏剧理论的最基本特征是一种主张使演员和角色之间、观众和演员之间、观众和角色之间保持一定距离的戏剧学派。"⑥"舞台假定性"将演员"间离"出来，引导观众去探索事物的本质，不至于沉浸在剧作家所制造的幻觉中。老舍说："这样观众不仅听得懂，还会引导他们去想，就更有力量。"⑦早期的中国现代戏剧不需要观众思索，要思索的问题作者早已替观众设计好了答案，通过演出给予总结性的回答。中国传统戏剧也有思索因素，但那是观众通过对舞台生活、通过人物合理逻辑的行为，以及人物命运的发展而逐渐感悟的。"新戏剧对思索的追求，是要使观众在观剧时'同步的'和'意识到的'思索。"⑧而不是在下意识的范围达到的。《茶馆》通过人物对生活现状的叙述诱发观众思索，并且达到观众在观剧时同步地、有意识地思索。如第三幕，茶客甲、乙上场：

王利发：二位早班儿，带着叶子哪？老大拿开水去！二位，对不起，茶钱先付！

茶客甲：没听说过！

---

①老舍：《老舍剧作选》，人民文学出版社1978年版，第92页。

②老舍：《老舍剧作选》，人民文学出版社1978年版，第113页。

③李健吾：《谈〈茶馆〉》，《李健吾戏剧评论选》，中国戏剧出版社1982年版。

④老舍：《老舍剧作选》，人民文学出版社1978年版，第141页。

⑤老舍：《老舍的话剧艺术》，文化艺术出版社1982年版，第158页。

⑥黄佐临：《漫谈"戏剧观"》，《人民日报》1962年4月25日。

⑦老舍：《老舍的话剧艺术》，文化艺术出版社1982年版，第258页。

⑧徐晓钟：《向"表现美学"拓宽的导演艺术》，中国戏剧出版社1996年版，第112页。

王利发：我开了几十年茶馆，也没听说过！可是，你圣明：茶叶、煤球儿都一会儿一个价钱，也许您正喝着茶，茶叶又涨了价钱！您看，先收茶钱不是省得麻烦吗？

茶客乙：我看哪，不喝更省事！（同茶客甲下）

王大栓：（提来开水）怎么？走啦！

王利发：这你就明白了！

大栓是否明白了？王利发也没有说要大栓明白什么，但老舍这个时候却让观众明白了，使观众对物价飞涨的社会形状进行了思考。

三、向传统曲艺学习语言

向传统艺术学习，就一定要重视语言。老舍说："民族风格是表现在语言上"[①]；"我们要从古典文学中学会怎么一字不苟，言简意赅，学会怎么把普通的字用得飘飘欲仙，见出作者的苦心孤诣"[②]。要写好语言，就必须从传统曲艺里吸取精华。老舍说："为写好对话，我们须向许多文体学习，取其精华，善为运用。旧体诗词、四六文、通俗韵文、戏曲，都有值得学习之处"[③]；"我要学习旧体诗歌，也要学习鼓词……诗歌的格律限制叫我懂了一些造句遣词应如何严谨……鼓词既有韵语的形式限制，在文字上又须雅俗共赏，文俚结合……习写鼓词，会教给我们这种善于结合的方法。习写戏曲的唱词，也有同样的益处"[④]；"汉语是有'声'的语言，把'声'调节好了，句子便很好听。古诗词、京戏、曲艺中的鼓词等，都发挥了它的美"[⑤]；"在适当的地方利用一二歇后语或谚语，能够发生亲切之感"[⑥]。

老舍还把相声的写作方法也运用到《茶馆》里，他说："在曲艺里，相声最难写"[⑦]；"相声的语言非极精炼、极生动不可。它的每一句都须起承前启后的作用，以便发生前呼后应的效果……尽管我没写出过完美的相声段子，我可是得到一个写文章的好方法：句句要打埋伏。这就是说：我要求自己用字造句都眼观六路，耳听八方，不单纯地、孤立地去用一字、造一句，而是力求前呼后应，血脉流通，字与字，句与句全挂上钩，如下棋之布子。这样，我就能够写得比较简练。意思贯串，前呼后应，就能说的少，而包括的多"[⑧]；"在评书和相声里，状物绘声无不力求细致"[⑨]。老舍试图将传统艺术的长处都融进话剧，使话剧人物开口就响，真正做到"语不惊人死不休"。我们在《茶馆》里可以看到许多相声段子，如第二幕王利发与唐铁嘴的对话：

唐铁嘴：王掌柜！我来给你道喜！

王利发：（还生着气）哟！唐先生？我可不再白送茶喝！（打量，有了笑容）你混得不错

---

①老舍：《老舍的话剧艺术》，文化艺术出版社 1982 年版，第 213 页。

②老舍：《老舍的话剧艺术》，文化艺术出版社 1982 年版，第 204 页。

③老舍：《老舍的话剧艺术》，文化艺术出版社 1982 年版，第 246 页。

④老舍：《老舍的话剧艺术》，文化艺术出版社 1982 年版，第 222 页。

⑤老舍：《老舍的话剧艺术》，文化艺术出版社 1982 年版，第 214 页。

⑥老舍：《老舍的话剧艺术》，文化艺术出版社 1982 年版，第 229 页。

⑦老舍：《老舍的话剧艺术》，文化艺术出版社 1982 年版，第 267 页。

⑧老舍：《老舍的话剧艺术》，文化艺术出版社 1982 年版，第 222 页。

⑨老舍：《老舍的话剧艺术》，文化艺术出版社 1982 年版，第 229 页。

呀！穿上绸子啦！

唐铁嘴：比从前好了一点！我感谢这个年月！

王利发：这个年月还值得感谢！听着有点不搭调！

唐铁嘴：年头越乱，我的生意越好！这年月，谁活着谁死都碰运气，怎能不多算算命、相相面呢？你说对不对？

王利发：yes，也有这么一说！

唐铁嘴：听说后面改了公寓，租给我一间屋子，好不好？

王利发：唐先生，你那点嗜好，在我这儿恐怕……

唐铁嘴：我已经不吃大烟了！

王利发：真的？你可真要发财了！

唐铁嘴：我改抽“白面”啦。（指墙上的香烟广告）你看，哈德门烟是又长又松，一顿就空出一大块，正好放“白面儿”。大英帝国的烟，日本的“白面儿”，两大强国侍候着我一个人，这点福气还小吗？

王利发：福气不小！不小！可是，我这儿已经住满了人，什么时候有了空房，我准给你留着！

唐铁嘴：你呀，看不起我，怕我给不了房租！

王利发：没有的事！都是久在街面上混的人，谁能看不起谁呢？这是知心话吧？

唐铁嘴：你的嘴呀比我的还花哨！

王利发：我可不光耍嘴皮子，我的心放得正！这十多年了，你白喝过我多少碗茶？你自己算算！你现在混的不错，你想着还我茶钱没有？

唐铁嘴：赶明儿我一总还给你，那一共才有几个钱呢！

类似以上相声段子式的对话还有第一幕秦仲义与庞太监的交锋，第二幕刘麻子与逃兵买卖媳妇的讨价还价，第三幕庞四奶奶出场与众人的对话，都写得精彩至极。老舍说：“一个作家，虽不必是一部百科全书，但必须知识丰富。天下几乎没有和作家不相干的事情。”[①]可以说，老舍的《茶馆》就是传统戏曲的百科全书了。

（作者单位：晓庄学院文学院）

①老舍：《老舍的话剧艺术》，文化艺术出版社1982年版，第257页。

《茶馆》大傻杨"数来宝"的舞台艺术效果

◎董克林

老舍在《茶馆》创作上用了"新招数",他把新中国成立之前北京街头乞丐所说的土得掉渣的"数来宝"串在了三幕话剧之前。大傻杨打着快板登上了话剧舞台,是老舍将中国戏剧元素与话剧元素相结合的尝试。大傻杨俗中有雅的韵致表演,像一串带有浓郁京味的"草珠项链",为悲怆的剧情谱出了欢快的音符,为苦涩的《茶馆》涂上了一抹靓丽的色彩,为幕间增添了新颖的民族艺术形式和风格,为观众带来了耳目一新的审美体验。

一、大傻杨"登台"的话剧民族化背景

(一)"数来宝"是话剧民族化的"新招数"

老舍说:"创作这个事就是大胆创造,出奇制胜的事儿,人人须有点'新招数',要勇于'突破藩篱,独出心裁,别开生面'。"①他写《茶馆》遵循了话剧剧本基本格式,另在每一幕之前加一个附录——大傻杨"数来宝"。老舍巧妙地运用叙述方式,让大傻杨打着竹板在每一幕之前表演,将京味的快板书与话剧相结合,以话剧民族化的艺术手段,创造出国人喜闻乐见的曲艺艺术。杨迎平说:"老舍的'新招数'是既要借鉴外来的演剧方法,又要继承中国传统的戏剧特点,布莱希特的戏剧观正好融合了这两个特点。"②由此看来,"数来宝"登上话剧舞台不仅是老舍践行中国话剧民族化道路的一次尝试,而且是中国戏剧与布莱希特戏剧理论相结合的成功实践。

话剧剧本及幕(场)之间采用哪种结构方式,是用音乐、舞蹈,还是用字幕等其他方式,传统的、民族的与现代艺术、西洋艺术怎样结合,应该取决于该话剧的题材、立意和作者开掘题材的艺术角度等因素。老舍在三幕话剧幕间添加的大傻杨"数来宝",是民族化的一种形式,但并非唯一的形式,因为民族化元素渗透在中国话剧历史发展进程之中,渗透在舞台的每一寸空间。如曹禺的《北京人》中,曾文清吟诵陆游的《钗头凤》,《家》中的觉慧和鸣凤背诵苏东坡的《水调歌头》等。而当年老舍为创新民族化艺术,曾践行在不同剧种之

①老舍:《老舍的话剧艺术》,文化艺术出版社1982版,第275页。

②杨迎平:《传统与现代的碰撞》,张桂兴编《老舍的精神世界与文化情怀》,中国文史出版社2013版,第295页。

间，他“不仅写过京剧，而且还改编过一些地方剧，从中感觉不同艺术形式的区别和舞台艺术规律”①。他在《茶馆》中添加的大傻杨“数来宝”链接了三幕，不仅延伸了全剧的完整性和统一性，而且与话剧内容相映衬，与中国观众的民族化、地域化欣赏口味相契合，贴近大众的审美心理，创造出了典型的土洋结合的“新招数”。

在这里，有必要介绍一下“数来宝”和话剧各自的特点(参见表1)。“数来宝”表演形式为一人或两人沿街说唱，用竹板或系以铜铃的牛髀骨伴音。常用“三、三”七字、八字、九字句，句子押韵，朗朗上口，极富表演性，是民族曲艺艺术。话剧是“西洋剧”，20世纪初传入中国，具有舞台性、直观性、综合性、对话性，是一门综合性艺术。

表1 “数来宝”快板书与话剧艺术要素对比简表

名称 艺术要素	数来宝	话剧
剧作	即兴	剧本
时间	无特定时间	固定演出时间
地点	街头巷尾	剧场和舞台
服饰	无演出服装	演出服
演员	单(双)人	剧组
观众	行人路遇	预定观众
艺术类别	通俗	高雅
编导	自编自导	专门导演
灯光	无	舞台灯光齐全
伴奏	仅有竹板	各种乐器
表演	口语、眼神、手势	说唱、动作、舞蹈等
评论	行人随口称赞、哈哈一笑	由专家点评或文字专稿

相比之下，“数来宝”与话剧彰显着各自的生命气息和艺术光泽：西方的阳春白雪与东方的下里巴人，高雅的舞台艺术与街头的乞丐说唱。一东一西，一土一洋，一俗一雅。老舍大胆地将东方的“写实主义”形式与“斯式体系”的“生活化”融为一体，他的“新招数”是一次在话剧舞台上培育中国曲艺艺术元素的新尝试。

夏稔说：“中国话剧扎根中国的百年来也经历了从保持纯净的西方血统，反对中国的戏曲文化到借鉴中国戏曲文化表现形式以至于最后话剧和中国的传统戏曲文化相融合的这一颠覆历程。”②从这个意义上来看，老舍创作大傻杨“数来宝”的颠覆性具有两个第一：第一次将曲艺艺术置入幕间，第一次将“数来宝”搬上舞台。这种艺术首创，说明了老舍不仅是当年“话剧的民族性”的实践者，更是创新者，是当年颠覆话剧历程的贡献者。

(二)采用“新招数”的话剧民族化背景

纵观《茶馆》前后的话剧民族化历程，话剧的土洋结合是从1956年郭沫若的《虎符》开

---

①马云：《老舍的话剧创作与舞台视野》，《文艺研究》2006年第11期。

②夏稔：《谈中国话剧艺术的民族化和表现力》，《戏剧之家》2014年第4期。

始的，还有《蔡文姬》《关汉卿》《霓虹灯下的哨兵》等。当时，西洋艺术被中国艺术民族化的形式如春潮涌动，不仅在中国话剧舞台上融合民族戏曲，而且为许多西方艺术中国化铺垫了道路。当年，走中国民族化道路的文艺创作形势给原本仰慕狄更斯并擅长泼墨京味小人物的老舍提供了崭新的创作环境和机会。

20世纪初，搬到中国舞台上的话剧演绎成“舶来品”，缺少民族之魂、艺术之美、人性之真，突出问题是缺少民族地方特色。针对这一问题，国内出现许多导向性思想。特别是1956年全国首届话剧观摩演出后，在“双百方针”指引下，话剧家们力求创新，纷纷献剧献策，纠正了话剧暴露出来的一些缺点，新剧本如《布谷鸟又叫了》《同甘共苦》《洞箫横吹》等突破了公式化、概念化框框，被剧作家刘川称为“第四种剧本”。这些新作符合焦菊隐提出的“为表演创造有利条件，烘托环境气氛和时代感，有利于突出主题思想”[①]。田汉先生也主张话剧不仅要接近真实生活，更要从真实生活中进行升华提炼，使其具有更高的艺术表达形式，更好地体现出其民族性。他主张在现代话剧与民族戏曲之间，驾起一座互相沟通的桥梁。当时，周恩来指出：“我们的话剧，总不如民族戏剧具有强烈的民族风格。中国话剧还没有吸收民族戏曲的特点，中国话剧的好处是生活气息浓厚，但不够成熟……”[②]如此种种话剧创作民族化信号，也与老舍土洋结合的创作理念一拍即合，话剧时代民族性与老舍自身民族艺术细胞存量为老舍提供了不竭的创作源泉。

老舍为了采用中国戏剧的表达方式，增强中西文化艺术融合后话剧的艺术表现力，他审视西方、中国、自己和他人的话剧作品，悉心寻找“洋为中用”“推陈出新”的新套路。早在1953年，他在话剧《龙须沟》中，就已经塑造了疯子“数来宝”片段，创作《茶馆》时，他再次将“数来宝”镶嵌在三幕之前，超越了东方与西方和传统与现代的二元对立思维，超越了“舶来品”话剧的格调，也超越了自己。他摒弃的是在创作艺术上照抄照搬，创新的是将民族艺术元素奇妙地融进话剧舞台。老舍说：“格调欲高，固不专赖语言，但语言贫味，即难获得较高的格调。提高格调亦不耑赖词藻。用的得当，极俗的词句也会有珠光宝色。”[③]可见，“数来宝”这根宝链既不是偶然之笔，也不是天上掉下的林妹妹，而是作者在民族化道路的春潮中，在语言上精雕细琢，才得以将有血有肉、鲜活欲出的民间曲艺之宝呈现出来。这根宝链堪称中国话剧史上的草根变珠宝之艺术绝版。

老舍设计大傻杨“数来宝”，另有原因，一是剧情需要，剧中有些演员要一人演三幕，换幕化妆时间较长，为使幕间连贯，需要“新招数”。二是老舍出身原因，老舍是在京味胡同里长大的作家，在北京民间艺术中过筛子，是情理之中的事。三是听取了专家学者的建议，陈白尘在1957年12月19日座谈老舍的《茶馆》时提出：“不妨请老舍同志写个幕前词，向观众解释一下。假设能有内在的联系，更好。”[④]还有人出主意，可以说段“数来宝”让观众等待。这种建议与老舍的创作天才相撞击，产生火花。这也恰遇老舍关注平民视角之所好，正中老舍善于驾驭俗词俚语之擅长。四是符合话剧舞台表演的动作性，“写剧本应尽量多找动作，用动作来代替对话，记住！在台上用一个真实的动作，比用一车子的话表

①方堃林：《舞台灯光与音响效果在创造上的配合》，《演艺设备与效果》2008年第1期。

②郑彦清：《话剧艺术创新谈》，《艺术教育》2010年第5期。

③老舍：《话剧的语言》，《老舍全集》第16卷，人民文学出版社2008年版，第611页。

④吴怀斌，曾广灿：《老舍研究资料》（下），北京十月文艺出版社1985版，第935页。

述心情更有力量。”[①]从曹禺这句话里，也能看到大傻杨打快板的力量之所在。五是符合布莱希特主张的话剧舞台表演的娱乐性。事实上，这种娱乐性包含着老舍与布莱希特同时追求的寓教于乐的演剧观。当然，时代背景和老舍本身致力创新话剧民族化形成了作者内因与外因的有机结合。在时代的召唤下，老舍既博采众长借鉴外来的和现代的戏剧艺术方法，又苦心孤诣地探索继承民族传统艺术之途径，促使他又一次捕捉到了“出奇制胜”的良机。

二、大傻杨“数来宝”的角色作用

（一）赋予大傻杨“剧中人”的角色

老舍在《茶馆》附录中写道：“……故拟由一人（也算剧中人）唱几句快板……”[②]按照老舍给大傻杨“剧中人”的定位，“剧中人”指的是幕与幕之间的那个人，是特定的一个角色，与剧中的角色人物不同。杨迎平说：“‘大傻杨’是戏外之人，与剧中人是间离的。”[③]虽然，“剧中人”与“戏外之人”文字不同，但意思同指幕间的这一特殊角色。布莱希特提出的“间离方法”（陌生化方法）要求演员与角色保持一定距离，演员要高于角色、驾驭角色、表演角色。虽然，大傻杨没有完全按照布莱希特的陌生化方法来完成角色定位，遵循的是老舍给予的民族角色设计，但是，在这个“剧中人”身上，仍然具有布莱希特戏剧元素的“间离”性。从《茶馆》舞台演出来看，老舍的“间离效果”与布莱希特的“陌生化效果”不尽相同，可“数来宝”最终的“间离效果”与布莱希特的“保持距离”方法仍然存在艺术近似的地方，达到了既要让观众知其然，又要知其所以然的效果，达到了揭示社会本质、引起观众联想与深度思考的效果。因为，老舍式“间离”不为假定性而假定性，拉近戏与人的距离，意在拉近幕与幕之间的距离，拉近幕间与观众的距离，拉近观众与剧情的距离。

大傻杨“数来宝”所担当的角色应该是一种特定“旁白”，但它与一般“旁白”在艺术形式、表现内容等风格迥异。通常，“旁白”多用书面语，或有音乐伴音，多为描写、说明、阐述性文字，用朗诵介绍剧情。而“数来宝”有竹板伴音，多用拟声词、拟态词，用表演说唱介绍剧情。

尽管“数来宝”与“旁白”有明显差别，但“数来宝”登上舞台后，其“剧中人”的角色还是显而易见的。第一，它承上启下。大傻杨以介绍者身份出现，角色自由、直接，既简述剧情，又穿插一些与剧情有关而又无法在剧本中表现的内容，使相对独立的三个幕次连缀成一个整体。这种角色嫁接是跨疆域的思想文化结合，是中外艺术的融汇，是中华民族审美精神的渗透，体现了戏曲传统美学与话剧美学的基因互补，有机嫁接。人性对光明、美好的追求具有共通性，其文化艺术嫁接后更容易成为有价值的文艺空间。老舍为三幕话剧烙上的北京色彩的乡俗符号，实现了一次东方美学与话剧的诗化“联姻”，在话剧史上塑造了一个带有民族乡俗符号的可以永久享用的“剧中人”。第二，它是剧情化身。大傻杨担

---

①张彩琴：《浅谈曹禺话剧舞台说明的特点》，《山西农业大学学报》（社会科学版）2010 年第 5 期。

②老舍：《〈茶馆〉附录》，《老舍全集》第 11 卷，人民文学出版社 2008 年版，第 323 页。

③杨迎平：《传统与现代的碰撞》，张桂兴编《老舍的精神世界与文化情怀》，中国文史出版社 2013 年版，第 296 页。

当了作者和剧情的化身，说出了作者授意的话语。正像老舍说的："人物出场的先后既定，情节的转折也有了个大概，作者似乎便把自己要说的话分别交给人物去说，张三李四原来不过是作者的化身。"[①]可见，作者设计"数来宝"，其意义远远超出了"剧中人"仅仅是化身、话筒的作用，放大了幕间的叙事张力，这种难以用文字和价值来衡量的大傻杨身后的角色艺术，拓展出更多的化身空间和叙事空间。第三，它是典型"剧中人"。《茶馆》人物表上有名有姓的人物有50人，大傻杨名列其中。作者给了大傻杨土洋结合的角色定位，赋予了这位"土老帽"代替"旁白"的新的表演方式和叙述方法。老舍说："写小说和写戏一样，要善于支配人物，支配环境(写出典型环境、典型人物)，"[②]大傻杨的典型在于他以乞丐身份登上了话剧舞台，开国人话剧另样"旁白"之先河，成为三幕话剧幕间的典型人物。

(二)"数来宝" 在三幕话剧中的作用

欧阳予倩曾说："中国戏曲、曲艺的演唱，与中国的语言结合得很紧密而又富有表现力。无论是大鼓、相声、单弦，比京剧更接近现实生活的口语，这种民间的曲艺，始终与人民的口头语言保持着最紧密的联系，适合话剧和新歌剧演员借鉴。"[③]欧阳予倩对汉语言民间曲艺的认识与老舍使用京味语言技巧习惯是一致的，"数来宝"就是从街头巷尾走出的民间曲艺，这种草根曲艺形式，在话剧舞台中富有民族化和艺术表现力。老舍认为，快板与诗是相通的，"我们须在写快板的时候，也要抱着把它写成诗的愿望……形式可以不要，语言的美丽与音乐性却非要不可，因为中国诗之所以成为中国诗必定因为它是中国语言的精华，这也就是民族风格的所在"[④]。老舍视中国诗为汉语之美丽象征，把快板书当成诗词来创作，让快板书富有诗意，具有民族风格的音乐性。从老舍的文艺民族化创作理念中，让人们看到大傻杨在《茶馆》中担负的作用至少有民族化用意、诗词化用意和音乐化用意。

把握一台话剧基调非常重要，喜剧则欢快流畅，悲剧则深沉压抑，历史剧则折射时代特色，悬疑剧则神秘莫测，而《茶馆》剧情基调则是悲喜交融，使人笑后而悲悯，旨在突出埋葬旧时代的主题。老舍设计幕前大傻杨，用明快的形式直观地传达剧情，引出式地对即演幕次人物、事件的阐释。这种创意和用意，正如老舍对三个"幕前"所述："幕与幕之间须留较长时间，以便人物换装"；"或者休息时间可免过长"；"同时也可以略略介绍剧情"[⑤]。这几点互为依存，不可偏颇，应该是老舍创作"数来宝"的部分初衷。而从实际演出效果分析，还能看到它更多的艺术作用。

其一，具有音乐性。从戏剧舞台上的背景音乐角度来说，有一层含义是环境音乐，大傻杨"数来宝"表演了舞台京味"音乐与音响"。按照老舍对快板书语言的阐释，快板书原本就是一种通俗艺术形式，它既有诗的本质，又有音乐语言之美。例如："哪位爷，愿意听，《辕门斩子》来了穆桂英。""王掌柜，大发财，金银元宝一起来。"[⑥]句中有明快的音节，有押

---

①老舍：《话剧的语言》，《老舍全集》第16卷，人民文学出版社2008年版，第609页。

②老舍：《人物、语言及其他》，《老舍全集》第16卷，人民文学出版社2008年版，第548页。

③贺键：《记欧阳予倩和罗常培、老舍谈话剧台词课》，《文艺研究》1982年第1期。

④老舍：《诗与快板》，《老舍全集》第16卷，人民文学出版社2008年版，第305—307页。

⑤老舍：《诗与快板》，《老舍全集》第16卷，人民文学出版社2008年版，第305—307页。

⑥老舍：《诗与快板》，《老舍全集》第16卷，人民文学出版社2008年版，第305—307页。

韵的字词,加上快板"伴奏",有吟诗之意境,有歌唱之欢乐,这些表现手法创造了幕间舞台环境音乐。

其二,具有艺术张力和表现力。快板书似说似唱,通过说、唱以叙事和抒情,其说唱艺术独具唱词押韵方法以及声响合一的表演形式,使快板词具有艺术张力和表现力。老舍曾说,快板书"字句容易调动,可以容纳地道白话"①。如第一幕前,从表现茶馆生意兴隆到表现"戊戌变法"的唱词:"这件事,闹得凶,气得太后咬牙切齿直哼哼。"第二幕前,表现军阀混战的唱词:"为卖炮,为卖枪,帮助军阀你占黄河他占扬子江。""老百姓,遭了殃,大兵一到粮食牲口一扫光。"②第三幕前,表现外敌入侵和国军进京的唱词:"国民党,进北京,横行霸道一点不让日本兵。"③其中的顺口溜是大实话、大白话,不仅交代了小茶馆与个人、与民族、与国家命运为一体的黑暗世道中的种种怪象,而且充满诗意,以艺术张力和表现力突出话剧主题。如温静君所言:"传统说唱艺术的音乐旋律与当地的方言声调密不可分……中国话剧植根于汉语言的节奏韵律基础上发展,所以传统说唱艺术的节奏韵律直接影响着中国话剧的语言表现力。"④老舍把语言艺术张力和表现力当成一种作品趣味,这种运用趣味、表现趣味的目的,是挖掘小舞台大社会的历史和处在三个黑暗时代的人心,挖掘时代和文化,挖掘真知和真理。"数来宝"发挥了帮助渲染时代悲哀、澄清事件曲直、表现人物命运、抓住观众的心的作用。

其三,具有"假定性"。把大傻杨"数来宝"看作一种"旁白","旁白"也具有假定性。《茶馆》反映了"裕泰"50 年三个时代的变迁,一人演三幕的演员年龄需随时代跨度而变化。如:茶馆掌柜王利发在第一幕里,正值青春年华,年富力强。到第三幕时,他与同病相怜的另两位悲剧主人公秦仲义、常四爷亦是老态龙钟,垂垂老矣。"数来宝"形式上的欢快,与三位老人自撒纸钱的悲凉形成强烈反差。诸如此类演员的角色跨度之大,人物表演难度之高,都与人物化妆和幕间舞台布景有密切关系。大傻杨承担了消除观众因等待而可能产生的空档感及不耐烦情绪的作用,充当了"剧中人",这种"假定性"作用,增加幕与幕、人物与人物、时空与时空之间的链接,烘托出诗一般的意境,增加了舞台空间的灵动飘逸之美。

三、幕间"戏"与"三幕戏"的珠联璧合

大傻杨"数来宝"是用"表演生活化"和"生活表演化"有机统一来获得观众认可的民族化尝试,"将原本高于观众——需要观众仰视的舞台降到与观众一致,甚至低于观众的平面上。"⑤拓展了舞台视野,赋予剧本以外更大的经纬空间,使原本甘甜中的苦涩余味无尽。老舍说:"要考虑让观众听了发生共鸣,让他们也去想。……这样观众不仅听得懂,还会引导他们去想,就更有力量。"⑥大傻杨"数来宝"不仅产生了与观众共鸣的效果,而且启发观

①老舍:《诗与快板》,《老舍全集》第 16 卷,人民文学出版社 2008 年版,第 305—307 页。
②老舍:《〈茶馆〉附录》,《老舍全集》第 11 卷,人民文学出版社 2008 年版,第 324—325 页。
③老舍:《〈茶馆〉附录》,《老舍全集》第 11 卷,人民文学出版社 2008 年版,第 324—325 页。
④温静君:《论话剧台词艺术中的传统说唱因素》,《齐鲁艺苑》2008 年第 5 期。
⑤郭晖:《"生活表演化"与"表演生活化"》,《艺海》2010 年第 8 期。
⑥老舍:《老舍的话剧艺术》,文化艺术出版社 1982 年版,第 258 页。

众思绪，获得了许多意料之外的厚重的艺术效果。

茅盾说："文学作品的民族形式的主要因素是在民族语言基础上加工的文学语言。"[①]从话剧创作艺术角度来看，大傻杨"数来宝"最大的效果是使具有民族语言特色的曲艺符号恰如其分地镶嵌在话剧剧场之中，成为三幕话剧之间珠联璧合的"草珠项链"。《茶馆》中有一只深层结构之手在暗处点拨，使全剧贯穿着一条无形的悲怆主线。与这条主线交相辉映的是大傻杨"数来宝"，它穿针引线，连缀起三幕戏，呈现出一条表层彩线。主线与彩线一主一辅、一明一暗、一粗一细、一悲一喜，彩线串连主线、阐释主线、调味主线，强化作品内容与形式的统一，使深邃意境与独特结构达到完美融合。作者的用意"是为了加深读者观众对 50 年社会变迁的理解，独创性地用他的'数来宝'来作见证，但却与全剧结构珠联璧合，引人深思"[②]。

（一）"数来宝"与"三幕戏"时代背景的映衬

珠联璧合体现在"数来宝"对每一幕的"映衬"上。"数来宝"浓缩了剧情，向观众介绍即将上演的内容。第一个幕前，448 个字，22 句"台词"，"那时候的政治黑暗，国弱民贫，洋人侵略……戏中的第一幕，正说的是顽固派得势以后，连太监都想娶老婆了，而乡下人依然卖儿卖女，特务们也更加厉害，随便抓人问罪"[③]，映衬出晚清必亡的主题。第二个幕前，290 个字，17 句"台词"，"这一幕里的事情虽不少，可是总起来说，那些事情的所以发生，都因为军阀乱战，民不聊生"[④]，映衬出兵荒马乱，民国不国的乱象。第三个幕前，219 个字，14 句"台词"，"第三幕最惨，北京被日本军阀霸占了八年，老百姓非常痛苦，好容易盼到胜利，又来了国民党，日子照样不好过，甚至连最善于应付的茶馆老掌柜也被逼得上了吊。什么都完了，只盼着八路军来解放"[⑤]，映衬出黑暗即将过去，象征着民族新生的曙光就要到来的寓意。

这种映衬取得了用"数来宝"内容切换时代背景的效果。如第一幕前"数来宝"："官人阔，百姓穷，朝中出了个谭嗣同。"[⑥]带有清末内忧外患、国弱民贫和戊戌变法的时代符号。第二幕前"数来宝"："现而今，到民国，剪了小辮还是没有辙。"[⑦]带有改朝换代后兵荒马乱、民不聊生的民国符号。第三幕前"数来宝"："自从那，日本兵，八年占据老北京。""（哼）国民党，进北京，横行霸道一点不让日本兵。"[⑧]带有国土八年沦陷，抗战胜利，国军又来骚扰的符号。老舍把对三个旧时代的愤恨聚焦在这九百多个汉字的字里行间，形成了一幅浓缩的历史画卷，道出了三幕话剧主题：晚清至民国一步步走向崩溃的中国。但第三幕前"数来宝"词句"小姑娘，别发愁，西山的泉水向东流。"[⑨]预示了黑暗的历史就要结束，东方

---

①谭霈生：《"话剧民族化"意味着什么？》，《人民戏剧》1982 年第 6 期。

②吴小美：《悲剧美：老舍精神与艺术之魂》，张桂兴编《老舍的精神世界与文化情怀》，中国文史出版社 2013 版，第 12 页。

③老舍：《谈茶馆》，《老舍全集》第 17 卷，人民文学出版社 2008 年版，第 753 页。

④老舍：《谈茶馆》，《老舍全集》第 17 卷，人民文学出版社 2008 年版，第 753 页。

⑤老舍：《谈茶馆》，《老舍全集》第 17 卷，人民文学出版社 2008 年版，第 753 页。

⑥老舍：《〈茶馆〉附录》，《老舍全集》第 11 卷，人民文学出版社 2008 年版，第 323—325 页。

⑦老舍：《〈茶馆〉附录》，《老舍全集》第 11 卷，人民文学出版社 2008 年版，第 323—325 页。

⑧老舍：《〈茶馆〉附录》，《老舍全集》第 11 卷，人民文学出版社 2008 年版，第 323—325 页。

⑨老舍：《〈茶馆〉附录》，《老舍全集》第 11 卷，人民文学出版社 2008 年版，第 323—325 页。

的天就要亮了。

话剧舞台对时代背景的映衬方法有音乐、灯光、布景、语言等切换。在《茶馆》之前，作者曾尝试过用民间艺术来达到对舞台时空切换的方法，如话剧《骆驼祥子》一启幕，剧场响起了京腔说唱叫卖的音乐，这种京腔以民族艺术形式、民族地域气息将观众带入规定时代场景中去。京腔叫卖声和"数来宝"两种民间艺术形式，在话剧剧场里都是以说唱表演来达到对时代背景映衬的。

(二)"数来宝"与"三幕戏"语言风格的遥相呼应

珠联璧合体现在"数来宝"与幕中语言风格遥相呼应。这种以戏外局部语言呼应全剧的艺术风格与布莱希特式戏剧有相通之处，在"陌生化效果"戏剧学派形成的过程中，布莱希特继承和革新自身民族现实主义传统，借鉴了东方戏曲艺术，吸收了希腊悲剧元素，把一些表面上不相通的戏剧元素相结合，转变成布式戏剧。而老舍将中国民间戏曲元素巧妙地"化"在了话剧舞台上，把自己的京味俚语优势发挥得淋漓尽致，实现了跨疆域、跨民族的艺术元素之间优势互补，使得快板书与三幕剧相得益彰。"数来宝"拓展了话剧幕间衔接全剧的艺术空间，呼应了全剧的时代元素、思想元素和诸多艺术元素。《茶馆》全剧没有贯穿事件和情节，没有揪心的悬念和激烈的冲突，取而代之的是独特的典型化人物及其生动的个性化语言。快板书过于"自然化"的设置点缀突破了戏剧常规，融合了民族艺术元素，创新了老舍式民族曲艺元素与话剧舞台相结合的艺术形式，

一是与剧本里的语言风格相呼应。如第三幕出现的小刘麻子语："柳叶眉，杏核眼，樱桃小口一点点"；卖杂货的老杨语："美国针、美国线、美国牙膏、美国消炎片。还有口红、雪花膏、玻璃袜子细毛线。箱子小，货物全，就是不卖原子弹！""美国针、美国线，我要不走是混蛋！"[①]幕中出现了与"数来宝"相同的快板书，形成了"数来宝"与舞台演出的民族语言风格的"同声"呼应。"我们不能叫剧本中的每一句话都是这样的明珠，但是应当在适当的地方这么献一献宝。"[②]老舍极其吝啬笔墨，惜墨如金，但在他的笔下一字一句都鲜活传神，极富魔力。将"数来宝"与幕中的句子在语言棋盘里变成"同声"明珠，是老舍的语言智慧，也是他举棋寻道的艺术追求。

二是通过语言风格的呼应进而对全剧相呼应。"数来宝"言简意赅地提炼了三幕时代、事件、人物命运等主题元素，用轻松、欢快的娱乐形式，表演了剧本内容、主题思想、时代背景，形成了对全剧的呼应。布莱希特说："我们把剧院当作一种娱乐场所，这在美学里是理所当然的。……'戏剧'就是要生动地反映人与人间流传的或者想象的事件，其目的是为了娱乐。"[③]老舍的"数来宝"艺术创造并超越了剧场娱乐，呼应了舞台演出的艺术要素和主题思想，在喜中有悲的剧场气氛里，传递出诅咒黑暗时代的深邃意境。

(三)"数来宝"对"三幕戏"的"串联"效果

珠联璧合体现在"数来宝"对三幕话剧的"串联"效果上。"数来宝"与三幕话剧可视为

---

①老舍：《〈茶馆〉第三幕》，《老舍全集》第 11 卷，人民文学出版社 2008 年版，第 304—307 页。

②老舍：《戏剧语言》，《老舍全集》第 16 卷，人民文学出版社 2008 年版，第 539 页。

③杨迎平：《传统与现代的碰撞》，张桂兴编《老舍的精神世界与文化情怀》，中国文史出版社 2013 年版，第 301 页。

一种双线式结构，因为它借鉴了"间离效果"艺术手法，像一种拼图，使观众靠近"剧中人"，更多地对主题及人物命运进行思考，让观众在"接缝"中清醒头脑，释放出理性判断。"数来宝"作为彩线辅助三幕主线发展剧情，实现了幕间与话剧演出的"虚"与"实"的结合。这种有主有辅、有明有暗、有喜有悲的双线波浪式剧情发展，产生了明显的艺术效果。

其一，彩线"串联"主线。其"串联"不是盲目的链接，而是故意在时代跨度的幕间，在看似松弛的彩线中，起伏着笑中含泪的乐曲，把三个时代、若干事件和相关人物"串联"得天衣无缝，使得整场话剧似绵延、曲折、高潮迭起的完美乐章，与深层结构交织成内在联系紧密的浑然整体。其二，彩线阐释主线。其阐释是演唱、是表演、是介绍。使观众既能走出剧情，又能走进剧情，始终跟随时代、社会、人物三位一体的动态脉络，更多地关注小茶馆所反映的主题，关注黑暗时代必然产生的悲惨的人物命运，为观众留下更多的理性思维空间。其三，彩线调味主线。正如老舍所说："观众要求我们的话既有思想感情，又铿锵悦耳；既有深刻的含意，又有音乐性；既受到启发，又得到艺术的享受。"[①]而"数来宝"散发出浓郁的生活气息，烘托出热烈的、亲切自然的舞台效果和剧场效果，为观众带来了强烈的艺术感染，可谓特殊的"气氛道具"。"数来宝"构成了幕间戏与舞台画面的故事链条，给观众带来观"戏"的新的思维和视觉冲击，让观众在落寞与悲怆的剧情中真切地看到一缕光束。而欢快其表、悲惨其中的基调又让观众轻松进入剧情，仿佛置身北京街头，快板书引发人们开口一笑，又被剧场笼罩的一层既可加重又可释放似悲剧情绪的灰色面纱带进了复杂心境之中。

显然，是大傻杨这一典型人物创造了典型环境，才得以融剧情一起助推观众波动的心境的。这种典型人物和典型环境应该说又是一种艺术效果。《茶馆》剧中有许多典型人物，他们以群体形式突出了全剧的典型性，而大傻杨则是以独特的"剧中人"身份成为极具性格化和动作性的典型人物，并用快板说唱表演出了幕间的典型环境，创作了独特的环境艺术之美。

众所周知，北京人艺和焦菊隐对《茶馆》的二度创作，在国内外经久不衰，其巨大成就应当归功于剧本作者、话剧导演和演员共同付出的心血和汗水。同时，大傻杨"数来宝"在幕间嫁接中所起到的画龙点睛的作用，也成为茶馆里的一道亮丽风景。尽管它的文艺嫁接作用是辅助性的，但对三幕话剧增光添彩的作用远远超出了老舍当初的设计预期。它堪称中国式话剧的带有珠光宝气的"草珠项链"，永久性地成为茶馆里的一串京味艺术之花。

（作者单位：商丘职业技术学院）

①老舍：《老舍的话剧艺术》，文化艺术出版社1982版，第243页。

从钱默吟看老舍笔下的理想人物

◎石小寒

《四世同堂》是老舍篇幅最长的一部小说，他用北平一条普普通通的胡同作为抗战时期中国的缩影，以雄浑而强健的笔力描绘出一部可歌可泣、可悲可赞的抗战史。全书共写了一百三十多个人物：他们中有教员、教授、诗人，也有拉车的、唱戏的、“窝脖儿”的、“摆台”的、“打鼓儿”的、剃头的、看坟的、流氓、妓女、汉奸、特务等，可谓三教九流、五行八作，应有尽有。更难能可贵的是，这些人物不是匆忙的过客，也并非简单的出场。无论是和蔼宽容的祁老人、知书明礼的祁瑞宣还是奸佞无耻的冠晓荷、凶悍霸道的大赤包都给人留下深刻的印象。这是一次老舍作品人物的集体登场，他所能想到的人物悉数亮相，共同演绎了抗战时代一部中国人物志。在这些人物之中，钱默吟是值得关注的一位。

一

钱默吟之所以值得关注，当然是由于他的与众不同。和小羊圈胡同里的芸芸众生相比，钱先生身上显然具有一种神性光辉，在他的身上，读者经常感受到耶稣的存在。在文中，作者多次借人物的感受直言钱默吟的神性。钱先生出狱后，瑞宣感到“钱诗人像钉在十字架上的耶稣”，在陈野求眼里，他是“一个自动的上十字架的战士”。有学者发现钱默吟的神秘，认为“钱默吟潜出之后，采取时隐时现的斗争方式，有着较浓的传奇色彩，常常给人以神秘之感”①。这也增加了钱先生的神性。也有学者注意到“老舍在描写钱默吟时，一方面明显是在刻意使用‘十字架’的字眼来凸显他的基督精神”，②并且似乎在不经意间显示出与钱诗人十字架命运的关联，在写冠晓荷带着日本宪兵抓捕钱诗人时，将向日本人出卖钱诗人的冠晓荷比为出卖耶稣的犹大：“他看到冠晓荷向身后的兽兵轻轻点了点头，像犹大出卖耶稣的时候那样。文字看似那么的随意，却将‘光明与黑暗’这一《圣经》主题彰显出来。”③这种感受都是很有道理的。

事实上，老舍不仅赋予钱默吟基督的精神和《圣经》的内涵，而且是将钱先生按照耶稣来塑造的。

---

①胡程：《民族传统文化的价值选择——论钱默吟的性格建构及其文化内涵》，《安徽教育学院院报》1991年第2期。

②傅光明：《抗战中“舍予”的宗教感》，《抗战文化研究》，2008年。

③傅光明：《抗战中“舍予”的宗教感》，《抗战文化研究》，2008年。

首先，他们的出现都具有相似的背景——异族入侵，同胞命运悲惨，愁苦无望，他们有相似的意义和工作。史载公元前一世纪，巴勒斯坦地区的人民在罗马帝国的黑暗统治下，过着悲惨的生活。他们多次举行暴动、起义，但都被残酷地镇压了。他们觉得悲观、失望、苦闷，前途渺茫，迫切希望有个救世主来到人间，把他们拯救出苦海，耶稣就是在这样的背景下产生的。钱默吟则出现在日军统治下的北平，同样具有光明降临、希望出现的象征。耶稣诞生后，即肩负起历史和宗教的使命，他不辞辛劳，在耶路撒冷等地传教，其主要布道对象是平民、商贩、妓女等下层民众。钱默吟也是主要从事"传道"和动员工作，甚至连动员对象也大体吻合。钱先生直言："大概的说：苦人比有钱的人，下等人比穿长衫的人，更能多受感动，因为他们简单真纯。穿长衫的人都自己以为有知识，不肯听别人的指导。"① 他成功地说服了刘师傅、高弟和桐芳，这些都和耶稣的传教对象一样。

其次，老舍还让耶稣的几个经典情节在钱默吟身上重现。如冠晓荷出卖钱默吟，似乎有意识地重现犹大出卖耶稣那一幕。为了衬托钱默吟的耶稣性质，老舍甚至赋予冠晓荷犹大的特征和性格。门徒中犹大比较聪明，同时他也以此自负，认为其他人远不如他。他认为他们既没看清自己的机会，也不会利用自己的处境。这和冠晓荷的精明是很相似的，开始他总想通过钱默吟的书画达到他向上攀爬的目的，犹大也是希望借助耶稣谋得高位。冠晓荷爱钱，犹大同样贪财（在耶稣身边，犹大掌管财务）。当他为组织做工作时，他往往从掌管的钱中拿些出来给自己作酬劳；而冠晓荷当了里长后，也极力打着为乡亲服务的旗号给自己谋财。甚至冠晓荷的死源于肚疼也多少和犹大死时肚子爆裂有些"巧合"。

除了"出卖"这个情节相似之处，"复活"也有迹可循。被犹大出卖后，耶稣遭到严刑拷打，钉在一根水平的木梁（十字架）上死去。然而，他三天以后复活，返回不久前自己遇害的那座城市耶路撒冷。《四世同堂》不是神话传奇小说，老舍不可能让钱默吟神奇复活，但他却让钱默吟熬过了酷刑，活着走出了监狱，并且"信仰与决心使一个老诗人得到了重生和永生"。似乎为了弥补这个情节所缺失的死亡气息，老舍在钱先生重新出现人间的时候安排了他儿子的葬礼和他老伴的自杀，几乎斩断了钱默吟的世俗关系。当然，这也许只是戏剧的巧合。但在功用上，钱默吟的再次出现却基本相当于耶稣的复活。须知，耶稣来到世俗最重要的一个时刻就是死而复活，这是他神性最重要的证据。在《圣经》中，人们都可以清楚地看到，四福音书中的门徒们，因耶稣的受难而陷入绝望；耶稣复活后如《使徒行传》所写，门徒们一扫怯懦、颓废之气，充满了信心和勇气，继续从事传教工作。钱默吟的出狱（复活），产生了类似的效果，无论是瑞宣，还是高弟、桐芳都深受鼓舞，如重现曙光那般振作了精神。

除了这些经典情节的重现，老舍还让钱默吟和耶稣直接发生联系，坦言自己过着耶稣般的生活。瑞宣问老人（钱默吟）怎么生活：

老人微笑了一下。"我？很简单！我按照着我自己的方法活着，而一点也不再管士大夫那一套生活的方式，所以很简单！得到什么，我就吃什么；得到什么，我就穿什么；走到哪里，我便睡在哪里。整个的北平城全是我的家！简单，使人快乐。我现在才明白了佛为什么要出家，耶稣为什么打赤脚。文化就是衣冠文物。有时候，衣冠文物可变成了人的累

①老舍：《老舍全集》第5卷，人民文学出版社2013年版，第631页。

赘。现在，我摆脱开那些累赘，我感到了畅快与自由。剥去了衣裳，我才能多看见点自己！”[①]

这段话中直接出现了耶稣，而耶稣也对门徒们说过类似的话。他说：“我告诉你们，不要为生命忧虑，吃什么，喝什么；为身体忧虑，穿什么；生命不胜于饮食么？身体不胜于衣裳么？你们看那天上的飞鸟，也不种，也不收，也不积蓄在仓里，你们的天父尚且养活他；你们不比飞鸟贵重得多么？你们哪一个能用思虑，使寿数多加一刻呢。”(《马太福音》第6章，第25—27节)钱墨吟和瑞宣的对话正如耶稣对他的门徒一般。

尤为重要的是，老舍赋予钱默吟“审判”的功能。“末日审判”是《圣经》的核心构成，直接关系到天堂地狱的终极意义。而能够对人“审判”的，唯有神。请看钱墨吟的话：“我的话不是法律，但是被我诅咒的人大概不会得到上帝的赦免！”[②]这钢铁一般硬硬的几句话使瑞宣微颤了一下。如果说这句话仅仅是让瑞宣“微颤”的话，那下面的话足以让整个民族震颤了。钱默吟说：

> 这次抗战应当是中华民族的大扫除，一方面须赶走敌人，一方面也该扫清了自己的垃圾。我们的传统的升官发财观念，封建的思想——就是一方面想作高官，一方面又甘心作奴隶——家庭制度，教育方法和苟且偷安的习惯，都是民族的遗传病。[③]

这显然具有了神性审判的意义。整个中华民族都在战火中接受审判，那些如冠晓荷、蓝东阳之类的邪恶奸淫之徒必将下地狱，唯有那些经过战火的淬炼和道德审判的人才能获得进入天堂的资格。

《四世同堂》中的这些隐喻或者暗示，都在提示着钱默吟和耶稣之间的联系。尽管我们不能断然下结论说钱默吟的原型是耶稣，但至少，他身上所体现的“基督神性”是非常明显的。

二

老舍在钱默吟身上倾注了太多的理想。他试图把钱默吟塑造成一个具有新文化的国民，遂煞费苦心地创造了一个新文化的承载体。这个承载体容纳了他所了解的一切文化的优良特质，于是我们在钱默吟身上看到的不仅是耶稣的神性，而且是一个无与伦比(道德上)的理想人物。

钱默吟是一个具有道家隐士风范的诗人。他与世无争，知书达理，谦恭和气，“他的语声永远很低，可是语气老是那么谦恭和气，叫人觉得舒服”。他永远不说一句粗话，“从来没有干过对不起别人和国家的事情”。他很少出门，邻居来也很少回访，像个大隐于市的诗人，如果没有战争，他可能会和家人一起在这个田园诗般的处所里安度一生。钱诗人的生活很像老子所言的“鸡犬之声相闻，民至老死，不相往来”的桃园世界。

他也是一个具有儒家精神的大丈夫。孟子有言：“富贵不能淫，贫贱不能移，威武不能屈，此之谓大丈夫。”钱默吟被捕入狱之后，惨遭敌人的威逼利诱和严刑拷打，但敌人的刺

①老舍：《老舍全集》第5卷，人民文学出版社2013年版，第628页。

②老舍：《老舍全集》第5卷，人民文学出版社2013年版，第628页。

③老舍：《老舍全集》第5卷，人民文学出版社2013年版，第634页。

刀皮鞭没能使手无缚鸡之力的诗人屈服,反倒激发出他身上固有的气节,那种“威武不能屈”的精神体现了儒家传统文化的正义和美德。

他还是一个墨家学说的践行者,一个刺客、一个战士。入狱前,是耽于诗书、无所事事的清流,出狱后,则是讷于言长于行的侠士。他隐匿于北平,行迹无定,相机而动,竟神出鬼没地出现在敌人的庆功宴上,毫不犹豫地掷出炸弹,造成日伪汉奸的大量伤亡。此等壮举可与古代刺客荆轲、聂政相提,与专诸、要离并论。

最后,钱默吟住在破旧的寺庙里,从明月和尚那里感受到佛教的真谛,他坦诚:“虽然我不接受他的信仰,可是我多少受了他的影响。他教我更看远了一步——由复国报仇看到整个的消灭战争。”“他是从佛说佛法要取得永生;我呢是从抗敌报仇走到建立和平——假若人类的最终的目的是相安无事的,快快活活的活着,我想,我也会得到永生。”

粗略算来,钱默吟身上的文化内涵至少包括基督教、佛教、儒家、道家、墨家等五个方面,几乎囊括了老舍所能想到的方方面面。毫无疑问,老舍希望通过钱默吟这个理想人物表达他对理想文化的建构。这种努力并非偶然。理想人物似乎时断时续地出现在老舍创作中。

比如《赵子曰》中的李景纯。他是一个有知识有理想、富有爱国热情的人,同时不乏实干精神,他不断劝诫同学要求学务实,真正踏踏实实做些事情。他最后刺杀军阀虽然遭到失败,而其为国捐躯的精神、悲壮的牺牲却唤醒了周围的同学:武端决心力阻市政局拆天坛,莫大年返回乡下照顾李景纯的母亲。李景纯同样是具有耶稣式的牺牲精神的理想人物。

再如《二马》中的李子荣。他在国外生活多年,受英国科学文化知识的熏陶,成为具有西方科学文化知识的现代青年。他精明能干,求真务实,敬业爱国,既保留了本民族谦和、宽厚的做人态度,又吸收了英国人务实、严谨的做事态度。在他身上体现了中西合璧的文化精神,是国家的希望,民族的未来。

还有《猫城记》的大鹰,他是猫国绝无仅有的不吃“迷叶”的人,是健康、富有洞察力的象征。在国家面临存亡之际,大鹰尽管意识到猫国的灭亡不可避免,但他还宁愿拿自己的生命作代价来对抗敌国的入侵。死亡之时,他首先考虑的不是自己的生命,而是国家的命运转机。他是一个伍子胥样的英雄,具有“此头须向国门悬”的气概,悲壮而不失豪迈。

倘若将此类人物扩大一下,我想至少还应该包括:赵四(《老张的哲学》)、丁二爷(《离婚》)、瑞全(《四世同堂》)。这类人物尽管身份迥异,性格也千差万别,但都具有道德上的完美性,或具文化上的理想性。这些人物和《四世同堂》的钱默吟一道构成了老舍笔下的理想人物序列。这类人物的流变,自然也反映出不同时期老舍对新的社会文化内涵的不同理解。从形象模糊的刺客(赵四、李二爷)到渐渐清晰的李景纯、李子荣、瑞全,再到几乎兼容并包的钱默吟,可以看出老舍的进步和思考的日益成熟。应该说,理想人物塑造是老舍小说不同于其他作家的一个显著特点。

三

然而文学艺术的悖论也恰在这里——人物形象的理想化不等于艺术塑造的成功,甚至从某种程度上说,不仅具体形象塑造不甚成功,还影响了作家艺术才华的发挥,影响了整部作品的气韵饱满生动。综观老舍笔下理想人物塑造，都差强人意，也都出现了这种连带效应。

《赵子曰》中的李景纯说教化、概念化痕迹明显，远不如赵子曰、欧阳天风等人令人印象深刻。李景纯的出场总会失去老舍故有的幽默感，他义正词严地端着面孔说话，不但赵子曰等人觉得别扭，读者也看着别扭，读着无趣。《二马》中的李子荣有想法，短行动，缺少个性色泽，他既不如老马幽默招笑，也不如小马坦率可爱。他和李景纯一样，出现的意义在于宣示老舍的主张，他们不是有生命的形象，而是老舍思想观念的传话筒。老舍本人曾对作品中的人物做过对比，他也觉得："马威这正是个理想的产儿。他是个空的，一点儿也不能像个活人。他还有缺点，不尽合我的理想，于是另请出一位李子荣来作补充；所以李子荣更没劲！"[①]而《老张的哲学》中的赵四更是单薄，甚至让读者形不成完整的印象。《四世同堂》花费大把笔墨塑造理想人物，力图把钱默吟塑造成一个优秀文化的集大成者，并煞费苦心地解释了钱默吟性格形成的原因和过程，但他仍然不算出彩。就其性格而言，不仅明显不如瑞宣、祁老人、韵梅等主要人物形象丰满，甚至连丁约翰、大赤包、金三爷这类的次要人物也不如。读者所感受的不是人物的生命表征，而是作者的文化理想。钱默吟的存在更像是一个象征，一个符号。过多内涵不仅没让人物变得丰满厚重，反倒更显凌乱和苍白，因为缺少生命和灵魂。

事实上，理想人物塑造的失败是可以预见的。毕竟，古往今来小说人物史上也罕有成功的理想人物，那种"高大全"的形象远不如一个招人嫌的丑角或是一个有缺点的战士更容易出彩。结合老舍理想人物塑造的欠缺，我认为个中原因至少包括以下几点：

首先，理想人物缺少侧面。由于作者给这类人物设置了理想的定位，形象必将走向完美，由此可预见的就是人物单一化、平面化。而文学创作需要的是祥子、虎妞、沙子龙这类多面人物。好的人物总是能随着剧情的展开不断展示其多重性格和复杂的心理世界。既让读者觉得合情合理，又印象深刻。这类人物都不是道德完美的君子贤人，甚至不好判断人物的归属，好人坏人都难以说清。因为人性原本就是十分复杂的。

其次，理想人物过于突兀。比如李景纯，他和赵子曰周围的人物完全不协调，整部小说一轮转到他那里就显得别扭生硬，如同浑浊的天幕上打出的几道闪电，闪亮刺目，但稍纵即逝，无法与整个作品的艺术氛围融为一体。李子荣同样破坏着小说的整体性和协调感，往好里说，他具有中西合璧的道德感和实用性，往坏里说，他有点不伦不类，就像马则仁所感受的那样，隔膜、别扭。至于钱默吟，他不像大杂院里的人，甚至过度的"耶稣感"让他不像一个中国人。究其原因，在于理想人物本身和小说环境、其他人物之间构成了一种隔膜。这是理想与现实的隔膜，实有与虚无的隔膜，经验与幻想的隔膜，说到底，是创作规律与主观理性表达的隔膜。

再次，理想人物的理想性决定了塑造这类形象，作家要离开创作规律凭空而造。任何一个作家都擅长塑造自己熟悉的人物，老舍也不例外。他塑造得最好的人物形象是他最熟悉的——车夫、拳师、小职员、下层旗人。甚至有些人物就是他自己，他的生活体验和心理感受。他知道他们的生辰八字，知道他们在什么情况下想什么做什么，所以写得好。但

①老舍：《我怎样写二马》，《我是怎样写小说》，文汇出版社2009年版，第10页。

理想人物却无所依傍，只能凭借主观想象设计。老舍在现实生活中能接触到的是赵子曰，是老马，而不是李景纯和李子荣。钱默吟更是无处可寻，只能拿耶稣作为原型加以修改。所以有学者指出："有时他也因自己的不熟悉而破坏了他的熟悉，更具体地说，他没有在必要时回避自己的不熟悉，而是用了一些从抽象的概念出发的描写，破坏了形象的真实感。这样的缺点，主要表现在钱默吟和瑞全这两个形象的塑造上。"①

理想人物的塑造原本就是作家创作的"陷阱"。往小里说，会造成单个人物的不成功，往大里说，有可能造成整部小说的失败。当然，文学创作并不拒绝理想，理想人物也非人物塑造的"死敌"；文学史上也不乏因为理想人物而成就作品、提升档次的事例。是否塑造理想人物不是问题，关键在于如何塑造。而令人沮丧的是，老舍所塑造的这几个理想人物往往具有连带效应，甚至可以判定，凡是出现过这类理想人物的小说都算不上成功。早期作品如《赵子曰》和《二马》，莫不如此，就连《四世同堂》相对于《骆驼祥子》也存在比较明显的瑕疵。

假如说前期的"二李"塑造，是由于老舍艺术经验的欠缺，源于他对中国新文化建构的思考尚不成熟，那么到钱默吟这里，他已经具有足够的人物塑造的经验和能力，自无需多说；而此时的老舍对战争、对国人、对传统文化的反思已经进入一个新的层次；他已经不再是单纯的、片面的激情式的思考，不再寄希望于一两个刺客或者实干家解决问题，而是经过了时间的沉淀、战争的洗礼，对人性和民族文化的理解已经达到了一个很高的层次。于是出现了钱默吟这个人物，他身上几乎包含了中国文化和外国宗教几大思想类别，无论是对战争时期还是和平年代均有较为全面系统的思考。② 但通过上文分析我们感觉到，钱默吟不算成功，过于复杂的文化内涵和急切建设的心态致使《四世同堂》这样一部大书失去了艺术家应有的从容。老舍本人那种焦灼、急切、紧张的心态传递给读者，致使他的艺术创造出现了诸多瑕疵。

倘若是在创作初期，作为一个青年作家，也许老舍并不了解文学创作的规律和奥秘，出现这种情况是可以理解的。而经过二十几年创作，而且已经写出过《断魂枪》《骆驼祥子》这样经典作品的老舍就不该有这类失误。他肯定比我们更了解创作规律和奥秘，更了解他自己熟悉擅长的东西，他应该知道他不长于文化建设和理想设计。就像从中国传统文化土壤里走出去的马则仁对于英国文化存在巨大心理障碍一样，建立在北京市民社会经验基础上的老舍创作对于理想人物塑造一直都感到吃力。他是一个现实主义作家，也是一个非常务实的人，正如他说："我自幼贫困，作事又早，我的理想永远不和目前的事实相距甚远，假如我设想一个地上乐园，大概也和那初民的满地流蜜，河里都是鲜鱼的梦差不多。贫人的空想大概离不开肉馅馒头，我就是如此。"③老舍长于现实观察而短于理想设

---

①吴小美：《一部优秀的现实主义作品——评老舍的〈四世同堂〉》，《文学评论》1981 年第 6 期。

②从某种意义上说，钱默吟形象塑造源于老舍的文化自觉，而这种自觉既源于老舍多年来的文化审视，也源于抗战时期的"东方文化协会"的推助：1941 年东方文化协会邀请老舍创作一部戏剧，表现东方文化；老舍苦心经营，遵嘱创作了"三幕话剧歌舞混合剧"《大地龙蛇》，创作前后对东方文化做了全面而系统的思考。在钱默吟身上，我们多方面感受到老舍思考的印记。关于老舍的文化思考，参见老舍《大地龙蛇·序》，《老舍全集》第 9 卷，人民文学出版社 1999 年版，第 375—379 页。

③老舍：《我怎样写〈老张的哲学〉》，《老舍全集》第 16 卷，人民文学出版社 1999 年版，第 169 页。

计。事实上，老舍对于理想人物既有明确的自觉，也有高度的警惕。三十年代他曾经批评巴金的《电》中的人物，说他们有理想而没有个人生活，也没有性格，过于简单明透，让他不敢深信，明确表示“是个缺点”。[①] 然而，这类理想人物还是屡次出现在老舍作品中，甚至在建国后，这类理想人物更加频繁地出现在他的作品中，严重地影响了他的艺术水准。

事实上，老舍完全可以不写这类人物。《断魂枪》写了一个落魄的老英雄沙子龙，在枪炮盛行的时代已经落伍，他那杆断魂枪也毫无作为。但这不妨碍《断魂枪》是老舍最出色的短篇小说。《骆驼祥子》写一个堕落的车夫，他孤独无助地面对社会，最终被黑暗吞噬。在这部小说中，老舍没能想到任何一种阻止祥子堕落的方式，但《骆驼祥子》却是老舍最成功的长篇。《月牙儿》写了下层妓女悲惨的生活和苦难命运，尽管以男写女，却如泣如诉，母女都给人留下深刻印象。《茶馆》写了三教九流，形形色色的社会渣滓往来于茶馆之间，就连掌柜王利发也只是一个有点狡黠的小人物，但这却是老舍乃至中国最出色的话剧。老舍有过这么多成功的例子，可他却偏偏不按照这类写法去写，而是近乎固执地塑造了一个又一个的理想人物。这就不能不让人感到诧异。

其实，倘若了解老舍并不是一个坚持艺术至上的作家，这种奇怪的现象就容易解释了。当国家需要和艺术追求发生冲突的时候，老舍毫不犹豫地选择了国家，他是一个随时都愿意牺牲艺术，而不是为艺术牺牲的作家。原本国家、民族并不和艺术发生直接的冲突，但在那个时代，急需宣教的现实和急切宣教的心态让老舍不得不牺牲艺术追求服从需要。具体到《四世同堂》，为了抗战，为了明天，更为了胜利后的建设，老舍必须塑造钱默吟这样一个理想人物，才能让绝望中的人民看到信心和希望。这种心态在现代作家中是普遍存在的，就连鲁迅也曾虚构出一个花环，带给人光明感。但老舍的努力却不止步于希望和光明，他试图建构一种新的文化，新的国民精神。老舍曾坦诚他建构新文化的决心和愿望。他说：

我愿将“双十”解释作两个十字架。为了民主政治，为了国民的共同福利，我们每个人须负起两个十字架——耶稣只负起一个；为破坏、铲除旧的恶习、积弊，与像大烟瘾那样有毒的文化，我们必须预备牺牲，负起一架十字架。同时，因为创造新的社会与文化，我们也须准备牺牲，再负起一架十字架。[②]

上所引“双十”之喻是老舍在南开双十庆祝会上的发言，当时老舍年仅23岁。从这段话中我们可以看出老舍不像鲁迅等现代作家那样“采自病态社会的不幸的人们中，意思是在揭出病苦，引起疗救的注意”，而是坚持两翼齐飞，不仅批判旧文化，更要创建新文化。所以老舍才塑造了一个又一个理想人物，试图找到新的国民精神。但公允地说，让一个作家构建一种新的文化，或是解决社会大问题，原本就显得勉为其难，作家不该、也很难担负起这个责任。但老舍却主动承担起这个建设的“十字架”。

以前，我总是不明白为何老舍说“因为创造新的社会与文化，我们也须准备牺牲，再负起一架十字架”。现在我想，这里的牺牲包括个人的牺牲，更包括艺术的牺牲。老舍更像是一个传统的知识分子，他没有停止过对意义的追寻，国家、民族，也许包括宗教在他心目

①老舍：《读巴金的〈电〉》，载《刁斗》第2卷第1期，1935年4月。

②转引张桂兴编撰：《老舍年谱》上卷，上海文艺出版社2005年版，第32页。

中的地位都比单纯的艺术更为崇高神圣。艺术对他而言只是他寻找国家尊严、民族荣耀、宗教精神的载体。当他迫切寻找这些有形或者无形的意义的时候，那种焦灼和紧迫总会流露在作品中，《猫城记》《四世同堂》都是这类失去从容的例子。当他感受到国家、民族或者宗教对他的排斥和冷漠的时候，他会体验到意义的虚无，感受到个体的孤独，这时的他才能冷静沉寂地创作，带着伤感写那些孤独的个人，比如沙子龙、祥子、老李，这些人物才是老舍最成功的塑造，这些作品才是老舍最优秀的部分。

（作者单位：聊城大学文学院）

东西方之间的相互书写与想象

——后殖民理论视野中的《二马》

◎李扬

在中国近现代史上，亡国灭种的危机一直如同一把利剑倒悬在全体中国人的头顶。这个古老的文明古国经过几百年的闭关锁国，变成一个巨大的“停滞的帝国”。她固执地抱持着“天朝上国”的迷梦，逐渐脱离了世界发展进步的轨道。从1840年鸦片战争开始，中国在与列强之间的战争中屡遭败绩，抱残守缺的清政府以签订无数丧权辱国的条约苟延残喘，使得当时的中国酷似刘鹗在《老残游记》开篇所描绘的那艘在大海的风暴中飘摇欲摧的破船。

从魏源开始，越来越多的有识之士“开眼看世界”。面对西方的飞速发展，从19世纪下半叶开始，中国形成了一场旷日持久的“向西方学习”的社会思潮。一批批留学生被派往欧美日等发达国家和地区，大量西方先进的科学技术、观念制度、文化知识被视为拯救中国的灵丹妙药引介进来，中国亦随之在中西文化的冲突碰撞中开始了现代性的进程。

就是在这样的背景下，老舍来到了伦敦。他在英国既没有看到徐志摩眷恋的剑桥的波光金柳，也没有看到林语堂推崇的幽默正直的绅士，他发现的是处在中国与英国之间的文化矛盾与冲突之中的中国人遭受的不公正待遇，英国人的傲慢与偏见以及隐藏在这一切背后的殖民主义思想与倾向。作为一个中国人，老舍在伦敦深刻地感受到了英国生活、思维方式的异质性和作为“弱国子民”的耻辱，也敏锐地观察到了所谓帝国文化的强横、顽固、愚昧和保守之处。因此，老舍笔下的《二马》就担负起了揭示西方种族主义和文化霸权的使命，在中西文化的冲突和对立中展现出东西方之间的相互书写与想象。

一

《二马》是老舍在英国期间创作的第三部小说，也是他早期长篇小说的代表作。与《老张的哲学》和《赵子曰》靠回忆和想象来描写纯粹的北京人、中国事不同，《二马》调动了他在伦敦四五年的时间里积累的真实生活经验、感受与思考，第一次把中国人置于西方文化的背景之下，表现20世纪20年代中国与英国的文化差距和冲突。

老舍声称《二马》中的人和事都是纯粹想象、虚构的产物，他的写作动机是“比较中国人与英国人的不同处,……注意他们所代表的民族性"①。因此,在以往解读《二马》的时候,评论者关注的重点是老舍在英国文化的对照下对中国国民性的批判,对"老中国儿女"种种劣根性的讽刺。这诚然是老舍写作的主要目的,然而从《二马》的字里行间能够明显地看到他对于中国传统文化的眷恋和珍视,即使西方的文化再先进、再科学、再美好,也不能撼动中国传统文化在老舍心目中的地位与价值。这样的文化态度和立场贯穿了老舍文学创作的始终,在他所有的作品中都有鲜明的呈现。虽然《二马》只是老舍的文化选择和价值判断的初步显示和萌芽,但是在西方文化背景的映衬下,却表现得异常突出,耐人寻味。

与五四的先驱者和大多数现代作家不同,老舍去英国不是去留学,而是受邀请到伦敦大学的东方学院任教。他以教师的身份进入英国社会、接触英国文化,对以英国为代表的发达的西方国家并不是单向接受的。他一方面称赞西方的秩序、文明,肯定西方在科技、制度上的先进性,另一方面也警惕着西方文化对东方文化的压制、歪曲和否定。对西方文化的冷静考察与思索使老舍的创作从一开始就与中国现代文学的主流保持了一定的距离。

出于一个作家的敏感,老舍清醒地看到了中国人在西方人心目中的屈辱地位。这固然与中国贫弱遭受列强欺凌、中国人愚弱不争气有关,而西方人顽固的骄傲与偏见则更令人震惊:

> 外国人心中的中国人是:矮身量,带辫子,扁脸,肿颧骨,没鼻子,眼睛是一寸来长的两道缝儿,撇着嘴,唇上挂着迎风而动的小胡子,两条哈巴狗腿,一走一扭。这还不过是从表面上看,至于中国人的阴险诡诈,袖子里揣着毒蛇,耳朵眼里放着砒霜,出气是绿气泡,一挤眼便叫人一命呜呼,更是叫外国男女老少从心里打哆嗦的。

这刻意的夸张想必是老舍最切身的感受。绝大多数西方人并没有到过中国,他们对中国人的这种"妖魔化"的印象完全来自书刊报纸、电影戏剧或是街谈巷议。对于他们来说,中国是一个遥远、贫穷、野蛮、落后的国度,中国人是肮脏愚蠢、阴险狡诈、异常危险的。深刻的民族偏见在这个最讲究科学和民主的国家被作为一种"知识"来传播,教育人民,简直是不可思议。老舍不断地提示读者注意到针对中国的种族歧视在英国的普遍存在:温都太太不愿意把房子租给二马,原因是不能"让两个中国人在我的房子里煮老鼠吃";玛力把老马送的茶叶当作"毒药";伊牧师太太认定中国话是下等语言,她生在中国的孩子要是学了中国话,"以后绝对不能有高尚的思想";多瑞姑姑拒绝到温都家过圣诞节,因为和中国人住在一起会有生命的危险;……这样的例子在《二马》中俯拾皆是。

古玩铺被砸后,老马的话登了报:"Me no say. Me no speak.",虽然老马没有这么说,但是报纸上描写中国人的英文,必须要这样"狗屁不通",否则英国人会认为描写得不真实。这又是一个"生动"的例子,西方的新闻传媒、文学创作根本无意向西方展示真实的中国,也无意于扰乱西方人头脑中已定型的种种"观念"。这种"观念"误导着英国人的观念

①老舍:《我怎样写〈二马〉》,《老舍研究资料》(上),北京十月文艺出版社1985年版,第532页。

和行为,英国人的观念和行为又反过来规约他们的传媒和文学。中国人的形象被一遍又一遍地污蔑、篡改,毫无辩解、澄清的机会。经过无数次的以讹传讹,中国在西方已经被极度地妖魔化了。更加令人难以置信的是,他们的经验和常识竟然是这样得来的:

在伦敦的中国人,大概可以分作两等,工人和学生。工人多半是住在东伦敦,最给中国人丢脸的中国城。没钱到东方旅行的德国人,法国人,美国人,到伦敦的时候,总要到中国城去看一眼,为的是找些写小说,日记,新闻的材料。中国城并没有什么出奇的地方,住着的工人也没有什么了不得的举动。就是因为那里住着中国人,所以他们要瞧一瞧。就是因为中国是个弱国,所以他们随便给那群勤苦耐劳,在异域找饭吃的华人加上一切的罪名。中国城里要是住着二十个中国人,他们的记载上一定是五千;而且这五千黄脸鬼是个个抽大烟,私运军火,害死人把尸首往床底下藏,强奸妇女不问老少,和作一切至少该千刀万剐的事情的。作小说的,写戏剧的,作电影的,描写中国人全根据着这种传说和报告。然后看戏,看电影,念小说的姑娘,老太太,小孩子,和英国皇帝,把这种出乎情理的事牢牢的记在脑子里,于是中国人就变成世界上最阴险,最污浊,最讨厌,最卑鄙的一种两条腿儿的动物!

西方对于中国的认识就是这样"想象"出来的。在近乎盲目地想象和书写中国,以莫须有的经验来判断、评价中国人之后,荒谬变成了事实。

如果说没有到过中国的英国人对中国有错误的认识,可以归咎于西方传媒对中国的歪曲和诬蔑,那么那些去过中国、真正接触过中国的英国人仍然对中国人存有偏见和歧视,则能够更为深刻地体现出西方中心主义和殖民主义思想在英国人头脑中的根深蒂固。老舍说过:"英国的普通学校里教历史是不教中国事的。知道中国事的人只是到过中国做买卖的,传教的。"《二马》中就正面描写了这两种典型:亚历山大和伊牧师。

亚历山大由于到中国做过生意,竟变得粗俗不堪,令人生厌。殖民主义的思想竟然如此彻底地改变了这个英国人的思想和行为,可以使他抛弃了英国的价值观。中国在他的心目中,是一个没有必要做文明人的地方,可以供他肆意发泄野蛮兽性。在所谓"高等文明"的面纱之下,隐藏的是一副粗鄙丑恶的嘴脸。

作为上帝使者的伊牧师,在中国传教20多年,是"一本带着腿的'中国百科全书'"。然而他鼓动老马去英国,热心地帮助他们,只是为了向英国人展示他去中国传教的功绩。他的内心同样充满了狂热顽固的殖民思想,英国的殖民扩张行为与他极度真诚地信奉着的宗教在他这里竟然达成了惊人的统一:

他真爱中国人:半夜睡不着的时候,总是祷告上帝快快的叫中国变成英国的属国;他含着热泪告诉上帝:中国人要不叫英国人管起来,这群黄脸黑头发的东西,怎么也升不了天堂!

在他的心目中,只有英国是最文明、最强大、最高尚的国家。"一个英国人睁开眼,他,或者她,看世界都在脚下:香港,印度,埃及,非洲,……都是他,或是她的属地。他不但自己要骄傲,他也要别的民族承认他们自己确乎是比英国人低下了多少多少倍。"二马刚到英国,伊牧师就向他们夸耀"酒馆的干净"、"英国的有秩序",说这"到底是老英国"。他认为,肮脏落后的中国要靠英国来拯救,只有把中国变成英国的殖民地,由英国来统治中国,愚蠢的中国人才能有灵魂得救的希望。至于中国人现世的痛苦,他从来不提,大概认为这是上帝的安排,中国人注定要承受的吧。

伊牧师的太太跟随伊牧师去中国多年,但结果是她更加看不起中国。老舍用充满嘲讽、贬抑的语气,把她塑造成了一个强势、虚荣、愚昧、庸俗的极为漫画化的形象。在老舍作品的形象系列里,这代表他最反感、最厌恶的人物。这个丑陋、无知又粗俗的英国女人,在英国属于下层平民,没有社会地位,只能嫁给贫穷的伊牧师。可是在她头脑里,英国人天生就比中国人要优越,中国人生来就是下等人,等级观念、种族歧视的思想都是天经地义的。她仗恃自己有在中国生活的经历,就号称懂得"中国人的灵魂",可是她根本就拒绝去接触、了解中国人,只是在顽固地坚持她愚蠢的偏见。

相比之下,温都母女还是比较感性的,在与二马父子朝夕相处的一年生活中,她们逐渐改变了对于中国人的错误想法,发现即使用英国人的标准来衡量,中国人也是有许多优点的。她们对二马父子表现出了明显的好感,温都太太甚至爱上了老马。但即使温都母女都很善良,她们也不敢"冒天下之大不韪"去接纳二马。囿于社会成见、民族感情和对女儿幸福的希望,温都太太痛苦地拒绝了老马。对于二马来说,种族偏见是一道无法跨越的鸿沟,使他们无法融入英国市民社会,更不用说谋求发展了。在英国,中国人永远都是不受欢迎的异乡人。

二

从严格的意义上讲,中国从来都没有成为真正意义上的殖民地。帝国主义国家只有在某些特定的地区(如租界)内,才享有类似在殖民地享有的权利。但是这并不能阻止帝国主义国家从殖民主义的思路出发来对待中国,以种族主义和西方中心主义的思想实施文化霸权。这种隐性的文化侵略与霸权直到 20 世纪 80 年代后殖民主义理论兴起之后才逐渐得到中国人的普遍发现和重视。

处于现代性进程之中的中国,西方的文化和知识在普遍意义上得到了大众的接受。然而,大多数学人在致力于以西学改造中国的时候,却没有意识到笼罩在头顶的西方文化霸权的阴影。现代作家在作品中探讨中国人国民性的落后,希求用西方人性、人道主义的观念改造中国人的民族精神。老舍也未尝不是为中国的问题所困,但是在英国教学的经历给了他一个更广阔的视野,使他能够从文化矛盾和冲突的角度来审视中西两种文化之间的地位和关系。在后殖民理论的视野中观照《二马》,会发现老舍已经看到了西方后殖民主义理论家所讨论的一些问题,并且比他们早了近半个世纪。可以说,老舍的《二马》是对于后殖民理论的一个超前的文本呈现。

后殖民主义理论家赛义德曾分析西方的殖民文化心理,他们认为理性、发展、人道、高级的西方和反帝、不发达、低级的东方之间存在着绝对和系统的差别。这种建立在现代性基础之上的善恶对立模式,先验地规定了西方与东方之间的权力关系、支配关系和霸权关系。西方以其强大的政治、经济、军事、文化实力支持它对东方国家的影响或统治。

后殖民主义根据福柯的话语与权力的理论，认为东方主义不是一个知识的问题，而是一个权力的问题。西方国家对东方的认知和态度并不取决于它们对东方了解的程度，西方人的东方学也并不是要得到一个关于东方的真理性的认识，而是"要通过一种关于东方的言说、书写、知识，以真理的形式去定义一种有利于西方的西方与非西方的全球性关系"[①]。知识本身就是权力，如何判定知识成为知识，以什么作为检验知识和非知识的标准，都是权力运作的结果。西方的价值观念、思维方式、检验标准等都在进行全球性的经济、军事、政治、文化扩张的过程中被作为具有普适性的知识推广到了东方。这不仅为西方的殖民扩张提供了充足的科学解释和理论支持，而且严重地削弱了东方文化的主体性。东方在理论上成为西方"创造"出来的一个非西方的世界，一个"他者"的世界。

东方学本身就是一种带有权力性质的话语。很明显，"建立在政治、文化甚至宗教基础之上的东西关系的本质是一种强弱关系"[②]。19 世纪末 20 世纪初，中国被动地进入了现代性的进程。与处于上升时期的西方相比，中国在政治、经济、军事、宗教、文化等各个领域均处于弱势。因此，在进入现代世界的开始，中国是在学习西方先进的经验和知识，为西方的话语所主宰和牵制。在他者话语的遮蔽下，中国自身的话语受到极大的压制，逐渐丧失说话的权利和能力。

老舍则断然拒绝了西方强加于中国的这种处境。《二马》主动地书写中西方之间的文化差异，坚定地站在中国的立场上去书写和想象西方。最突出的表现就是老舍拒绝西方话语的影响，坚持以纯熟的北京白话作为叙述语言，用独特的话语形式展现了一个中国人眼中的伦敦市井社会：保姆，他叫做"奶妈子"；英国硬币，他叫做"铜子"；英国的街巷，他叫做"胡同"；出租者司机，他叫做"赶车的"；留声机，他叫做"话匣子"；度假，他叫做"歇夏"；洋娃娃，他叫做"小布人"；商店，他叫做"铺子"；顾客，他叫做"照顾主儿"；……从这些典型的词汇可以看出，老舍没有使用欧化语言去塑造西方城市的形象，而是用这些原生态的、带着土味和市井生活气息的北京话把伦敦变成了中国人熟悉的老北平，造成了一种既陌生又熟悉的阅读效果。这在事实上彻底颠覆了西方文化凭借话语建立起来的权力关系。

《二马》写于 1929 年。五四新文化运动之后，现代白话取代了文言，但是如何用白话写出优美的文章，使白话成为当之无愧的现代民族语言，当时的中国现代文学正在探索之中。许多现代文学作家深受西方文学的影响，语言"欧化"的风气很盛，风格繁复、洋味很重，缺乏生活气息。老舍在英国期间系统地阅读了西方文学名著之后，却认为简劲自然才是最好的文字风格："读了些英文名著之后，我更明白了文艺风格的劲美，正是仗着简单自然的文字来支持，而不必花枝招展，华丽辉煌。"[③]要"烧出白话的原味"，老舍注重的是"句子的顺当与否，和字眼的是否妥当"[④]。

老舍敏感地意识到了语言在文学作品中代表话语权与立场的特殊作用。因此，《二马》在语言风格上追求简单、平易、通俗，力避欧化。不仅如此，老舍还让京味的语言渗透进了他对英国人心理、精神的想象，更加凸现了《二马》的中国立场：

①张法：《论后殖民理论》，《教学与研究》1999 年第 1 期，第 40 页。

②萨义德：《东方学》，三联书店 1999 年版，第 49 页。

③老舍：《我的"话"》，《老舍论创作》，上海文艺出版社 1982 年版，第 207 页。

④老舍：《我怎样写〈二马〉》，《老舍研究资料》(上)，北京十月文艺出版社 1985 年版，第 534 页。

温都太太想到过世的丈夫："设若他还活着，至不济还不去打死百八十来个德国兵！万一把德皇生擒活捉，他岂不升了元帅，她还不稳稳当当的作元帅夫人！"

温都母女聊天时，玛力说了一句："不那新新。"

伊牧师在劝说温都太太把房子租给二马时："我担保！有什么错朝我说！我实在没地方给他们找房去，温都太太，你得成全成全我！"

马威打伤保罗之前，凯萨琳说："保罗！咱们一块儿家去吧！"

凯萨琳与玛力的未婚夫华盛顿私奔之后，伊太太大发雷霆："咱们不把她弄回来，玛力要是告下华盛顿来，咱们全完，全完！谁也不用混啦！我在教会不能再做事，你（指保罗，笔者注）在银行也处不下去啦！她要是告状，咱们就全完，毁到底！你我禁得住报纸的宣扬吗！把她弄回来，没第二个办法！"

老舍让他笔下的英国人都说着漂亮的北京话，"至不济""新新""成全""家去""毁"，都是最地道的老北京话。老舍不模仿西方人说话的腔调、声态，而是让他们的行动言谈都向中国人靠拢，即使是他们内心的思想，也是以中国式的方式表达出来。于是，建立在西方话语基础上的等级差异和种族主义的思想被老舍彻底地颠覆了。

老舍有意让英国人说北京话，让英国人按照中国人的思维方式来思想，这绝不仅仅是一种调侃，或刻意增加小说的幽默因素，而应当隐含了作家的文化意图。在《二马》中，英国人与中国人不同的只有相貌以及骄傲自大的民族性格，种族没有造成什么实质性的差别。中国并不是什么地方都比英国差：李子荣既有理性的头脑，又精明强干；马威能够打败保罗，也有勇气开拓自己的人生；即使是老马——马则仁老先生，他也懂得去发现和欣赏生活中的美，这甚至使他几乎得到了温都太太的爱情。

《二马》以西方文化为参照系，发现了中国传统文化和民族精神的珍贵价值，中国人的自尊、自信、自强通过老舍独特的话语体系，在20世纪20年代末的现代文学史上确立了不可动摇的地位。

三

老舍在《二马》里坚持了他对于民族文化的自信心，以质疑、批判的眼光审视西方文化，在进行严肃的国民性批判的同时，对中国传统文化仍倍加珍视。这使老舍的文学创作与现代文学的主流产生了偏离。

这个特点的养成与老舍的生活经历与性格品质有很大的关系。老舍出生在北京一个贫寒的满族旗人家庭，自幼失怙，尝尽了社会底层人民生活的艰辛悲凉，也浸染了平民百姓勤劳淳朴的性格和北京文化丰富深厚的品格。老舍是由于偶然地受到接济，才有机会上学接受教育，从而彻底改变了他成为贩夫走卒的命运。老舍也曾这样谈到他的性格："我的脾气是与家境有关系的。因为穷，我很孤高，特别是在十七八岁的时候。一个孤高的人或者爱独自沉思，而每每引起悲观。自十七八到二十五岁，我是个悲观者。我不喜欢跟着大家走，大家所走的路似乎不永远高明，可是不许人说这个路不高明，我只好冷笑。赶到岁数大了一些，我觉得这冷笑也未必对，于是连自己也看不起了。"[①]由此可以看出，老

①老舍：《我的创作经验（讲演稿）》，《老舍论创作》，上海文艺出版社1982年版，第202页。

舍很早就养成了独立思考的习惯，从不轻易相信宣传和书本，而是更相信自己的眼睛和头脑。这一切不仅使他成为一个在思想上早熟的人，并且赋予了他坚定的民间立场和平民心态。

五四运动爆发时，老舍 20 岁，正是热血青年。但他没有像大多数年轻的学生一样走上街头宣传、示威，而是做了一个“旁观者”。这不仅因为他那时的身份已经是教师、小学校长，更是因为他在思想上的成熟和冷静。老舍从未把自己当作一个青年知识者，也从未想过凭借知识充当大众精神导师，他一直自认为是大众的一员，是一个读过书、认了字、会写文章的普通人。

目睹西方列强对中华民族的欺凌，作为一个有良知和爱国精神的中国青年，老舍和五四运动中的青年学生们一样义愤填膺。但是同时他也意识到，“安放不下一张平静的书桌”的中国才是最没有希望的。正如他在《二马》中写到的那样：

> 可有在中国的外国人——有大炮，飞机，科学，知识，财力的洋鬼子——看着那群摇纸旗，喊正义，争会长，不念书的学生们笑？笑？不值得一笑！你们越不念书越好，越多摇纸旗越好。你们不念书，洋鬼子的知识便永远比你们高，你们的纸旗无论如何也打不过老鬼的大炮。你们若是用小炮和鬼子的大炮碰一碰，老鬼子也许笑一笑。你们光是握着根小杆，杆上糊着张红纸，拿这张红纸来和大炮碰，老鬼子要笑一笑才怪呢！真正爱国的人不这么干！

虽然没有什么高深的理论，但是在英国的生活经验和近距离观察给了他最直接的触动，他的观点是最有实际意义的。为此，他不惜花费大量的笔墨，在小说中反复强调他的“读书救国论”：“好好的念书，不用管别的！……空暴躁一回，能把中国就变好了吗？不能！当国家乱的时候，没人跟你表同情。……人家看你弱就欺侮你，看你起革命就讥笑你，国与国的关系本来是你死我活的事。除非你们把国变好了，变强了，没人跟你讲交情。……只有念书能救国；中国不但短大炮飞艇，也短各样的人才；除了你成了个人才，你不配说什么救国不救国！！现在你（指马威，笔者注）总算有这个机会到国外来，看看外国的错处，看看自己国家的错处，……然后冷静的想一想。”这段话明确地表达了老舍对于中国前途和命运的看法，他把希望寄托在新一代中国青年人的身上。他们是扬长避短的一代人，在博采中西文化之长的同时，不但能够摒弃“老中国儿女”们的国民性弱点和劣根性，也能警惕西方文化的缺点和错误。这是老舍心目中最理想的人格状态。

老舍对国家、民族立场的坚持态度不仅仅体现在对民族语言的艺术探索上，更体现在他对中国文化和民族精神的自觉维护与发扬上。正是出于对民族文化的珍视与热爱，老舍在面对文明程度更高的英国文化时才能一直保持必要的冷静和客观。他并非拒斥西方文化，而是不以全盘西化作为中国文化的出路。他以一种冷眼旁观的态度，对英国文化进行思考和审视。在他看来，英伦文化与中国文化一样存在着很大的问题，如顽固保守的大国心态、刻板僵化的礼仪规范、年轻人的浮躁不读书等等。因此，西方人在文化方面没有什么值得骄傲，中国人也不应妄自菲薄、盲目自卑。

老舍也注意到不应以西方的思想观念来完全代替中国固有的世界观、价值观。如果以西方为标准来衡量中国，那么中国的落后、失败就是绝对的。处于西方文化霸权的统治之下，中国的文化会在全面的压制下丧失独立生存、发展的空间，失去中国文化中有着独特价值与意义的部分。这不仅对于一个文化古国是莫大的屈辱，也是任何一个独立自主的文化主体都不能容忍的。

老舍生活的时代先于后殖民理论兴起，他不可能提前接触到这种理论。然而作为一个富于民族感情和独立精神的作家，老舍敏锐地意识到了中西方在接触和交流中的不对等状态，并在他的小说中把这些问题形象地表达出来，非常难能可贵。《二马》所进行的文化思考和探索不但丰富了中国现代文学的精神内涵，而且时至今日仍然具有重要的思想价值。

（作者单位：石家庄铁道大学）

“后殖民”误读:老舍《小坡的生日》新释

◎罗克凌

与“文化叙写”北京传统市民社会的写作风规迥异,老舍1930年从英国伦敦假道新加坡时写了一篇中篇小说——《小坡的生日》,因其分量和主题都与“经典老舍”游离甚远,此小说在文学史的话语构塑中通常一笔带过。文论界一般将其视为“童话”小说①,一方面有评论认为其内容不够精彩,既不像童话,也不像成人读物,充其量只是“一片浮浮泛泛的梦呓而已”②;老舍本人也直言《小坡的生日》是自己“脚踩两只船”的产物,因为“幻想与写实夹杂在一起,而成了四不像了”③。另一方面,也有学人认为老舍“生平写下的几部儿童文学作品,都足以达到这个创作领域内的上乘水准”④;老舍基于一种“童心”的情怀也表示了自己对这部小说的格外喜爱:“可是我对这本小书仍然最满意,不是因为别的,是因为我深喜自己还未全失赤子之心——那时我已经三十多岁了”,“希望还能再写一两本这样的小书,写这样的书使我觉得年轻,使我快活;我愿永远作‘孩子头儿’”⑤。总而言之,两个方面的评述都主要侧重于小说“童话”艺术创作层面的释读。与此不同的是,新加坡的王润华教授别出心裁,他以新加坡人的立场和眼光重新解析《小坡的生日》⑥,打开了老舍童话背后别有洞天的“后殖民”社会文化内涵。此后中山大学的朱崇科教授也撰文续论《小坡的

①夏志清在论老舍著作中只用一个句子把《小坡的生日》交代过去,他说这是“给儿童写的童话”,关纪新在《老舍评传》中也称“《小坡的生日》属于儿童文学”(参见关纪新《老舍评传》,重庆出版社,2003年版,第138页)。此外以“童话”主题论及《小坡的生日》的论文还有张江艳的《儿童的乌托邦世界——由〈小坡的生日〉看老舍的儿童本位思想》、马亮静的《试论〈小坡的生日〉创作动机——兼析老舍儿童文学观》和张宗顺的《浅谈〈小坡的生日〉的儿童情趣》等。

②马森:《论老舍的小说》(一),《明报月刊》68期(1971年8月),第41—42页,转引自王润华《华文后殖民文学:中国、东南亚的个案研究》,学林出版社2001年12月版,第38页。

③老舍:《我怎样写〈小坡的生日〉》,《老舍全集》第16卷,人民文学出版社1999年版,第178页。

④关纪新:《老舍评传》,重庆出版社2003年版,第136页。

⑤老舍:《我怎样写〈小坡的生日〉》,《老舍全集》第16卷,人民文学出版社1999年版,第179页。

⑥主要集中在他的两篇论文《中国最早的后殖民文学理论与文本:老舍对康拉得热带丛林小说的批评及创作》《中国最早的后殖民文本:老舍的〈小坡的生日〉对今日新加坡的后殖民预言》里,见王润华《华文后殖民文学:中国、东南亚的个案研究》,学林出版社2001年版。

生日》[①]，指出老舍逆写殖民帝国的另一维度可能指向别样的"暴力复制操作"。两者都恳切地提出了"后殖民"视阈的精彩洞见，却也不可避免地掺杂了"自为"遮蔽的"目镜"偏执，本文力图"拨云见日"，对其"迷思"作一番新释澄清。

一、为什么是"后殖民"文本？

王润华将《小坡的生日》称为中国最早的后殖民文本，将"后殖民"界定为"殖民主义从开始统治那一刻到独立之后的今日的殖民主义与帝国霸权"[②]，我们说这无疑是有失准确的。"后殖民"，顾名思义，指的是殖民之后的一种文化政治历史情况。它既是一个时间概念，针对的历史阶段一般指前殖民地国家取得政治上独立以后；它又是一个空间概念，学人任一鸣对此有允当的解析："后殖民研究最初研究的是后殖民国家在政治上的独立以后在文化价值观和社会其他领域所遗留的殖民时代的痕迹，从字面上来理解，后殖民国家指的应该是那些经历过被殖民化过程的国家。"[③]从时间上看，老舍写《小坡的生日》时新加坡尚未获得独立，因而称为后殖民创作并不妥当。确切地说，后殖民主义可以分为三个阶段，"最早是领土占领式的殖民主义；二次大战后独立运动后，西方转向政治控制和经济剥削相结合的新殖民主义；70年代后，非西方国家分化，有的在经济和富裕程度上超过西方，这时候西方主要采用文化优势的方法控制非西方，地缘政治学变成了地缘文化学，这是后殖民主义"[④]。《小坡的生日》属于领土占领期的创作，这一期间的殖民反抗文化叙写只能叫做"反殖民"主义或"非殖民"主义，因而老舍含有这种"逆写帝国"因素的文本创作与其称为"后殖民"文本，不如称为"反殖民"文本或"非殖民"文本更为恰确，此其一。

其二，就空间概念而言，新加坡的确是英国所属的一个殖民地国家，而老舍的文化身份是中国人，他只不过是过境新加坡的一个看客而已。即便他真有"逆写帝国"的善良意志，诚如其在《我怎样写〈小坡的生日〉》中所言："不管康拉德有什么民族高下的偏见没有，他的著作中的主角多是白人；东方人是些配角，有时候只在那儿作点缀，以便增多一些颜色——景物的斑斓还不够，他还要各色的脸与服装，作成个'花花世界'。我也想写这样的小说，可是以中国人为主角，康拉德有时候把南洋写成白人的毒物——征服不了自然便被自然吞噬，我要写的恰与此相反"[⑤]，这种反康拉德文化优越感（即"神化白人男性综合征"）的创作初衷仅属于一个异国过客的"殖民逆写"，用老舍自己的话说："无论怎样呢，我想写南洋，写中国人的伟大"[⑥]，这与新加坡本土知识分子的帝国反叙述话语有着本质的不同，与王润华所谓"后殖民文学"中老舍之"新加坡经验""本土意识"更是风马牛不相及，且不说老舍在新加坡仅仅逗留短短的半年左右时间，即便是嗣后长期侨寓于彼地，老舍的"本土意识"也不可以想当然地认为是纯粹的"新加坡意识"。因此，严格地说，老舍《小坡的生

①朱崇科：《后殖民老舍：洞见或偏执？——以〈二马〉和〈小坡的生日〉为中心》，《中山大学学报》（社会科学版）2007年第2期。

②王润华：《华文后殖民文学：中国、东南亚的个案研究》，学林出版社2001年版，第19页。

③任一鸣：《后殖民：批评理论与文学》，外语教学与研究出版社2008年版，第3页。

④赵稀方：《后殖民理论》，北京大学出版社2009年版，第272—273页。

⑤老舍：《我怎样写〈小坡的生日〉》，《老舍全集》第16卷，人民文学出版社1999年版，第176页。

⑥老舍：《我怎样写〈小坡的生日〉》，《老舍全集》第16卷，人民文学出版社1999年版，第177页。

日》不是“后殖民”文本，而应该是“反殖民”(或“非殖民”)文本；不是正宗的新加坡本土“反殖民”(或“非殖民”)文本，而应该是一个中国人借助异域经验的过客式“反殖民”(或“非殖民”)文本。

二、哪来的新加坡“本土意识”?

老舍回国停驻“南洋”，既有客观上的经济挂碍，又有主观上的心追慕想，用老舍自己的话来讲：“离开欧洲，两件事决定了我的去处：第一，钱只够到新加坡的；第二，我久想看看南洋。于是我就坐了三等舱到新加坡下船。为什么我想看看南洋呢？因为想找写小说的材料，像康拉德的小说中那些材料。”[①]康拉德是老舍最爱的作家[②]，老舍称其为“海王”，并在《一个近代最伟大的境界与人格的创造者——我最爱的作家——康拉德》一文中不遗余力地赞美康拉德绘写的“南洋”惊采绝艳，天下无匹。老舍受了康拉德浓烈的情怀感染，对“南洋”世界便也充满了一种玫瑰色的激情憧憬，甚至有些炫情地说康拉德“不但使我闭上眼就看见那在风暴里的船，与南洋各色各样的人，而且因着他的影响我才想到南洋去。他的笔上魔术使我渴想闻到那咸的海，与从海岛上浮来的花香；使我渴想亲眼看到他所写的一切。别人的小说没能使我这样。我并不想去冒险，海也不是我的爱人——我更爱山——我的梦想是一种传染，由康拉德得来的”[③]。康拉德的人格和境界召引老舍“笔梦”“南洋”，但老舍要除去他“白色神话”的种族中心迷执，“这本书没有一个白小孩，故意的落掉”[④]便是老舍《小坡的生日》逆写“康拉德”的一个雄心铁证，老舍认为“南洋”的繁荣与白人殖民者的统治无干，而与中国人艰苦卓绝的奋斗息息相关，用他自己豪迈的话来形容：

南洋的开发设若没有中国人行么？中国人能忍受最大的苦处，中国人能抵抗一切疾痛：毒蟒猛虎所盘踞的荒林被中国人铲平，不毛之地被中国人种满了菜蔬。中国人不怕死，因为他晓得怎样应付环境，怎样活着。中国人不悲观，因为他懂得忍耐而不惜力气。他坐着多么破的船也敢冲风破浪往海外去，赤着脚，空着拳，只凭那口气与那点天赋的聪明，若能再有点好运，他便能在几年之间成个财主。自然，他也有好多毛病与缺欠，可是南洋之所以为南洋，显然的大部分是中国人的成绩。[⑤]

由此可见，老舍“国族意识”的“礼赞中国人”才是《小坡的生日》一书最大的创作心脉所在。不过诚如王润华教授所言，《小坡的生日》的确塑造了一个在新加坡土生土长的第二代华人“小坡”的形象，然而“小坡”到底是以“中国人”作为创作本位，还是以本土化的“新加坡人”作为创作本位，这是值得认真辨析的。王润华认为“小坡”是落地生根的新加

①老舍：《我怎样写〈小坡的生日〉》，《老舍全集》第16卷，人民文学出版社1999年版，第176页。

②老舍有一文，题为《一个近代最伟大的境界与人格的创造者——我最爱的作家——康拉德》，文中表达了老舍对康拉德的无上热爱与崇拜。

③老舍：《一个近代最伟大的境界与人格的创造者——我最爱的作家——康拉德》，《老舍文集》第15卷，人民文学出版社1990年版，第301页。

④老舍：《还想着它》，选自《老舍文集》第14卷，人民文学出版社1989年版，第31页。

⑤老舍：《我怎样写〈小坡的生日〉》，选自《老舍全集》第16卷，人民文学出版社1999年版，第176—177页。

坡人，“老舍以这样的故事制造了一种多元种族多元文化的社会寓言：当沙文主义的父母不在家时，小坡和妹妹仙坡决定打破籍贯、种族和语文之藩篱，邀请两个马来小姑娘，三个印度小孩，两个福建小孩，一个广东胖子到屋子后面的花园游戏。他们像一家人，讲着共同的语言”①，看起来老舍好像以“新加坡意识”正统自居，而以“小坡”作为其“新加坡意识”的代言人，其实大谬不然。首先，王润华以新加坡 1965 年独立后的眼光去打量、看待新加坡独立前的华人生活意识世界便是十足的牵强附会。我们知道 20 世纪 30 年代的“南洋”华侨，其“落叶归根”的“中国意识”十分强烈，而 60 年代新加坡独立以后，由于受到政治情势及排华事件等的影响，中国政府开始鼓励当地华人由“落叶归根”转向“落地生根”，积极融入“南洋”当地的社会生活，于是才有了王润华教授所谓“南洋”“本土意识”的萌蘖。而《小坡的生日》创作之期（20 世纪 30 年代）整个华人社会的主流精神气候依然止步于“落叶归根”之“中国情结”，贸然要小说人物“小坡”承担起新加坡独立后的主流本土精神思想无疑有强人所难的“张冠李戴”之嫌。其次，探勘小说的叙述动机主要取决于小说中隐含的作者的文本态度，老舍的文本思想主要定位在“中国人的伟大”上，他要为“南洋”的中国华侨精神“翻案”，试图全面矫正中国国内人对“南侨”的不正确情感认知，老舍在其嗣后的创作谈中指出：

国内人只知道在南洋容易挣钱，而华侨都是胖胖的财主，所以凡有点势力的人就派个代表在那儿募捐。只知道要钱，不晓得华侨所受的困苦，更想不到怎样去帮忙。另有一些人以为华侨是些在国内无法生存而到国外碰运气的，一伸手也许摸着个金矿，马上便成百万之富。这样的人是因为轻视自己所以也忽略了中国人能力的伟大。还有些人认为华侨漫无组织，所以今天暴富而富得不得其道，明天忽然失败又正自理当如此；说这样现成话的人是只看见了华侨的短处，而忘了国家对这些在海外冒险的人可曾有过帮助与指导没有。华侨的失败也就是国家的失败。②

从这个意义上看，老舍借用“小坡”来反映中国人的国际主义精神和良善之能力的伟大也正是题中之意。王润华忽视其时老舍文本隐含作者的情感评价，而套用自己所处年代的一种主流臆想未免断章取义。再次，王润华教授言述“小说中花园的意象经常出现，这又是暗示新加坡是一个花园城市国家的寓言”③，说“今天的新加坡人，看了小说中花园的结构，一定深深地佩服老舍的远见。在 1930 年，他心目中居然就有‘花园城市’的蓝图，实在不简单。……所以现在新加坡被称为花园城市，完全实现了人民的愿望，而这个理想，三十多年以前，老舍就看到了”④，并且想当然认为“老舍以花园来象征小坡住的新加坡，并非出于偶然或巧合的神来之笔”，这些无疑只是一种主观的“谶纬“比附，老舍写了“花园意象”与日后新加坡“花园城市”的现代化构想完全是两码事，王润华的“在地主义”文化迷恋意识使他在本土视维的“无限放大”强调方面越走越远。

---

①王润华：《华文后殖民文学：中国、东南亚的个案研究》，学林出版社 2001 年版，第 32 页。

②老舍：《我怎样写〈小坡的生日〉》，《老舍全集》第 16 卷，人民文学出版社 1999 年版，第 177 页。

③王润华：《华文后殖民文学：中国、东南亚的个案研究》，学林出版社 2001 年版，第 32 页。

④王润华：《华文后殖民文学：中国、东南亚的个案研究》，学林出版社 2001 年版，第 43 页。

三、反"东方主义"还是"东方主义"?

后殖民主义的先锋创始人萨义德在其名声大噪的《东方学》一书中提出了后殖民主义的一个经典概念,即"东方主义"。萨义德指出,"东方主义"既是一门东方学科,也是西方"他者化"东方的一种思维方式,更是一个西方将东方"东方化"的权力话语机制。西方言述东方,东方被西方言述,东方是西方的一种"谋生之道",西方与东方之间结实地存在着一种具有霸权色彩的权力关系和支配关系。在东方主义者看来,东方是非理性的、堕落的、幼稚的、"不正常"的,而西方则是理性的、贞洁的、成熟的、"正常"的,生命力先天不足的"东方"与生俱来地便在心智上臣属于西方。萨义德一针见血地作了回击:西方的"东方并非现实存在的东方,而是被东方化了的东方"①。针对强权的"东方主义",老舍可以说早在1930年写《小坡的生日》时便从精神上声援了萨义德的"义"与"德"——反对"东方主义"。《小坡的生日》中既蕴涵小孩的天真童趣,又植入了老舍心中那点不属于儿童世界的思想,"所谓不属于儿童世界的思想是什么呢?是联合世界上弱小民族共同奋斗。此书中有中国小孩,马来小孩,印度小孩,而没有一个白色民族的小孩。在事实上,真的,在新加坡住了半年,始终没见过一回白人的小孩与东方小孩在一块玩耍。这给我很大的刺激,所以我愿把东方小孩全拉到一处去玩,将来也许立在同一战线上去争战"②。新加坡的教书生涯限制了老舍有别样的心灵震撼、收获,老舍在《我怎样写〈小坡的生日〉》写道:

在新加坡,我是在一个中学里教几点钟国文。我教的学生差不多都是十五六岁的小人儿们。他们所说的,和他们在作文时所写的,使我惊异。他们在思想上的激进,和所要知道的问题,是我在国外的学校五年中所未遇到过的。不错,他们是很浮浅;但是他们的言语行动都使我不敢笑他们,而开始觉到新的思想是在东方,不是在西方。③

老舍发觉了东方并非西方"沉默不语"的他者,东方不仅可以发声,而且她要发声,发出的正义之声必将扫荡整个颓宇:

在今日而想明白什么叫作革命,只有到东方来,因为东方民族是受着人类所有的一切压迫;从哪儿想,他都应当革命。这就无怪乎英国中等阶级的儿女根本不想天下大事,而新加坡中等阶级的儿女除了天下大事什么也不想了。④

老舍于是在他以"小人儿们作主人翁来写出他所知道的南洋"——"恐怕是最小最小的那个南洋"⑤的《小坡的生日》里表达了其反对"东方主义"权力凝视的坚强决心和勇气,于是便有了小说主人公"小坡"在梦中与其他小孩应付共同的敌人"狼猴大战"和"猫虎大

---

①[美]爱德华·W.萨义德著,王宇根译,《东方学》,生活·读书·新知三联书店1999年版,第136页。

②老舍:《我怎样写〈小坡的生日〉》,《老舍全集》第16卷,人民文学出版社1999年版,第178页。

③老舍:《我怎样写〈小坡的生日〉》,《老舍全集》第16卷,人民文学出版社1999年版,第180页。

④老舍:《我怎样写〈小坡的生日〉》,《老舍全集》第16卷,人民文学出版社1999年版,第181页。

⑤老舍:《我怎样写〈小坡的生日〉》,《老舍全集》第16卷,人民文学出版社1999年版,第178页。

战”两节，“前者，有弱小民族若丧失团结和斗志便免不了遭到强敌蹂躏的寓意；后者，则有着只要各个被压迫民族协力抗争就能夺取胜利的寓意”[①]，其间明显寓示了老舍所谓东方弱小民族联合起来反对西方殖民主义的“抵制文化政治学”。

除了这种“大人”思想的开宗明义，老舍写《小坡的生日》事实上还寄寓了另外一个追慕“南洋”的浪漫欲望——“写点新加坡的风景什么的”[②]，我们说康拉德的“诱惑”自然是其中一个十分显赫的原因（前文已交代），正是因了这层“南洋梦”的精神力内驱，才促使老舍不自觉地有了“猎奇”和“消费”“南洋”异域情调的隐性文学冲动，诚如他自己所说，写《小坡的生日》“即使仅能写成个罗曼司，南洋的颜色也正是艳丽无匹的”[③]。萨义德在论述东方主义时区分了两种“东方学”，一种是显在的，一种是隐伏的，“显在的”是明确的陈述，而“隐伏的”的却几近于一种“润物细无声”的“集体无意识”内化，西方笔下的东方既可以“被抓握、被借用、被简化、被编码”，也可以“被经验，被作为一个充满丰富可能性的博大空间而加以美学的和想象的利用”[④]。老舍对充盈着梦想与幻象的“南洋”之绮色神秘主义的痴迷，似乎也有些微“南洋化”（取“东方化”之意）“南洋”之嫌。老舍在《还想着它》一文中作过这样的交代：自己在新加坡生病后，“早晚在床上听着户外行人的足声，‘心眼’里制构着美的图画：路的两旁杂生着椰树槟榔；海蓝的天空；穿白或黑的女郎，赤着脚，趿拉着木板，嗒嗒的走，也许看一眼树丛中那怒红的花。有诗意呀。矮而黑的锡兰人，头缠着花布，一边走一边唱。躺了三天，颇能领略这种浓绿的浪漫味儿，病也就好了”[⑤]。这种“浓绿的浪漫味”正是老舍心心念念向往徜徉其间的一种“南洋”风情文化氛围，这种文化气氛具有鲜明的女性气质，笔触阴柔、华丽而优雅，诗意的“南洋”“母体”浸润甚至治好了老舍“痧疹归心，不死才怪”的红疹病。老舍接着还在《还想着它》一文文末进行了续“色”的抒情：

> 到现在想起来，我还很爱南洋——它在我心中是一片颜色，这片颜色常在梦中构成各样动心的图画。它是实在的，同时可以是童话的，原始的，浪漫的。无论在经济上，商业上，军事上，民族竞争上，诗上，音乐上，色彩上，它都有种魔力。[⑥]

这段近乎活色生香的情思表达隐秘地暴露了老舍内心无法释怀的一种“南洋主义”情衷，我们说这种隐在的欲梦化“南洋”的“南洋主义”心结与老舍逆写“东方主义”的欲为东方“南洋”鼓与呼的义愤情志构成了一种不甚和谐的“异音对弈”之悖论情境，这种悖论情境在“东方主义”与反“东方主义”的精神张力中十分尴尬地形成，这恐怕是老舍先生自己也无法自知的。

---

①关纪新：《老舍评传》，重庆出版社 2003 年版，第 138 页。

②老舍：《还想着它》，《老舍文集》第 14 卷，人民文学出版社 1989 年版，第 31 页。

③老舍：《我怎样写〈小坡的生日〉》，《老舍全集》第 16 卷，人民文学出版社 1999 年版，第 177 页。

④[美]爱德华·W.萨义德著，王宇根译，《东方学》，生活·读书·新知三联书店 1999 年版，第 234 页。

⑤老舍：《还想着它》，《老舍文集》第 14 卷，人民文学出版社 1989 年版，第 28 页。

⑥老舍：《还想着它》，《老舍文集》第 14 卷，人民文学出版社 1989 年版，第 31、32 页。

四、有大中华“文化殖民”吗？

也许是受业师王润华教授“新加坡本位”文学思想的影响，学人朱崇科似乎也有了泛“去中国化”心态的学术警惕，其在《后殖民老舍：洞见或偏执——以〈二马〉和〈小坡的生日〉为中心》一文中表达了这样另类的见地：

为了抵抗白人或殖民者文化以及统治的暴力与历史话语霸权，老舍在其中以童话建构了一个崭新的本土新世界，成为新加坡的建设预言，其逆写姿态值得表扬。但同时，需要提醒的是，《小坡的生日》中，也有一种大中华心态或者文化殖民倾向。①

这样的说法是值得商榷的，这倒不是作为一个华人企图“绑架”族性自尊来狭隘地“意气用事”，我们说任何文化霸权都值得声讨和批判，中华文化自不例外，只要它有文化殖民“帝国之眼”的“权力侵略”事实。但是何谓事实文化殖民，文本又怎样准确体现之，是值得我们依实客观做出理性判断的。

王润华在论及新马华文文学时曾提出过两种后殖民文学：“侵略”和“移民”。他指出：“新马的华文文学，作为一种后殖民文学，它具有入侵殖民地与移民殖民地两种后殖民文学的特性。在新马，虽然政治、社会结构都是英国殖民文化的强迫性留下的遗产或孽种，但是在文学上，同样是华人，却由于受到英国文化与中国文化之不同模式与典范的统治与控制，却产生了两种截然不同的后殖民文学与文化。一种像侵略殖民地如印度的以英文书写的后殖民文学，另一种像澳大利亚、新西兰的移民殖民地的以英文书写的后殖民文学。”②接着他申述道：“当五四新文学为中心的文学观成为新马文化的主导思潮，只有被来自中国中心的文学观所认同的生活经验或文学技巧形式，才能被人接受。因此不少新马写作人，从战前到战后，一直到今天，受困于模仿与学习某些五四新文学的经典作品。来自中心的真确性(authenticity)拒绝本土作家去寻找新题材、新形式，因此不少被迫去写远离新马的生活经验。”③王润华的言外之意便是中国文学对新马本土文学施行了移民式的文化殖民，正因为有中国文学在新马的强势“在场”，才使新马本地意识、本土作品无法正常地成长。这种观点本身值得深度再研究，我们说任何自足、自恰的文化体系都应该是一个开放、多元和活性化的过程，如果将之对象化思维便成“死物”，不再鲜活。王润华将中国文学视为新马文学的一个异质力量和绝对化的“他者”，事实上便犯了文化本质主义的错误。中国文学对新马文学有大力影响不假，但这并非“文学殖民”，新马本土文学对中国文学进行创造性转换，本身便是一种“扬弃”的“凤凰再生”。它吸取中国文学的优秀营养，

---

①朱崇科：《后殖民老舍：洞见或偏执？——以〈二马〉和〈小坡的生日〉为中心》，《中山大学学报》(社会科学版)2007年第2期。

②王润华：《华文后殖民文学：中国、东南亚的个案研究》，学林出版社2001年版，第118页。

③王润华：《华文后殖民文学：中国、东南亚的个案研究》，学林出版社2001年版，第118—119页。

进而融合本地独异的“南洋”风质，自成一格，就像中国的佛教取自印度佛教却不与之同一样[①]，新马文学本身就是一种开放、活性化文学实践的“自新”典范，而并非“搬尸公式主义”的机械挪用。说新马文学属于中国文学海外的分支诚然有“大中华主义”之嫌，说中国文学对新马文学实施了“文学侵略”也是意气过于激切之偏论。

朱崇科秉承其师王润华的大中华“文化殖民”逻辑，以《小坡的生日》为实验解剖样板，于是便有了下列所谓“暴力复制操作”的讲论：

（一）“小坡”的“父亲板着脸，郑重其事地打了国货店看门的老印度两个很响的耳瓜子”[②]，朱崇科认为这里呈现了华人“统治者的暴力”[③]的一面。这种分析显然有失妥当，因为“隐含作者”的文本态度是站在“小坡”立场上的，而小说中“小坡”将看门的“印度”视为“伟人”[④]，显而易见，“小坡”喜欢并同情“老印度”，而对于他父亲，却隐在地存有一种反感、抵制的心向，“小坡”的态度亦是文本“隐含作者”的态度，因此所谓华人“统治者的暴力”一说确实有过度阐释之嫌。

（二）“哥哥是最不得人心的：一看见小坡和福建、马来、印度的小孩儿们玩耍，便去报告父亲，惹得父亲说小坡没出息。小坡郑重地向哥哥声明：‘我们一块儿玩的时候，我叫他们全变成中国人，还不行吗？’而哥哥一点也不原谅，仍然是去告诉父亲。”[⑤]朱崇科认为“小坡”“尽管主张并实践多元种族主义，其上述言行依然没有摆脱中国中心主义”[⑥]。这种说法也很有问题，上述句段的原文后一句是这样写的：“父亲的没理由，讨厌一切‘非广东人’，更是小坡所不能了解的。”[⑦]这清楚地表明“小坡”向哥哥“我们一块儿玩的时候，我叫他们全变成中国人，还不行吗？”的声明并非“小坡”的本意，更非“小坡”的“中国强心剂”作怪，而恰恰是一种对父亲“专制淫威”的不得已妥协，也就是说，“小坡”的父亲持有中国中心主义心态，而“小坡”的态度亦即“隐含作者”的态度事实上表示了对父亲“中国中心主义”的不理解和质疑。

（三）“小坡”有一宝贝“红绸子”，“红绸子”可以帮助“小坡”装扮成各个种族的人，以实

①关于印度佛教与中国佛教的传承关系，德国历史学家斯宾格勒有十分经典的评述：“甲完结了的行为仅能由乙借着甲自身的存在使之振作起来，而且凭借他自己，他的内在特性，他的工作和他自己的一部分，变成乙的行为。并没有印度传入中国的‘佛教’运动，而仅有印度佛教徒的丰富的表象中的一部分被具有某种宗教倾向的中国人所接受，他形成了一种对于中国佛教徒且只对于中国佛教徒有意义的新的宗教表现形式。在全部这些情况中，重要的并非各种形式的原始意义，而是各种形式本身，它们将寓于观察者自己的创造力之中的种种潜伏方式揭露给观察者的能动感受性与领悟。内涵是无法转移的。两种不同文化的人，各自存在于自己精神的孤寂中，一条无法逾越的深渊把他们隔开。尽管印度人与中国人在那些日子里双方都认为自己是佛教徒，但是他们在精神上仍然离得非常远。一样的经文，一样的教仪，一样的信条——但是心灵却并不相同，他们各走各的路”，参见[德]斯宾格勒著，张兰平译《西方的没落》，陕西师范大学出版社2008年版，第40页。

②老舍：《小坡的生日》，人民文学出版社2000年版，第4页。

③朱崇科：《后殖民老舍：洞见或偏执？——以〈二马〉和〈小坡的生日〉为中心》，《中山大学学报》（社会科学版）2007年第2期。

④“看门的印度，在小坡眼中，是个伟人”，老舍《小坡的生日》，人民文学出版社2000年版，第4页。

⑤老舍：《小坡的生日》，人民文学出版社2000年版，第16页。

⑥朱崇科：《后殖民老舍：洞见或偏执？——以〈二马〉和〈小坡的生日〉为中心》，《中山大学学报》（社会科学版）2007年第2期。

⑦老舍：《小坡的生日》，人民文学出版社2000年版，第16页。

现“小坡”各族群人“平等谐存”的善良理念。有一天“红绸子”遗落学校，可学校已经关上了大门，“小坡”“央告看门的印度把门开开”，[①]遭拒后喊来庶务员和住校先生才把事情解决，他跑出校门时“就手儿踢了老印度一脚；一气儿跑回家，把宝贝围在腰间，过了一会儿，他告诉妹妹，他很后悔踢了老印度一脚。晚饭后父亲给他们买了些落花生，小坡把瘪的，小的，有虫儿的，都留起来；第二天拿到学校给老印度，作为赔罪道歉。老印度看了看那些奇形怪状的花生，不但没收，反给了小坡半个比醋还酸的绿橘子”[②]。朱崇科认为“小坡”踢“老印度”的行为和后来把瘪的、小的、有虫儿的花生送给“老印度”表示歉意显现了“小坡”“华人中心主义”的倾向。这种观点也是站不住脚的，首先“小坡”踢“老印度”事出有因，同时反映了孩童“小坡”顽皮、任性的一面，“小坡”事后马上有了悔意，又反映了“小坡”心性无比的天真善良，接着还送东西给“老印度”赔礼道歉，而“老印度”自己非但没收却反而给了“小坡”礼物，这表明“小坡”对“老印度”的尊重和“老印度”对“小坡”的谅解与爱怜，至于说送的花生的瑕疵性，只是小孩可爱“恶作剧”的一种体现，朱崇科所谓“小坡”“华人中心主义”的过度挪用倾向，显然有失轻率。

（四）老舍在《还想着它》一文中有下面一段论述：

本来我想写部以南洋为背景的小说。我要表扬中国人开发南洋的功绩：树是我们栽的，田是我们垦的，房是我们盖的，路是我们修的，矿是我们开的。都是我们作的。毒蛇猛兽，荒林恶瘴，我们都不怕。我们赤手空拳打出一座南洋来。我要写这个。我们伟大。是的，现在西洋人立在我们头上。可是，事业还仗着我们。我们在西人之下，其民族之上。假如南洋是个糖烧饼，我们是那个糖馅。我们可上可下。自要努力使劲，我们只有往上，不会退下。没有了我们，便没有了南洋；这是事实，自自然然的事实。马来人什么也不干，只会懒。印度人也干不过我们。西洋人住上三四年就得回家休息，不然便支持不住。干活是我们，作买卖是我们，行医当律师也是我们。住十年，百年，一千年，都可以，什么样的天气我们也受得住，什么样的苦我们也能吃，什么样的工作我们有能力去干。说手有手，说脑子有脑子。我要写这么一本小说。这不是英雄崇拜，而是民族崇拜。[③]

朱崇科认为老舍此处“民族崇拜”之所谓是“狭隘的民族沙文主义倾向和可能的中国中心主义倾向（从异族角度换位思考尤甚）”[④]的体现，认为“这种族群优越感也可视为一种文化殖民”[⑤]，如果单纯就老舍上述言论来看，我们说朱崇科的定论确实有一定的理据，问题是老舍没有在《小坡的生日》里真确地体现其上述思想，恰恰相反，紧接上段思想陈述，老舍在《还想着它》中表达了自己有心无力的遗憾：“可是，我写不出。打算写，得到各处去

①老舍：《小坡的生日》，人民文学出版社2000年版，第11页。

②老舍：《小坡的生日》，人民文学出版社2000年版，第11页。

③老舍：《还想着它》，《老舍文集》第14卷，人民文学出版社1989年版，第30页。

④朱崇科：《后殖民老舍：洞见或偏执？——以〈二马〉和〈小坡的生日〉为中心》，《中山大学学报》（社会科学版）2007年第2期。

⑤朱崇科：《后殖民老舍：洞见或偏执？——以〈二马〉和〈小坡的生日〉为中心》，《中山大学学报》（社会科学版）2007年第2期。

游历。我没钱,也没工夫。”[①]也就是说,作者“想写”与作者实际“写出来”完全不是一回事,《小坡的生日》的文本呈现事实上背离了作者“大中华心态”的述志,其动机用老舍的话说便是:“表面的写点新加坡的风景什么的。还有:以儿童为主,表现着弱小民族的联合”[②],《小坡的生日》便是这种“弱小民族联合”创作动机而非上述“民族崇拜”创作臆想的文本化结果。朱崇科一则将作者事后的声明完全等价于文本自足的“发声”体现,没有将两者明晰地分开审察;二则断章取义,没有注意到作者后文对前文的一个颠覆态度,因而根本是不足为训的。

(作者单位:赣南师范大学文学院)

①老舍:《还想着它》,选自《老舍文集》第14卷,人民文学出版社,1989年版,第30页。

②老舍:《还想着它》,选自《老舍文集》第14卷,人民文学出版社,1989年版,第31页。

老舍小说中的丑类与英雄

◎[捷克]李强迪(Zednik Vit)

一、老舍笔下的汉奸

丑类和英雄,是传统小说中比较典型的两类形象。他们处于两个极端,所以,也是比较概念化的。老舍的小说中,丑类和英雄这两种形象同时存在,但却很有特色。

老舍的小说里,我们很少能看到一个典型的丑类,因为老舍讽刺的一般是社会,不是被那个社会产生的人,一个例外是他的抗日小说。

有趣的是老舍的抗日小说里的丑类一般不是日本人,而是汉奸。老舍描述的汉奸是本性完全坏的,好像带着什么原罪的、无法改正的东西。问题是这些汉奸完全坏是因为老舍想做一点抗日的宣传。因此,他写出来的大部分丑类至少在他们做事情的动机方面是没有意思的,他们做坏事因为他们贪婪,而他们不会考虑到道德是因为他们没有道德。他们为什么没有道德?是因为他们的命运是当老舍抗日小说里的汉奸。

这不是说他们的一些动作没有意思,实际上《四世同堂》里的汉奸比“英雄”有意思多了。这个小说里“英雄”的主要任务是不断地思考,完全没趣。丑类可大不同,汉奸们总找办法提高他们的地位,得到更多的钱。他们很聪明,有创造力,不断地追求什么,做什么,他们的动机是没意思的,可看他们想出来的方法是很有趣的。

老舍写下来的许多人物,比如说这些汉奸,或者他批判社会的那些小说里的许多主人公都不是很好的人物,读者能很容易看出来他们只是老舍的工具。老舍写故事不是为了写好故事,而是为了跟大家说出他对这个世界的不满。我们认为这个对他的作品是很有害的,因为他有才,有经验,问题是他愿意为了说出自己的意见而牺牲作品的品质。一个我们不能忘记的例外是《二马》。

老舍一般接触的话题是适合成人谈论的,可是,他抗日小说里的许多人物像儿童看的故事一样黑白分明。童话人物的黑白,是因为儿童需要比较简单明白的对世界的描述。成人看的作品里,特别是像老舍那样受尊敬的作家的小说里不应该出现这种过于简单化的人物。

二、"汉奸性"

我们现在来看看按照老舍的标准,我们怎么看出一个人是坏人、一个汉奸。汉奸是没有受过教育的,乡下人是一个很重要的例外。乡下人如果没有受过教育的话,他们一般有别的品质,如老实、善良、诚恳等等,一个好例子是《火葬》中的老郑。只有有钱可没有受过教育的住在市内的人才能当汉奸。

我们不要忘了,艺术也算是一种教育,如果一个人物是有才的艺术家,如《四世同堂》中的小文夫妇,那我们只能判断他不是汉奸,因为汉奸不但没有受过教育,更没有天才。我们选择了小文夫妇,因为按照老舍的意图他们不是汉奸,虽然他们愿意给日本人表演。①

另外一个特点是汉奸一般做不适合他们身份的动作,比如说,年龄大了还穿着年轻人穿的服装,如《四世同堂》中的大赤包;或者做一些不道德动作,有姨太太,如《四世同堂》中的冠先生;吸鸦片,如《火葬》中的田麻子,等等。读者如果看到一个穿着洋服的人物,那就不需要再多考虑什么了,这个百分之百是一个汉奸,而且是一个很典型的汉奸,像《火葬》中的刘二狗。另外一个穿洋服的不管国家的负面人物是《大地龙蛇》中的封海云。

大赤包跟田麻子、刘二狗或者冠先生又不同,因为她是一个女人。曾艳在《论老舍小说中的女性形象及其男权意识》中称大赤包这种女人为"敢为'狮吼'的'悍妇'"。曾艳还提出了一个很有意思的想法,这种女人我们应该理解,因为她们只是反对中国传统文化对妇女的剥削而已。② 这当然不能原谅大赤包的汉奸行为,但是可以原谅她不服从男人对女人的一些传统要求。

汉奸丑或者过于胖,因此读者如果看到一个过于胖或者丑的人,那请多谨慎一点,那很可能是一个汉奸。汉奸开放,如《四世同堂》中的招弟,这也是很主要的特色。在性方面开放的人,或者喜欢跟异性交流的人作汉奸的可能性很高。比如《大地龙蛇》中的封海云,更明显的例子是《四世同堂》中的李空山③。一个女人如果同时跟几个男人见面、交流就是汉奸的好例子,可是《火葬》中的梦莲好像是一个例外,虽然她开始的时候一会儿跟丁一山玩耍,一会儿又跟刘二狗玩耍。④ 曾艳在她的论文里提出了同样的意见,她提出的例子是虎妞与小福子。这两个女子都失去了贞洁,可是,小福子老舍愿意原谅,虎妞老舍只会批判。⑤ 实际上,汉奸比我们想象的多得多,一个为了给家里人吃饭,在一个被敌人吞并的国家里当公立学校的教师也是汉奸,如《四世同堂》中的瑞宣。最后一个主要特色是汉奸喜欢假装有文才,如《四世同堂》中的蓝东阳。⑥

---

①老舍:《四世同堂:偷生》,《老舍文集》第5卷,人民文学出版社1983年版,第468页。

②曾艳:《论老舍小说中的女性形象及其男权意识》,南昌大学人文学院中文系,2010年硕士论文,第17,18页。

③老舍:《四世同堂:惶惑》,《老舍文集》第4卷,人民文学出版社1983年版,第375页。

④老舍:《火葬》,《老舍文集》第3卷,人民文学出版社1989年版,第445页。

⑤曾艳:《论老舍小说中的女性形象及其男权意识》,南昌大学人文学院中文系2010年硕士论文,第27页。

⑥老舍:《四世同堂:惶惑》,《老舍文集》第4卷,人民文学出版社1983年版,第276页。

三、祖国与家人

老舍在《四世同堂》与《火葬》中提出了一个难题，这个难题是："国家重要还是家人重要？"《火葬》中梦莲姑娘的父亲为了保护女儿和祖先留下的财产跟日本人合作，老舍并不让梦莲姑娘多思考她应该陪着父亲还是应该反抗而去做抗日的工作，因为对老舍来说，这个问题的答案很明确。《四世同堂》也一样，北京被日本人霸占之后，瑞宣不愿意在学校里继续讲课[①]，他并不管他家人需要吃饭，他就是不愿意，自己认为他辞职是特重要的爱国抗日的给日本人造成巨大损害的工作，结果他们家里的小女孩饿死了。[②] 老舍教我们的一个主要法则是"国家先家人后"。就算我们要让我们小小的女儿饿死，也不能去当亡国奴教师。或许有人认为老舍的价值观是有问题的。因为如果全国的人都不愿意跟日本人合作，都无法生存的话，即便有机会真的做抗日工作的时候，可能也没有这个机会了，因为大家早就饿死了。但宁死也不当亡国奴，却正是中国人骨气的表现。

四、瑞全

我们已经说了，老舍抗日小说的人物大多数只是老舍的工具而已，一个很特殊的工具是《四世同堂》中的瑞全，他很早就逃出北京去参军抗日[③]，故事快要结束的时候，老舍需要给读者看看汉奸有一天都是要被惩罚的，所以到了这个时候，老舍让瑞全回北京来。在北京，他偷偷地扼杀跟日本人合作的招弟[④]，猛打胖菊子[⑤]。他连一个日本兵都不杀，专门攻击无法保护自己的妇女，这样的瑞全恐怕不是大家所希望的，称不上是一个要救北京的英雄。当然，我们说的是战争的故事，战争很残忍，有时候士兵们也没办法选择，可老舍如果让这样的人物当他故事里的最大英雄，那我们真的要怀疑老舍的道德观，怀疑老舍用这个小说到底要跟我们说点什么。

瑞全只是一个天外救星而已。老舍需要结束他讲的故事，可他不能不惩罚他故事里的汉奸，他就为了完成这个任务，使用了我们不太了解的、只在故事开头里出现而很快就消失的瑞全，这个从故事的开头已经预备好的工具。

五、汉奸的命运

如果看《二马》中马威这个人物的话，我们会发现老舍很支持中国人接受新思想，放弃封建社会的旧思想，支持妇女受教育和自由恋爱。另一个例子是马威不赞同他父亲称管理他们古玩铺的人为"伙计"。[⑥] 可是，老舍真的是一个接受了新思想的人吗？

在这里提这种事情，是因为我们认为老舍表面上虽然很支持新思想，但是，如果看他

---

①老舍：《四世同堂：偷生》，《老舍文集》第5卷，人民文学出版社1983年版，第75页。

②老舍：《四世同堂：饥荒》，《老舍文集》第6卷，人民文学出版社1984年版，第279页。

③老舍：《四世同堂：惶惑》，《老舍文集》第4卷，人民文学出版社1983年版，第129页。

④老舍：《四世同堂：饥荒》，《老舍文集》第6卷，人民文学出版社1984年版，第217页。

⑤老舍：《四世同堂：饥荒》，《老舍文集》第6卷，人民文学出版社1984年版，第218页。

⑥老舍：《二马》，《老舍文集》第1卷，人民文学出版社1980年版，第487页。

抗日作品里的英雄和丑类，我们会发现他还是很支持儒家思想。儒家思想的基本概念是每一个人在社会上有一定的地位，有一定的身份，好人是知道而遵守自己身份的，他们不会做一些不适合他们身份的动作，比如穿上不适合他们身份的衣服，享受不应该享受的快乐，不懂装懂。这样的人物在老舍的作品里一般是当汉奸的。《四世同堂》中大赤包穿不适合她年龄的红色的衣服，所以被老舍惩罚，当汉奸。她的丈夫是一个翻脸不认人的胆小鬼，愿意说他人的坏话，出卖他人，心里总是不安，想办法怎么得到更多，怎么保证自己的安全和舒服的生活，跟孔子说的君子正好相反。冠家的女儿虽然没有什么特殊的天才而要唱戏，因此被惩罚，当汉奸。蓝东阳并没有文学方面的天才，可是，把自己看为伟大的诗人，他也被惩罚，要当汉奸。《火葬》中的刘二狗总是穿不适合他身份的西装，因此当汉奸。

《二马》中的李子荣和马威谈论中国人应不应该穿西装，这里老舍把赞同与反对的意见都表达了出来，可是在其他的作品里穿西装的中国人总是负面性的人物。年龄大的人都应该有点学问，可是刘二狗的父亲不识字，这个也是刘二狗当汉奸的原因之一。《二马》中除了李子荣以外还有四个青年人，有玛力、凯萨林、保罗与我们已经提到的马威。马威和凯萨林的思想是新的，自由的，保罗和玛力的思想是旧的，重视社会规律与限制的。从老舍的语气上，我们能看出他支持马威和凯萨林，看不起保罗和玛力。老舍如果这么支持自由，反对人民服从传统与社会，那他为什么在他的抗日小说里不给他的人物同样的自由？他为什么要勉强人物服从社会与传统？他为什么让不愿意服从的人物当汉奸？我们只能判断老舍是一个矛盾的两面人物，给自己喜欢的人物自由，可是需要创造丑类的时候，他就让享受这个自由的人物当汉奸。

六、小汉奸

老舍写的丑类中有几个是很有趣的例外。第一个是《火葬》中的田麻子，这个人是以前练过武的，而且老舍承认他是有一定本事的。有本事的人在老舍作品里当汉奸是很少见的。这种情况出现的原因主要有两个，第一个是田麻子练武是他年轻的时候，后来他吃鸦片、喝酒、嫖，因此身体不行了，第二个原因是他不是大汉奸，大汉奸是刘二狗，田麻子只是为了得到鸦片而服从他的小汉奸，后来因为跟刘二狗发生冲突而打他，然后还抢他的钱。因为这些原因，老舍破例允许一个负面人物有一定的本事。

跟田麻子有一点相似的是梦莲的父亲，王举人。他虽然是一个汉奸，但是，我们并不能说他是一个负面人物。王举人是儒家思想的受害者，他做汉奸是为了保护祖先传给他的财产。他的房子如果被敌人没收了在他眼里是特别不孝的。另外一个原因也是为了保护他的女儿。他是一个不知道怎么办才好的旧思想的人，有一点像《二马》中的马先生。马先生到了英国学会讨英国人的好，服从英国人对中国人的成见。

田麻子或者王举人这种人物跟刘二狗、大赤包这种大汉奸最大的不同是，大汉奸跟日本人合作，不但获得利益，而且还剥削、压迫自己的同胞。

老舍虽然写了很多作品，但我们在分析他笔下的英雄与丑类时，只能选择他的抗日小说。在其他的特别是短篇小说里，老舍主要批判的是社会，很少有什么英雄和丑类，《四世同堂》《火葬》这种小说里，才有黑白分明的好人和坏人。

七、英雄

老舍抗日小说最大的英雄有两个，这两个人物都是女的，而且命运也很相同。她们是《火葬》中的梦莲和《四世同堂》中的高第。她们两个都出自汉奸家庭，可是，通过自己的思考最终决定了应该参与抗日。她们两个都选择反抗父母，反抗儒家思想，而且在决定家人重要还是国家重要的时候，两人都选择放弃家人而选择了国家。“由‘民生’而‘民族国家’是老舍的历史认知方式”①，也是老舍塑造人物的道德伦理立场。

另外一种英雄是丧命的英雄，像《火葬》中的丁一山和《四世同堂》中的桐芳。这些人物的死亡帮助主要英雄像梦莲姑娘和高第下了主动抗日的决心。老舍想让读者注意的是放弃自己汉奸家庭的，背叛家人而为国家抗日的英雄。这也许是因为这些英雄的性格和抗日的决心需要一定的发展，因此对读者来说，稍微复杂一些的人物会更有意思。

老舍的人物一般或者是黑白的或者是工具化的，可是有时候我们也能看到一些很好的人物，我们已经提到的《二马》中的马威是一个好例子，因此我们只能判断老舍不是不会写人物，他只是有意选择使用工具化的人物来批判社会，老舍用黑白的手法来处理人物，主要目的是为了宣传抗日。

（作者单位：安徽师范大学文学院，博士研究生）

---

①方维保：《〈茶馆〉：“世变”、“民生”与民族寓言》，《文学评论》2012 年第 3 期。

材料钩沉与文学活动

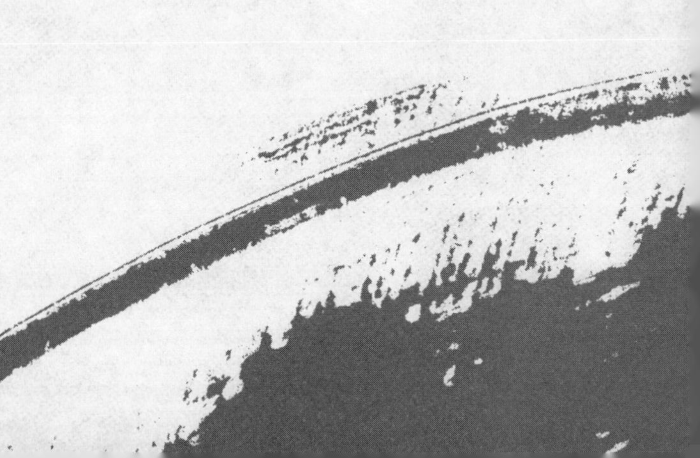

新版《老舍全集》补憾

◎史承钧

经过编者多年努力,《老舍全集》修订版(以下简称"新版《全集》")终于在 2013 年 1 月面世。它多方吸取老舍研究者和爱好者的意见,在体例、内容和文字上均作了全面的改变和增补订正,使得《老舍全集》以崭新的面貌出现在读者面前,值得庆贺。

它改变了旧版《全集》在编排上的一些随意性,在体例上严格按老舍生前编订的作品集的原貌,按体裁和时间顺序编排;重复的存目,老舍生前未编集的按时序另行编列。这就更能体现作品问世时的时代气息,也更为符合老舍自己的意图。

它吸收了老舍研究界多年的研究和发现,进行了适当的补充和认真的校勘。这既充实了《全集》,又更符合历史面貌,显得更为丰富和扎实。尤其是对老舍的短篇小说,摆脱了仅仅根据《老舍短篇小说选》带来的局限而采用了老舍自己编订的短篇集子,文字也全部按初版订正,恢复了老舍的原汁原味的俗白和生动,令人欣喜。增加了简要的注释,也更有利于读者的理解。这无疑是更全面、更准确、更能显示老舍特点的《老舍全集》。

但它毕竟还只是《全集》的第二版,它仍然需要在读者的批评、质疑、补充、校正中不断完善。为此,我愿意说说自己感到遗憾的地方,请编者和专家、读者指正。

一

首先,我感到仍有部分作品未能严格地按真正的初版加以校订,以至仍有部分遗漏和不通之处。尤其是第一卷。

(一)在《老张的哲学》中,新版《全集》有两处明显的脱漏

1.新版《全集》(一)125 页 9 行"礼多人不怪"后,就脱漏下列文字:英国鬼子给我们总统磕头,把西藏、青海全给了他们有何不可?人家懂得礼教!反之,英国鬼子给我一块钱,又何尝不可以给鬼子们行三跪九叩!……反正我们是礼仪之邦!(商务印书馆 1928 年 4 月初版,第 228 页)

2.新版《全集》(一)175 页"第四十一"第 1 行之下,也脱漏一段:

被鬼子用四十八"生地"的大炮把中国人都轰了,还比凭瞎眼,短耳,没脑子的男女任意繁殖,为民族的自杀,为文明的蚀蠹,较为痛快!不要这么说,中国人有中国人的人口限制法!你看见他们乱生殖,看见他们乱杀没有呢?乱生与乱杀不是顶好的调剂法,不是科学的正负相消法?是!对!(同上,第 321 页)

注:“生地”,英语 centimetre(厘米)的音译。

——这两段体现了老舍对于当时所谓“国民性弱点”的批判和愤慨。老舍是坚持批判国民性的作家,其用意和鲁迅相同。同时,它也体现了老舍初期作品中往往借着个别细节议论国事的特点。老舍早年就关心国民素质,也注意到限制人口、计划生育的必要,这也是难能可贵的。虽然现在如果不以全面的历史的眼光来看,这两句有些不合时宜,但它是历史地存在着的,我们无权删改它。

(二)在《赵子曰》中,对初版有一些改动

新版《全集》(一)有许多作“军阀”的地方,初版均作“大兵”或“兵”。这种情况有 30 多处,不及一一列出,仅举几个例子:

1.新版《全集》(一)第 236 页:“谁叫他不去当军阀而作校长呢!军阀作错了事也是对,反正我不惹他们拿枪的;校长作对了也是错,也该打,反正打完他没事!”他越想越痛快,越想越有理,觉得他打校长与不敢惹军阀都合于逻辑。

初版作:“谁叫他不去当大兵而作校长呢!大兵作错了事也是对,反正我不惹他们拿枪的;校长作对了也是错,也该打,反正打完他没事!”他越想越痛快,越想越有理,觉得他打校长与不敢惹大兵都合于逻辑。(商务印书馆 1928 年 5 月初版,第 81 页)

2.新版《全集》(一)第 248—249 页:“在新社会里有两大势力:军阀与学生。军阀是除了不打外国人,见着谁也值三皮带。学生是除了不打军阀,见着谁也值一手杖。于是这两大势力并进齐驱,叫老百姓见识一些‘新武化主义’。不打外国人的军阀要是不欺侮平民,他根本不够当军阀的资格。不打军阀的学生要不打校长教员,也算不了有志气的青年。……

初版作:“在新社会里有两大势力:大兵与学生。大兵是除了不打外国人,见着谁也值三皮带。学生是除了不打大兵,见着谁也值一手杖。于是这两大势力并进齐驱,叫老百姓见识一些“新武化主义”。不打外国人的大兵要是不欺侮平民,他根本不够当大兵的资格。不打大兵的学生要不打校长教员,也算不了有志气的青年。……”(同上,第 104 页)

3.新版《全集》(一)第 283 页:“中国人是最喜爱和平的,可是中国人并不是不打架。爱和平的人们打架是找着比自己软弱的打,这是中国人的特色。军阀们天天打老乡民,学生们动不动便打教员,因为平民与教员好欺负。”

初版作:“中国人是最喜爱和平的,可是中国人并不是不打架。爱和平的人们打架是找着比自己软弱的打,这是中国人的特色。大兵们天天打老乡民,学生们动不动便打教员,因为平民与教员好欺负。”(同上,第 168 页)

——这里,“大兵”或“兵”应该是当时一种社会用语,改成“军阀”抓住了罪魁,但有时也有说不通之处,因为军阀往往并不出面打学生、杀乡民。

4.初版中也有用到“军阀”之处:如新版《全集》(一)第 284 页:赵子曰是怕事!是软弱!是头脑不清!他一听兵队两个字,立刻就发颤,虽然嘴里说“打倒军阀!”一个野兽不如的退职军官还不敢碰一碰,还说“打倒军阀!”

初版作:赵子曰是怕事!是软弱!是头脑不清!他一听大兵两个字,立刻就发颤,虽然嘴里说“打倒军阀!”一个野兽不如的退职军官还不敢碰一碰,还说“打倒军阀!”(同上,第 170 页)

——这里的“大兵”被改为“兵队”,但“军阀”两字是和初版一致的。显然在初版中“大兵”与“军阀”是有区别的,不能互换。

5.新版《全集》(一)《赵子曰》中李景纯提到的救国方案,其中364页的第一个“救民”,初版作“教民”:

《全集》(一),364页:“我常说,救国有两条道,一是救民,一是杀军阀,——是杀!我根本不承认军阀们是‘人’,所以不必讲人道!现在是人民活着还是军阀们活着的问题,和平,人道,只是最好听的文学上的标题,不是真看清社会的有志革命的实话!救民才是人道,那么杀军阀便是救民!军阀就是虎狼,是毒虫,我不能和野兽毒虫讲人道!”

初版作:“我常说,救国有两条道,一是教民,一是杀兵;不是裁兵,是杀!我根本不承认兵们是‘人’,所以不必讲人道!现在是人民活着还是兵们活着的问题,和平,人道,只是最好听的文学上的标题,不是真看清社会的有志革命的实话!救民才是人道,那么杀兵便是救民!兵就是虎狼,兵就是毒虫,我不能和野兽毒虫讲人道!”(第322页)

我相信应是“教民”才确切,因为古籍中就有“圣人教民”之类的记载。李景纯接下去说的一段话也说明他指的是“教民”:

“老莫!老赵!你们好好的去作事,去教导人民,你们的工作比我的难,比我的效果大!我只是舍了命,你们是要含着泪像守节受苦往起抚养幼子一样困难!”

在他认定的救国的两条路中,他选择了“杀兵”,而要同学莫大年与赵子曰去“教民”。

否则,便是将目的当成手段了。

6.此外,《全集》也有将初版的“英国”改为“外国”和“帝国主义”的情况。

如:《全集》(一)第283页:“外国的中学生会骑马,打枪,放炮。外国的卖青菜的小贩,也会在战场上有条有理的打一气。所以外国能欺负中国。中国的学生把军事训练叫作‘奴隶的养成’,可是中国学生天天喊‘打倒帝国主义!’设若这么一喊就真把帝国主义打倒,帝国主义早瓦解冰消了!不幸,帝国主义的大炮与个个人都会打枪的国民,还不是一喊就能吓退的!”

初版作:“英国的中学生会骑马,打枪,放炮。英国的卖青菜的小贩,也会在战场上有条有理的打一气。所以英国能欺负中国。中国的学生把军事训练叫作‘奴隶的养成’,可是中国学生天天喊‘打倒英国!’设若这么一喊就真把英国打倒,英国早瓦解冰消了!不幸,英国的大炮与个个人都会打枪的国民,还不是一喊就能吓退的!(第169页)

再如《全集》(一)第248页:“军阀不会倒,除非学生们能领着人民真刀真枪的干!军阀倒了,洋人也就把大炮往后拉了!”

初版作:“军阀不会倒,除非学生们能领着人民真刀真枪的干!军阀倒了,英国老鬼也就把大炮往后拉了!”

——这里前一段3个“英国”被改为“外国”,后面4个“英国”被改为“帝国主义”了。后一段将“英国老鬼”改为洋人。鸦片战争后,中国人视英国为主要敌人,把“美帝国主义”作为死敌是后来的事。

(以上初版的引文这次笔者都重新核对并和初载的《小说月报》进行过比较,两者是完全一致的。)

(三)在《四世同堂》中也存在类似情况

1.新版《全集》(四)第496页:“七七一周年,他听到委员长的告全国军民的广播。他的眼亮起来。他对国事的推测与希望,看起来,并不是他个人的成见,而是全中国的希望与要求。"

初版作:七七一周年,他听到委员长的告全国军民的广播。他的眼亮起来。他觉得一夏天的苦闷完全跑到九霄云外。中国还是中国,还有个伟大的声音向全国全世界说出宁死不屈的见解与勇敢!他对国事的推测与希望,看起来,并不是他个人的成见,而是全中国的希望与要求。(《四世同堂》第二部《偷生》上册,晨光出版公司 1946 年 11 初版,第 140 页)

2.新版《全集》(四)第 507 页:"在地图上,正如在他心里,重庆离他好像并不很远。在从前,重庆不过是他记忆中的一个名词,跟他永远不会发生什么关系。今天,离他很近,而且有一种极亲密的关系。"

初版作:"在地图上,正如在他心里,重庆离他好像并不很远。在从前,重庆不过是他记忆中的一个名词,跟他永远不会发生什么关系。今天,重庆像耶路撒冷之在基督徒心中似的,离他很近,而且有一种极亲密的关系。"(同上,第 158 页)

注:耶路撒冷为犹太教、伊斯兰教及基督三教大宗教的圣城。

——这两句写的是当时沦陷区人民的实际感受。这并不奇怪,因为代表抗日的中国政府的首脑的是"蒋委员长",重庆也的确是世界反法西斯的中心之一。这里即使有"问题",我们也只可以做出分析说明,但不能改变老舍当年是这样写的这一历史事实。

此外,《离婚》与《骆驼祥子》在"文革"前出版时,均由老舍本人作了较大的修改。1999 年版《全集》据初版恢复了它们的原貌,仅《骆驼祥子》仍遗漏一段,这段也已在新版《全集》中补上了。

二

其次,我觉得新版《全集》中仍有非老舍作品混入的情况。

别的不敢说,但我能肯定《全集》(三)中的《文博士·序》确实是伪作。有充分理由可说明此篇非老舍所作,其书可能是盗版,书名也可能不是老舍所起。

理由主要是:

第一,时间首先不对。新版《全集》第三卷的《本卷说明》,"《文博士》1936 年写于青岛,发表在同年的《论语》上,名为《选民》。香港作者书社 1940 年 11 月初版,名为《文博士》。同时成都作家书屋初版。"我未能见到"初版"。我见到的是"香港作家书社"的第三版,版权页写道"民国二十九年十一月初版/民国二十九年十二月再版/民国三十年一月上旬三版"。民国二十九年即 1940 年。但这篇《序》,最后署的是"1940·12·5,老舍于滇上",而且《序》说是《文博士》是应"作者书社出版部"之邀才写的。12 月写的序出现在 11 月出的"初版"上,怎么可能呢?

第二,地点也不对。老舍这年正在重庆,没有到过昆明。这年夏天,老舍在重庆乡下陈家桥写《剑北篇》,后来又应军界朋友之请写《张自忠》,冬季又在重庆城内写《面子问题》,一直没有离开重庆。据报载,这年十二月七日,老舍出席"文协"欢迎冰心、茅盾、巴金等来渝的茶会并代表"文协"致辞;十二月二十三日,老舍还出席了《抗战文艺》召开的文艺座谈会。没有一则消息说明老舍曾经离开重庆。这就说明,老舍是不可能在"滇上"写这篇《序》的。诚然，老舍于第二年（一九四一）到过昆明。那是应清华大学校长梅贻琦的邀请去讲学，于是年八月二十六日乘飞机去昆明，同年十一月十日飞回。和《文博士》无关。

第三，内容可疑。这篇《序》的文字几乎全部出自老舍三十年代写的《〈牛天赐传〉广告》，只改动了几个字。如改"《论语》编辑部"为"作者书社出版部"，改"上海"为"香港"，改"暑假"为"寒假"等。由于把三十年代的文字搬至四十年代，它的内容和老舍的实际生活就大相径庭，牛头不对马嘴了。如《序》开头说，"眼看寒假了"。[①] 老舍这时并不在教书，行动不受寒暑假限制，特意提寒假，岂不荒唐？《序》中又说，"对戏剧是超等外行"。按一九四零年十二月五日算，老舍在这之前已经写了《残雾》《国家至上》（与宋之的合作）、《张自忠》等三个剧本，当时《面子问题》也在写作中（一九四一年初版）。按一九四一年老舍"在滇上"的时间算，则又写了《大地龙蛇》。岂有一面写了三五个剧本，再来说自己是"超等外行"不能写剧本的事？这不符合老舍既谦虚又踏实、实事求是的作风。《序》中又说，"只能写小说"，"题目决定是《文博士》，是什么呢？不能说，……"明明是出版已在杂志上刊登过的作品，老舍有必要如此故弄玄虚吗？末尾还有："这是广告，……"这就更令人骇怪了。老舍难道连"序"与"广告"的分别也不清楚吗？难道老舍能如此自己抄袭自己吗？因此，这肯定不是出自老舍手笔而是伪造。而且作伪者也不顾世事变化，想当然地揣测老舍在昆明任教（那儿有西南联大），因而闹出了笑话，露出了马脚。

第四，缺乏旁证。老舍在其他文章中从未提到这篇《序》，甚至也未提到过《文博士》这本书，这不符合老舍的习惯。他喜欢谈自己的写作情况。他写过一系列《我怎样写……》的文章，在散文、书信中也常常提到自己的写作情况。但现在却找不到一篇文章提到过这篇《序》和《文博士》这本书。这在他当年写的记叙云南之行的《滇行短记》没有提到，在他后来写的《八方风雨》中也没有提到，虽然其中有"由川到滇"整整一节。老舍挚友罗常培专门记叙老舍在云南的生活的《老舍在云南》中，也没有提到。此外，一九四三年，老舍在《成绩欠佳，收入更欠佳》中，说到自己写了十七八年，"出了二十本书"，并开列了自己所著的详细书目，但其中却没有《文博士》。一九四四年，老舍在《习作二十年》中，再次总结了自己的创作成绩，其中写道："《大明湖》以后，我写了四部长篇——《猫城记》、《离婚》、《牛天赐传》与《骆驼祥子》。"同样只字未提《文博士》，也不提《选民》。我想，这只能看作老舍不知道有《文博士》这个单行本出版，更不会为它作序。《选民》一九三六年十月开始在《论语》上连载，至一九三七年七月止，只有十六章，看来是没有写完（这需要专文论述，这里从略）。老舍是将它与《蜕》这样的未完成的长篇一同看待，看作"未成品"，而不再列入自己的创作书目中了。

因此这篇《序》，肯定不是出自老舍手笔而是伪造。本人在 30 年中曾两次撰文提出过这个问题。拙作《〈文博士·序〉非老舍作品》，曾经列表将这篇《序》与《〈牛天赐传〉广告》（载《全集》第十五卷第 238 页）两者对比，以见所论不差。读者也可以自行对照。另一篇《〈选民〉应是未完成之作》[②]，从它的《序》以及作者对之的态度、人物塑造、故事情节、发表情况等方面论证它应是未完成之作。

如《序》是伪作，也就可推论此书的出版预先并未得到老舍的同意，他对此并不知情。

---

①载《中国现代文学研究丛刊》1985 年第 1 期

②载《中国现代文学研究丛刊》1991 年第 3 期。

《全集》之所以收入了可能是盗版的书和伪作的《序》，我认为是对此前它的学术研究长期未能得到充分重视和深入讨论的缘故。

为此，我觉得应将书名改为《选民》并将《序》删去，据《论语》第98期—115期(1936年10月—1937年7月)初载收入并注明，对卷首《本卷说明》也应作相应调整。

三

这次，新版《老舍全集》增添了许多新的内容。粗略地统计一下，较旧版增加了48篇。其中有26篇参考了张桂兴先生在《〈老舍全集〉补正》"下编补遗"提供的材料，但还有40篇材料未予采用。这体现了编者积极又慎重的精神。不过我觉得如对这些材料加以甄别，加上近年来的不断发现，《全集》仍有充实的余地。

我说说和自己有关的几篇。

第一，1944年11月8日，重庆《扫荡报》第四版《扫荡副刊》上的一则《预告》，该文不足300字，却以扩大行距的方式排出，刊在该版上半部正中。占了千余字的篇幅，而且以花边环绕，十分醒目。我以为这应该是老舍的一篇重要的佚文。理由是：

(一)它的内容带有预告性和计划性的文字，只有老舍先生自己才能写出。因为《四世同堂》是逐步写出的。"随写随出，写到够十五万字左右，即出一本……"(《四世同堂·序》)。它的第三部《偷生》直到在美国的三年中才写完。因此，《四世同堂》的全部蓝图只存在于老舍自己的脑海中，别人是不可能写出。其次，它的文章风格是老舍的。简劲明白，干净利落，不足300字就把《四世同堂》这一巨著的故事、人物、段落、主要思想介绍得清清楚楚，并带有一种令人苦涩的幽默感，显示出只有老舍才有的笔力和风格。如果不是对要写的东西深思熟虑，胸有成竹，是很难办到的。

(二)它所透露出来的深层的思想，更是老舍的。它指明北平沦陷区人民所受的苦难，"一半'咎由自取'，一半也因深受了北平的文化病的毒"，这和老舍一贯地要从我们民族自身的、历史的原因中，从民族传统文化和性格弱点中，去探寻我国民族近百年来落后的原因的思想是一致的。在老舍看来，我们民族传统的文化病和它造成的民族性格弱点，正是我们百年来蒙受侵略而不能自强的重要原因。只有根本改造这种病态的文化和性格，才能争取抗战的最后胜利，而抗战的过程也必然成为发扬我国民族文化的光荣传统而又清除它的毛病的过程。这种思想表现在他抗战以来一系列文章和作品中。这就使得《四世同堂》这部巨著不仅是一部对日本侵略者的控诉书，也是在特殊的环境中对我们民族文化和性格进行反思的反省书了。"四世同堂成了四世同亡！"这是老舍对这部巨著的结尾的最初构想，在敌人的铁蹄下惶惑、偷生，必然招致灭亡。这是一种合乎逻辑的发展。虽然由于抗战胜利，老舍部分地修改了这一构想，写到抗战胜利，但它的深沉的底蕴仍然存在。他写的是"惨胜"。他说："一个被征服的国家的悲哀和痛苦，是不能像桌子上的灰尘那样，一擦就掉的"(《老舍全集》第五卷，第1104页)。而且就在写作《四世同堂》的1944年，日寇发动了对鄂、湘、桂的进攻，以图打通从东北至越南河内通道，并摧毁美国陈纳德领导的在华空军"飞虎队"的基地。当日寇占领独山、都匀，使重庆受到威胁的时候，他说，"如果日寇从南边打来，我就向北边走，那里有嘉陵江，滔滔的江水便是我的归宿！”[①]做好了以身殉国的准备。“四世同堂变成四世同亡！”也体现了老舍这时的心境。

（三）以上判断得到了当时《扫荡副刊》的编者陆晶清先生的认可。1988年我曾为此访问她。当时八十高龄的陆先生曾明确表示：肯定是老舍先生自己写的。文字不是她的，内容她更写不出。当时《四世同堂》的原稿是老舍先生一部分一部分陆续交给她的，她当时不可能知道这篇巨著的详细写作计划和全部内容，这只有老舍先生自己知道。那是《四世同堂》连载之前，为了引起读者的重视，她请老舍先生自己写一个介绍，由她加上标题和发表的。这就和笔者的判断相吻合了。

关于《四世同堂》最初在《扫荡副刊》发表的情况，陆晶清先生还进一步作了回忆。她告诉笔者：“在我接编《扫荡副刊》后，曾在上面连载了徐訏的《风萧萧》，反映还不错，使《扫荡报》的发行量有所增加。在这之前，我听说老舍先生正在动手写《四世同堂》，并准备交给某一刊物（杂志）发表。我就立即写信给老舍先生，把稿子争取过来。我在信中说，听说你在写一个长篇巨著，准备交某刊物发表。但我想由他们发表，周期太长，拖延时日。是不是能让我在《扫荡副刊》上连载，边写边登，可以早些和读者见面。同时，又表示稿酬从优，并可预付（因为我知道老舍在抗战中为‘文协’尽力，两袖清风，手头不宽裕，而当时老舍夫人与子女刚刚来到重庆，开支是不会小的，所以这样说。）老舍很快回信，表示同意。但提出了三个条件：1.预支部分稿费；2.要我亲自决定每日刊出的字数，并亲自校对，不能出错；3.原稿要保持清洁，不能排脏，登完后就退还给他。我都答应了，并向当时《扫荡报》社长黄少谷作了汇报。老舍提出先预支500元稿费，黄少谷一批就是1500元。这样，老舍就把稿子陆续寄来了。从这年（1944年）11月到第二年5月我离开重庆赴欧洲访问时为止，每次都是我亲自发排、亲自校对，并陆续将原稿寄还他的。《四世同堂》在《扫荡报·扫荡副刊》上每期发3000字左右，每次都放在第四版左上方的显著地位。它很受读者欢迎。《扫荡报》也因此销路大增，快赶上《大公报》了。”陆先生还说：“老舍先生这时和共产党人等左派人士十分接近，我曾问他：《扫荡报》是国民党报纸，你的小说在上面连载会有妨碍吗？老舍回答说：‘我是一个抗战派，只要是抗战的，发表在哪儿都一样。’这体现了他一贯的抗战不分党派，国家至上的思想。”

陆晶清先生的话，不仅肯定了《四世同堂》开始连载前两日《扫荡副刊》发表的那篇《预告》（为了方便起见，笔者称之为《〈四世同堂〉预告》）的确是出于老舍先生之手，是他的一篇重要佚文，而且使笔者了解到《四世同堂》最初发表时的一些情况，并由此领会到老舍爱祖国、重友情、讲义气的可贵品质，进一步懂得了他在艰难困苦中将“文协”的大旗支撑下去的崇高精神。

这篇《预告》，无论是对于研究老舍的生平思想，还是对于研究《四世同堂》创作意图、思想内涵和艺术风格，都将是极其珍贵的文献。为此，本人写了一篇《一篇重要的佚文——老舍的〈四世同堂〉预告》[②]。文章发表后，我曾将它寄给舒济先生。她给我寄来了刘以鬯先生的《“四世同堂”最早发表在什么地方？》[③]，其中说《四世同堂》是在陆晶清去欧

---

①萧伯青：《老舍在武汉、重庆、北碚》，见《老舍和朋友们》第269页。

②载《上海师范大学学报》（哲学社会科学版）1988年第3期。

③载香港《明报月刊》1974年11月号。

洲后他接编《扫荡副刊》后，建议社长黄少谷约请老舍写的。我一看就感到与事实不符。因为陆晶清是1945年5月后才作为《扫荡报》特派记者访欧的，而这时《四世同堂》已连载半年了。陆晶清先生也觉得他这样说是错误的。她说你不必写文章，我去香港访问时会当面问他。我当时很自信，觉得我的文章已说得很清楚了，有关材料又是《扫荡副刊》主编陆晶清先生亲口说的。因此没写文章，也没有专门向舒济先生说明。现在看来是草率了。

不过我还是做了一点调查。原《扫荡报》编辑部主任沈杰飞先生告诉我，陆晶清第二次去欧洲，是在苏军攻克柏林德国投降后不久。她的《扫荡副刊》先由杨彦岐先生接编，半年后才交刘以鬯先生主编。原《扫荡报》记者史镇芝先生说，刘以鬯先生原本是专门负责英语监听的职员。1945年5月8日苏军攻克柏林，德国无条件投降的消息，是他首先听到的，使《扫荡报》较其他报纸早一天报道了此事，立了一功。可作为旁证。

所说的《预告》却未能收入《老舍文集》或《老舍全集》，我理解是编者的审慎。然而27年来，也没人就此反驳或论证。只有张桂兴先生的《老舍年谱》和《老舍著译编目》将其作为老舍作品列入其中，他的《〈老舍全集〉补正》又将其收入其中的下编"《老舍全集》补遗"中。我想类似这种问题，应该通过充分的学术讨论和专家论证来解决。

第二，关于新版《全集》增添的《致赵清阁》(新版《全集》第十五卷，第649页)。

这四封信我首先在赵清阁先生编辑的《中国现代著名作家书信集锦》的手抄稿中发现。我告知了舒济先生和张桂兴先生。后来《沧海往事——中国现代著名作家书信集锦》出版时，我又根据手稿原件进行了校订。但是由于我的疏忽，犯了一个错误：第一封信最后的附言中"工作上的事"，按原信应为"生活上的事"，我没有校订出来。新版《全集》所收的这封信，也延续了我的这一错误。实在遗憾和惭愧！

最早发现这个错误的是日本的杉本达夫先生，因为《沧海往事》中附上了这封信的影印件，细心的他从影印件中看出了我的失误。他在信中问我："工作上"和"生活上"有何不同？我回答说在那时的中国，工作是"公"；生活是"私"。他无言。

第三，《〈老舍全集〉补正》下编"补遗"部分，收入了老舍赠赵清阁的一首人名诗：

清阁赵家璧，白薇黄药眠，江村陈瘦竹，臧云远高天。

这首诗最初发表在1998年3月29日赵清阁先生的散文《诗话联想》中，最后一句作"藏云远高天"。后来她把这篇文章复印后寄给我时，又把它改为"高天藏云远"("藏"为"臧"之误，赵先生未发觉)。张桂兴先生来访时，我告诉了他。他慎重地拍照留存，并收入了《〈老舍全集〉补正》中。后来，赵先生去世后，我在吴嫂那里见到了载有这首诗的半封信，才知道最后一句应作"臧云远高天"。这说明赵先生是凭记忆写的，有错可理解。她在文章末尾自称"八五老人"，年事已高，文章中引了三首诗(自己、老舍、杜甫各一首)，均凭记忆，实在不易。

还是我的错：虽然《老舍全集》正在考虑修订，我只想到对小说部分提出一些意见，没想到这一篇，没有将发现的手迹寄给舒济先生。因此新版《全集》也就没收这首诗。这是编者的审慎之处。而同书的《蜀村小景》二首，是我在赵清阁先生客厅墙上发现后，拍照传给舒济先生的，因此得以在新版中补全(旧版只收了一首)。

最后，我感到，《老舍全集》未收而散佚在外的文章肯定还有。最近就从一些专著和文章中见到不少。如舒乙先生的《作家老舍》[①]，就收有"老舍赴美前后的十二封信"；解志熙先生的《文学史的"诗与真"》[②]，也有专章"'献上我们的智与力'——老舍在抗战及40年代诗文拾遗"，收入了老舍这一时期的诗文十篇并加以解读；史宁先生也发现了老舍致梅林的另六封信；还有网上也见到有人拍卖老舍在美国时致赵韫如的七封信，等等。估计还会不断有新发现。

还有，笔者认为胡絜青先生在《党的阳光温暖着文艺界》(载北京日报1978年2月21日)中提到老舍晚年还写过一部未发表的剧本《在红旗下》，我觉得也应该让它在《全集》中有一席之地。这对于全面地了解老舍的思想和艺术是不可或缺的，而且几乎各种《老舍年谱》均将其列在其中，已是众所周知、盼望一见的了。

此外，在写作本文的准备中，笔者去上海图书馆查阅资料，竟在残存的《扫荡报》(我20多年前曾查阅的报纸，仅存1943年的3个月)和已制成缩微胶卷的《和平日报》上，各发现老舍的佚文和同一文章的不同版本各一篇(已寄给舒济先生)。兴奋之余，我很感慨，惭愧自己在多年的老舍研究中，对这样的原始资料的接触仍然是太少了。由此感到要使"全集"更"全"，必须群策群力，抓紧蒐寻才行。

我觉得对于一些重要作品，可以先出汇校本，并将其成果纳入《全集》中。因为部分作品和初版不一致，有些是老舍亲自修改的(如《骆驼祥子》《离婚》以及许多短篇小说)，有些是由编者在编辑出版过程中修改的，这可以见证作者思想的变化和社会思潮的影响，都是老舍研究中不可或缺的。

这些意见供今后参考。衷心祝愿《老舍全集》能不断完善、完美，老舍研究有更大的发展！

(作者单位：上海师范大学人文与传播学院)

①中国青年出版社2014年9月出版。

②北京大学出版社2013年11月出版。

老舍与赵清阁情感关系之我见

◎刘诚言

老舍与赵清阁的关系，一直是老舍研究界的一个绕不开的话题。研究老舍，如果回避了赵清阁，那将是不完整的，必将成为老舍研究的一大缺陷。

对老舍与赵清阁的关系有种种说法：有秘书说、密友说、同居说等等。本人通过充分阅读资料，多方印证，通过筛选，去伪存真，从而得出自己公正的见解。综观“阁舍”关系，是抗战文艺把他们牵连到了一起，并呈现出一条明显的轨迹，那就是老舍与赵清阁从相识到相知，再到相爱，而且其中充满了巧合。

一、老舍与赵清阁的相识

赵清阁(1914—1999)河南信阳人，15岁便离开信阳至开封求学。1931年第一次向报社投稿就得到发表。1933年考入上海美术专科学校，成为《女子月刊》的主要撰稿人。1934年春，她曾经给鲁迅先生寄诗文求教，得到鲁迅的关怀和亲切接见。在左翼作家洪深等人的鼓励和帮助下，她转向写剧本，从事创作。1936年在《妇女文化》月刊发表了她的第一部电影文学剧本《模特儿》。1938年，她到武汉参加中华全国文艺界抗敌协会，主编《弹花》文艺月刊。

老舍与赵清阁相识，缘于湖北作家胡绍轩。胡绍轩(1911－2006)，现代剧作家。1937年11月18日，老舍为了参加抗日救亡运动，抛妻别子，从济南来到武汉。赵清阁于同年年底，放弃了河南郑州一家报社的记者聘书，谢绝了徐州第五战区的邀请，只身从河南来到汉口，第二天就去武昌看望胡绍轩。当时，胡绍轩在武汉主编《文艺》月刊。胡绍轩与赵清阁因文字结缘，1936年就已有书信、稿件往来。他们在武昌见面的情况，胡绍轩在书中这样写道：“那时她才二十三岁，穿着京沪一带流行的时髦短装，短头发，态度潇洒，落落大方，健谈。她给我的第一个印象是，有男性的健美，又有女性的温柔。……赵在国共两党之间能够做到‘左右逢源’，而且还能赢得第三者(无党派人士)的青睐，这是不简单的。抗战初期，赵清阁确实是一位能说会写，又善于交际的人物。自那以后，1938年春，我们就经常见面了。她告诉我，想在武汉创办一个文艺期刊，我答应全力支持。”[①]这说明在当时武汉的文艺圈里，最了解赵清阁的莫过于胡绍轩，他的回忆具有权威性。

①胡绍轩：《现代文坛风云录》，重庆出版社1991年版。

一到武汉，赵清阁就融入抗日的洪流之中。1938 年 3 月 15 日，她为华中图书公司主编的《弹花》文艺月刊创刊。《弹花》是抗日战争爆发后创办的第一个文艺刊物，刊名的寓意是：抗战的子弹，开出胜利之花。在创刊号上赵清阁发表了她的新剧本《把枪尖瞄准了敌人》，这位 24 岁的文弱女子，喊出了时代的最强音。

作为“文协”常务理事的胡绍轩，为了给《文艺》月刊组稿，曾在武昌粮道街一家酒楼里订了两桌酒席，宴请十余位作家和诗人，其中有老舍、王平陵、穆木天、叶平林、甘运衡、郁达夫、老向（王向辰）和赵清阁等。这是老舍和赵清阁出现在同一场合的最早记载。[①]

刘海永在《赵清阁——在开封成名的著名作家》一文里说：“1938 年，赵清阁在武汉参加中华全国文艺界抗敌协会，作家老舍是‘文协’总务部主任，她是理事会（组织部——笔者）干事。当时，赵清阁刚满 24 岁，老舍则已是名满全国的大作家了。”[②]老舍自从结识了赵清阁之后，就开始为《弹花》文艺月刊撰稿。赵清阁的《弹花》，在武汉出版了五期。以上所说“理事会（组织部——笔者）干事”与“老舍的秘书”是完全不同的概念。这就否定了所谓的“秘书说”。

林斤澜说，“老舍当年是中间派”，没错，但赵清阁是什么“派”呢？不也是“中间派”吗？在“中间派”的领导身边，再安排一个“中间派”的“秘书”，这不符合中共的统战人事策略，这种说法本身就缺乏起码的统战常识。而萧伯青就不同了，他既是“左翼”作家，又是中共党员，他在老舍身边当干事，才符合中共的最佳安排。

武汉战事吃紧，国民政府下令各机关社团往后方撤退。赵清阁决定到陪都重庆去继续出版她的《弹花》文艺月刊。老舍得知赵清阁要远行，7 月 10 日下午特意在汉口同春酒馆为她饯行。赵清阁回忆说：席间，老舍“劝勉了我许多恳挚的话，他说：到后方只要不是苟且偷生去，无论直接间接，只要是帮助抗战的工作，都有价值。一个拿笔杆的人，事实上不可能执枪荷弹……于是，更增加我入川的决心了，同时又为将要离开这样一个良师益友而惜别着”。饭后，他们沿着街道边走边谈，老舍一直把赵清阁送到住所才返回，说明赵清阁住在汉口。老舍的关怀和爱护，在赵清阁心里烙上深深的烙印。她带上老舍的长篇小说《牛天赐传》，陪伴自己西去的旅程。[③] 这一段话是赵清阁自己的如实记载，应该是绝对可信的。

距离老舍为赵清阁送行 20 天后，1938 年 7 月 30 日，老舍带着“文协”的印鉴和其它文件，与何容、老向夫妇和驻会干事萧伯青，从汉口大董家一巷 2 号出发离开武汉赴宜昌，后转到重庆。在武汉的这一段时间，就是老舍与赵清阁的相识期，而这种相识本身就是一种巧合，当然也是一个机缘。他们的相识都是为了发展抗战文艺。

以上一段史实，纠正了所谓“周恩来还想让赵清阁做老舍的秘书”的说法，因为相当于秘书的驻会干事是萧伯青而不是赵清阁，只有驻会干事才是与老舍最贴身的；同时，也纠正了老舍与赵清阁同时到达重庆的说法。

由此可见，在武汉的老舍与赵清阁的关系，是“文协”组织内的同事关系，也是办刊者与撰稿人的关系，还是撰稿人与撰稿人的关系。

---

①张彦林：《才女赵清阁》，河南人民出版社 2005 年版。

②刘海永：《赵清阁在开封成名的著名作家》，《汴梁晚报》2013 年 6 月 22 日 B1 版。

③赵清阁：《沧海泛忆》，香港三联出版社 1982 年版。

二、老舍与赵清阁的相知

1938年8月，老舍与王向辰（老向）、何容、萧伯青等人来到重庆。最初，老舍住在大梁子公园路（今新华路——笔者）附近的青年会里，而赵清阁则住在距此仅百米之遥的苍坪街一间小餐馆的阁楼上，和老舍近在咫尺，因此，他们的往来较多。不过，数月后，由于赵清阁客居的小餐馆被敌机炸毁，她便迁往两路口居住了。偌大的重庆，赵清阁与老舍居然就成了邻居，这不能不说是一种巧合。这样的巧合，自然也就使得他们感情得到进一步发展。

赵清阁在陪都重庆主编《弹花》的两年多时间里，继续得到老舍的大力支持。据胡绍轩统计，对《弹花》支持最大的四个作家中，老舍是排在第一名的，他前前后后为《弹花》写了十篇诗文，其中不乏抗战时期的重要作品，如《我们携起手来》《我为什么离开武汉》和《剑北篇》等。

1939年5月4日，赵清阁自主办刊继续出版《弹花》第一期，她抱着文稿去印刷厂准备排印出刊的途中，在大梁子附近碰上了日机的大轰炸，头部受了伤，血流满面，她赶紧跑到离此不远的青年会向老舍求援。老舍和安娥（田汉夫人）为赵清阁消毒清创，包扎伤口，然后老舍又陪着她和安娥沿长江北岸走了两个多小时，把她们送回两路口的寓所。此后不久，赵清阁因染上肺病，又因被单位设在北碚的教科书编辑委员会聘为编辑，于是她便迁居离重庆主城约一百里的北温泉，住在一幢名叫“琴庐”的房舍里，一方面养病，一方面编刊写作。

华中图书公司老板唐性天，因《弹花》发行不畅，赚不到钱，不愿与赵清阁继续合作，但希望赵清阁能主编“弹花文艺丛书”，由她出版发行。赵清阁考虑，只要对抗战事业有利，她愿意为此努力。于是，她便拟订了出版计划，第一辑十册，她列了十位作家的名单，其中有老舍的话剧剧本《张自忠》、欧阳山的小说《流血纪念章》、安娥的歌曲集《台儿庄》、陈瘦竹的小说《春雷》、洪深的话剧剧本《非卖品》以及赵清阁自己的话剧剧本《女杰》等。所以，“弹花文艺丛书”实际上只出了六种。而老舍的《张自忠》是最先出版的。由此可见，当时赵清阁和老舍在事业上是相互支持、相互帮助的，这也从一个侧面证明，他们的友谊和情感在日益发展和深化。从此赵清阁景仰老舍的才华，老舍也欣赏赵清阁的勇敢，对赵清阁也是惺惺相惜的。

赵清阁与老舍情感最炽热的时候，大概是在北碚中山路汽车站旁一幢新建的三层楼房中毗邻而居的时候。大约在1940年初春，赵清阁肺病痊愈，她便从北温泉迁往北碚中山路居住，与梁宗岱、沉樱夫妇合租了那幢新建楼房的两层，沉樱一家住三楼，赵清阁和表姐、同学杨郁文住二楼。

这年深秋，在北碚生活了数月的林语堂，无意留在国内，他把在蔡锷路购置的一幢砖木结构的小别墅交给了“文协”使用。王向辰一家及老舍便迁居到这里，一些作家、诗人如高长虹、叶以群、光未然等也曾在此留居过。离此不远的雅舍主人梁实秋，不时来看望老舍，他在一篇回忆当年的文章中写道：“老舍先是住在林语堂先生所有的一栋小洋房的楼上靠近楼梯的一小间房屋，房间很小，一床一桌，才可容身。他独自一人，以写作自遣……

老舍为人和蔼可亲，平易近人，但是内心却很孤独。”又说，“后来老舍搬离了那个地方，搬到马路边的一排平房中的一间，我记得那一排平房中赵清阁住过其中的另一间，李辰冬夫妇也住过另一间。这个地方离我的雅舍很近，所以我和老舍见面的机会较多。”①尽管赵清阁搬家了，没想到老舍也搬了家，居然又成了邻居，这难道不是一种机缘吗？而且梁实秋与老舍过从甚密，所以他的回忆具有可靠性。

或许是受友情的鼓舞，赵清阁这期间文思泉涌，佳作迭出，成了她文学生涯中的巅峰时期。而她与老舍在剧本写作上的合作，更是陪都文坛的一段佳话。

赵清阁原本就搞戏剧，谙熟于戏剧创作的技巧，老舍在重庆从事戏剧创作，是为了抗战的需要，是半路出家，这样“阁舍”联手也就在情理之中了。

以上就是老舍与赵清阁在重庆的相知。并非人们所说的：1938 年 7 月，赵清阁随老舍到了重庆，尤其不是林斤澜说的，“他们一段时间是同居关系”，这实属子虚乌有。我们可以断然地讲，林斤澜就不具备谈论“阁舍”关系的资格。林斤澜 1923 年出生于浙江温州，“阁舍”合作写剧本的时候他才 15 岁。1937 年 12 月入伍，在浙闽边抗日干部学校学习，1938 年在抗日流动宣传队做抗日宣传工作，之后从事党的地下工作，曾担任过剧团团员、机关雇员、中学教员等。1943 年至 1945 年在四川重庆国立社会教育学院学习电影戏剧。由此可见林斤澜和“阁舍”压根上就不在一条道上，不是一个圈里的人，他怎么有“回忆”“阁舍”关系的第一手资料呢？所以林斤澜的“阁舍”合写剧本即“同居”的说法，是空穴来风，不足信。

三、老舍与赵清阁的相爱

在抗战时期的重庆，老舍和赵清阁合写了剧本《虎啸》《桃李春风》以及《万世师表》。

赵清阁写戏剧先于老舍，所以在剧本创作技巧及操作方面曾影响过老舍。其中四幕话剧《桃李春风》最为引人关注。赵清阁说：“当初老舍叫我同他合作剧本的时候，我不大赞成，因为他的意思，是希望发挥两个人的长处！他善于写对话，我比较懂得戏的表现。而我却担心这样会失败。合作的经过是如此：故事由我们两个人共同商定后，他把故事写出来，我从事分幕。好像盖房子，我把架子搭好以后，他执笔第一二幕。那时候我正住医院，他带着一二幕的原稿来看我的病，于是我躺在床上接着草写第三四幕。但文字上还是他偏劳整理起来的。老舍的对话很幽默，如第一二幕情节虽嫌平静，对话却调和了空气，演出博得不少喝彩声。”②

10 月间，《桃李春风》剧本初稿刚刚杀青，老舍开始感到腹部疼痛，因赵清阁前不久患过盲肠炎，他便来征询赵清阁的意见，赵清阁劝老舍“顶好去看看医生”，催促他赶紧上医院。因赵清阁与江苏医院的医生护士都熟悉，她立即陪同老舍去就医。诊断结果是盲肠炎，需住院治疗。老舍手术时，朋友如赵清阁、王向辰、萧伯青、萧亦五、李佩珍等人都在手术室外等候着。手术后，朋友们有的白天陪伴，有的晚上守夜，二十四小时轮流照看老舍。

①梁实秋：《梁实秋怀人丛录·忆老舍》，当代世界出版社，2007 年版。

②蒋泥：《老舍与赵清阁的特殊情谊》，《博览群书》2011 年第 5 期。

赵清阁更是忙前忙后,精心照顾。此时的"阁舍"由工作的贴近,到彼此走进对方的生活,这不能不说是感情的升华。

正当老舍住院之际,《桃李春风》由中电剧团排练演出,博得了不少喝彩声。这出剧是为纪念教师节而作,旨在颂扬教育者的气节、操守、牺牲精神,并提倡尊师重教。后来,国民政府教育部借戏剧节之际奖励优秀剧本时,《桃李春风》名列前茅,获得最高额度奖金一万元。导演吴永刚及中电剧团也同时获奖。

然而,此时对他们交往的绯闻也甚嚣尘上,不胫而走。一个是年轻的单身女性,一个是远离妻儿孑然一身的男人,二人又合作得亲密无间,这自然让人想入非非。更让当事者难以容忍的恐怕是将两人的"邻居关系"误传为"同居关系"——直到今天还有这种论调在文艺圈传播。如程绍国在《林斤澜说》①中写道:"他们一段时间是同居关系。"《我仍在苦苦跋涉·牛汉自述》②中也说:"她在重庆时期和老舍在北碚公开同居,一起从事创作,共同署名。"撰文的这两位为什么知道得如此真切?是亲眼所见吗?其实,当时林斤澜刚考入国立电化专科学校电影戏剧专业,牛汉也出生于1923年,也是在这一年考入陕西城固县的西北大学俄文专业,他们当时只是刚进校门的大学生,都远离陪都文坛,怎么知道两人"公开同居"?无非是道听途说,人云亦云罢了。这里除林斤澜外,又多出了一个同龄的牛汉,一起不负责任地编造"公开同居"说。

听听亲历者留下的文字记录吧。前文提到过,梁实秋在《忆老舍》中这样记述二人的住处:"老舍搬离了那个地方,搬到马路边的一排平房中的一间。我记得那排平房中赵清阁住过其中的另一间,李辰冬夫妇也住过另一间。"这里讲得很明白,老舍和赵清阁是左邻右舍,还有李辰冬夫妇同住在一排房子的另一不同居室。说他们亲密无间或互有爱意都不为过,但说他们"公开同居",显然没有任何依据,纯属无稽之谈。

赵清阁当时对社会上的流言蜚语非常生气,她给被她视为兄长和引路人的阳翰笙去信,诉说了她的苦恼与愤懑。阳翰笙在1943年9月11日的日记中写道:"清阁来信说:人与人之间,既无'了解',而又有'批评'。这批评是什么?即恶意的毁谤,因为他不了解你,所以他误会你,甚至猜疑你,至于冤诬你。尤其是对于女性,做人更难。他会给你造出许多难以容忍的想入非非的谣言。天知道我们(像我同老舍)这种人,刻苦好学,只凭劳力生活,为的是保持淡泊宁静,孰料仍不免是非之论……"

阳翰笙与赵清阁抗战时期来往频密,友谊深厚,阳翰笙是理解赵清阁的为人和品行的。赵清阁在这封信中,坦承她与老舍有相同的旨趣,希望保持淡泊宁静的生活。她并不忌讳别人知晓自己与老舍的友谊和感情,她的内心是亮堂的,所以他们的感情才得到朋友们的理解和尊重。阳翰笙在《阳翰笙日记选》③中记载了很多与赵清阁交往的事实,从中可以看出老舍和赵清阁的关系的确很密切。如1943年8月14日,他在日记中写道:"9时往访清阁。在那里得晤老舍,谈至快。"8月15日的日记里写道:"12时与老宋(即宋之的)到清阁家午餐……饭后,老宋先行。我与舍予(即老舍)、清阁直谈至夜10时始归。"阳翰笙

---

①程绍国:《林斤澜说》,人民文学出版社2006年版。

②牛汉:《我仍在苦苦跋涉·牛汉自述》,生活·读书·新知三联书店2008年版。

③阳翰笙:《阳翰笙日记选》,四川文艺出版社2005年版。

又说"清阁在我们朋辈中,一年四季常常三病两痛,也真有点像抗战时期的潇湘妃子了"。这样来说,邻居兼文友的老舍有时来照顾和关怀一下"潇湘妃子",也是情理中的事,俗话说"远亲不如近邻"嘛!阳翰笙七十年前的日记写得很随意,很自然,因为他觉得老舍与赵清阁的关系是再正常不过的了。这是见证者的真实记录,比那些道听途说更值得人们去鉴别和思考,也更有说服力。阳翰笙肯定了"阁舍"关系的确"很密切",但否定了"阁舍"的"公开同居"。这才是公正的评判。

1943年10月28日,老舍夫人胡絜青带着三个孩子千里迢迢从北平来到重庆,11月17日又辗转来到北碚与老舍团聚。胡絜青的到来,无疑给老舍和赵清阁的亲密交往带来了冲击,原本很坦然的关系,如今却遭遇了尴尬。赵清阁在老舍的家眷到北碚之前,迁居重庆市区的神仙洞街。而此时,老舍的心情也是五味杂陈。梁实秋在《关于老舍》①一文中写道:"那时候他的夫人已自北平赶来四川,但是他的生活更陷于苦闷。"家人团聚应该是欢喜的事,老舍却苦闷,为什么?无非是对"阁舍"那一段纯真感情的念念不忘。梁实秋在这里表述了和阳翰笙相同的看法。

胡絜青来了,赵清阁走了。胡絜青捍卫了她的家庭城堡,赵清阁维护了她的人格尊严。这种意味深长的一来一走,说明了两点:第一,赵清阁心里的的确确"爱"老舍,如果没有这种暧昧,如果她问心无愧,她何必要走?这是不言而喻的;第二,赵清阁"爱"老舍,但不以破坏老舍与胡絜青的家庭为前提,人家是合法夫妻,自己自觉退出,这也是明智之举。

1946年3月5日,老舍与曹禺乘坐美国的运兵船"史葛将军"号,起程离开上海,向大洋彼岸的新大陆驶去。他们此行是应美国国务院邀请,去美进行讲学和访问。一年以后曹禺回国,老舍留在美国从事文学创作和翻译。

留在美国以及回国以后的老舍与赵清阁,在长达20年里,老舍只有一次在广州开完会,绕道上海去看望过赵清阁,在其余的漫长岁月里,他们仅仅存在于书信里,也就是傅光明所说的"书信世界里的赵清阁与老舍"。于是,追查"阁舍"的书信,就成了热潮。

"阁舍"这些往来书信叠加起来无非表现了两个字:"亲密"。我觉得没有再追究的必要;还有什么老舍在美国时,等着赵清阁去美;再就是老舍要在新加坡(亦说在菲律宾)买房子等赵清阁等等,这只能说是一些想当然的猜度而已。即便老舍真的有如此打算,没有成为事实的事,是不足为据的。赵清阁与老舍的"阁舍"之恋,充其量是精神之恋,是精神交流的,是美好的,是道德的,是理性的柏拉图式的情感之恋。

在我们不能玷污"阁舍"之恋的同时,也大可不必否认"阁舍"之恋的存在,即使就在书信世界里的"阁舍",其称呼都是十分亲昵的。老舍往往称赵清阁为"清弟"、"清"、"珊",而老舍自署"克"。"珊"与"克"有何深刻含义呢?上海师大的史承钧教授说:"据赵清阁先生说,'珊'和'克'是她据英国小说家勃朗特《呼啸山庄》改编的剧本《此恨绵绵》中的两个主人公安苡珊和安克夫的简称,四十年代至五十年代,她和老舍在通信中常以此相互称呼。"以此表达相互浓密细致的嘘寒问暖,其殷切之意,透在字里行间。史承钧先生的依据正好是赵清阁的《沧海往事》(上海文艺出版社,2006年10月),这是不争的事实,所以,我们大

①梁实秋:《梁实秋怀人丛录·关于老舍》,当代世界出版社2007年版。

可不必为老舍先生掩饰什么。这些年来，在老舍研究界，几乎人人都知道老舍与赵清阁的情感关系，然而这丝毫没有影响老舍伟大文学家的形象。

我们承认老舍与赵清阁的友情以至于恋情，但是赵清阁没有拆散老舍的家庭，老舍自己也没有舍弃自己的家庭。老舍与赵清阁有相爱的权利，他们之间即便有重新组成家庭的想法，但是，终究没有构成事实，我们就没必要对此再说些什么。

（作者单位：湖北文理学院文学院）

北京的骆驼祥子与香港的骆祥致

——1962年香港影片《浪子双娃》考

◎[日本]杉野元子

老舍于1936年夏从山东大学中文系辞职后，开始了专业作家的生涯。同年9月16日至1937年10月1日，他创作的长篇小说《骆驼祥子》在《宇宙风》杂志上连载了。这部堪称20世纪中国文学"金字塔"的巨著自问世以来，一直受到中国和世界各国读者的关注和喜爱。于是，连环画、话剧、曲剧、电影、京剧、电视剧和歌剧的《骆驼祥子》相继而出，以它们各自特有的媒体特征和表现形式，对《骆驼祥子》进行了"再加工"。本文拟就其中的《骆驼祥子》的"电影化"做一点粗浅的探讨。

一、小说《骆驼祥子》与电影

说到《骆驼祥子》的电影改编，人们首先想到的就会是1982年北京电影制片厂拍摄的《骆驼祥子》。这部影片由凌子风执导、张丰毅和斯琴高娃分别饰演祥子和虎妞。在此之前，连环画、话剧、曲剧形式的《骆驼祥子》已经问世，实现了由平面文字向视觉化、形象化、立体化的转变。但是，要把这部作品的时代背景，即19世纪20年代末北京的平民生活，如衣食住行、人情世故、风俗礼仪等等详细地、生动地再现出来，电影作为有着丰富表现力的媒体，无疑为世人所瞩目。

老舍《骆驼祥子》问世的时期与作品里所描述的时代背景相隔不过数年，当时的读者仅凭着小说的文字，就可以准确地理解当时的社会风情；但是，对于半个世纪后的人们来说，仅凭着文字或许已经不能很完整地勾勒出那个时代的生活图景了。因此，1982年电影《骆驼祥子》的拍摄，对重现历史和理解作品都有着非常重要的意义。

然而，最早把小说《骆驼祥子》搬上银屏的尝试，并不是1982年的北京电影制片厂，而是1948年的影坛名人黄宗霑。

黄宗霑(1899年－1976年)，出生于广东台山。1904年，5岁时即随父亲移民美国。他毕生拍摄了135部电影，导演过3部电影，获得过11次奥斯卡最佳摄影奖提名。1953年，黄宗霑拍摄的电影《玫瑰刺青》获得了第28届奥斯卡"最佳摄影"金像奖；1963年，黄宗霑拍摄的《赫德》，再次获得奥斯卡"最佳摄影"金像奖。他是首位荣膺奥斯卡金像奖的华人。

早在1948年,黄宗霑就试图拍摄电影《骆驼祥子》,却由于时事动荡,未能如愿。2010年10月22日的《江门日报》曾撰文回顾了当时这一尝试的经过:

1948年,黄宗霑第二次回到祖国,实现了(原文如此——引用者注)自己多年的夙愿——亲自导演和拍摄《骆驼祥子》,将老舍的这部闻名中外的名著推上银幕。他请人编写了电影剧本,做了许多准备工作,甚至邀请当时著名女影星黎莉莉(罗静予的妻子)饰演虎妞的角色,并在他的私人摄影室里试拍照片。黄宗霑到达北平后,拍摄了大量的黄包车夫的素材。在北京的胡同里,还专门实地观察了车夫的拉车动作,记录了北京当时的古城风情。

无奈当时中国大地战云密布,电影大师的愿望最终未能实现。回到美国后,黄宗霑采取了一些补救办法,试图完成这部影片。一年后,他细致分析了分镜头,经过反复考虑,终于放弃了这一计划。这位严谨的艺术家认为,在异国土地上,再高明的摄影师也难以拍出京味十足的影片。①

黄宗霑试图拍摄电影《骆驼祥子》的时候,北京的城墙、牌楼还都保存完好,大街上南来北往地依然跑着人力车,小说《骆驼祥子》所描写的20年代北京的旧景依存。有这样良好的拍摄场景,同时还有世界水平的摄影师黄宗霑,却没能把《骆驼祥子》搬上银屏,实在是一件憾事。

十四年后的1962年,在香港出现了另一个把小说《骆驼祥子》电影化的人物——袁仰安,他把《骆驼祥子》改编成了电影《浪子双娃》。

二、关于袁仰安

袁仰安(1905年—1994年),浙江省宁波府定海县人。东吴大学法学院毕业后,30年代到40年代在上海任律师,颇有名望。1939年任上海良友复兴公司董事长,出版发行《良友》画报②。1947年移居香港。1949年张善琨组建了长城影业公司,委任袁仰安为总经理。长城影业公司共制作了五部作品,因财政困难,1950年张善琨辞职离去。袁仰安将长城影业公司重新改组,更名"长城电影制片有限公司",并出任总经理。袁仰安的长城电影制片有限公司,由于"初期较为复杂的人员构成,使其既没有完全陷入意识形态的教化漩涡,保持着旧上海商业电影的制作路线;同时又与新中国政权有着过密的关系,并很快成为香港左派电影的重要阵地"③。

①赵可义:《出生于台山的黄宗霑:华人"奥斯卡"第一人》,《江门日报》2010年10月22日。http://dzb.jmrb.com.cn/c/2010/10/22/00/c_1098910.shtml(阅读时间:2015年9月5日)。

②赵家璧的女儿赵修慧在《老舍赵家璧合力办"晨光"》(《世纪》2004年第4期,第35页)一文中载:"袁(袁仰安——引用者注)在日军占领上海后,曾提出与日方合作出版《良友画报》,宣传大东亚共荣圈的计划,逼迫父亲就范。父亲不愿当汉奸,化装离开上海。"

③赵卫防、张文燕:《建国后具有内地背景的香港电影公司成立新探》,《上海大学学报(社会科学版)》第29卷第6期,2012年11月。

袁仰安作为长城电影制片有限公司的总经理，不仅是诸多电影作品的制片人、监制，而且还亲自编剧、执导。他编导的作品有《孽海花》(1953 年，编剧 · 导演)、《不要离开我》(1955 年，导演)、《小舞娘》(1956 年，导演)、《鸾凤和鸣》(1957 年，编剧 · 导演)、《阿 Q 正传》(1958 年，导演)。《孽海花》在 400 余部参加第五届英国爱丁堡国际电影节的电影中脱颖而出，成为获映的 19 部影片之一，也是香港第一部参映国际电影节的作品。《阿 Q 正传》参加第十一届瑞士罗加诺国际电影节获银帆奖，主演关山获最佳男演员奖。

随着中国共产党组织对长城电影制片有限公司管理的加强，袁仰安最终离开了长城电影制片有限公司。1958 年，他创建了新新电影企业有限公司。在新新电影企业有限公司时期，也创作了很多作品，如《迷人的假期》(1959 年，导演)、《双喜临门》(1959 年，总导演：袁仰安，导演：吴景平、沈鉴治)、《渔光恋》(1960 年，编剧 · 导演)、《名医与红伶》(1960 年，总导演：袁仰安，导演：吴景平)、《镀金世界》(1962 年，总导演：袁仰安，导演：沈鉴治)、《十夜柔情》(1962 年，导演)、《浪子双娃》(1962 年，编剧 · 导演)。1962 年，袁仰安退出电影界，投资玩具制造业。1994 年病逝，享年 89 岁。

三、电影《浪子双娃》

电影《浪子双娃》由新新电影企业有限公司制作，于 1962 年 9 月 27 日在香港首映。编剧 · 导演：袁仰安；黑白片；片长 112 分钟；使用语言：汉语；中文字幕。

片名《浪子双娃》很难让人想象这是一部由老舍《骆驼祥子》改编的电影作品，而实际上不仅片名，内容也做了大幅度的修改。

片中主要人物是男主角骆祥致(由翁午扮演)，和围绕着骆祥致的两位女性——柳美妞和萧福芝(分别由毛妹[①]和韩瑛扮演)。读过《骆驼祥子》的人或许能意识到他们分别是祥子、虎妞和小福子的化身。另外，柳美妞之父柳四爷、萧福芝之父萧尔强又让人联想到小说里的刘四爷和二强子。但是，尽管人物设计与《骆驼祥子》原作有相似之处，而剧中人所处的时代已经不是 20 年代末的北京，而是 60 年代的香港了。也就是说，这是一部以 60 年代的香港为时代背景的作品。

《浪子双娃》故事梗概：

骆祥致四年前从婆罗洲来到香港。由于失业，无力支付房租，只得来投奔父亲的世交萧尔强。萧尔强十年前从婆罗洲移居香港后，以开运货卡车维生。当骆祥致求助于萧尔强时，萧尔强正因车祸受伤，卧病在床，家中已两个月没有收入。尽管如此，萧尔强还是收留了骆祥致。萧尔强的女儿福芝与骆祥致是青梅竹马，福芝还有一个上小学的弟弟小毛。

骆祥致在仁和运输公司找到货车司机的工作，以他的收入，支撑起了萧尔强一家的生活。在共同的生活中，骆祥致和

①毛妹原名袁经绵。袁仰安的次女。学生时代已拍过 8 部电影。1964 年创办毛妹芭蕾舞学校，是香港著名舞蹈家、舞蹈教育工作者。

福芝相爱了。而仁和运输公司老板柳四爷的女儿美妞也对骆祥致一见钟情。中秋节这天，骆祥致本已约福芝晚上在海光寺见面，却不经美妞盛情，两人先看足球比赛，又饮酒泛舟，且夜泊舟中，终结男女之欢。福芝在雨中伫立，泣不成声，悻悻而归。

事后骆祥致愧疚不已，和美妞、福芝不辞而别，经友人介绍，在啤酒厂当了汽车司机。一天，骆祥致运送公款途中遭强盗劫持。他奋不顾身，击退歹徒，夺回重金，受到啤酒厂的表彰。此事见报后，美妞循迹而来，逼迫骆祥致与其结婚，威胁道："如不从，我今天死在你面前。"骆祥致辩解说，自己生活贫寒，身份低微，这婚姻不会得到美妞父亲的认可。美妞强求他第二天来父亲六十寿庆的会场，要当场向父亲表白。

在宴席上，柳四爷坚决反对这门婚事，因此骆祥致遭到众人冷遇。美妞情急之中，和骆祥致一同出走，断绝了父女情缘。

美妞和骆祥致租了房子，结了婚，不久又怀了孕。美妞对父亲的运输公司寄以希望，她认为"等老头子死了，仁和总是我的"。不料柳四爷把公司卖给了他人。美妞无奈，用自己的私房钱给骆祥致买了一辆轿车，开起了"出租"。一日，骆祥致途中遭歹徒劫持监禁，美妞以为骆祥致夜不归宿，是和福芝旧情复萌，于是夜访福芝，精神恍惚之中，遇车祸身亡。

这期间，萧尔强病逝，福芝为葬父养弟，被迫做了舞女。之后，又和舞厅签了"接客"的合同，卖身为妓。这时，骆祥致从监禁中逃脱，知美妞已死，便来见福芝。福芝自惭形秽，拜托他今后照顾弟弟小毛，去海光寺跳海自尽，被骆祥致救起。骆祥致向她忏悔了以往的过错，说"我们应该拿出勇气活下去。"骆祥致、福芝、小毛三人在沙滩上并肩前行。剧终。

香港生力啤酒厂和香港足球总会是影片《浪子双娃》的赞助厂商和赞助机构。因此，影片中安排了骆祥致在辞去仁和运输公司后，被啤酒公司雇用的情节。影片中还出现了生力啤酒厂的画面。骆祥致被描写成酷爱足球的年轻人，影片里出现了两次足球比赛的场面。香港政府大球场建于 1955 年，可容纳 28000 人。《浪子双娃》的上映广告里，就有"足总特予合作拍摄两场外队大波精彩过瘾"，"政府大球场首次上银幕"的字样。

影片《浪子双娃》中，似乎是足球左右了骆祥致、福芝和美妞的命运。骆祥致被"仁和"录用后，一次在送货途中，恰遇球赛。于是他擅离职守，并因看球赛延误了送货的时间，让柳四爷遭到客户严厉训斥。美妞谎称因为轮胎爆裂，庇护了骆祥致。另一次是中秋节前夕，骆祥致和福芝表示着彼此的爱慕，当他们将要接吻的刹那，球迷小毛的一声梦呓"好球"，破坏了他们的心境，预示着他们不幸的开始。中秋节，骆祥致和福芝相约晚 9 点在海光寺见面，但经不住美妞观看球赛的诱惑，爽了约，致使舟中一夜，改变了自己的命运。

四、电影《浪子双娃》和小说《骆驼祥子》的比较

(1)出场人物

萧福芝和柳四爷的人物形象出自原作里的小福子和刘四爷。萧福芝和小福子一样，出身贫寒，温柔贤惠。为了家人，宁愿牺牲自己；柳四爷和刘四爷一样，经营车行，粗野蛮横，绝不允许自己的独生女嫁给"穷光蛋"，致使父女关系分崩离析。

但是，骆祥致、柳美妞、萧尔强的人物塑造上，与他们的原型——原作里的祥子、虎妞

和二强子之间，既相似又不同。骆祥致为单身青年，身强力壮，来大都市挣钱糊口，这些情节和祥子相仿；可他在工作上不能忠于职守，去看球赛；他生活上缺乏责任感，与福芝不辞而别，轻易地放弃了支撑福芝一家的责任；性格上优柔寡断，经不住美妞的诱惑，一夜轻舟，断送了两个女性的幸福。这和忠厚朴实的祥子有所不同。

美妞对自己喜欢的男人，先以色相诱，再以身相许，最后逼其成婚。在人物性格和行为方式上与虎妞相似；但影片中的美妞年轻美貌，虽被有钱人家的纨绔子弟追逐，美妞却不为所动。这又不同于小说里的虎妞。

萧尔强和二强子的相似之处，是他们都是社会底层的贫寒百姓。但二强子性格暴躁，打老婆，卖女儿，是个薄情汉子；而萧尔强性格温和老实，关爱儿女（萧尔强无妻），他由衷地期待着骆祥致和福芝结为夫妻，最后他就在期待中死去。

(2)祥子和骆祥致的命运

小说里祥子的命运可谓是“三起三落”，影片里的骆祥致的命运也可谓“三起三落”：他来到香港，在仁和当上了卡车司机，又得到美妞的特别关照。生活走向稳定。不料那一夜风流败露后，遭到同事的讥讽和轻蔑，他无法忍耐，最终失去了工作；在啤酒厂期间，为保护公款，奋不顾身，成了英雄人物，为人赞誉。可美妞逼婚，柳四爷寿宴上的屈辱，使他无颜再见公司的同僚，又一次失去了工作；美妞用私房钱，让他开上了自己的“出租”。小康生活刚刚开始，不料又遭歹徒劫持，最终落得一无所有。

尽管《浪子双娃》对《骆驼祥子》做了大幅度的改编，但它依然沿袭了《骆驼祥子》里主人公“三起三落”命运的基本框架。

(3)“骆驼”和“浪子”

老舍小说《骆驼祥子》里祥子和骆驼的遭遇，让祥子得了个“骆驼”的绰号。骆驼，既让人联想到广漠的沙漠中的艰难步履，又让人联想到在恶劣环境中不屈不挠的顽强意志。这正是祥子性格的写照。

而影片《浪子双娃》也试图像用“骆驼”来概括祥子那样，对骆祥致冠之以“浪子”。如前所述，骆祥致在品行中确有若干不足之处，但他绝不是游手好闲、不务正业的纨绔子弟。在影片上映的同时，就已有媒体指出：

《浪子双娃》这部片子，片名不大妥当。主角翁午是一个诚实司机，在男女关系上失了足，他背负责任，却称为“浪子”，未免厚诬。也许这是对他的总角交韩瑛而言，但彼此尚未为夫妇，也说不上“浪子回头”那种套称。[①]

用“浪子”来概括骆祥致的人物形象，有失偏颇。

(4)结局

《骆驼祥子》原作的结局是小福子上吊自杀，祥子最终成了“堕落的，自私的，不幸的，社会病胎里的产儿，个人主义的末路鬼”[②]。而电影《浪子双娃》里的福芝跳海自杀，被骆祥致救起。骆祥致清算了自己的过去，并勉励福芝“活下去”，他们在沙滩上并肩前行，预示着新生活将重新开始。

---

①秋野：《看〈浪子双娃〉捧翁午、毛妹、韩瑛》，香港《文汇报》1962年10月7日第9版。

②老舍：《骆驼祥子》，《老舍全集》第三卷，人民文学出版社1999年版，第222页。

《浪子双娃》的结局和中文本的《骆驼祥子》完全不同，却和英译本的《骆驼祥子》近似。1945 年，《骆驼祥子》被伊文・金(Evan King)译成英文(英译名《Rickshaw Boy》)，在美国出版。英译本的结局是：祥子在“白房子”找到已经病得奄奄一息的小福子，他抱着小福子冲进森林。“She was alive. He was alive. They were free.(她活着。他活着。他们都自由了。)”英译本暗示他们将有一个新的未来①。

我们可以推测，袁仰安在处理人物命运的结局时，参照了英译本的《骆驼祥子》。

(5)主题

原作《骆驼祥子》的主题，不只是描写祥子和两个女性(虎妞、小福子)之间的男女关系，而是通过祥子和小福子等人的命运，揭示了社会的黑暗、不合理、不公平；揭示了战乱给老百姓带来的灾难；揭示了阶级、阶层之间的差别和由此而生的人情冷暖，世态炎凉。总之，作品描绘的是一幅 19 世纪 20 年代北京的大画卷。这就是作品的主题，也是它的成功之处。

与《骆驼祥子》的主题相比，《浪子双娃》的主题不免浅显、单纯。电影着重描写了骆祥致、福芝和美妞的三角恋爱。电影上映后，媒体出现了这样的评论：

根据老舍名著《骆驼祥子》改编的《浪子双娃》，很清新，有生活气息。《骆驼祥子》的时代是几十年前古老的北平，主角是个手车夫，《浪子双娃》把背景改为现代的香港，主角是个货车司机骆祥致(翁午)，故事是他与青梅竹马女朋友福芝(韩瑛)，和运输行老板的女儿美妞(毛妹)的三角爱情。②

“浪子双娃”题材现实，风格别致，故事尤其动人。编导者以尖锐的笔触，描写出三个不同身份、性格的青年男女的三角恋爱关系。由于爱情不专一的缘故，因此导致一幕爱情悲剧。其中有失业青年，有聪明温婉而富有同情心的小家碧玉，也有好胜心强的运输行老板千金，更有色心高照的百万富翁……形形色色，不一而足，通过细腻的处理手法，更把这群不同的嘴脸，刻画得淋漓尽致，入木三分！③

“三角恋爱”可以说是《浪子双娃》的主题。作品虽然描写了贫寒人家的困苦，但是没能面对当时的社会问题，更缺乏批判社会弊端的锐气。影片公演后，世人褒贬不一。既有说《浪子双娃》“脱胎于文学名著老舍的小说《骆驼祥子》，随着时代的进展，把拉洋车的祥子改为汽车司机，可是依旧故事原来的胚胎，也可以说保持了原有精神”④。也有说“据说剧本据老舍著《骆驼祥子》，祥子非浪子也。这儿也没有什么老舍气。只可以说，从那部作品中，采取了那么一个桥段，装进香港材料，编了剧本”⑤。笔者赞同后者的意见，《浪子双娃》与《骆驼祥子》形似神不似。

《骆驼祥子》告诉人们，祥子的社会是这样一个社会：生活在底层的人们，无论你怎么努力奋斗，都得不到相应的报偿，改变不了受压榨的命运，最后等待他们的是颓废、堕落和

①Lau Shaw. *Rickshaw Boy*. Evan King (Trans). New York: Reynal and Hitchcock, 1945, p384.

②陆畅红：《浪子双娃》，香港《文汇报》1962 年 9 月 30 日第 10 版。

③桑：《〈浪子双娃〉题材现实》，香港《大公报》1962 年 9 月 24 日第 9 版。

④佚名：《〈浪子双娃〉向明星制度挑战！》，香港《星岛日报》1962 年 10 月 3 日第 9 版。

⑤秋野：《看〈浪子双娃〉捧翁午、毛妹、韩瑛》，香港《文汇报》1962 年 10 月 7 日第 9 版。

穷途末路。《骆驼祥子》和《浪子双娃》不同，它给我们提供了观察社会的视角。这就是它的深刻之处。就这一点而言，至今都有它的价值。

五、结语

袁仰安在把《骆驼祥子》搬上银屏时，为什么对原作做了如此大幅度的修改呢?

袁仰安在拍摄《骆驼祥子》之前，曾经导演过现代文学原作改编的电影。据《香港文学电影片目》的记载，在香港，1913 年到 2000 年之间，由五四文学作品(不包括鸳鸯蝴蝶派文学)改编成电影的有 36 部。其中半数以上的 21 部(巴金作品 8 部，曹禺作品 6 部，鲁迅作品 2 部，赵树理、徐訏、李健吾、师陀、沈从文作品各 1 部)的电影制作都集中在 50 年代①。也就是说，50 年代是香港电影界现代文学电影化的全盛时期。袁仰安从 1957 年开始准备拍摄鲁迅的《阿 Q 正传》。剧本由许炎(即姚克)、徐迟改编，袁仰安执导。片名《阿 Q 正传》，改编方针是最大限度地忠实于原作，尽量不做修改。袁仰安当初曾计划去绍兴拍摄外景，由于得不到北京方面的同意，没能成行②。

1958 年，袁仰安作为香港左派龙头电影公司——长城电影制片有限公司的总经理，在《阿 Q 正传》拍摄途中，就辞去了“长城”的职务，另创新新电影企业有限公司了。袁仰安离开“长城”的原因，《银都六十》里有如下记载：“作为直接被国务院外事办公室领导的单位，‘长凤新’(长城电影制片有限公司、凤凰影业公司、新联影业公司的合称——引用者注)也无可避免受到内地政治气氛和运动的影响”，“到了 1957 年，国内反右，政治风声紧张。而袁仰安正是在这时候因坚持开拍《阿 Q 正传》离开长城，自组新新公司”③。由此可知，袁仰安是为了摆脱在电影摄制过程中来自北京的政治上的干涉，希望不受束缚地、自由地拍片才离开“长城”的。

袁仰安创办了新新电影企业有限公司之后，投入了影片《骆驼祥子》(《浪子双娃》)的制作。根据拍摄《阿 Q 正传》的经验，袁仰安深知《骆驼祥子》是无法去北京拍外景了。在没有北京外景的制约之下，《骆驼祥子》如何拍，这是他不能不考虑的问题。《阿 Q 正传》在制片厂影棚里布景拍摄，尚有可能。而以“20 年代北京城”这个大舞台为背景的《骆驼祥子》，全片要在影棚里完成，无论时间上和费用上都不具可能。这或许就是袁仰安只好把《骆驼祥子》的时代改编成 60 年代初期的香港，内容也做了大幅度修改的原因吧。

《浪子双娃》作为新作，在香港公映期间是 1962 年 9 月 27 日至 10 月 3 日，仅仅七天。此后，无论是香港电影研究的学者们，还是老舍研究的学者们都没有给《浪子双娃》以相应的关注。然而，《骆驼祥子》毕竟在 1962 年的香港被改编成电影《浪子双娃》了，这在老舍文学作品电影化的历史记录里，应该有它的一页。

基于此，作此文。

---

①梁秉钧、黄淑娴编：《香港文学电影片目》，香港岭南大学人文学科研究中心 2005 年版。

②“对于香港左派电影人来说，一部影片的完成常常要通过香港和大陆的双重‘关卡’。《阿 Q 正传》的摄制过程并不顺利，袁仰安的拍摄计划一直没有得到北京方面的同意”。见王宇平《镜头下的重述——1957 年香港影片〈阿 Q 正传〉考》(《鲁迅研究月刊》2012 年第 6 期，第 78 页。)

③银都机构编著：《银都六十》，香港三联书店 2010 年版，第 53 页。

补遗：

(1)影片《浪子双娃》现藏于香港电影资料馆。

(2)在香港还有一部根据老舍作品改编的影片《女人女人》，由国际电影懋业有限公司、国泰机构(香港)有限公司联合制作。1965年于台湾、1967年于香港公映。编剧王植波，导演吴家骧。该片是根据亚历山大·尼古拉耶维奇·奥斯特洛夫斯基的话剧《大雷雨》(1859年)、曹禺的话剧《雷雨》(1937年)、老舍的长篇小说《火葬》(1944年)改编的。这部影片也是老舍作品电影化研究的重要资料。

(作者单位：日本庆应义塾大学文学部)

老舍创作二十周年纪念会考论*

◎刘卫国

1944年4月17日，中国文艺界在重庆为老舍举办了创作二十周年纪念会。对这一活动，学术界多年来只是将其作为一件历史事实进行叙述，很少进行深入研究。七十年过去，这一历史事实已经笼罩上重重面纱，生发出种种问题。比如：为什么要为老舍操办这一活动？是谁在背后操办这一活动？参加活动的都有些什么人？这一活动对老舍做出了什么评价？这些评价是否符合实际？这一活动产生了什么效果和影响？这些问题，有的原本不成问题，但现在已经成为谜团；有的以前看不清端倪，但今天已经彰显出因果。本文试图对这些问题进行考证和分析。

一

不难发现，老舍创作二十周年纪念会的时间有点奇怪。因为1944年并不是老舍创作二十周年。1923年1月28日，老舍的处女作《小玲儿》在《南开季刊》2、3期合刊上发表，从这一年到1944年，老舍从事创作已经二十一周年。如果从老舍在新文学核心刊物《小说月报》发表《老张的哲学》算起，那么，老舍创作这部小说是在1925年，小说发表是在1926年，距离1944年又不足二十周年。

要弄清这个日期之谜，要看谁在操办这次活动以及为什么操办这次活动。1944年4月27日，老舍赠诗吴组缃。诗后有跋语云："甲申初夏，在渝文友相约为予贺学习文艺写作二十年，组缃兄倡议最力。"①其实，吴组缃并非真正的倡议者，真正的策划者是阳翰笙。阳翰笙1944年3月27日日记记载："晨到会与胡风谈文协六周年纪念会事。他说他日内就要走，我来得正好，许多事都得由我去办。我又同他谈到老舍。他说他身体还好，希望我日内去看看他。是的，我同舍予快半年多不见了，我也是很想看看他的。"②1944年3月29日记载："晚，到《新蜀报》访老舍，谈甚久。"1944年4月8日记载："以群来会。关于文协纪念会和老舍创作生活二十周年纪念会事，商谈甚久。我本来打算写篇长文来纪念舍予

*本文系国家社会科学基金一般项目"中国新文学研究学术谱系论"(编号10BZW077)阶段性成果之一

①转引自吴组缃：《同老舍的一次唱和》，1990年10月30日《光明日报》。

②阳翰笙：《阳翰笙日记选》，四川文艺出版社1985年版，第254页。

的创作生活的，日来因心绪烦乱已极，恐怕又会写不出来呢！"[①]4 月 14 日又记载："梅林来，商谈文协纪念会和老舍创作纪念会布置事，我派了云远和王琦去帮他的忙。午后又抑制着心中的烦乱，写了一篇短文向舍予祝贺。"[②]从这些记载中透露出来的信息，可以看到，文协六周年纪念会和老舍创作二十周年纪念会是由阳翰笙策划的。

抗战期间，阳翰笙受中国共产党委派，筹组文协并任理事，又协助郭沫若组建国民政府军事委员会政治部第三厅及文化工作委员会，先后任第三厅主任秘书和文化工作委员会副主任，是党在国统区文化界统一战线的主要领导人之一，而其背后的直接领导，则是周恩来。可以推测，阳翰笙策划的这次活动得到了中共高层的授意。

中共方面为什么为老舍策划此次活动？人们通常会想到，这与老舍的身份地位有关。老舍当时是"中华全国文艺界抗敌协会"常务理事和总务组主任，是文协的实际负责人。如果老舍没有这个身份，很难想象中共方面会为老舍策划这一活动。这里的反例是沈从文。1944 年并不是老舍创作二十周年，倒是沈从文创作二十周年，但沈从文并不是文协负责人，中共方面自然不会为沈从文策划这种活动。

但在不是二十周年的时间办二十周年纪念会，其中显然还有玄机。以前学术界谈及此次活动，总是笼统地说是"为了表彰老舍在文学活动和创作方面所做出的杰出贡献"。笔者认为，举办这次活动的真正原因，在于中共党组织试图挽留准备辞职的老舍。

1943 年底，老舍在致陈白尘信中说："身体不好，家属又来，此后'吃饭第一'，恐难管'文协'事务矣。"[③]胡风也提起老舍"一再请辞"的情况，并提及老舍请辞的原因："忍受生活上的困苦，被夺去创作的时间，招来一些非难和误解。"[④]陈白尘和胡风都属于中共阵营作家。中共方面已从他们那里得到了老舍试图辞职的信息。中国共产党在抗战时期非常重视统战工作，而文协是统战工作的一个重要阵地。争取文协的领导权因此也变得相当重要。老舍在主持文协工作时，与中共方面一直互动良好，中共方面自然并不希望老舍辞去文协职务，为挽留老舍，必然要有所行动。

皖南事变之后，国共关系紧张，"由于当局之种种压迫，过去文化活动的方式已不能用，被迫产生新的方式。借文化人的红白日，郭沫若氏之五十寿辰，冯玉祥之六十寿辰，张冲之追悼会等，以此方式进行一些文化活动。"[⑤]中国共产党南方局曾为郭沫若举办过五十寿辰庆祝会，但要如法炮制为老舍庆祝生日，在时间上并不凑巧。老舍生于 1899 年，按照中国传统逢十庆祝的习惯，当时适合举办生日庆祝的年份只有 1949 年。不能举办生日庆典，而又要为老舍举办一次纪念活动，那就只能打着老舍创作二十周年纪念的旗号吧。至于是不是二十周年，关系不大，"虽不中，亦不远矣"。这里有茅盾的例子，1945 年 6 月 24 日，党组织为茅盾举办了五十岁生日祝寿活动，但据茅盾说："1945 年 6 月 24 日，热心的朋友为我举办了我五十岁生日的祝寿活动，这是我有生以来第一次做生日。其实 6 月 24 日

①阳翰笙：《阳翰笙日记选》，四川文艺出版社 1985 年版，第 257 页。

②阳翰笙：《阳翰笙日记选》，四川文艺出版社 1985 年版，第 258 页。

③老舍：《作家书简——老舍先生来信》，成都《华西晚报》1943 年 12 月 25 日。

④胡风：《祝老舍先生创作二十周年》，重庆《新华日报》1944 年 4 月 17 日。

⑤南方局党史资料编辑小组：《南方局党史资料·文化工作》，重庆出版社 1990 年版，第 13 页。

并非我的真正生日，1945 年也不是我的五十周岁。”[①]既然都能在不是生日的时间举办生日庆祝会，那么，在不是创作二十周年的日子庆祝二十周年，也就不奇怪了。

对于“创作二十周年”的提法，老舍本人并未提出异议。这应该不是老舍记忆有误。1935 年 10 月起，老舍在《宇宙风》杂志连续发表创作自述，对自己的创作历程记述得一清二楚，老舍不可能不知道自己并非从 1924 年开始创作。4 月 13 日，《新蜀报》刊发预告文章《老舍先生创作二十年》，4 月 15 日，《新蜀报》又刊发文章《中国文艺界两件大事》，预告了文协成立六周年及老舍创作二十周年纪念会。4 月 15 日，重庆《新华日报》刊发文章《老舍创作生活已满了二十年》，4 月 16 日，郭沫若在昆明《扫荡报》上发表诗作《民国三十三年春奉贺舍予兄创作二十年》。配合着大规模的宣传和预告，4 月 17 日，老舍在重庆《大公报》、成都《华西晚报》上同时发表总结自己创作经过的文章《习作二十年》，将错就错，默认 1944 年为自己创作二十周年。

如前所述，“老舍创作二十周年”活动真正的组织者是阳翰笙，但老舍在赠吴组缃诗中却说“组缃兄倡议最力”，阳翰笙是中共党员，而吴组缃不是(吴组缃是文协常务理事，且兼任国民党高官冯玉祥秘书)。活动背后的策划者是中国共产党，但老舍却将其描述为“在渝文友”组织。也许，老舍对一切心知肚明，但以此方式淡化了此次活动的政治色彩，避免引起国民党方面的警惕。这也可以说是在自觉配合中共党组织的行动。

二

为了挽留辞职的老舍，中共方面以“创作二十周年”这个借口为老舍策划了一次纪念活动，虽然事起仓促、时间紧迫，但在活动的组织上，依然给力，相当成功。

首先，在活动开始之前就营造出了很好的氛围。《新华日报》《新蜀报》上刊发关于老舍创作生活二十周年纪念会的预告，而在纪念会之前又成功地促成了老舍的连任。1944 年 4 月 16 日下午二时起，文协六周年纪念会在重庆曹家庵文化会堂举办。这次年会讨论的提案中有四条，其中第二条是“本届理监事请连任一年案”，所有提案均获得通过。这意味着老舍将继续留任文协理事和总务组长，不会辞职。老舍的留任，其实已经宣告这一活动取得成功，剩下的只是好好庆祝。4 月 17 日是老舍创作生活二十周年纪念会召开日，这一天，重庆《新华日报》刊发短评《作家的创作生命——贺老舍先生创作廿周年》，同时还发表茅盾的《光辉工作二十年的老舍先生》，胡风的《在文协第六届年会的时候祝老舍先生创作二十年》，郭沫若的诗《文章入冠——祝老舍先生创作生活廿年》。重庆《新蜀报》发表邵力子等人联署、实际上由阳翰笙起草的《老舍先生创作生活二十年纪念缘起》，同时还发表阳翰笙的《一封向老舍先生致贺的信》，成都《华西日报》发表了梅林的《老舍先生二三事》，成都《华西晚报》发表以群的《我所知道的老舍先生》，继续为老舍创作二十周年纪念活动造势。这些造势活动，基本上是由中共组织的，祝贺文章的撰写者都是中共阵营作家。

其次，活动当天出席人数众多，出席人员规格较高。

像这种纪念活动，往往是一看人气，二看规格。如果来宾冷冷清清，寥寥无几，纪念活

①茅盾:《我走过的道路》(下册)，人民文学出版社 1988 年版，第 366 页。

动显然是失败的。来宾众多、人气旺盛，也就预示着活动成功了一半。4 月 17 日下午二时起，老舍创作二十周年纪念会在重庆中正路百龄餐厅举行，出席者甚众。据《中央日报》翌日报道，“自动参加者甚为踊跃，座无虚位”，据《大公报》翌日报道，纪念会收到“四百多位朋友的祝贺和礼物，而且还有苏联朋友参加”。那么，纪念会的参加者人数究竟有多少，都是哪些人？这些问题原本不成问题，因为老舍曾带回家两件珍贵的纪念品，“一件是大会参加者的签到布，它是一块一米多长的宽幅红绸子，上面从各个方位密密麻麻地写满了朋友们的毛笔签名，笔体各异，颇有看头。另一件是一本厚厚的中等尺寸的册页，内有朋友们分别赠他的祝词、贺诗和图画”，但据舒乙说：“父亲后来曾把这两件纪念品随身携带，带到美国，又带回北京。可惜，十年内乱期间，下落不明，只能在此记上一笔。”①由于签名布已经遗失，今天已经难以一一列出参加者名单，统计出参加者人数。虽然难以统计出具体人数，但人数众多这一事实是客观存在的。据《中央日报》4 月 18 日报道，邵力子在发言中曾说：“今日参加茶会人士之踊跃，足证社会对于舒先生敬慕之忱，与企望之重。在座有友邦人士，有民间艺人，故舒先生真是‘蜚声中外，深入民间’。”

规格则主要体现在来宾的身份上。来宾身份地位越高，说明纪念会规格越高。据《大公报》4 月 18 日报道：“在茶话会讲话的有主席邵力子及郭沫若，黄炎培，梅贻琦，邓初民，程沧波，顾毓秀，茅盾，张道藩，沈钧儒。”

在这些来宾中，邵力子是国民党元老，曾任国民党中央政治会议委员，甘肃省、陕西省政府主席，国民党中央宣传部长，国民政府驻苏联大使，当时任国民党参政会宪法促进委员会秘书长。郭沫若是著名作家、学者，抗战期间曾任国民政府军事委员会政治部第三厅厅长，后改任文化工作委员会主任。黄炎培是著名教育家，1941 年发起组织中国民主政团同盟，一度任主席。梅贻琦是著名教育家，清华大学校长，时任西南联合大学校务委员会常委兼主席。邓初民是著名社会活动家，任中国社会科学家联盟主席。顾毓秀是著名科学家、教育家，时任国民政府教育部次长兼战时教育委员会主任。张道藩曾任国民政府内政部常务次长、教育部常务次长、国民党社会部副部长、国民党宣传部部长，时任国民党海外部部长、国民党文化运动委员会主任委员。程沧波曾任国民党宣传部副部长、《中央日报》社长，当时任重庆《世界日报》总主笔。茅盾是著名作家和社会活动家。沈钧儒是著名民主人士，1938 年任国民参政会参政员，1941 年倡议组织中国民主政团同盟。可以说，这些来宾名气很大，地位很高。

在老舍创作二十周年纪念会之前，重庆文化界召开的纪念会有 1941 年 11 月 16 日的郭沫若五十寿辰纪念会，1942 年 12 月 30 日的洪深五十寿辰纪念会，1943 年 9 月 7 日的应云卫四十寿辰纪念会。应该说，在人数和规格上，老舍创作二十周年纪念会可以说仅次于郭沫若寿辰纪念会。不过，郭沫若是五四时期的元老作家，曾任国民政府军事委员会政治部第三厅厅长和政治部文化工作委员会主任，不论是在文学地位还是政治地位上，郭沫若都高于老舍，老舍创作二十周年纪念会之人数和规格，自然难以与郭沫若五十寿辰纪念会之人数与规格比肩。但老舍纪念会只是仅次于郭沫若，而高于洪深五十寿辰纪念会、应云

①舒乙：《小星星》，《收获》1984 年第 2 期。

卫四十寿辰纪念会，可谓当时文坛第二盛事。像邵力子、张道藩、黄炎培、梅贻琦、邓初民、程沧波、顾毓秀、茅盾、沈钧儒等人，均出席过郭沫若五十寿辰纪念会，也都出席了老舍创作二十周年纪念会。

出席纪念会的来宾，基本上是由中国共产党方面邀请的。阳翰笙先起草了《老舍先生创作生活二十年纪念缘起》，然后再找人签名，其中特别邀请了邵力子、张道藩等国民党高官签名，并以邵力子等人的名义发布这个《纪念缘起》。邀请国民党高官作为发起人和出席者，既替纪念会上了政治保险，又提升了纪念会的规格，从而让纪念会获得了更大的社会影响和更好的舆论效果。这种方法，显然是沿用1941年底为郭沫若诞辰五十周年举办纪念活动的成功经验。当时中国共产党方面“动员了几乎是整个文艺界、文化界和新闻界”①，还广邀各民主党派和无党派民主人士，并找到国民党阵营高官作为活动发起人。这次老舍创作二十周年纪念会，中共方面如法炮制，仍大获成功。

最后，4月17日下午的纪念会结束之后，郭沫若在自己住宅设晚宴继续为老舍致贺。据阳翰笙日记记载：“晚郭老、董老在郭宅设宴为老舍致贺。被邀作陪的文艺界的朋友，有三四十人之多，清华大学的梅校长也被邀参加。”②中共方面在活动的安排上可谓善始善终，在纪念会曲终人散之后，还准备了私宅的晚宴，为活动画上了圆满的句号。与之相比，国民党方面在活动中就显得没头没脑。像国民党中央宣传部部长梁寒操、中央宣传部副部长潘公展等人，出席了文协六周年纪念会，却并未出席次日的老舍创作二十周年纪念会，显得对老舍不够重视。而国民党阵营也没有一个高官在自己宅邸设宴招待老舍。

文协虽说是一个民间组织，但在当时的历史条件下，文协得到了国民党政府的官方支持，一直和国民党政府有关机构保持着密切的合作关系。共产党虽说抗战时期在国统区已取得合法地位，但毕竟是在野党。按照常理来讲，文协领导人创作周年纪念会，是应由国民党政府官方来策划和操办的。但实际情况是，共产党方面给予了老舍更多的重视，在活动组织和安排上殚精竭虑，因此也掌握了纪念活动的主导权。而国民党阵营显然是被动应付，敷衍了事。在争取老舍方面，共产党方面显然比国民党方面更为积极。

三

老舍创作二十周年纪念会节目丰富、气氛热烈。邵力子、郭沫若、黄炎培、梅贻琦、邓初民、程沧波、顾毓琇、茅盾、张道藩、沈钧儒等先后致辞，致辞的大致内容，据4月18日《大公报》特写《衷心的答谢——记老舍创作廿周年庆祝会》中记述：“他们一个接一个地说：要继续为老舍无尽的二十年祝贺；要他在三年内完成计划中的百万字小说；要广泛地翻译他的著作，介绍海外；要放松这条勤耕的牛的牛绳，好让他有更好的发展；他是民主的象征；他是文艺界大团结的象征；愿他长寿到九十七岁，从今天起再辉煌五十年！”继而由老舍幼年同学杨云竹报告“二十年前之小老舍”。之后由老舍致答辞。最后是嘉宾表演。张瑞芳朗诵《老舍先生创作生活二十年纪念缘起》，舒绣文朗诵郭沫若贺诗，白杨朗诵茅盾祝词，

①阳翰笙：《回忆郭老创作二十五周年纪念和五十寿辰的庆祝活动》，《新文学史料》1980年第2期。

②阳翰笙：《阳翰笙日记选》，四川文艺出版社1985年版，第259页。

魏鹤龄、米兰等朗诵潘孑农作的《老舍之歌》，富少舫等人表演了大鼓、太平鼓词、金钱板、相声、武术、魔术等节目。嘉宾的表演非常精彩，据《大公报》的报道，说是“笑坏了在座人，笑坏了老舍自己”。

从新闻报道的中心看，这次活动娱乐性似乎有点超过了学术性，而在学术性上，又以赞扬与祝贺为主基调。应该说，纪念会这种场合，并不适合进行深入的文学评论，特别是批评性的话语更是不合时宜。以前学术界不大重视这次活动，可能跟上述原因有一定关系。但是，老舍创作二十周年纪念会中的一些纪念文章，还是透露出一些值得重视的信息，即便是一些夸张性的评价，可能也有其功能与意义。

先看阳翰笙起草的《老舍先生创作生活二十年纪念缘起》。这篇文章高度评价了老舍的创作和文学地位：“中国新文艺的基础渐见奠定了，老舍先生便是我们新文艺的一座丰碑。先生的创作生活事实上是与中国新文艺同时发轫，也将与中国新文艺日益堂皇永垂不朽。先生在我们新文艺上划出了一个时代，他肥沃了我们的园地，丰饶了我们的收获。”此外，郭沫若作诗祝贺老舍，诗中称说：“吾爱舒夫子，文章一代宗……寸楷含幽默，片言振聩聋。”①茅盾说：“在老舍先生嬉笑怒骂的笔墨后边，我感到了他对于生活的态度的严肃，他的正义感和温暖的心，以及对于祖国的挚爱和热望。”②胡风说：“在二十年的辛劳里面，舍予在文艺园地里印下了他底足迹。单就我三四年前读过了的《骆驼祥子》说罢，如果有真实的批评来照明，新文艺传统里而失去了它就会减轻一份质量的。”③

应该说，以上评价不无夸张的成分。实事求是地讲，在抗战之前，老舍虽然写了不少作品，但名气并不大，老舍自己曾说：“平沪两大文艺本营的工作者，认识我的很少。”④文艺界对老舍作品的评价也不高。老舍的好友罗常培说：“老舍这二十年的创作生活，文坛上对他毁誉参半。”⑤特别是中共阵营，对老舍创作的评价基本上都是负面的。如王淑明评论老舍的《猫城记》，批评老舍“没有在这些黑暗的背后，看出光明底微弱的影子来”，“认不清民众们自己的力量”⑥。鲁迅在1934年的一封信中，说到林语堂热衷于提倡幽默小品，担心他“如此下去，恐将与老舍半农，归于一丘”⑦，言下之意，将老舍视为比林语堂还低一等级的作家。老舍的力作《骆驼祥子》出版后，吉力认为，《骆驼祥子》“并不能像出版者的广告所说是一本‘巨著’”，“它之所以不能成为‘巨著’者，乃是它并未反映一些时代，也并未给看到社会的全貌，更只有扮演一打还不到的角色”。⑧ 在红色的三十年代，中共阵营在文坛引领风骚，掌握着文化批评的话语霸权，可以说具有一言判高下的功效。当时中共阵营对老舍评价并不高。但是，到了这次纪念会上，中共阵营对老舍的评价发生了历史性的转折。老舍成了“中国新文艺的一座丰碑”，“在新文艺上划出了一个时代”，成了“文章一代宗”。老舍的创作特征被茅盾归纳出来，胡风则挑出并肯定了老舍的代表作《骆驼祥子》。

①郭沫若：《民国三十三年春奉贺舍予兄创作二十年》，昆明《扫荡报》1944年4月16日。

②茅盾：《光辉工作二十年的老舍先生》，重庆《新华日报》1944年4月17日。

③胡风：《在文协第六届年会的时候祝老舍先生创作二十年》，重庆《新华日报》1944年4月17日。

④老舍：《自述》，重庆《大公报》1941年7月7日。

⑤罗莘田：《我与老舍》，昆明《扫荡报》1944年4月19日。

⑥王淑明：《〈猫城记〉》，《现代》4卷3期，1934年1月。

⑦鲁迅：《致台静农》，《鲁迅全集》第12卷，人民文学出版社1981年版，第459页。

⑧吉力：《读〈骆驼祥子〉》，《鲁迅风》第14期，1939年5月20日。

这些评价极大地影响了此后中国现代文学史对老舍的书写，老舍后来能够进入“鲁郭茅巴老曹”这样的文学史座次，应该说肇始于这次纪念会。

当然，这次纪念会的主要目的还在于挽留试图辞职的老舍。因此，人们给予了老舍文协工作以高度评价。

《老舍先生创作生活二十年纪念缘起》这样评价老舍的文协工作：“先生不辞劳瘁地来创作，为宣传为团结，献出了他全部精神和力量。文艺界抗敌协会的成立与发展，主要便是他所护育出的硕大的成果。”阳翰笙在《一封向老舍先生致贺的信》中又异常亲切地说：“文协是我们全中国文艺作家的一面团结抗战的旗帜，六年以来你艰撑着这面大旗，我深知你流的汗最多，出的力最大，而且受的气也算不少，可你的精力却并没有白费，抗战需要文协；大家需要你，你的苦心你的劳绩，都会深深的铭记在心里的。”[①]这里的“大家需要你”一句，明确表达了挽留老舍的意思。以群也以知情人的口吻说：“几年来，为了文艺界的团结，为了‘文协’的工作，他不知费去多少心力。奔走，求情，乃至叩头，作揖，只要是为了‘文协’，他不推辞，碰到困难也从不退避。”[②]茅盾高度肯定老舍在文协中的工作，他说：“如果没有老舍先生的任劳任怨，这一件大事——抗战的文艺家的大团结，恐怕不能那样顺利迅速地完成，而且恐怕也不能艰难困苦地支撑到今天了。这不是我个人的私言，也是文艺界同人的公论。”[③]胡风也毫无保留地表达了对老舍的钦佩之情：“在这六年中间，舍予是尽了他底责任的，要他卖力的时候他卖力，要他挺身而出的时候他挺身而出，要他委曲求全的时候他委曲求全……特别是为了公共的目的而委曲自己的那一种努力，就我目击过的若干事实来说，只有暗暗叹服包在谦和的言行里面的他底舍己的胸怀。”[④]老舍的文协工作得到了共产党方面的一致认可。在一定程度上可以认为，共产党方面试图通过对老舍文协工作的高度评价和肯定，表达对老舍辞职的挽留之意。

老舍创作二十周年纪念会深深地感动了老舍。据4月18日重庆《大公报》特写《衷心的答谢——记老舍创作廿周年庆祝会》中的描述，茶话会上的赞扬和祝愿、平息不下去的掌声以及“专门为他放的”鞭炮声，使“老舍激动得好像眼睛里起了泪花”。

纪念会的主要目的，在于挽留试图辞职的老舍。这个目的最终不仅达到，甚至可以说超额完成。老舍打消了辞职之意，继续主持文协工作，直到1946年3月出国才卸去文协之职。纪念会中来自共产党方面的褒扬和肯定，又使老舍原本中立的政治倾向产生了变化。1945年2月22日《新华日报》发表《文化界对时局进言》，《进言》由重庆文化界知名人士312人联合署名，其中就有老舍。老舍还发动了复旦大学的马宗融、陈望道、周谷城等人签名。《进言》的发表震动了国民党政府。据说蒋介石在震怒之余曾大骂国民党中央文化委员会主任张道藩无能，质问他“为什么文化界一些重要人物都被共产党拉了过去”。文化界一些重要人物都被共产党拉了过去，这其中就包括老舍。可以说，老舍创作二十周年纪念会取得了共产党方面所需要的政治效果。

---

①阳翰笙：《一封向老舍先生致贺的信》，重庆《新蜀报》1944年4月17日。

②以群：《我所知道的老舍先生》，成都《华西晚报》1944年4月17日。

③茅盾：《光辉工作二十年的老舍先生》，重庆《新华日报》1944年4月17日。

④胡风：《在文协第六届年会的时候祝老舍先生创作二十年》，重庆《新华日报》1944年4月17日。

四

抗战之前,老舍无党无派,是个文坛边缘人。在选举文协领导人时,老舍才被推选为“班长”。当选为“班长”之后,老舍以其责任心和良好的人缘,将文协支撑了五年之久,但也弄得身心俱疲,萌生了辞职的念头。老舍没有想到,中共方面竟然策划和组织了一场创作二十周年纪念会来挽留自己。纪念会隆重召开,中共方面在纪念会上高度评价了老舍的文协工作和文学创作,老舍从以前的文坛边缘人一跃而成中心人物,成为“文艺界团结的象征”,从以前的三流作家一跃而成“文章一代宗”。老舍创作二十周年纪念会,初步确立了老舍的文学史地位,也使老舍在政治情感上进一步亲近了中共阵营,在某种程度上也影响了老舍后半生的命运。

(作者单位:中山大学中文系)

老舍在1945年

◎史宁

1945年作为中国现代史上的一个特殊时间节点，对老舍个人而言也极其重要。以往的研究似乎对此重视程度并不高。当我们重新细致审视这一年与老舍之间互相发生作用的一些事情后，就可以感到这一年份对老舍格外不同寻常。本文结合史实，试图从不同方面梳理出1945年之于老舍种种特殊之处。

一、贫病

1945年可谓老舍一生中最为困顿贫苦的时期。一般而言，老舍在山东七年被认为是他创作的黄金时期。这不单指他这一时期的写作状态与创作成绩，同时也指他的身体状况与生活条件。山东七年中老舍基本上教书与写作同时进行，有固定收入与稿酬可拿，年龄正值31岁到38岁之间，是一个作家精力和体力的最佳阶段。"那时节，有月薪好拿，还有稿费与版税作为'外找'，所以我每月能余出一点钱来放在银行里，给小孩们预备下教育费。我自己还保了寿险，以便一口气接不上来，子女们不致马上挨饿。此外，每月我还能买几十元的书籍与杂志。"[①]抗战爆发后，老舍只身一人到武汉、重庆等地参与抗日救亡工作，生活水平相比战前一落千丈。1943年底，老舍夫人胡絜青带着三个子女从北平辗转到重庆北碚与老舍团聚。此后老舍不仅要对文协的工作尽到领导与组织的义务，还要肩负一家人的生活起居。然而疾病、贫困与恶劣的生活环境在抗战中期开始便与老舍频频纠缠，其疾苦与贫困的程度在1945年几乎到达了一个顶峰。这从他自己的文章中可见一斑。

三年来，因营养不良，与打摆子，得了贫血病。病重的时候，多日不能起床；一动，就晕得上吐下泻。病稍好，也还不敢多作事，怕又忽然晕倒。[②]

去年写成的三十多万字，有三十万是《四世同堂》的，其余的是一些短文的。本来想把《四世同堂》写到五十万字，可是因为打摆子与头昏和心境欠佳，就打了个很大的折扣。……我的身体比从前差的很多了，双管齐下实在钉不住！[③]

①老舍：《四大皆空》，《老舍全集》第14卷，人民文学出版社2013年版，第341页。

②老舍：《贫血集·小序》，《老舍全集》第8卷，人民文学出版社2013年版，第3页。

③老舍：《今年的希望》，《老舍全集》第15卷，人民文学出版社2013年版，第417页。

三十四年,我的身体特别坏。年初,因为生了个小女娃娃,我睡得不甚好,又患头晕。春初,又打摆子。以前,头晕总在冬天。今年,夏天也犯了这病。秋间,患痔,拉痢。这些病痛时常使我放下笔。①

此外,老舍在1945年分别写给王冶秋的四封信中,也点滴透露出了贫病之痛。

年前立春日生一女娃,数夜未能安睡,故除夕前二日又患头晕。一歇又歇了一个月,近数日才勉强执笔,续写《四世同堂》。服了四剂中药(为省钱),头昏见好,只是药有轻泻之品,日来老拉肚子。②

年前生一小女,为怕大家送礼,故封锁消息。组缃也不知怎样知道了,托子祥兄带来礼金,已璧还矣。大家都穷,理宜一切从简。因睡眠不足,弟又患头晕,工作全停。……头晕,心绪恶,老想死了倒干脆!……③

这年月,只好穷混吧!一挪动便非拉账不可,近中仍时时患头昏,写作时停,颇为闷闷!④

前些日头昏,发痔,痢痢,倒好像要完蛋的样子。后来,痢先止,痔仍未全好,头昏依然,直到如今。⑤

身体如此羸弱,缘于经济拮据造成的营养不良。抗战中老舍戒了烟酒茶,吃着平价米,数月不知肉味,久而久之,老舍就因营养不良而患贫血症,时常头痛、眩晕,几乎每年都要犯一两次。一旦病倒,便只能静养不能继续写作。据舒济先生的回忆,老舍创作《四世同堂》时,收入十分微薄。当时每千字稿费,仅相当于今天的28元。3000字才能换2斤猪肉。

《新文学史料》2008年第1期载《吴组缃先生日记摘抄》中的吴组缃日记中也有一些1945年关于老舍贫苦状况的反映:

5月3日三时许梅林自北碚迎老舍来。老舍头晕贫血,甚显苍老衰弱。

7月14日昨日接老舍函,述稿费每月二万,连同太太收入,每月不到五万元,故甚窘迫,劝我俟抗战后再作职业作者之计。

9月6日萩园带来老舍、李紫翔兄及盛光勤函。老舍贫血复发,又患痔病痢,有'深盼死在这里免得再受罪'之语,竟阅,使人万分难过。

9月7日昨日,书致以群函,请提出文协理事设法为老舍筹一笔款子,俾得从容治病。又致舒大嫂函,谓老舍不当严刻律己如此。力求生存健康,为最道德的行为,否则最不道德,文协款若到,务应收用,幸勿过于狷介。

---

①老舍:《八方风雨》,《老舍全集》第14卷,人民文学出版社2013年版,第407页。

②老舍:《致王冶秋·二》,《老舍全集》第15卷,人民文学出版社2013年版,第605页。

③老舍:《致王冶秋·三》,《老舍全集》第15卷,人民文学出版社2013年版,第606页。

④老舍:《致王冶秋·四》,《老舍全集》第15卷,人民文学出版社2013年版,第606页。

⑤老舍:《致王冶秋·五》,《老舍全集》第15卷,人民文学出版社2013年版,第607页。

9月11日接梅林函，云援华会赠文协款赠老舍十五万元，又赠我三万，将信转舒大嫂。[①]

抗敌“文协”在成立之初便有救助贫病作家这一工作职责。岂料到1945年老舍自己也沦落成需要救助的对象，不得不令人感叹。

另外，李长之在1946年初所写《送曹禺和老舍》一文中提到，老舍在北碚的居所，“一床一桌一椅，别无长物”，“老舍的写作生活史简直是拼命，贫血头疼疟疾，没阻止了他那按部就班地写《四世同堂》。连字也是那样不苟，一笔一画，正如那文句是那么斩钉截铁，一字不多不少。我们看见他那一千三百多页的厚稿，简直想哭了，这里不是故事，乃是一个贫血的作家做着输血给别人的工作。”[②]

诚如斯言。今天我们看《四世同堂》的手稿，面对字迹清晰而工整，且绝少修改的稿纸，绝难想象老舍在书写创作时的苦况。一方面是生活条件的恶劣，另一方面则是身体的虚弱。抗战时期的创作可谓是在贫病交加之下的苦写。正是“字字看来皆是血，十年辛苦不寻常。”老舍在异常艰苦的条件下能够写出高质量的作品，其身体与心理上都承受了一般人难以想象的巨大苦痛。

二、黄金抢购案

1945年春，重庆发生了一起黄金抢购案丑闻，老舍无端被卷入其中。抗战时期，由于法币发行量的不断增加，通货膨胀愈发严重。国民政府为收缩通货，回笼法币，稳定物价，从1943年开始把中央银行所存黄金和向美国借款购买的黄金向市场抛售。1944年9月，又由国家行局举办“法币折合黄金存款”业务，即储户按照中央银行黄金牌价折合存入法币，到期兑取黄金。由于法币不断贬值，黄金价格不断上涨，黄金遂成为人们追逐的对象。而法币折合黄金存款因牌价经常调整，遂导致投机之风猖獗。

3月28日，宋子文召集财政部长俞鸿钧、中国银行副总经理贝祖诒、秘书林维英及中央银行业务局局长郭景琨，在其重庆化龙桥私邸商议黄金加价问题。宋子文告知参会人员，经蒋介石核准，决定自3月29日起将黄金价格由每两2万元提高为3.5万元。下午七时，财政部关于黄金提价的正式公函送到中央银行业务局，准备电告各分支行处。这时，各银行已过下班时间，知道黄金提价决定的人员屈指可数。然而，出乎意料的事情还是发生了。3月28日下午及晚上，重庆的国家行局一反常态，通宵达旦地办理黄金储蓄业务，许多达官显贵和银行职员彼此心照不宣，大量购存黄金。一夜之间，售出黄金万余两。次日，有报纸披露了黄金储蓄提价75%的消息后，舆论及各界人士纷纷指责财政部事前泄露消息，丑闻迅速轰动了整个重庆，并传遍了各地。舆论的压力迫使重庆地方法院立案审理。

4月19日，重庆《中央日报》第三版，刊登了一则《黄金提价舞弊案》的新闻，披露了财政部部长俞鸿钧、四联总处秘书处长刘攻芸关于黄金舞弊案“会查报告”的全文。其中，第

---

①转引自张菊玲著《几回掩卷哭曹侯——满族文学论集》，辽宁民族出版社2014年版，第414页—415页。

②于天池、李书：《李长之和老舍》，《文史知识》2015年第5期。

三节“交通银行”部分，列举购买黄金一百两以上的大户有“舒舍予等五户共一百五十两，系一金城转账申请书交存，原申请书系杨管北所开支票换取”云云。别的一些报纸，也差不多同时予以刊登。因而引起一些人对老舍的误解，甚而有人乘机中伤。此事在一年以后真相得以公开，私购黄金者名单中的舒舍予系孔祥熙的二女儿为购买黄金而假冒的名字。但在1945年当中，因未能将报载舒舍予所系何人查证，始终无法打消人们对老舍的质疑。

对于报纸登载所谓舒舍予进入抢购者名单一事，当中有一个颇为值得关注的现象。当时重庆有三家报纸先后刊登消息为老舍辟谣。先是《新华日报》连发两文。第一篇更早在《中央日报》曝光抢购名单次日，以《黄金案中的“舒舍予”与老舍先生无关》为题刊发，内容如下：

(本报讯)关于黄金案昨日各报所披露的大户名单中，有舒舍予买黄金一百五十两。据文协负责人说，此事与名作家舒舍予(老舍)无关，老舍先生仍然在乡下度着贫作家的生活，靠着卖心血及衣服维持全家衣食，与黄金案中之舒舍予其人，毫无关联之处。①

仅隔一天，4月21日又以《关于“舒舍予”》再次进行澄清。几天后，重庆《新民报》主笔赵超构发表《到底是谁？》一文紧跟《新华日报》为老舍辟谣：“黄金案大概已经成为‘无尾’公案了，查和办都将是空话，我们将永远只能知道老舍先生未买黄金，却永远没有希望知道买黄金的那一位仁兄，是另十位舒先生中的哪一位。”②最末，《中央日报》以《十一个舒舍予作家老舍未购黄金》为题于5月5日第3版发表，似乎是澄清，又近乎做一个必要的交代。《新华日报》《新民报》和《中央日报》是当时重庆的几个大报，分别代表左中右三种政治派别。在澄清老舍购买黄金谣传中先后的表态值得人们深思回味，几乎可以代表当时重庆的三种政治势力对老舍所持的基本态度。经过抗战之后，老舍已经在表面上“被左转”了，成为共产党方面积极争取与团结的对象。上述三种政治势力对老舍的基本态度也间接地影响了老舍1949年之际的政治选择。

三、胜利

8月15日，侵华日军宣布无条件投降，艰苦卓绝的抗战终于结束。山城的民众接连几天都在欢庆这来之不易的胜利，然而老舍对此却并未发表任何文字。

1945年8月中下旬陪都重庆的报纸上，有关抗战胜利的新闻、评论大都充满喜庆的辞藻，但《大公报》社评却用了“惨胜”二字，好似“众人皆醉我独醒”，表现出难得的冷静和客观。这也是当时不少有识之士的共识。之所以说抗日战争是“惨胜”，是因为这个胜利得来不易、代价极大。自战争全面爆发起，国民党正规部队前前后后组织了二十多次会战，大都以失败告终。其中有的如台儿庄战役、昆仑关战役等胜仗，实际上都“伤敌八百，自损一千”甚至更多，是以极为惨重的代价达成了战役目标；而就军力消耗而言，并不能算是真正的胜仗，有的战役还几乎全军覆没。而共产党方面在敌后战场组织的抗日力量大都是游击战性质的小规模对抗。根据目前的数据显示，从整个国家看，日本全面侵华期间(不

①范国华：《〈新华日报〉为老舍说话》，《社会科学战线》1979年第3期。

②富晓春：《关于老舍二题》，《温州晚报》2012年10月20日。

包括1931年“九一八”事变至1937年七七事变），中国共有1000多座城市沦陷，3500万人死亡，直接损失1000亿美元，间接损失达5000亿美元。这还是并不完整的粗略统计。抗日战争中中国虽取得胜利，但处于下风，付出了远高于日本的代价。从战争本质保存自己消灭敌人上，中国未能以最小代价取得最大胜利，胜利的代价远远超过日本在中国的付出。老舍当时尽管并不知晓这些数据，但是以他敏锐的洞察力必然能感受到这个胜利的惨状。进一步探查抗战胜利前后不同地区文艺界人士的反应可以发现，当时身处解放区的作家萧三与艾青分别写出了《延安狂欢夜》和《人民的狂欢节》这样具有代表性的热烈庆祝胜利的诗篇。相比之下，重庆的文艺界人士对胜利反响普遍比较沉寂。

在9月26日致王冶秋的信中，老舍提到一句“我也是那样感觉——惨胜或无异于惨败也”。这句话接在身体状况描述之后，“前些日头昏，发痔，痢痢，倒好像要完蛋的样子。后来，痢先止，痔仍未全好，头昏依然，直到如今。”似乎是指的身体健康。但是行文中有“我也是那样感觉”一句，似乎针对王冶秋之前来信中所指之事表示认同。因此这句话有可能是针对自己身体与时局发表看法的一句双关语。否则，在身体状况描述之后突然插入此句，十分突兀。

在稍后的重阳节，老舍曾与于右任、程潜等一同到重庆上清寺登高赏花，归来后赋诗二首，从这两首颇具杜诗手笔的五律中人们似乎可以窥探抗战结束之际老舍内心复杂的心理：

干戈余痛在，菊酒不胜情。风雨八年晦，贞邪一念明。双江秋水阔，万树远烟平。缓缓移帆影，思归白发生。

劫后逢重九，登高倍有情。黄花连影瘦，霜叶入云明。蜀道知艰苦，乡思系太平。文章能换酒，笑傲遣余生。

（《乙酉重阳于程两诗翁招饮赋此述志并以致谢》）①

这可能是老舍对于抗战胜利的一种个性化的表达。

抗战胜利对于老舍创作《四世同堂》的情节处理上会有一定的调整和更改，但影响应该不会太大。老舍动笔写这部小说之际已经对全篇的基调与情节走向定下了大致的框架。在发表于1944年11月18日的《〈四世同堂〉预告》中，老舍说道：“故事发生在北平。时间是从七七抗战到抗战的第七年。”“敌人制造饥荒，四世同堂变成四世同亡”。② 尽管小说最后写到了胜利，但并未过度渲染积极喜悦的情绪，相反，作者将妞子的惨死做了大篇幅的描写，平添了结尾的悲凉气氛，小说仍然算是一个悲剧性的结尾。这应该是老舍创作过程中迎来抗战胜利权衡之后的处理结果，同时也是在呼应“惨胜”的时局。

四、《民主世界》

1945年，老舍还发表过一部未完成的小说《民主世界》，最初发表于1945年9月至12

---

①解志熙：《“献上我们的智与力”——老舍抗战及40年代诗文拾遗》，《文学史的“诗与真”——中国现代文学文献校读论集》，北京大学出版社2013年版，第292页。

②张桂兴：《〈老舍全集〉补正》，中国国际广播出版社2001年版，第481页。

月的《民心半月刊》。目前对这部小说比较一致的看法为，这是老舍创作的一部长篇小说的开端，因故没有完成。至今对这篇小说的关注非常有限，因为其篇幅实在太短，往往没有引起研究者的重视。但笔者判断，这篇小说应该不可能是一部长篇小说，其体量大约是一个类似于《不成问题的问题》篇幅上下的中篇小说。理由如下：

(1)老舍在开始创作《四世同堂》以后，除了散文、杂文一类小文章，再也没写过其他小说。他多次对外表示过要孤注一掷、集中全力写完百万字的长篇《四世同堂》。"为了继续作痴人，我现在还吃着平价米，忍着头昏，在写长篇小说。我没工夫，也没精力，再写别的。您要短文，我一时还没法照办；我必须一气写完那长篇，正如同我必照旧安贫乐道那样。"[①]这也从一个方面看出老舍对写作《四世同堂》一书的重视与决心。

(2)老舍在1945年已经不具备同时创作两部长篇小说的能力，尤其是体力。1936年，老舍在写作《骆驼祥子》中后期又开始写作小说《选民》。1937年，更是同时创作《小人物自述》与《病夫》两部长篇小说。那正是处于他山东七年的黄金时期，因辞去教职专心做职业写家，必须要多写才能维持原有的生活水平。另外当时他的身体条件也完全可以胜任这种高强度的写作。而1945年老舍处于贫病的惨境，几乎无法兼顾两个长篇小说的写作。

(3)从目前仅有的前三章文本结构分析，每章内容相对独立，章节之间的情节没有直接的关联，更像是三个小故事的集锦。把其中任何一章独立出来都可以成为一篇相对完整的小小说。假若后面的内容继续保持这种结构，那么很难组织成一部长篇小说的体量。当然，这只是一种假设，目前留存的篇幅过于简短，还暂时无法窥探老舍整体的创作走向。我们不能保证第二节里的裘委员将来一定不会和第一节的水仙馆发生关系；也同样不能肯定第一节里的馆长下面就不会变成第三节里的绅粮。真若如此，那么这部小说最终写成一个长篇倒是大有可能。

(4)从小说文本及语言上来看，老舍采取了之前经常运用的直露的讽刺与人物漫画化笔法。这种写作手法一般在他的中短篇，尤其是短篇小说中使用最多，特别是《赶集》《樱海集》中的篇章多有所见。而长篇小说除了早期的三部长篇则很少见到。

(5)小说最初发表于《民心半月刊》1945年9月9日的创刊号。纵观老舍发表长篇小说的惯例，除了《小人物自述》外，没有一部长篇在非文学类新刊物上发表。同样，老舍一般应约给新刊物写稿往往都是篇幅不大的中短篇小说。另外，刊物广告上故意写长篇连载也可能是一种刻意招徕读者的虚假广告。

小说最终未完成的原因推测有二。其一，从时间上来看，写作这部小说的时候老舍刚好接到赴美讲学的邀约，故无法继续完成创作；其二，写完前三节后老舍体力不支，无法继续创作两部小说，便将这部小说割爱，集中全力写作《四世同堂》。此篇遂告中辍。其中第一个可能性更大些。

五、旅美

获得抗战胜利的消息后，老舍原本给在山东的好友王统照写了一信，希望能在青岛替自己物色一所小房。老舍久想重新恢复战前自己在山东时期悠然有序的日子，远离政治

①老舍:《致友人》,《老舍全集》第15卷,人民文学出版社2013年版,第611页。

生活与各种文艺论争，专心做职业写家。但是文艺界同仁大多希望继续保留文协这个组织，继续选举老舍担任总务部主任，老舍遂打消恢复职业写家的计划。恰在此时，老舍接到来自美国国务院的信函，邀请他赴美讲学，为期一年。

梳理这段史实我们应该注意一个情况，即《骆驼祥子》被翻译成英文在美国出版并成为畅销书，到美国国务院邀请老舍赴美讲学之间的时间间隔很短，大约只有两个月。据孟庆澍先生的研究文章，英文本《骆驼祥子》在美国"每月一书俱乐部"1945 年 7 月列入"八月之选"。随即获得瞩目与热销。老舍本人最早获知该书畅销消息的时间不详。据现有的资料，只有 1945 年 9 月 26 日老舍致王冶秋的信中最早提及，"'骆驼'因无国际版税法，无法要美金。美国的批评极佳，销路可观，或者因此也许'施舍'给我一点，唯无确息耳。"[①]据笔者另一篇文章《老舍致梅林佚信的再发现》中的判断，老舍最早获得赴美讲学的消息大约在 1945 年 10 月初。这样看来，大概可以推测负责美国"国际教育和文化交流计划"的费正清在筹划 1946 年—1947 年度赴美知识分子的候选者名单时刚好完整地看到了《骆驼祥子》英译本，十分欣赏，于是在已经入选的张孝骞、侯宝璋和赵九章等五位自然科学领域的学者之外又特意增加了三位文艺家，其中之一便是老舍。

老舍决定赴美的原因，我们熟知的有以下因素：第一，可借此机会向美国民众介绍中国现代文学特别是抗战以来文艺活动取得的成就；第二，有可能的条件下休养身心并腾出时间安心写作；第三，可以领略和学习美国先进的文化，开阔视野。除了上述三点以外很可能还有一个没有公开的原因，是为了获取《骆驼祥子》英译本的相关酬金。当时《中国文化》杂志专栏曾撰文："中国未签字于国际出版协定，故老舍无版税可抽，但或可获得一笔礼金。"[②]因小说在美畅销，即使没有版税，也能够获得一笔酬金，这对于战时饱受贫病折磨的老舍，无异一笔正当的收入。考虑到抗战期间老舍生活的惨况，他产生这种想法完全在情理之中。相较于文协同仁及友人为自己的捐款，这笔酬金更加名正言顺。之后的史实也证实了这一点。经过到美国之后的种种努力，老舍确实分到了《骆驼祥子》英文本 50% 的版税。对当时的老舍而言，这已经是一笔十分可观的收入。

以上便是笔者从 1945 年当中选取了几个典型事例为切入点来粗浅地分析了老舍与时局之间的关系。通过粗略分析，我们可以大概发现上述五个事件之间是一种互为因果、互为表里的微妙关系。本文对 1945 年的老舍这一课题挖掘得尚不算深入，但是希望此文能够引起人们的重视，继续深入研究，或许会有更加重大的发现。

（作者单位：光明日报出版社）

①老舍：《致王冶秋·五》，《老舍全集》第 15 卷，人民文学出版社 2013 年版，第 607 页。

②转引自张桂兴编撰《老舍年谱（修订本）》上册，上海文艺出版社 2005 年版，第 495 页。

从文协《会务报告》看老舍对抗战文艺的贡献

◎卢军

老舍自1938年4月被选为中华全国文艺界抗敌协会总务部主任后，连任七届，直至抗战胜利。在主持“文协”工作期间，老舍撰写了多篇《会务报告》《总务部报告》，从1938年5月4日一直写到1942年1月9日，共计25篇，成为研究“文协”及抗战期间老舍工作的珍贵的历史资料。本文以《会务报告》为切入点，探析老舍在整个“文协”活动过程中所起的重要作用及对抗战文艺的贡献。

一、为“文协”筹集活动经费

作为“文协”的当家人，老舍首先要筹措维护“文协”日常运转的活动经费。在写于1938年5月4日的第一篇《会务报告》中，老舍开篇就谈到了资金问题：“筹备会的钱已花光，成立大会的补助金还没能全领下来。巧妇难为无米之炊，拿什么去办事呢?”老舍迅速设法筹钱：召集理事会，推选出常务理事，让常务理事带头缴纳会费；通知各地会员交会费；上公文请求党政机关发给补助。在1938年5月7日的《会务报告》中，老舍“开首就应当说经费——没钱是作不了事的。向教育部与中宣部请求经常补助费，已得到批示，教育部每月补助一百元，中宣部五百元。向政治部请求，还没批下来，大概不久就会有消息的。”距第一篇报告只有三天时间，反映了老舍雷厉风行的办事风格。

为了“文协”的正常运转，老舍在节省开支、压缩酬劳之外，不得不四处奔走，到有关部门“弄钱去”。1938年6月5日《会务报告》记载：“老舍、王平陵等到政治部催请批补助费。”1938年6月18日的《会务报告》记载：“先去弄钱。推定胡风、老舍去到政治部接洽；蓬子、平陵、沙雁、老舍，去见张道藩先生。”1939年1月28日《会务报告》：“请求补助，请求社会部予以补助金。社会部批示，本会须拟定助款用途，经理事会决议，会刊增印战地特刊，并创设文艺讲习会。此两项活动，都需相当经费，请社会部予以补助。”

在1938年3月27日至1939年3月27日的“总务部报告”中，老舍详细记录了“文协”的各项经费来源情况：1.会费：因种种原因不易收齐，会员散处各地，已有困难，再加上交通不便，邮递阻滞，就无法征收了。且在军队或游击队中服务的会员生活极苦，不忍催促。截至1939年4月，才有一百七十来人交过会费，共交到三百余元。2.捐款：本会成立后，会务进行，事事需钱，不得已向名誉理事及理事募捐，冯焕章、于右任、邵力子、张道藩、陈真如。筹备会欠账得以清偿,急需之件购买。3.补助:自1938年4月起,教育部补助每月二百元,中宣部每月五百元,于6月间始领到。9月起,政治部批准每月补助五百元,于1939年1月领到。举办通俗文艺讲习会,教育部特予补助三百元。上述三项就是"文协"全部经济来源。老舍又列出了"文协"每月的固定支出费用有:会所租金、水电、职员薪资、邮电,大约二百元左右。出版部需款最多,文协迁往重庆后,因通邮区域减少,销路随之低落,而印工纸张又涨价数倍,遂致赔欠甚巨。

针对有些会员抱怨会里举办活动太少,会员之间疏于联络,老舍数次在《会务报告》谈到举办联欢会之类活动的不易之处,如1938年6月5日《会务报告》中写道:"会里债台高垒,省一文是一文,实在困难。"但为联络会员、讨论文艺创作等问题,"文协"要举行一些非办不可的茶话会、座谈会时,就一切从简,茶水点心费用由来宾自掏腰包。如1938年11月12日《会务报告》:"11月6日本会举行茶话会,招待通俗文艺讲习会学员及本会新近来渝之理事与会员并报告会务。出席者五十余人。每次茶会,会员须自出茶资,此次则由张道藩先生请客;已交茶资,留备下次开用。"在1940年4月7日召开的"文协"重庆全体会员大会上,老舍做了题为《文协第二年》的报告,详细通报了"文协"的经济情况:"每月的收入还是那些钱——一千二百元。支持三个刊物,每月须出七百元左右。总会经常开支,现在在物价这样昂贵下,每月仍力求不超过二百元。对分会的资助与送给朋友们书籍,又须二百元。算到一处,一千二百元已无余裕,有临时的费用就须现想办法。会务之所以不能充分发展,在这里可以找到原因。"①1942年1月9日《会务报告》:"本年收入,仍如去年;而物价腾涨多倍,工作之发展遂感困难。会中职员津贴,灯火房租等,虽在极度缩减中,每月已由二百元增至六七百元。《抗战文艺》稿金,每期约需三四百元。仅此两项,已将入不敷出;后半年中,印刷困难,会刊脱期,支出较少,收支遂得勉强相抵。夏间,城内会所及北碚会所多处破漏,修葺费达千元。"

为节省开支,老舍等"文协"工作人员,除总务部驻会干事萧伯青每月有30元车马费的补贴外,其余全部都是无偿奉献,不拿工资。"我们花钱仔细,用人极少。经费少,所以每一个钱都需花得有响声。人少,所以大家都需动手办事,谁也不许多偷懒。"繁杂的日常工作多由老舍等人亲自动手。老舍办事严谨、一丝不苟的作风在《会务报告》、《总务部报告》中得到鲜明的体现,各种账目非常清晰,凡举行茶话会等活动,都由总务部报告会务及账目,出版部报告则公开会刊的一切开支账目。

抗战后期,物价飞涨,通货膨胀,当好"文协"这个家更是难上加难,个中甘苦只有老舍心知肚明。在1943年纪念"文协"成立五周年之际,老舍感触良多:"文协是个命定清苦的团体,……会中的经费,在武汉时,每月都有二三百元。到今日,也不过千余元。以这么一点点钱,我们要维持一个会所,要按期刊行会刊,要举行种种聚会,要与各民众团体交际联络。这几乎是不可能的事,可是竟自被我们做到了。在开源方面,我们除了政府机关的补助,概不接受。我们穷,可是不能随便伸手接钱。在节流方面,我们就专凭会员们的热心,来替团体赔着钱做事。"②充满感慨又不乏自豪之情。

---

①老舍:《文协第二年》,《老舍文集》第15卷,人民文学出版社1990年版,第579页。

②老舍:《五年来的文协》,《老舍文集》第15卷,人民文学出版社1990年版,第587页。

二、编辑发行《抗战文艺》等刊物

老舍除任总务部主任外，还任出版部的副主任。《抗战文艺》自1938年5月4日创刊于汉口，由最初三日刊、周刊，1939年4月10改为半月刊，自1940年3月30日起，又改为月刊。从创刊到终刊，包括“武汉特刊”在内，共出版78期。老舍多次指出，会刊《抗战文艺》是全国文艺界抗敌协会的旗帜和喉舌，影响是毋庸置疑的，无论如何不能停刊。

老舍原本希望《抗战文艺》可以收支相抵，甚至可以赚点钱，但是多地因战事而停邮，无法维持。在1938年4月9日“文协”年会的报告《一年来文协会务的检讨》中，老舍谈到《抗战文艺》的刊发问题：“为支持会刊，我们赔进很多的钱去，现在我们又编《前线增刊》运送到前方去，纯属赠阅性质。会刊与增刊继续维持下去，每月已赔垫甚巨，我们简直无法再编印别的著作。在现在的经济情形下，我们只能采用不花钱而能印出东西来的办法。”①

“文协”成立之初，老舍等人本来有着相当庞大的出版计划，想编印文艺丛书和较大的文艺刊物，想自己印书，不必依赖他人。但很快，出版部因资金和人力的匮乏，出版部原计划出的四个刊物，只有《抗战文艺》《前线增刊》《英文会刊》三个刊物刊发，《抗战诗歌》稿子已集全，但无法印出。在1939年致周扬的信中，老舍写道：“会中经费每月一共有一千元左右，维持这几个刊物已须花费七八百元，所以连校对和跑印刷所都需编辑人亲自出马。”随后，因人力财力的限制，不但出版计划无从实现，连会刊印刷都成了问题。因为书局生意第一，不愿做赔钱的买卖。求人之苦使老舍多次感叹“将来文协必须有自己的印刷所与书店！”②除了和印刷所交涉外，老舍还要应对战时纸张严重缺乏的问题，随时关注纸价涨幅，1938年11月12日《会务报告》：“纸张已成严重问题。白报纸不必说了，每令涨到五十元以上，还是没有货色。土报纸也供不应求。出版部正在设法从各方面搜罗一点土纸放在会所里，大约可支持会报三个月的样子。”

在这样艰难困苦的情况下，老舍和出版部同仁还是想尽办法扩大宣传力度。1939年2月4日《会务报告》写道：“决定增加《抗战文艺战地特刊》，俟社会部批准补助金，即刊发；筹备《抗战文艺年鉴》由出版部负责计划；由出版部定期邀请本市出版界及各报社副刊编辑，商讨扩大抗战文艺运动办法。”老舍认识到抗战文艺在国际上的宣传力度还差得太远，就着手筹划抗战文艺出国运动，尽量向全国的会员征稿，选择文艺作品，找人翻译，再设法到国外去印刷、去发行。希望把抗战文艺作品介绍到外国去，引起全世界对中国抗战的同情与援助。很快，“文协”香港分会创办了英文版的《抗战文艺》，销往欧美与南洋，增进了《抗战文艺》对抗战宣传的力量。

三、树立一切为抗战服务的文艺观，组织并创作形式多样的通俗文艺作品

老舍自抗战伊始，就致力于创作宣传抗战的通俗文艺作品。1938年1月20日，赵望云在冯玉祥资助下创办《抗战画刊》，以通俗易懂的图文形式向大众宣传抗战，获得极好的

①老舍：《一年来文协会务的检讨》，《老舍文集》第15卷，人民文学出版社1990年版，第563页。

②老舍：《关于文协》，《老舍文集》第15卷，人民文学出版社1990年版，第569页。

社会反响。老舍、田汉、吴组缃等即为画刊最初的特约撰稿人之一。老舍、田汉撰写的抗战故事,经由赵望云等人配上图画,以连环画的形式刊出,动员民众抗日。广为人知的有在《抗战画刊》第十期上刊发的老舍作诗、赵望云配画的《西洋景词画》。1938 年 5 月 5 日老舍在《抗战画刊》发表的《连环图画》一文中写道:"歌曲图画的宣传力量,在今日,实远胜于文字。文字宣传品尽管力求通俗,怎奈大家目不识丁,还是没用:百分之八十的同胞们是不识字的。歌曲与戏词,俗而能唱,在大家的口中,自比印在纸上的黑糊糊一片强的多。歌曲尚须有人教给,图画就更好更省事。有目俱睹,童叟无欺。在精神的食粮中,此为米面,居第一位。"[①]刊发在 1938 年 5 月《抗战画刊》第十一期的《流离》:"家何在? 前路茫茫!是万恶的日本,使我们家破人亡;家何在? 有血性的,打回故乡!"平凡通俗,让民众一看就懂,给抗战中的将士和民众带来震撼和鼓舞。

"文协"成立之后,提出"文章入伍、文章下乡"的口号,正式把给士兵和民众写通俗读物的事列入了"文协"的议事日程,大力倡导创作通俗文艺更成为老舍的工作重心。1938 年 7 月 2 日《会务报告》记载:"通俗读物:由老舍、何荣、老向、胡绍轩四人编写了五种:街头剧一,大鼓词一,儿童读物一,通俗小说一,军歌民歌一。由会里送给中宣部去印刷。"1938 年 10 月 15 日《会务报告》记载:"应中宣部的委托,老舍与宋之的、葛一虹、何容,用了五天的功夫编制民间宣传用的游艺材料。"

为军士写读物,把通俗文艺读本送到前线是"文协"重要工作之一。"文协"一筹备,就组织代表带着锦旗和慰劳书到前线慰劳。到徐州前线慰劳的"文协"代表盛成反映前线上极为缺乏文艺作品,精神食粮,盼望会员们赶快写些读物。在 1938 年 5 月 10 日的《会务报告》中老舍写道:"前方军士与后方民众的读物缺乏,成了极严重的问题,民众读的仍是《玉堂春》等消闲,前方军士只能到百姓家借阅些《彭公案》等读物,连这种书刊也不容易借到。"为尽快解决这一问题,老舍组织徐旭生、方振武、田汉、王亚平等作家先后两次召开了"怎样编制士兵通俗读物"座谈会,提出了"旧瓶装新酒"的主张,提出文艺要大众化,通俗化,下基层,利用传统的形式去讴歌新时代,去鼓动民众,直接面对士兵和民众。随后,老舍迅速组织会员们赶写了十余种读物,设法印出送到前方将士手中。他还提议作家们最好采用集体创作的方式,内容要适合民众军士的生活和心理,形式读用双全,所谓用就是戏能上台、歌能上板、故事能上口的通俗读物,特别强调文字需"俗而不土"。

为了服从抗战需要,老舍身体力行,毅然放弃最擅长的小说写作,带头实践"文协"提出的"文章下乡""文章入伍"的创作号召。他在《三年来的文艺运动》一文中写道:"除了抗战国策,抗战文艺不受别人的指挥,除了百姓士兵,它概不伺候。因此,它得把军歌送到军队中,把唱本递给老百姓,把戏剧放在城中与乡下的戏台上。它绝不是抒情自娱,以博同道们欣赏谀读,而是要立竿见影,有利于抗战。"[②]老舍先是在田汉的鼓励下试写戏剧,创作了《张自忠》《残雾》《大地龙蛇》《归去来兮》《谁先到了重庆》等抗战题材话剧。其中影响最大的应属与宋之的合写的《国家至上》,这在 1940 年 1 月 20 日《会务报告》中有所记载:"回教救国协会委托本会理事宋之的及老舍编制回教救国话剧,已见于二十九年一月底交稿,由阳翰笙先生担任演出责任。"

---

①老舍:《连环图画》,《老舍文集》第 15 卷,人民文学出版社 1990 年版,第 330 页。

②老舍:《三年来的文艺运动》,《老舍文集》第 15 卷,人民文学出版社 1990 年版,第 418 页。

抗战期间，老舍和民间艺人交往密切，向鼓书名家白云鹏、张小轩、刘宝全、富少舫、董莲枝等请教，学习大鼓的唱腔、鼓词写作方法等。他还向来自河南的逃难艺人学习坠子的唱法。老舍开始了创作形式的大转型，尝试了多种通俗文艺手法，创作了许多宣传抗日救亡的歌词、鼓词、相声、河南坠子、新三字经、唱本、通俗小说、西洋景画词、京剧等。保留下来的作品，仅鼓词、相声就有《二期抗战》《张忠定计》《王小赶驴》《陪都赞》《骂汪精卫》《卢沟晓月》《新拴娃娃》《啼笑因缘》《台儿庄战役》《欧战风云》《卢沟桥战役》《樱花会议》《中秋月饼》《八面玲珑》等数十段之多。其中，广为人知的相声作品《中秋月饼》是老舍于 1938 年在重庆编写的。1939 年春天，在重庆电影制片厂的联欢晚会上，应著名导演应云卫邀请，老舍与相声艺人欧少久登台表演了这段相声，受到与会各界人士的热烈欢迎，《大公报》称之为“抗战相声”。1938 年 11 月，老舍抗战通俗文艺作品集《三四一》出版，因其中收有三段鼓词、四部抗战京剧和一篇抗战通俗小说而得名。此外，老舍还创作了游击队歌《打》《女儿经》《童谣二则》《为小朋友们作歌》《为和平而战》《蒙古青年进行曲》等大量民歌诗歌，妇女、儿童、少数民族兄弟，都是老舍通俗文艺作品的写作对象。文风简洁、通俗直白，如 1938 年 10 月的《保民杀寇》：“谁给我的枪？谁给我的粮？还不是百姓的血汗，供给我这身武装?！我为谁扛枪，我为谁吃粮？还不是为保卫百姓，我才舍身上战场?!”读来朗朗上口、振奋人心。

因“文协”自成立后就常接到不少来函询问通俗文艺的做法，于是会中就决定举办讲习会。老舍既是组织者，又担任授课老师。1938 年 10 月 29 日《会务报告》：“本会拟开办通俗文艺讲习会，由老向、何容、李华飞、宋之的、魏猛克、胡秋原、萧伯青，拟定计划，并约通俗读物编刊社合作。”1938 年 10 月 31 日，通俗文艺讲习会开班，由何容、老向、萧伯青、老舍分别担任音韵、文艺宣传、音乐、技巧的讲授，学员 22 人。通俗文艺讲习会的组织计划及开班情况在 11 月 5 日和 11 月 12 日的《会务报告》中有详细记载。1938 年 11 月 26 日《会务报告》：“通俗文艺讲习会继续办理，并将讲师讲义设法出版。出版费除由会中补助外，得将讲义在各刊物发表，以所得积金补足之。”该讲义以《通俗文艺五讲》为题于 1939 年 10 月 30 日由中华文艺界抗敌协会上海杂志出版公司出版，收入老舍《通俗文艺的技巧》等 5 篇文章，老舍为本书撰写了序言。“文协”还成立了通俗读物委员会，1939 年 2 月 25 日《会务报告》记载：“通俗读物委员会，因委员穆木天等不在渝市，经理事会议决，推定黄芝冈、马祖武、向林冰、阎折吾、李一非、谢冰莹、罗荪、老向、欧阳山、何容、杨骚、陈白尘、郑际生、胡绍轩、郑伯奇、老舍等十六人为委员，由老舍召集会议。”

四、组织发起“文协”各种活动

老舍在“文协”的活动涉及方方面面，工作繁杂。包括参加理事会，定期向“文协”会员汇报各项工作的运作情况，筹备参加“文协”新成立的分会，组织参加文艺专题讨论会，为来华的外国作家或者各地来的作家召开的欢迎会，开展保障作家生活运动，筹划义卖捐款活动等等，在《会务报告》中都有详细记载。

如 1938 年 6 月 5 日《会务报告》：长沙文协分会成立，老舍与郁达夫、王平陵等前去参加。1938 年 6 月 18 日报告：代表文协参加“全国音乐、电影、戏剧、美术、文艺各抗敌协会联合会”（简称“艺联”）的筹备会。1938 年 7 月 9 日《会务报告》：老舍、冯乃超代表文协与戏剧界抗敌协会接洽一切，演剧宣传。1938年10月29日《会务报告》：在渝各抗敌协会开会，组织座谈会，老舍代表本会出席。青年生活社茶话会，蓬子、老舍代表本会出席，并致辞。鲁迅先生逝世二周年纪念大会，老舍代表本会出席两次筹备会。老舍还撰文《鲁迅先生逝世两周年纪念》，发表在1938年10月16日《抗战文艺》，号召"燃起我们的怒火吧，青年！以学识，以正义感，以最有力的文字，尽力于抗战建国的事业吧！在抗战中纪念鲁迅先生，我们必须有这个决心！"[①]1938年11月5日、11月12日《会务报告》：重庆市青年团体请求文协派人指导文艺，研究文艺，每周举行座谈会两次，已由老舍参加四次，讨论小说写作方法。10月24日第一次集会，老舍担任指导。指导文艺阅读及组员习作。1939年1月28日《会务报告》：成都分会成立，老舍与冯焕章先生赴蓉城指导分会成立事宜，并在成立大会上报告总会情况。

"文协"研究部有四个经常的座谈会，即小说座谈会、诗歌座谈会、戏剧座谈会、新歌剧改进问题座谈会，老舍积极组织参与这些文艺专题讨论，并将讨论结果分头汇成抗战小说、抗战诗歌、抗战戏剧和抗战报告文学等小册子。为使"文协"真正成为全国性的文艺界组织，老舍还十分重视"文协"分会发展工作。筹备各地分会。参加文协分会的成立仪式等活动。1939年6月，老舍还利用参加全国慰劳总会北路慰问团慰问抗战军民的机会，凡所到有"文协"分会组织的地方，他都要深入细致地了解那里"文协"工作的开展情况。

老舍还参加了作家战地访问团奔赴前线劳军。1939年8月10日《会务报告》："党政委员会批准了战地访问团的举办。全国慰劳总会函本会，请派作家四人，参加慰劳团，决定以四部主任：胡风、蓬子、平陵、老舍为代表，以示郑重。"老舍参加的作家战地访问团北路慰劳团于1939年7月28日从重庆出发，途经成都、绵阳、剑阁、广元、汉中、宝鸡、西安、潼关、洛阳、南阳、榆林、延安、平凉、兰州等地，长达半年时间，行程近两万里，12月9日返回重庆。老舍随北路慰劳团劳军慰民，察访战时国情，途中数次遇险，差点丢掉性命。他边走边写，创作了三千句的长诗《剑北篇》。

抗战期间，物价飞涨，而版税稿费一降再降，作家们生活极度困苦。职业作家变得越来越少，许多人为生计所迫兼职或改业。为此，"文协"发动了全国性的保障作家生活运动，为作家争取生存权，老舍是这一运动的积极响应者。1940年2月24日，老舍撰文《怎样维持写家们的生活》："写家的生活能维持，抗战文艺便有了着落。……我自己是个职业的文艺工作者，我知道我作了什么，也知道我所受的痛苦。同时，我知道假若我的待遇与酬报还没有改善的办法，我只好去另找活路。"[②]并提出了具体解决设想：提高稿费；恢复版税与确定版税；修正出版法；政府设立文艺贷金，按照作家所需，先贷以款项，然后再由版税及稿费中偿还；文艺协会设立救济金，专为救济写家之用。为商讨对策，老舍与姚蓬子、王平陵等26人举行"蜀道首次座谈会"，以"如何保障作家战时生活"为题进行了深入讨论。随后，在姚蓬子、老舍等人与国民党中央社会部等党政机构积极沟通协商下，1940年4月24日，中央文艺奖助金管理委员会宣告成立，拨款设立文艺奖助金，通过了旨在救助贫困作家的《文艺界贷金暂行办法》和《文艺界补助金暂行办法》，以便保障作家能够安心从事创作。自1940年11月起，文艺奖助金管理委员会实行了补助刊物稿费的举措，《抗战

①老舍：《鲁迅先生逝世两周年纪念》，《老舍文集》第15卷，人民文学出版社1990年版，第363页。
②老舍：《怎样维持写家们的生活》，《老舍文集》第15卷，人民文学出版社1990年版，第404页。

文艺》自五十一期起得到文艺奖助金委员会帮助三分之二的稿费，老舍在1942年1月9日的《会务报告》中写道："会刊稿费，盖在六元至十二元千字之谱。会中每月仅能出三四百元，不足之数，由文艺奖助金委员会补助，深为感激。"1942年10月28日，文协理事会通过了《保障作家稿费版税意见书》，12月12日，文协公开发表《保障作家稿费版权意见书》，进一步推进保障作家生活运动。这在老舍《对三十二年文艺界的希望》一文中皆有提及，"对作家稿费与版税的增加与保障，文协会拟具了办法，呈交中央出版事业管理委员会，并在陪都各报纸发表，希望今年能够见诸实行"①。"文协"在《保障作家稿费版权税意见书》中明确提出版税要最少百分之十五，并通告全国各地分会，请各处自己主持的文艺杂志和出版社首先实行，以资倡导。为给战时生活极苦的作家谋划生路，老舍一直不遗余力，发表在1944年4月16日《新蜀报》"文协成立六周年纪念专册"的《文与贫》一文写道："文艺工作者的生活问题便不应当由他们自己处理，任凭他们自生自灭，而是应当被视为一个社会问题，由大家去设法解决的了。"②呼吁文人的生存问题应引起整个社会的关注，应从根本上、从制度保障等诸多方便解决这一问题。

主持"文协"日常工作的7年间，是老舍一生中思想与创作的重要转折时期之一。他由一个单纯的教书匠和"写家"变成了一个抗战洪流中的社会活动家，在极为艰苦的环境下，保障了"文协"正常的运转；在繁重的日常工作之余，创作了形式多样的服从于抗战需要的通俗文学作品；始终以抗日救国为己任，团结一切可以团结的力量，从不考虑一己之得失，对"文协"、为抗战文艺做出了不可磨灭的贡献。

（作者单位：聊城大学文学院）

①老舍：《对三十二年文艺界的希望》，《老舍文集》第15卷，人民文学出版社1990年版，第584页。

②老舍：《文与贫》，《老舍文集》第15卷，人民文学出版社1990年版，第595页。

老舍研究与博士论文30年

◎钱果长

自1984年王富仁的博士论文《中国反封建思想革命的一面镜子:〈呐喊〉〈彷徨〉综论》诞生以来,中国现当代文学学科的博士论文"生产"已有30年的历史。综观30年来的博士论文选题,有相当一部分是对现当代重要作家及其作品的研究。因老舍在中国现当代文学史上的重要地位,老舍及其作品研究自然成为众多博士论文的选题对象,老舍也因此成为在博士论文选题上排在前列的现代作家之一。据国家图书馆博士论文库、中国知网和万方数据的检索,30年中直接以老舍及其作品作为研究对象的博士论文共有25篇。其中,《老舍作品礼貌语言研究》《"阐释运作"延展理论框架下的老舍小说英译研究》和《老舍作品翻译的文学再现与权力运作》三篇分别属于语言文字学和翻译学专业方向的博士论文,是对老舍的"非文学"研究。其余22篇(详见附录),尽管专业分属于中国现当代文学、比较文学和戏剧学等,但都属于对老舍作"文学"的研究,这些论文从"文本"到"人本",共同对老舍及其作品做了多角度、多层次、多方面的综合和系统性研究。本文主要以这22篇博士论文为考察对象,从论文选题、成果创新、研究视角和方法三个方面论述其在参与老舍研究中与老舍研究界所形成的呼应局面和其做出的新开拓,以及它们对丰富和发展老舍研究乃至对中国现当代文学学科建设所具有的价值和意义。

一

老舍研究迄今已走过90多年的历史,在经过感性批评和社会政治学的阐释阶段后,老舍研究在新时期走向多元化的拓展和深化,取得了重大发展。这一时期,对老舍及其创作的文化学研究、老舍的个性气质和精神世界研究、老舍思想研究、老舍与中西方文学的比较研究、老舍的当代影响等成为老舍研究的热点。在此背景下反观老舍研究的博士论文,我们发现博士论文在选题上大都能感应新时期以来老舍研究的"脉搏和神经",及时追踪老舍研究的热点和难点,与之形成了一种呼应和共振的局面。

在新时期"文化热"的思潮中,从文化学视角展开老舍研究已经成为老舍研究界的一种共识,研究者将老舍文学创作的内容研究与外部研究打通,使老舍研究走向了开阔、博大之境。金璟硕的《老舍小说的文化意识研究》①、崔明芬的《老舍·满汉文化之桥》②和李

---

①[韩]金璟硕:《老舍小说的文化意识研究》,北京师范大学博士论文,2001年。

②崔明芬:《老舍·满汉文化之桥》,北京师范大学博士论文,2002年。

刚的《老舍的文化心态与其话剧创作》[①]等博士论文在选题上便表现出对这一研究趋向的强烈参与意识。金文直接表达出希望通过分析老舍的平民意识、“五四”运动与老舍创作、赴英经历与老舍创作思想的形成以及老舍本人对北平传统士大夫文化、传统市民劣根性和近代市民社会、近代城市文化的反思来探讨老舍小说文化意识的整个形成过程的研究冲动。崔文则以“桥”为比喻，将老舍视为“一座构架起满汉文化于一体的文化之桥”。论文以满汉文化之“桥”为叙述起点，透过负荷着本土性(满族)和民族性(汉族)双重文化载体的老舍文本，触摸老舍的文化血脉和素养，同时通过对老舍文学中满汉文化明暗参差、强弱冲突、或隐或显的联结、融合模式的深层把握，探索了老舍文化心理的运行轨迹，系统地阐释了老舍文学满汉文化交汇融通的“桥墩”含量及其所具有的永恒的“桥梁”意义。李文则从老舍文化心态的视角对其话剧创作进行了整体观照，指出中国传统文化、西方文化和建国后意识形态构成了老舍文化心态的三维，以此为基点对老舍抗战时期和建国后的话剧创作进行了深入分析，由此揭示出老舍文化心态的演变与其文学道路发展起伏间存在的对应关系。对老舍的文化学研究本身就存在不同的维度，从大的方面而言就涉及新旧文化、中西文化和满汉文化，正是各个维度研究的共同发力，深化着人们对老舍作为一位“文化型”作家的认识。从此角度而言，以上博士论文在选题上对这一热点问题的积极参与，无疑对丰富和深化此领域的研究具有重要的意义。

老舍是受中西方文学广泛影响的一位作家，将老舍与中西方文学作比较研究很为广大研究者所乐道，这一研究趋向在老舍博士论文选题上也有着充分的反映。在作为本文考察对象的22篇博士论文中，属于比较研究的就占了5篇，数量颇多。具体来讲，它包含三个类别：一是老舍与中国现代作家的平行比较，如李在珉的《老舍与张恨水的北京叙述和想象》[②]、王俊虎的《梦想在泥泞中放飞：自由·自觉·自卑·自毁——老舍与曹禺比较研究》[③]和魏巍的《少数民族视野下的沈从文与老舍比较研究》[④]；二是老舍与外国作家的比较研究，如Anka Lazarevic的《老舍与伊沃·安得里奇：两位文学经典作家的类比研究》[⑤]；三是老舍创作与西方文学综合性的比较研究，如成梅的《老舍小说创作比较研究》[⑥]。用比较的方法探讨老舍的文学创作，无论是老舍与现代作家的比较还是与外国作家的比较，都意在发现老舍文学创作的独特个性。以上论文正是从各自的论题和视野出发，在老舍与张恨水、曹禺、沈从文和伊沃·安得里奇的同异比较中凸显出老舍文学创作的特异性及其创作所达到的世界性水准。而成梅的论文则在老舍与西方文学的综合比较中体现出更为宏阔的视野，全面展示了老舍小说创作的启动、发展和成熟的每一步与西方文学的联系，从文本内部和跨文本两个角度深入探讨了老舍小说的个性和跨文化文学接受机制，提出了不少颇具创见性的观点。这些选题的研究对进入老舍文学世界、深入理解老舍文学创

①李刚：《老舍的文化心态与其话剧创作》，北京师范大学博士论文，2009年。

②[韩]李在珉：《老舍与张恨水的北京叙述和想象》，北京大学博士论文，2006年。

③王俊虎：《梦想在泥泞中放飞：自由·自觉·自卑·自毁——老舍与曹禺比较研究》，兰州大学博士论文，2008年。

④魏巍：《少数民族视野下的沈从文与老舍比较研究》，陕西师范大学博士论文，2012年。

⑤[塞尔维亚]Anka Lazarevic：《老舍与伊沃·安得里奇：两位文学经典作家的类比研究》，复旦大学博士论文，2012年。

⑥成梅：《老舍小说创作比较研究》，武汉大学博士论文，1999年。

作都发挥了相当的作用。

对老舍的“人本”研究是新时期后老舍研究领域的一个新的开拓，研究者在对老舍“文本”研究深化的基础上越过文本层，潜入到老舍的个性气质、精神世界和思想领域，由此出现的一系列成果成为老舍研究发展深化的一个重要标志。老舍研究的这一新的动向在博士论文选题上也有较多的涉及。汤晨光的《老舍与现代中国》[①]将老舍置于时代的大背景下，通过检讨老舍与时代主要课题(诸如国家、民族、政治和革命等)的关系以及形成这些关系的原因，比较全面地解释了老舍思想的独特性及其得失。孙洁的《世纪彷徨:老舍论》[②]通过对老舍生命中的三个重要阶段的考察，从文艺思想、人格心理和与20世纪中国文学史各种文学现象的关系等方面，梳理出隐藏在老舍创作历程背后，相互纠结、共同作用于老舍的各种因缘。古世仓的《老舍与中国革命》[③]则在老舍精神世界与中国革命的撞击和联系中来认识老舍个性气质特征和老舍文学世界特征的统一、认识老舍与革命建立关系的独特方式、认识中国革命对老舍文学世界的建构以及作家、文学与革命之间的多向度的关系。在老舍生平研究中，“老舍之死”是一热点话题，傅光明的论文《老舍之死与口述历史》[④]在选题上便体现出对这一问题的探求意识。与众多相关问题的研究不同，傅放弃了对“老舍之死”做理论逻辑上的推演，而是通过大量的采访、调查，进入到历史现场，以对“老舍之死”非简单化的处理方式对“老舍之死”做出了新的解读，显得别开生面。

由上所述，博士论文选题在相当数目上都与老舍研究的热点相呼应，积极参与对热点问题的探讨，但与此同时，也不乏一些选题对老舍研究的生僻角落进行了开拓。就老舍文学创作研究来讲，人们已普遍注意到小说、话剧的研究成果丰厚，而老舍的散文、旧体诗等研究不够，但与散文、旧体诗相比，老舍的翻译文本更是少人问津。张曼的《文化主体意识与文学关系个性化特征——论老舍的跨语际跨文化书写》[⑤]便在这方面做了发掘。她认为老舍的翻译虽然数量较少，但研究价值不可低估，把老舍跨语际的翻译和创作作互文考察，将更能凸显老舍在中国现代文学史、中国比较文学史和海外中国文学史上的意义。这一认识也使得其论文在选题上为老舍研究开辟出一个新的领地。而续静的《英语世界的老舍研究》[⑥]和李春雨的《老舍创作在俄罗斯》[⑦]在选题上同样新颖别致。毫无疑问，两文都是属于对老舍研究的研究，但“新”在两人都选取了老舍研究的异国空间，开拓出一个“老舍研究在海外”的新课题，而这同样是老舍研究的一个新领域。比如李春雨的论文就对俄苏长达七八十年的老舍译介与接受的历程进行了详细的梳理，既总结其成绩贡献和特色，又分析中俄两国老舍接受中的差异及其背后的原因，这显然对促进中俄两国老舍研究界的交流和启迪补益国内老舍研究都不无裨益。这些论文选题因是对老舍研究较为生僻角落的开拓，其研究也就具有填补老舍研究领域某项空白的意义，因此与追踪老舍研究热点

①汤晨光:《老舍与现代中国》，复旦大学博士论文，1995年。

②孙洁:《世纪彷徨:老舍论》，复旦大学博士论文，1999年。

③古世仓:《老舍与中国革命》，兰州大学博士论文，2004年。

④傅光明:《老舍之死与口述历史》，河南大学博士论文，2005年。

⑤张曼:《文化主体意识与文学关系个性化特征——论老舍的跨语际跨文化书写》，华东师范大学博士论文，2012年。

⑥续静:《英语世界的老舍研究》，四川大学博士论文，2012年。

⑦李春雨:《老舍创作在俄罗斯》，北京外国语大学博士论文，2012年。

的论文选题相比，其原创性价值也就更为突显。

二

以上博士论文在选题上或呼应老舍研究热点，或开掘生僻角落，应该说，这些选题大都具有较好的原创性。所谓原创性选题，即体现在它的全新的开创性方面，这既包含它在当时具有独一无二性，具有填补学术空白的意义，同时也包含在前人研究基础上对某一论题的重大推进。在学术研究中，选题的创新，其意义和价值是不言而喻的，它对于成果创新起着非常重要的作用，虽然不能说一个创新性的选题必然就产生创新性的成果，但至少它为成果创新提供了必不可少的前提。就老舍研究的博士论文而言，在这些原创性的选题背后，大凡都有着一些令人惊喜的创新性成果。

老舍是满族人，从其满族身份及其个性特征展开老舍的整体研究是老舍研究专家关纪新在新时期为老舍研究开拓的一个新领域，并推出了一系列的重要成果。但是崔明芬的博士论文《老舍·满汉文化之桥》还是在汲取相关研究成果的基础上，对“老舍与满汉文化”这一课题做出了一些新的开拓。论文从满汉文化、新旧文化、中西文化三重视野，通过蕴含着本土性(满族)、民族性(汉族)和世界性(西方)等多重文化意蕴的老舍文本，梳理出老舍独特的文化血脉，深入论述了老舍文艺思想与文化心理嬗变的轨迹，显示出作者较为深厚的功力。而论文对老舍文学满汉文化交汇融通的意义的追问，更是以一种急切的问题意识，如老舍文学“止不住的诱惑”在哪？老舍艺术生命经久旺盛的奥秘何在？满族文化、满族文学得以支撑的“精魂”是什么？异质文化融通后提供的多项文化认同价值，以及各民族文学大胆走入碰撞地带、互相汲取的可资借鉴的启示有哪些等，不断地引发人们对“老舍与满汉文化”这一课题的持续和深入思考，其中论述也是多有精彩之处。

在老舍思想研究方面，孙洁的《世纪彷徨：老舍论》和古世仓的《老舍与中国革命》也同样值得我们关注。孙洁从老舍的山东时期、抗战时期和新中国时期三个重要的创作阶段出发，以对老舍作品的细致分析为基础，深刻剖析了老舍在那种动荡的历史发展中，在士大夫气质、国家至上主义、使命感和宗教情绪等多重因素的影响之下形成的特点各异的彷徨心态，仔细梳理了老舍文学思想的发展过程。论文对老舍自由主义文学观与其创作特征在时代风云变化中的持守转变，对老舍生命里程和文学里程在 20 世纪中国历史起伏、中国文学史的起伏和老舍自身文学理念摇摆之间的起伏涨落的洞见是深入独特的。古世仓则在老舍精神世界和中国革命的联系中，分析了老舍的个性气质在“人格建构与文化批判”、“人本伦理与民本伦理”、“国民心态与子民心态”诸方面体现出的老舍对中国革命的特殊认同方式。认为“人格建构”是老舍最具有主体创造特征的文学主题，不仅制约着老舍的文化批判，且使老舍融入革命的方式具有了“五四”一代作家的共性。而老舍的“人本—民本”伦理观和“国民—子民”心态，都在一定时期限制了他与革命的接近；但当民族危难之时，它们又使老舍毅然决然地投入时代的洪流。老舍在抗战时期真正接近政治和置身于政治之中，其思想观念和文学创作都发生了很大变化，这也在思想和艺术表现形式上为老舍在新中国时期的创作做了准备。由老舍在解放后从歌唱时代到被“革命”所抛弃，解读出“老舍之死”是“死节”、“殉难”和“身谏”的统一。这种对老舍与中国革命之间关系的通盘考察，不仅深入阐述了中国革命对老舍文学世界的建构，同时也为我们处理作家与文学、文学与现实、文学与政治的关系提供了经验和历史教训，体现出作者试图解答“文艺与政治的歧途”这一中国现当代文学一直面临的难题的巨大勇气。另外，在老舍生平研究上，傅光明的《老舍之死与口述历史》对“老舍之死”的研究也堪称独特。通过采访和调查事件的亲历者和参与者，掌握了大量的第一手材料，由他们的叙述还原出历史现场并对此体现出深沉的历史反思，这一对“老舍之死”的研究成果，可以说至今仍然独树一帜。

以上论文都是对老舍研究领域一些“热点”问题的研究，而“热点”即意味着它在一定时期内是老舍研究的前沿，在此意义上讲，这些论文既是对老舍研究“热点”的争鸣，同时也代表了特定历史阶段老舍研究的最新成果。至于博士论文中存在的对老舍研究中较为生僻角落的开掘，因其选题的创新和新的研究资料的运用，其成果具有“补白”的意义，其创新性自然也就更为显明。

张曼的《文化主体意识与文学关系个性化特征——论老舍的跨语际跨文化书写》一文以老舍的翻译作为研究对象，在对老舍的世界文学视野及其选择性接受进行总体考察的基础上，对老舍的翻译文本作深入细致的分析，阐释老舍的跨语际书写与被改写。论文认为老舍对《威廉·韦子维慈》的翻译行为以独立的视角参与阐述了“大众文学”观念，建构了大众语的诗学，由此与1930年代支配性的文学观念——鲁迅式大众观形成了强烈对比。而对《苹果车》的翻译，老舍却巧妙地将赞助人所要求的翻译“语言的阶级性”，从某种语言形式专属于某个阶级，转化为语言中包含着阶级的特定要求，从而使翻译成为两种语言的互补和互动，进而引入到戏剧新文体中。这些正体现出老舍在翻译中如何将外国文学的特质引入中国文坛，又如何“格异”，从而使其转化成中国现代文学的元素。通过对老舍自己作品《离婚》的翻译本与英国人伊文·金的译本的对照，指出老舍向海外作跨语际叙事时如何周旋在政治的挤压下，作文学文化的传播、国家形象的塑造及其复杂性，强调了老舍跨文化视域中的“中国叙事”。其中，每一处论述都可谓不乏新见，引人入胜。这种对老舍跨语际跨文化书写的考察，自然地也就引出了人们对老舍文学史意义的重新思考和定位，即老舍的意义不只存在于中国现代文学史上，还同时存在于中国比较文学史和海外中国文学史上。可以说，张曼的博士论文在老舍研究新领地的开拓上，所表现出的创新意识是非常强烈的。其余像续静的《英语世界的老舍研究》、李春雨的《老舍创作在俄罗斯》对海外老舍研究的研究，其成果在老舍研究中也颇具有拓荒的性质。

在老舍研究丰厚的成果中，老舍研究的博士论文无疑是其中的一个重要部分。以上我们虽然只是撷取其中的几篇做出述评，但由此可以见出，较多的博士论文都表现出良好的创新意识，并有着自身的创新之处。这些较具创新性的成果不仅丰富和发展着老舍研究，同时也对老舍研究进行了新的开拓和推进。因此，在老舍研究史上，我们不应忽视它们所留下的浓墨重彩的一笔。

三

新时期以来，老舍研究取得了长足发展，与其研究视角和研究方法的更新是分不开的。这一时期，老舍研究中长期封闭的社会政治学视角被打破，取而代之的是文化学视角、比较文学视角、性别理论视角、宗教学视角和叙事学视角等，在研究方法上则是社会学、人类学、心理学、比较等方法的广泛采用，由此，老舍研究在视角和方法上进入了一个多元化的时代。老舍研究中的这一新的趋向在其博士论文上有着非常广泛的反映，博士论文在其具体的研究中，对于研究视角的选择和研究方法的运用都有着颇为自觉的意识。

在前面对博士论文选题的介绍和分析中，我们不难看出文化学和比较文学视角在其中的广泛采用，但这并不意味着其他研究视角的被遮蔽。比如刘永莉的《老舍小说研究》[①]在综合性地对老舍小说创作丰富个性内涵的研究中，就努力摆脱对文化的单一的历史价值取向的思维方式，而是从文化价值的多重范畴中，采用历史的、文化的、伦理的、审美的和艺术的多维角度。而在研究方法上，也是充分汲取了人类学、社会学、心理学和精神分析学等批评方法。于昊燕的《蜕与飞翔：老舍童年生活样貌与作品中的贫穷世界》[②]采取的则是文学社会学的理论视角，在文本细读的基础上，综合运用了文化哲学批评、历史批评、知识考古学等方法，对老舍的童年样貌与老舍作品中的贫穷世界进行价值分析和美学社会学的评价。以上个例，实际上均能反映出博士论文在研究视角和方法上所具有的一种总体上的多元化倾向。

老舍研究在新时期获得重大发展是有目共睹的事实，但高潮之下必有低谷的来临，近年来老舍研究出现瓶颈，走向沉寂也是老舍研究界的共识，其中视角单一、论题重复和成果僵化是比较广泛的现象，如何在新形势下形成老舍研究的再次突破，已成为老舍研究界共同关注的问题。有研究者已经注意到，研究视角的长期相对单一已经成为研究在整体上难有重大突破的一个主要原因，认为新时期以来较为成熟的老舍研究成果，大多是在大文化视角下对老舍进行剖析和诠释，但要警惕视角和方法在成熟的同时也潜藏着研究单一化的危险，由此呼唤在老舍研究上“开掘新视角刻不容缓”，主张采用多维视角的研究。[③]对此，一些博士论文因新的研究视角的运用而出现的创新性成果，对我们就具有不无启示的作用。

张炜炜的《老舍与语文教育》[④]通过“老舍与语文教育”的联系，以一种新的视角分析了老舍及其文学作品进入语文教育视野的深层动因，并探讨了老舍文学作品在语文教育经典化的过程中所显现出的时代价值、文化取向及与同时代的教育机制之间的契合、摩擦和“共谋”的关系。论文选取进入中小学语文教育视野中的老舍作品，分别考察了建国前、建国后和新时期三个阶段语文教材中的作品，考索教材对老舍作品的解读、分析情况，由此探究出不同时期老舍作品的篇目选录的变化情况及两者之间存在的制约与被制约的关系。这篇论文同样离不开对老舍作品的研究，但因将作品研究置于语文教育视野中，这就打破了对老舍文本解读的封闭空间，其研究成果实质上为我们提供了一部中小学语文教育中老舍作品的接受史。可谓视角独特，成果新颖。于昊燕的《蜕与飞翔：老舍童年生活样貌与作品中的贫穷世界》采取的虽然是社会学的理论视角，不仅“复原”了老舍的童年生活样貌，同时还对“贫穷”这一社会问题进行了深入的探讨，由此展示出两者在老舍作品中的关系。这样在实际的研究过程中，文学研究与社会学研究就彼此交叉渗透，在某种意义上实现了文学理论与社会学理论、美学与社会学的对话。这一思维路径当然也颇有启迪

---

①刘永莉：《老舍小说研究》，山东大学博士论文，2004年。

②于昊燕：《蜕与飞翔：老舍童年生活样貌与作品中的贫穷世界》，河南大学博士论文，2008年。

③吴小美、古世仓：《对近10年老舍研究的反思》，《北京社会科学》2003年第3期。

④张炜炜：《老舍与语文教育》，山东师范大学博士论文，2006年。

性。续静的《英语世界的老舍研究》和李春雨的《老舍创作在俄罗斯》在选题上就已经昭示出海外老舍研究视角的引入。他们各自在对海外老舍研究历史和现状的梳理中，在输入、评价成果的同时，对其独特的研究视角和方法也颇为关注，从而对国内老舍研究界进行了反馈。正如有学者所呼吁的：文学研究在关注“本土”的同时，也不应忽视“境外”。[①] 在此意义上说，海外老舍研究视角的引入对于补益和启迪国内老舍研究也就有着不可或缺的意义。

结语

为了论述的方便，本文从论文选题、成果创新和研究视角及方法三个方面回顾和总结了30年来老舍研究博士论文的情况和特点，但作为整体来看，这三个方面实际上是彼此交叉、渗透着的。就研究成果的创新来说，原创性选题为成果创新提供了良好的前提，而研究视角和方法的新颖也利于形成老舍研究的新突破和新观点，三者紧密联系，共同促成了这些博士论文在整体上对老舍研究的贡献。它们一方面以其坚实的研究成果丰富和发展了老舍研究，另方面又在一定层次上开辟了老舍研究的新领域，为继续推进这些领域的研究打下了基础。应该看到，这一贡献既是给予老舍研究的，同时也对中国现当代文学学科建设有着不可忽视的作用。我们知道，文学史归根结底是由作家和作品所建构的历史，因此老舍研究博士论文所形成的一系列创新性成果就为文学史写作提供了新的材料和积累，这显然是富有学科建设意义的。新世纪以来，关于老舍研究的综述文章时常出现，在展示老舍研究成果中却不同程度地对老舍研究博士论文这一重要的资源有所忽视。在这里，我们对30年来老舍研究博士论文的梳理，既意在展现其特点和成绩，同时也是为老舍研究的未来发展提供一种必不可少的参照，便于老舍研究在已有基础上继续前进和深入。

附录：老舍研究博士论文篇目(排序依次为序号、论文年份、作者和论文题目)

1.1995年　汤晨光　《老舍与现代中国》

2.1996年　严爱璟　《老舍的〈正红旗下〉与八旗生活》

3.1999年　成梅　《老舍小说创作比较研究》

4.1999年　孙洁　《世纪彷徨：老舍论》

5.2001年　[韩]金璟硕　《老舍小说的文化意识研究》

6.2002年　崔明芬　《老舍·满汉文化之桥》

7.2004年　古世仓　《老舍与中国革命》

8.2004年　刘永莉　《老舍小说研究》

9.2004年　陈军　《论老舍与北京人艺的互动关系》

10.2005年　冯健飞　《老舍叙事作品悲剧品格研究》

11.2005年　傅光明　《老舍之死与口述历史》

12.2006年　[韩]李在珉　《老舍与张恨水的北京叙述和想象》

13.2006年　张炜炜　《老舍与语文教育》

---

①黄万华：《越界和整合：中国现当代文学应有的文学史视野》，《扬子江评论》2008年第6期。

14.2007 年　符传丰　《老舍短篇小说论》

15.2008 年　于昊燕　《蜕与飞翔:老舍童年生活样貌与作品中的贫穷世界》

16.2008 年　王俊虎　《梦想在泥泞中放飞:自由·自觉·自卑·自毁——老舍与曹禺比较研究》

17.2009 年　李刚　《老舍的文化心态与其话剧创作》

18.2009 年　夏天　《"阐释运作"延展理论框架下的老舍小说英译研究》

19.2009 年　吴眩絓　《老舍作品礼貌语言研究》

20.2012 年　续静　《英语世界的老舍研究》

21.2012 年　魏巍　《少数民族视野下的沈从文与老舍比较研究》

22.2012 年　张曼　《文化主体意识与文学关系个性化特征——论老舍的跨语际跨文化书写》

23.2012 年　[塞尔维亚]Anka Lazarevic　《老舍与伊沃·安得里奇:两位文学经典作家的类比研究》

24.2013 年　鲁伟　《老舍作品翻译的文学再现与权力运作》

25.2015 年　李春雨　《老舍创作在俄罗斯》

(作者单位:池州学院文学与传媒学院)

馆舍小天地，教育大舞台

——老舍纪念馆的博物馆教育工作

◎尉苗

老舍先生不仅是享誉世界的文学家，是创作了诸多脍炙人口的传世作品的人民艺术家，也是一位身体力行的教育家。他从事教育 30 年，当过小学校长，教过中学课程，当过大学教授，还是我国开展对外汉语教育的先驱。老舍先生作品中也常见关于知识教育、家庭教育的经典片段，给我们留下了丰富的教育遗产。本文围绕博物馆的教育功能，以老舍纪念馆近年来的实际工作为例，试探讨博物馆教育工作的开展与实施。

一、教育为先——博物馆定义的新变化

无论以前人们曾有过多么辉煌的文明，都无一例外地将被历史的烟尘所湮没，人类在不断地创造着文明，文明却无法永生——这是永恒的法则。但是，我们仍然可以通过某个途径去追寻逝去文明的踪迹，这个途径就是博物馆。

"博物馆"一词，源于希腊文缪斯神庙（mouseion）一词，原意为"祭祀缪斯的地方"。缪斯是希腊神话中掌管科学与艺术的九位女神的通称，她们分别掌管着历史、天文、史诗、情诗、抒情诗、悲剧、喜剧、圣歌和舞蹈，代表着当时希腊人文活动的全部。随着社会的发展，博物馆的定义和职能也在不断地变化发展。

成立于 1946 年的国际博物馆学会（ICOM，以下简称国际博协）屡次对博物馆的定义做出修订，最近一次是 2007 年的 8 月 24 日，修订后的定义是："博物馆是一个为社会及其发展服务的、向公众开放的非营利性常设机构，为教育、研究、欣赏的目的征集、保护、研究、传播并展出人类及人类环境的物质及非物质遗产。"

较之以前的定义，2007 年的定义将"教育"调整到博物馆业务目的首位，取代了多年来将"研究"置于首位的认识。看起来这只是表述语序的调整，实际上反映了国际博物馆界近年来对博物馆社会责任的强调，反映了对博物馆社会效益的关注，也反映了博物馆在工作态度上更采取外向的选择。同时，定义在表述时，是将"教育"作为"征集、保护、研究、传播、展出"等项博物馆基本业务的共同目的，也就是说，博物馆各项业务活动都应贯彻"教

育”的目的，不应将本职业务的内容作为自己的工作目的。[①]

二、终身教育——博物馆教育的终极目标

博物馆教育现象大约出现在19世纪。19世纪中叶，有的博物馆专门开辟陈列室有目的有组织地陈列藏品，有计划地对观众施以影响，于是开始出现了博物馆教育现象。1873年，英国皇家艺术学会明确提出“使所有的公共博物馆，皆具有教育及科学的目标”。1880年，美国博物馆学者鲁金斯著《博物馆之功能》明确提出博物馆应成为一般人的教育场所的观点。20世纪上半叶的50年间爆发了两次世界大战，宣扬民族主义、爱国主义成为这一时代思想教育的主题。第二次世界大战后，科学技术的发展进入新的时代，科学的普及又是科学昌盛的基础，因此当代各国都十分重视科普教育。20世纪80年代末，世界上科技博物馆已达4000座左右，其中60%以上成立于50年代以后。许多科技博物馆实际上已经成为本领域科普的中心[②]。

20世纪60年代以来，终身教育的概念已为人们普遍接受。终身教育思想起源于成人教育的发展。回归教育、成人教育、终身教育不断兴起，博物馆作为社会教育场所，发挥着重要作用。[③] 博物馆教育功能的强化，使得博物馆由被动变主动，静态变动态，打破馆舍天地的局限走向大千世界。

近些年来，随着越来越多的博物馆的免费开放，博物馆教育功能显得更为突出，老舍纪念馆就是众多免费开放的博物馆之一。

三、老舍纪念馆的博物馆教育工作

博物馆以其深厚的文化底蕴和历史积淀吸引着越来越多的学生走进博物馆，一方面，更大的资源优势与生动的教育方式使得博物馆教育的魅力与日俱增。随着博物馆门槛的降低，尤其是大量免费开放博物馆的出现，使得当今的博物馆更加开放，与社会发展的关系也更加密切。随之，博物馆教育与社会的联系也不断加强，博物馆逐步成为学生的第二课堂、成人的终身教育场所。而博物馆教育与学校教育、家庭教育以及其他社会教育一起，正在形成国家的大教育系统。[④]

（一）馆校合作——课堂教育的延伸

博物馆有着更为丰富的资源，通过环境氛围、实物展品使学习变得更为立体、直观、生动，达到更好的学习效果；教育形式寓教于乐，更为自由多样，侧重于体验和实践，引导学生更为积极主动地探索和思考。同时，学习不仅仅是知识的灌输，更是人格和优秀品质的塑造。博物馆正是进行知识教育与素质教育，弘扬民族传统文化，凝聚民族向心力的好场所。

---

①宋向光：《国际博协“博物馆”定义调整的解读》，《中国文物报》2009年3月20日第6版；郭骥：《试析国际博协对“博物馆”新的标准定义》，《中国文物报》2010年4月7日第6版。

②孙婉姝：《博物馆教育功能理念的新探索》，《沧桑》2009年第1期。

③苏东海：《博物馆演变史纲》，《中国博物馆》1988年第1期。

④刘晓霞：《博物馆是“终身教育”的最好场所——谈博物馆教育的特征及优势》，《中州今古》2004年Z1期。

2014年,"老舍和我"环境剧演出作为纪念老舍诞辰115周年系列文化活动之一,在老舍纪念馆内举办。该剧全部由中央戏剧学院学生独立完成,剧本将老舍作品《我这一辈子》和老舍本人的生平融合在一起,以老舍故居为场景道具,把观众也融合进剧情,成为情景剧中的一个角色。剧情和环境彼此交融,观众与演员互为依托,仿佛和剧中人一起回到老舍笔下的那个年代,共同经历了他们的喜怒哀乐,观剧体验十分新鲜独特。这也是第一次由在校学生走进博物馆进行的正式环境剧演出。

老舍纪念馆是东城区蓝天工程的第一批试点资源单位,北京市中小学生社会大课堂活动成为主要的资源单位。从蓝天工程到社会大课堂,我馆坚持推出的一项重点课程是"丹柿小院的语文课"。该课程通过在老舍故居进行现场教学,使中小学生在课堂教学的基础上加深对老舍和老舍作品的了解,培养学生阅读和写作的兴趣与能力。在近几年中,我馆特别邀请老舍长女舒济馆长为中小学生现场授课多次,派具有专业职称的业务研究人员为中小学生现场授课多次。课程流程主要包括:预约、现场教学、参观、答疑、交流、观后感或总结等。

多年来,老舍纪念馆仍坚持与学校社区等进行密切合作,先后与白家庄小学合作进行社会实践活动,举办讲座、征文等,与方家胡同小学联合举办队日主题活动、开学仪式等,与西四北四条小学联合举办庆六一社会大课堂主题嘉年华活动。同时在传统节日推出各种活动,邀请家长、老师和同学们参加,与学校教育实现有效对接,营造了良好的教育氛围。

我馆常年为青年志愿者提供志愿讲解的机会。近年来,来自21世纪国际学校、北京四中、中央财经大学、北京邮电大学、首都经济贸易大学、对外经济贸易大学等校的同学们每逢寒暑假和其他节假日,都会利用老舍纪念馆这个大课堂进行志愿活动,通过馆里的培训,他们或为观众提供讲解,或协助接待观众,态度热情大方,服务周到细致,充分展现了当代学生的精神风貌,也成为我馆开展社会大课堂活动中的一个重要内容。

(二)走进社区——博物馆就在你身边

我们处在一个瞬息万变的时代,科学技术的日新月异,在这个不断变动的世界上,没有什么知识可以终生受用,因此,不论在什么年龄段都需要不断学习。1965年12月,法国教育家保罗·郎格朗在巴黎召开的联合国教科文组织成人教育推进国际委员会会议上,首次提出终身教育论。他认为,几百年来,把人的一生机械地划分为学习期与工作期,把少年、青年期用于学习,把成人期用于劳动、工作,是不合理的,也是没有科学根据的。教育应该是从摇篮到坟墓、从生到死不断学习的进程。[①]

博物馆是终身教育体系中非常重要的组成部分,是促进全社会学习的基础设施之一。博物馆不只是静态的,还应是动态的,博物馆的教育功能也应该是终身的而不是一次性的。当博物馆的重心由"物"转为"人",更为关注人的需求、以为公众服务为中心,广泛地与社区以及其他机构展开合作,为人们的终身教育服务,而这些做法也为博物馆开辟了新的工作思路和新的工作亮点。

就老舍纪念馆来说,纪念馆是在故居基础上建成的,只有300多平方米,如果仅仅依

---

①周初:《终生教育在日本》,《日本问题》1985年第4期。

靠这些条件，文化活动的开展和影响力则非常有限。我们开始通过让展览走出去来弥补现有条件的不足，以获得最大的社会效益和影响。

在形式上，与同是文化事业和文化产业的机构、单位、团体联合起来，共同打造一些优质特色项目，如在北京市文联召开了“纪念老舍先生诞辰 113 周年大会”；与社会演出机构举办“话剧作品欣赏周”；在天坛街道金鱼池社区（龙须沟原址）建立老舍纪念馆分馆等等。特别是老舍纪念馆分馆建立后，社区居民们经常利用闲暇之余，扶老携幼来到分馆参观。一些老人边看边向下一代讲述着龙须沟与老舍先生的不解之缘和金鱼池的变迁。金鱼池社区剧团也把老舍纪念馆金鱼池分馆作为排练的场地，一边排练一边在展览中寻找创作灵感。与杜莎夫人蜡像馆合作推出老舍蜡像，作为北京代表人物之一在前门杜莎夫人蜡像馆进行展出等。

同时，多年来我们通过巡展的方式把展览送到祖国各地和各个社区，《走进老舍的世界》巡展与各地老舍故居、北京市曲剧团配合，汇聚多方力量，先后在重庆北碚与山东济南、青岛举办，让更多的市民以更加丰富的形式走近老舍先生。

在内容上，挖掘本馆潜力，将建馆以来未能向社会展示的馆藏珍品整理打包，利用首都博物馆、沈阳故宫、江苏泰州梅兰芳纪念馆、曲阜美术馆等单位的场地优势举办展览，引起了巨大轰动。同时，与学校、外地有条件的单位合作，进行全国巡展，克服了场地狭小，无法办展的困难。

（三）网络课堂——新媒体时代的博物馆

信息化革命把我们推到一个全新的时代当中，伴随着数字信息技术的发展和互联网的普及，传播渠道多样化、博物馆信息化的进程已日益发展起来，“数字博物馆”迅速流行起来。数字博物馆，采用国际互联网与机构内部信息网信息构架，将传统博物馆的业务工作与计算机网络上的活动紧密结合起来，构筑博物馆大环境所需要的信息传播交换的桥梁，使实体博物馆的职能得以充分实现。它突破了空间和时间的藩篱，能在更广袤的范围、任何时间、任何地点上网参观，使得观众可以很便捷地查找感兴趣的博物馆、了解博物馆的动态，为实地参观做好准备，通过网络留言板、电子邮箱等方式增强与观众的互动与交流。

面对新时代信息社会快节奏的宣传需求，我馆大力开拓新途径，充分利用新平台，多方下手，切实做好科普研究工作。

2014 年老舍纪念馆推出以馆内无线网络为基础，全馆藏品三维数字化、建设 3D 展馆为目标，配合微信官方客户端进行自助图文导览的馆内信息化工程。目前微信客户端已经初步建设完成，其他两项仍在逐步推进中。此项目完成后，有利于向馆内观众提供更好的参观体验和互动平台，并且有利于我馆藏品的保护和利用，同时对我馆面积小、展线短的情况进行改善。

微博网站：2014 年，老舍纪念馆微博共发布新春活动、文化遗产日宣传两个专题项目，组织“在老舍故居”征文及文章选登项目一次，粉丝增加 300 余人。网站与微博同步发布活动信息，及时回复观众疑问与咨询。

微信：老舍纪念馆官方微信公众号于 9 月起进行申请、设计与功能洽谈，10 月中正式完成上线，涵盖了观众咨询、馆内简介、老舍照片等 14 个子功能。目前关注人数逐日上升，好评不断。

综上，近些年来，我们围绕国家文化事业的总体发展方向，紧密结合老舍纪念馆实际情况，开展了丰富多样的博物馆教育实践活动，也逐渐摸索出一套适应自身、服务社会的教育工作经验。今后，我们将继续认真学习总结，下大力气开展更多寓教于乐、服务多层次对象的教育实践活动，在传播文化、传承文明方面多做贡献，以此向老舍先生致敬！

（作者单位：北京老舍纪念馆）

小工作，大作为
——浅析老舍纪念馆十年来媒体报道的收集工作

◎郑小惠

作为老舍纪念馆的一名业务人员，在工作之外的生活中，不自觉地就会关注起老舍先生的相关报道。比如我有每天读《北京晚报》的习惯，久而久之，就发现一年当中老舍先生各方面的报道不时见诸报端。相较于其他作家，我感觉老舍先生的报道数量是最多的，涉及的内容范围也很广泛。我从中真切感受到了老舍先生在北京城中巨大的影响力，看到这么多人热爱老舍先生，无形中增加了我对这份工作的喜爱和动力，也初步感受到搜集媒体报道工作的作用。

这个时候，我还没有把专门去搜集老舍先生的报道作为正式工作，只是一种个人行为。但是，随着馆里的发展，业务活动的增加，收集媒体信息的工作逐渐开展起来。一开始主要是有针对性地搜罗媒体对我馆的报道，逐渐扩展到涉及馆里、老舍先生的各方面的信息。这项工作我们是 2005 年开始做的，起初搜罗的是出席活动的媒体这个固定范围的内容，是一种被动的接受，到后来主动搜寻国内外的报道，媒介也从单一的纸质媒体，扩展到广播、视频、网络资源等。随着一年一年的累积，内容的丰富，媒体报道这项工作的作用越发凸显出来。我想从这方面做一些浅显的分析。

老舍纪念馆的报道收集工作已经做了十年，相较于其他馆和研究机构，可能是微乎其微的，但纵观十年的媒体报道，它仍是我馆收集一笔宝贵的财富，有着它不可忽视的作用。悉数我馆的报道内容，我将它们大致分成三类。

一、老舍纪念馆工作的相关报道

这部分报道主要是针对我馆的各方面工作进行的报道，既包括博物馆专业工作中的藏品、陈列、社教内容，也涵盖博物馆管理方面的事情。让我们具体看一下：

藏品方面：这方面的报道涉及藏品的征集管理，比如 2005 年“胡絜青 67 幅画作入藏老舍纪念馆”，2006 年“陈香墨宝首现老舍纪念馆——胡絜青收藏名人书信手迹展示及捐献仪式举行”，这些征集来的珍贵藏品丰富了我馆的馆藏。还包括我馆藏品借给外馆展出，支持外馆的展览展示，增强馆际交流。像 2014 年“不尽丹心——蒋兆和诞辰 110 周年纪念特展”在国家博物馆开幕，我馆出借藏画蒋兆和画《老舍像》，2015 中国美术馆举办《老舍、胡絜青藏画展》,我馆提供藏画。把藏品借出馆外,能够让更多观众领略到藏品的魅力,也在一定程度上对我馆起到了宣传作用,增进了馆际交流与合作。

陈列展览方面:陈列是博物馆工作人员与博物馆观众之间进行交流的方法与途径,是博物馆传递信息的最富有特色的媒介。博物馆有长期展出、比较稳定的陈列,也有短期展出、经常更换的陈列。这方面的报道以动态的实时的短期展览为主,主要涉及展览内容和举办信息,以及举办成果[①]。每项展览的举办都有自己特殊的意义,比如:

2005年《人民日报》刊载"《为抗战尽全力——老舍》展览演出举行",以纪念抗日战争胜利六十周年和老舍受难三十九周年;我馆寻求共同办展,资源互补,2012年举办了"纪念老舍诞辰书画图片共展",以纪念老舍先生诞辰113周年推出的由北京市文学艺术界联合会、北京老舍文艺基金会、北京作家协会、老舍纪念馆共同举办"老舍与北京精神"系列活动;同年"老舍夫妇书画开展",这是为纪念老舍先生46周年祭日,在北京市文物局的支持下,我馆与首都博物馆共同在首都博物馆举办"老舍胡絜青伉俪暨馆藏名人书画展"。还有我馆和北京地区其他名人纪念馆深化协作、发挥群体优势推出的系列教育活动,如"关于'文化名人进校园'在北大拉开帷幕",2009年"'文化名人与新中国'再现历史——京甬两地博物馆、纪念馆合作办展"。京城名人故居纪念馆联手举办文化活动开创了优势互补的合作伙伴关系的新模式。除了在馆内进行展览,我们还积极寻求、参与外展,如:2015年我馆赴济南和赤峰举办了馆藏书画展,报道有:《风霜染岁月妙手绘丹青——老舍纪念馆珍藏书画展震撼亮相赤峰美术馆》等。以此次展览为契机,加强了北京和济南、北京和赤峰两地文化界的沟通与交流,把文化的影响力和作用发挥到最大化。

博物馆教育与服务工作:群众教育与服务是博物馆的主要社会职能之一。它包括许多方面,主要是为广大观众提高思想品德和文化素养服务,为在校学生的校外教育服务,为成人终身教育服务,为科学研究服务和为旅游观光和文化休闲服务。在现代博物馆工作中,观众(人)是主要服务对象。现代博物馆的工作重心正在由"以物(藏品)为本"向"以人(教育、社会责任)为本"转变。作为一个有实物藏品依托的信息集散地,现代博物馆不仅应关注自身正在传播什么信息,更应重视观众对信息的感受——教育效果。为此,博物馆必须有更多的社会责任感,必须考虑主要参观对象的兴趣爱好、知识水准、心理和生理承受能力、信息接受能力和反馈方式、审美情趣,甚至必须紧跟社会和媒体热点问题和预测社会流行时尚[②]。这同样是我所在的老舍馆所必须肩负起来的责任,我馆在社教方面也着实做了许多工作。从媒体报道中,看看我们馆这些年都做了哪些事情。

2005年,"老舍杯"FLASH创作开赛,"把老舍的北京FLASH一下——本报和市文物局联手征集北京风味动漫",这次活动是为迎接5月18日"国际博物馆日"的到来,由北京市文物局和北京晚报联合举办的比赛,大赛以"老舍笔下的北京"或"老舍笔下的人和事"为主题,利用FLASH这一表现手段,发动社会各界和网络爱好者,在阅读老舍作品的基础上,动手设计创作有浓厚京味的FLASH动画作品,宣传展示北京丰厚文化的风采。我馆配合所在辖区活动,如东城开展"百年人物志"寻访:这项活动是为了纪念抗战胜利60周年、长征胜利70周年和"一二·九"运动70周年,在东城区委宣传部的领导下,东城区团委

---

①王宏钧主编:《中国博物馆学基础》,上海古籍出版社2001年版,第246页。

②王宏钧主编:《中国博物馆学基础》,上海古籍出版社2001年版,第335页。

在全区范围内开展的活动，由一支少先队员组成的“东城百年人物志”寻访小队，手持摄影器材，怀抱寻访笔记，兴致勃勃地参观老舍纪念馆，听取老舍先生的长女舒济先生的精彩讲解和深情追忆。“42场精选讲座全部免费”，是指2005年由北京市社会科学界联合会和北京晚报联合主办的“2005·北京社会科学普及周”举行的42场免费精选讲座，其中就包括舒济先生讲老舍先生的文学创作，旨在提高中小学生德育水平，丰富中小学生课余生活，减轻他们的课业负担的东城“蓝天工程”活动，我馆成为其资源单位，2006年《语文课搬进老舍纪念馆——东城区蓝天工程实施一年，53%的学生课外活动时间增加一个多小时》展示了我馆“蓝天工程”接待的效果。现代博物馆的特点之一，就是博物馆拥有自己的志愿者，并开展博物馆志愿者活动，这方面也有相关报道《2008年百名青年志愿者成为八大名人故居讲解员》。节庆文化和民俗展示方面，我馆也做了很多事情：“清明怀古——文化名人故居升温，八大故居从4月1日起举办系列文化活动”，从2008年清明节开始，八家名人故居纪念馆与中共北京市委宣传部、北京市文物局等共同举办“清明时节缅怀名人走进故居”系列文化活动，推出各具特色的纪念活动。还有，作品的首发式也搬到故居中举行：“2009年《骆驼祥子》手稿本首发，2010年田沁鑫版《四世同堂》纸上观，即新书《田沁鑫的排练场之四世同堂》发布会在故居举行”，这些活动的举行丰富了我馆活动的外延，而且能够借此机会近距离地接触到知名作家和艺人。我馆每年还会以多种形式来纪念老舍先生的诞辰：“2009年吆喝大王再现老舍作品中叫卖声——纪念老舍先生诞辰110周年”，女叫卖大王张桂兰和4位同行在现场表演，将老舍作品中曾出现过的叫卖片段依次展示，唤起了嘉宾们年轻时的回忆。2013年，为纪念老舍先生逝世47周年，我馆举行了“中小学生吟诵经典名篇纪念老舍”活动：当天东城区方家胡同小学、和平里一小等全市中小学的30名中小学生齐聚老舍故居，通过吟诵老舍先生作品的方式缅怀大师。此次是老舍纪念馆首次举办针对全市中小学生的老舍先生作品吟诵活动，当天参赛的30名孩子是从全市报名的100余名孩子中脱颖而出的，老舍先生的作品充满童趣和生活气息，孩子们都很喜欢阅读。2012年，我馆与天坛街道合作，在金鱼池社区里成立了老舍纪念馆的分馆：“社区开老舍纪念馆，居民出书‘说句心里话’——金鱼池居民庆回迁十周年”，纪念馆分四个部分，每个部分都有丰富的老照片、老物件，老舍先生创作的《龙须沟》手稿高仿真影印件也在这里展出。此外，天坛街道和北京日报报业集团联合举办了“和老舍先生说说心里话”作品征集活动，我当时也参与了征文，写作了《能和老舍先生“说话”的留言本》一文。

学校走进故居开展教育活动也是我馆社教活动的重要内容：从2012年开始，方家胡同小学的师生和老校长老舍先生多了一个约定，每年的清明节前夕，师生们都会前往老舍纪念馆看望老校长：“2012年方家胡同小学‘老校长，我们来看您了！’的教育活动举行”。以老舍作品作为演出品牌，以北京曲剧为演出形式向大众进行推广的驻馆演出启动：“‘丹柿小院’推出老舍剧目驻演”。

我馆也走进学校开展文化宣传活动：2015年清华附中上地分校“纪念老舍先生诞辰115周年暨‘感悟老舍走进北京’老舍与北京文化交流会”举行，老舍先生的大女儿舒济女士来到现场做报告，希望青少年能更好地传承中国文化。作为工会的资源单位之一，我馆为职工朋友送上参与内容：“工会为职工备下五一文化大餐——九大板块近百项活动总有一款适合您”，内有文博大视野板块，里面提到老舍纪念馆的参观活动。

另外,我馆内部职工也开展纪念和教育活动:“文艺界尽责的小卒,睡在这里”——2015 年 3 月 30 日上午,老舍纪念馆的全体工作人员和老舍长女舒济等亲属一起,来到八宝山东区的老舍胡絜青夫妇合葬墓园举行追思和悼念仪式。在这里,大家一起鞠躬致敬,一起深深地缅怀人民艺术家老舍先生。

博物馆的建设和管理:博物馆管理是多样性的系统工程,它包括人员、财务、安全保卫、规章制度、立法和法制管理等多个方面,它是博物馆正常运转的保证。

这部分内容的报道有:“2008 年北京地区首批 33 家免费向社会开放的博物馆名单昨日(23 日)正式公布,其中 29 家将从今日(24 日)起陆续接受电话预约”,我馆成为首批免费开放单位之一,并对此做了安全和制度上的保障。出于安全和发展的考虑,我馆进行馆内修缮,修缮后发布开放信息:“2010 年老舍纪念馆重新开放”,“2014 年老舍纪念馆添‘福’重张——舒乙先生写‘福’字挂影壁修缮遵照修旧如旧原则,屋内陈设按原样摆放,解决漏雨、积水等问题”。安全管理上,“2015 年元宵夜烟花‘爆’出重污染网友发出理智批评‘今天的烟花就是明天的雾霾’”里面提到:文物执法人员一路走一路看,共检查了拈花寺、老舍纪念馆等 8 家文保单位。这对我馆周边环境的安全敲响了警钟。

二、老舍先生的相关报道

刚刚看过的都是我所在的老舍纪念馆这些年来所做的工作。走出纪念馆,关于老舍先生方方面面的报道更是数不胜数,信息量很大。我总结了近十年来报道的内容,大致可以分为以下几个方面:

1.家人与老舍:包括老舍家人的动态、家人谈老舍、子女出书等信息。透过这些信息,可以帮助我们更加深入地多角度地了解老舍先生。

《了解老舍的 5 把钥匙——舒乙答北师大同学问》里面提到:老舍先生有五个不一样。第一,他是北京人;第二,是满族人;第三,他是穷人;第四,他先后有十年生活在国外;第五,他生于 1899 年,去世在 1966 年。这五个方面高度概括了老舍先生的特点,经常会被应用在我的讲解词中。

《老舍夫妇今天合葬——“文艺界尽职的小卒,睡在这里”》。2005 年 8 月 24 日,是人民艺术家、著名作家、杰出的语言大师老舍先生去世 39 周年纪念日。8 月 23 日上午,在北京八宝山国家公墓东区“地字行”十一座前,老舍的子女为老舍先生和夫人胡絜青举行了一个家庭式的遗骨入土并葬及陵墓落成仪式。

《人物纪事 · 老舍的平民生活,北京胡同里的风情与故事——舒乙》,通过介绍,可以了解到老舍先生日常生活中为人处世的故事。

《老舍诞辰 111 周年纪念专题——舒乙说老舍》,可以更加全面地认识老舍先生。

《骆驼祥子有了博物馆——舒乙》,以一部文学作品为主题的博物馆诞生了。

《名家儿女谈经典——2014 北京图书订货会昨开幕》:里面包括老舍家人回忆老舍以及作家刘震云对老舍的评价。

《周末书榜:《作家老舍》图文叙说大作家老舍一生“舒乙著”中国青年出版社》,介绍老舍先生的书籍给读者。

2.纪念老舍:包括社会上纪念老舍先生的活动,他人的纪念文章,趣事、故事,出版消息。

《大爱者——老舍先生逝世四十年祭》，祭悼老舍先生。

《一粟草堂，万卷书香》，里面提及许林邨先生给老舍先生立碑的来龙去脉。

《今天想起老舍——舒乙：父亲给新凤霞送糖瓜；顾威：人民的老舍等》，讲述老舍和“人艺”以及“人艺”演员之间的情谊。

《纪念老舍先生诞辰110周年大会举行》，2009年市文联举行了纪念老舍先生诞辰110周年大会，缅怀老舍先生关注民族命运、爱国爱民的崇高品格，学习弘扬老舍先生生命不息、创作不止的可贵精神。

《老舍雕塑人艺剧场揭幕——首都各界多形式纪念老舍110诞辰》，首都各界纷纷以座谈会、图片展、老舍作品讲座和老舍头像雕塑揭幕等丰富多彩的活动，纪念人民艺术家老舍先生110诞辰。

《老舍谈鲁迅》，北京鲁迅博物馆前馆长讲述老舍和鲁迅先生的渊源。

《北京三中良师胜过万卷书》，介绍了老舍先生曾经上过的北京三中的历史记忆。

《北京的符号——老舍与北京：高考满分作文》，2006年关于老舍的高考满分作文内容。

《艺魂——人艺建院60年(6)》，里面讲述老舍与“人艺”的故事。

《老舍年轻时酷爱打麻将，过度沉迷导致头发掉光》，讲述老舍先生的爱好。

《经典镜头：一代风流——照片中有老舍和梁思成、华罗庚、梅兰芳》，讲述照片背后的故事。

《曹雪芹和老舍都曾在这里驻足》，里面提到老舍在北京三中度过的中学时代。

《老舍当校长传播“真善美”》，讲述老舍担任方家胡同小学校长时，十分注重学生的品德和身心健康。

《当年推介老舍的文学广告》，讲述了郑振铎和叶圣陶两位文坛大家亲自为还默默无闻的舒庆春写广告。

3.老舍研究：从学术角度研究老舍先生的方方面面。

《被忽略的老舍——有童心的北京老头儿》，里面讲到如何认识老舍，我们对老舍的丰富性的认识不够。这些内容对我认识老舍先生有很大的启发。

4.老舍作品：涉及作品故事、评价、作品纪念、作品体裁等。

《同老舍谈〈骆驼祥子〉续集》，作者回忆老舍先生为写《骆驼祥子》续集做准备的一些活动片断。

《老舍艾支顿与〈金瓶梅〉》，讲述了来自北京的年轻讲师舒庆春正在伦敦大学东方学院教书，他和英国朋友翻译家艾支顿合租了一层楼，老舍帮助艾支顿完成了《金瓶梅》的翻译。

《〈四世同堂〉70周年钩沉之电视篇，导演林汝为累掉了17颗牙》纪念根据老舍巨著《四世同堂》改编的经典电视剧。

5.老舍作品演出：涉及演出信息，演出创新，演出推广，演出故事，演员信息，民间演出的发展，可以通过此类报道看到老舍作品改编的受欢迎程度。

《“文革”投湖自尽40周年，老舍魅力再现，改编作品电影香港今起放映》，老舍作品展演。

《葛优将出演老舍话剧〈西望长安〉》，大腕演员出演老舍作品。

《北京人艺 55 年后重排〈龙须沟〉》，人艺排演信息。

《看陈宝国想于是之》，电视剧《茶馆》主演陈宝国谈出演感受。

《纪念老舍诞辰 110 周年曲剧〈茶馆〉再演》，曲剧《茶馆》演出以纪念老舍先生。

《老瓶新酒〈龙须沟〉》，北京人艺重排的新版《龙须沟》在首都剧场进行 20 余场演出。

《李成儒押宝地道京味儿——〈龙须沟〉今晚露脸》，2009 年 6 月根据老舍先生经典话剧作品《龙须沟》改编的同名电视剧在京召开首播仪式，该剧导演兼主演李诚儒携剧组主创与媒体见面。

《话剧〈四世同堂〉赴台——纯京味迷倒台湾观众》，2010 年 10 月田沁鑫改编自老舍先生同名长篇小说的话剧《四世同堂》在台北正式开启了首演大幕，宣告这部不朽的鸿篇巨制在问世六十多年来终于首次以话剧的形式同观众见面。在两个多小时的演出中，座席上不时会响起掌声，该剧纯正的京味儿让现场的台湾观众如醉如痴。

《小学生将为社区演话剧〈茶馆〉》，这场演出是北京市朝阳区实验小学艺术社团的汇报演出。孩子们的表演很精彩，在舞台上的举手投足、拿腔拿调的台词都赢得现场观众的阵阵掌声。

《东城版〈茶馆〉国家大剧院上演》，2012 年 2 月，东城区黑芝麻胡同小学的教师们登上国家大剧院舞台，成功地演出了话剧《茶馆》。在排练过程中，学校首先请专家解读剧本，使大家了解时代背景，理解了剧中人物形象；进而观看人艺演出的录像，揣摩人物的语言和动作；请来人艺的专家给大家说戏、指导。参演的教师们利用大量的业余时间背台词、对戏，热情极高。

《北京市曲剧团成立老舍艺术剧院》，2014 年是老舍先生诞辰 115 周年，也是其创作生涯 90 周年，更是小说《四世同堂》创作 70 周年，为此，北京市曲剧团开启“老舍年”，从 1 月 13 日起在天桥剧场和海淀工人文化宫陆续上演《正红旗下》《骆驼祥子》和《四世同堂》三部曲剧大戏。除贯穿全年的演出外，北京市曲剧团还将注册成立老舍艺术剧院。

《居民排戏——指北京天坛街道金鱼池排练老舍〈龙须沟〉》，《龙须沟》居民排演的话剧《龙须沟》，人艺著名演员李滨作义务辅导。

《〈骆驼祥子〉祥子唱响男高音》，2014 年是老舍先生诞辰 115 周年，6 月 25 日至 28 日国家大剧院将以原创歌剧《骆驼祥子》的上演真诚致敬这位伟大的人民作家。

6.老舍奖项：涉及老舍散文奖、老舍文学奖和老舍青年戏剧文学奖等奖项的公布。

《200 人同庆〈北京文学〉60 年——第五届老舍散文奖评奖同时揭晓》，老舍散文奖是由北京市文联举办的老舍文学奖的奖项之一，由北京文学月刊社承办，第一届老舍散文奖 2002 年举办，以后每两年举办一届。

7.其他展览信息：

《老舍的孩子们将“传家宝”捐了：老舍画廊搬进中国美术馆》，2015 年在老舍诞辰 116 周年时，“人民的艺术家——老舍、胡絜青藏画展”在中国美术馆开幕。展览前，老舍、胡絜青的四位子女舒济、舒乙、舒雨、舒立将家中所存父母旧藏的多幅书画作品无偿捐赠给中国美术馆。

《展览华彩——郭沫若巴金茅盾老舍珍稀手稿展》，2015 年 4 月 23 日世界读书日来临之时，位于朝内大街166号的人民文学出版社读者服务部，在读书日当天推出中国现代作家珍稀手稿展，包括茅盾、郭沫若、巴金、老舍等众多名家的手迹。

8.老舍延伸：体现在民生方面的影响力。

《金鱼池居民家门口过节》，2010年4月18日，天坛街道金鱼池社区上千居民用自己独特的方式迎来了第七届“金鱼池社区节”，反映了老舍笔下《龙须沟》所在地金鱼池社区如今的面貌。

《小心，走进“火锅”里啦——体验地：北京前门大街的3D立体画展》，里面提到：《客官，我拉您一程》让人不禁想起老舍笔下的《骆驼祥子》。

9.故居动态和思考：包括异地老舍故居的发展，文学博物馆的思考，故居保护和胡同历史等。

《“百万祥子”筑起文学馆——傅光明》，里面介绍了中国文学博物馆的发展现状，提到了“骆驼祥子博物馆”是中国第一个以文学名著命名的文学博物馆。

《济南文物局400万买下老舍故居——上世纪三十年代老舍在此居住四年多》，2013年3月位于济南南新街58号的老舍故居被政府收购，成为保留下来的第五个老舍故居。

《老北京有哪些“羊地名”》，提到：老舍先生的出生地、新街口东边的小羊圈胡同的得名却与羊无关，而是缘于胡同出口狭小、胡同中间有个“葫芦肚”。借此了解到老舍先生出生地的情况。

三、其他相关报道

除去我馆工作报道和老舍相关报道，还有其他有利于促进馆里发展的相关报道内容，可以用来借鉴和参考。

1.博物馆服务：

《北京文物古迹将有声音标签——游客可用手机无线下载讲解信息》，2009年北京市文物局正式启动建立无线数字文物语音平台。该平台建成后，游客在游览北京古迹时，只需利用手机无线下载功能，就能听到北京文物古迹的相关介绍。

2.其他故居相关及思考：

《这个80后是个“故居迷”》，里面讲述了一位有心的普通观众对故居做出的贡献，他的“名人故居”网上线，里面50多个名人故居，不加一点儿后期制作，原汁原味，对保护历史、记录历史都是一种贡献。

《留得故居续薪火》，讲述了国外保护故居的办法和作者的思考，域外成熟的保护经验值得我们学习借鉴。

3.文物保护和博物馆发展和思考：

《免费博物馆我们该怎样参观》，里面提出了参观免费博物馆的一些注意事项。

《下午3点半，景点不让进了——市民建议特定时段公园、博物馆、文化场所能延长闭馆时间》，针对有些观众兴冲冲跑去参观景点，却在下午黄金时段吃了闭门羹的现象提出的建议。

《捐献一分钟语音让盲胞“看见”书＞，数亿微信用户每人捐献一分钟的读书语音，通过语音识别与大数据技术收集起来汇编在一起，就能为盲胞提供一本本有声的读物。这是一项针对盲人开展的公益服务。

4.北京文化：老舍是北京的符号，北京文化在老舍先生身上会有不同程度的体现，所以了解北京文化有助于更好地了解老舍先生。

《北京话有哪些道道儿》，介绍了北京话的历史和特点。

无论是哪类媒体的报道，已经收集的或没有收集到的报道，对我馆来说，都是一项资料保存的工作。所以，媒体报道最基本的作用就是留存资料，留住记忆，给后来人提供参考。

报道出来的具体内容，依我个人的体会，它还有其他一些作用。

1.报道中许多值得采纳的内容，能够直接帮助博物馆工作的改善和提高。比如：在历年活动中，特别是外展，我本人可能没有亲身参与，无法得到第一手的资料，通过报道能够及时了解到现场的具体情况以及照片，补充到活动档案中。

通过老舍家人对老舍先生的回忆，丰富了对老舍先生的认识，并将这些信息进行整理，补充进讲解词中，让观众认识一个更加立体全面的老舍。

《北京文物古迹将有声音标签——游客可用手机无线下载讲解信息》对我馆讲解服务的提升提供了好的方式方法。

2.丰富知识，充实自己。丰富对老舍先生的认识，另外是对博物馆工作开拓了视野。

通过家人、友人等对老舍先生为人、生活、写作等各方面的回忆，来丰富对老舍先生的认识，从而将这种认识变成自己的知识储备，日后可以投放到工作中，化作博物馆语言用不同方式展示给观众。一些老舍的小故事也折射出老舍光辉的人格，带给我榜样的力量，对自己是种提升。

很多报道介绍了国内外在博物馆工作、保护等方面的经验和优良的做法，值得学习和借鉴，像《留得故居续薪火》展示了国外保护故居的办法，引起博物馆人的思考。

3.在精神层面带给我更多推动力，对工作的热爱和投入增加了。

我从这些报道中看到那么多人发自内心地热爱着老舍先生，关心着老舍馆的发展、老舍艺术的传承，看到我馆这些年来做的实实在在的工作，社会上由老舍先生的"丰富性"所折射出的多方面的影响力，我为自己身为老舍馆的一员而感到骄傲。有那么多人喜爱老舍先生，我没有理由不做好这份工作，我要尽自己最大力量去满足观众朋友们多层次的需求。

老舍先生的大女儿舒济先生说："搜集媒体报道最主要、最重要是了解我馆在社会上的影响及其作用，反之就处在默默无闻的状态。还可从报道上了解许多馆不知道的事情与间接的影响，丰富馆藏，推动今后工作。"这为我馆进行媒体报道工作的目的找到了准确的定位。

媒体报道工作，是博物馆业务工作中很小的一个组成部分，但小工作，大作为，它对馆里的建设和发展有着积极而重要的作用，不容忽视。

（作者单位：北京老舍纪念馆）

第七届老舍国际学术研讨会综述

◎刘志华

抗战文学是现代文学中的光辉篇章，老舍是抗战文艺活动主要的组织者和重要的参与者。2015年10月30日至31日，"老舍与纪念世界反法西斯战争胜利70周年暨第七届老舍国际学术研讨会"，在抗战期间老舍曾经生活过的重庆北碚隆重召开。这次研讨会由中国老舍研究会、西南大学共同主办，西南大学文学院等单位承办，来自海内外的百余位专家学者围绕抗战与老舍文学创作这个总主题，展开了充分的学术对话与探讨。

一、老舍与抗战文学的地位问题

张中良认为，老舍与其他作家明显的不同是对正面和敌后战场的同等关注，坚持多文体尝试，是那个年代作家中最多产的一位，而且也是把两个战场一碗水端得最平的作家，体现了老舍对战争的民族性及全民族抗战意义的深刻理解与坚持。台湾学者吕正惠强调，老舍在抗战中民族身份向国民身份转换，国家第一位、党派第二位的思想是他创作的重要思想支撑，加上自由精神的灌注，所以始终表现出对国家和中华文化的高度认同，体现了老舍强烈的爱国精神和勇负国难的情怀。

关纪新指出，老舍的抗战观是老舍精神遗产非常重要的侧面，可以概括为迎击外虏，绝不迟疑；文人抗敌，笔即是枪；骨肉息兵，一致对外；国土至重，国家至上；顾全大局，认同国府；兄弟民族，多元竞发；国际角逐，善恶明判；文化启蒙，同步推开八个面向，与他的民族观彼此沟通，构成了老舍思想的丰富性，也由此确立起老舍在抗战文学中的重要地位。郝长海基于具体创作与影响程度，论证了老舍作为抗战文艺旗手的地位和贡献。

谢昭新认为，老舍抗战期间的散文把对家庭的眷恋与护卫，国家至上的情怀和民族复兴的梦想糅合，扩展了现代散文的内涵，也提升了现代散文的思想高度。逄增玉通过对老舍抗战文学中汉奸形象的历史与文化解析，认为官本位和洋奴意识是汉奸的"共相"，具体到每个人物，又各有其历史的、文化的、社会的、家庭的、个人的"殊相"和成因，假如缺失了老舍对汉奸人物的描写，中国抗战文学在文学史和思想史上的意义就会大打折扣。李文平从战时文学如何构建现代民族国家意识的角度，探讨了老舍民族国家意识的定型过程以及所体现的时代意义。张武军通过《中央日报》副刊与抗战文学发生之间的关联，分析了老舍对抗战文艺所起的推动作用。卢军则从文协的《会务报告》着手，还原老舍对抗战文艺的组织领导，呈现了老舍在抗战文艺活动中所起的主导性贡献。史宁把1945年作为时间节点，通过一系列社会事件对老舍的影响，还原了老舍在重庆的战时生活状况与复杂而矛盾的创作心态。梅琳考察了1939年《残雾》的写作、演出情况，勾勒出战时文艺大环境对老舍戏剧创作的影响与接受，展示了老舍创作的时代价值。高云球认为，老舍的抗战文学创作体现了他满族身份与儒家文化、国家至上信仰与多维民族认同的交融，作为文化记忆与精神信仰的求索者，老舍的创作具有文化符码的特性。梅启波从时代性、民族性、人民性层面论述了老舍在抗战期间文艺思想和创作的人民性转变。刘志华重点从文化、文学和战争的生命体验入手，阐释了老舍抗战期间创作调整、转向的轨迹与机缘，及对他创作的后续影响和文学史意义。

这些讨论，把老舍抗战期间的文学活动重新放回文学与时代现场，通过对文学史的勾勒和时代思想状况的分析，就文学与抗战、作家与时代的关系，对老舍抗战期间的创作状况、作品的思想价值以及文学史意义进行了整体论述，多层面论证了老舍在抗战阶段文学中不可或缺的重要地位与突出的历史贡献。

二、抗战期间老舍的文艺思想探讨

抗战期间是老舍文学风格调整与思想转变的一个重要阶段。石兴泽认为，老舍在抗战中是浴火重生，促成了老舍创作思想的丰富，一直影响到他后来的创作。许德注意到老舍有把通俗文艺和新文艺合流的期待，所以抗战也是老舍文艺思想非常重要的一个发展阶段。

老舍早期创作存在通俗一面，但多体现在语言的运用与叙事的简洁方面，进入抗战后，老舍根据战争对文艺的要求和对文艺功能的理解，对文艺的通俗性有了全新的认识。抗战期间，老舍一边创作一边进行通俗文艺的理论探讨，在作品呈现上也与同时代的作家有着较大差异。王本朝强调，老舍抗战期间的文艺理想与现实需求之间存在矛盾，主体认知和时代诉求的双向力量使老舍在戏剧创作上呈现出身体力行的不断试验与力不从心的纠结，认为老舍介入戏剧创作有特定历史时期的社会影响及对戏剧理性认知的必然性，但更多来自老舍个人抗战戏剧观的偶然性，而老舍的小说创作经验对戏剧创作构成了一定程度的干扰，自身因素和客观环境制约，导致老舍在戏剧创作及认知上呈现出亢奋与失落、困惑与矛盾，焦虑与痛苦等复杂心态。沈后庆从入世与讽喻的角度，探讨了老舍的抗战喜剧所体现的喜剧精神，认为老舍的喜剧精神源于他积极的入世精神，以及对现实不满的讽喻，并借此观照了当下喜剧创作中的种种局限。

孟庆澍探讨了老舍文本中的“个人主义”，认为老舍的“个人主义”主要体现为个人奋斗，由个人奋斗而来的精神气质以及与宗教(基督教)的关联三个方面。王中从北京人、北京话、北京事三方面对三代京味小说及观念加以比较，分析了各自的优长与局限，尤其是老舍在京味小说中的创造。汤哲声基于老舍与张恨水创作观念及具体作品的比较，认为二人堪称中国抗战小说创作的双璧，不同的是老舍多名人作风，多刻画汉奸形象，而张恨水多“报纸”作风，注重文学的趣味启蒙作用，喜刻画英雄人物。胡安定通过对老舍与《论语》杂志关系的考辨，发现老舍的幽默形象具有媒体的刻意标举意味，杂志为区别与旧派文学的趣味，而采用“幽默”，而非“滑稽”“诙谐”的标签来指称老舍的风格，由此而形成一种公论。

关于老舍作品中的现代意识，魏韶华认为重点体现在老舍思想中的现代人学意识，强调老舍的人学观念是对“人性善恶论”的超越，是基于现实主义和现代主义相融合的现代“小说人学”思想，老舍文学的独特价值是在那个时代语境中呼应了苏格拉底“人为何物”的命题，这正是老舍及其文学与21世纪、与今天、与世界对话的基础。李玲以《我这一辈子》入手解读了老舍立人思想的内涵，认为作品的总体文化立场是超越政治的民生关怀意识，以生存艰辛为根基的生命虚无意识，以及男性在婚姻变故中的生命伤痛意识。郭聪从生育叙事来解读老舍的小说及思想，认为体现了老舍别具一格的文化启蒙和现实人生关怀。李东芳从跨文化体验审视老舍艺术观的形成，认为这是老舍自觉抵抗欧洲权力话语、殖民主义权力话语的基点。邵宁宁认为，老舍的文学世界有隐于温厚、幽默的感伤，带着挥之不去的城市乡愁，这源于老舍对现代文化失落、人性退化与道德败坏的忧惧，与老舍的青春记忆与生命哀戚体验密切相关，由此形成了老舍文学独特的文化情调与现代批判意识。

张书杰主要从世界视野与启蒙观念考察了作为旗籍作家的老舍在小说中体现的侠义精神，认为表达的是老舍在新的层面创造性继承、发展武侠文化的用心。王学振则从中国现代文学中的少数民族题材角度论述老舍的文学贡献，强调老舍成功参与了民族国家叙事这一少数民族文化写作新范式的开启。凤媛从非典型基督徒的心灵地图论析了老舍的创作与基督教的隐秘关系。于昊燕通过检视老舍作品中的婚恋书写，发现老舍在思想上存在着传统与现代交织的复杂与矛盾。刘诚言从个人生活层面细致考辩了老舍与赵清阁的情感纠葛，驳斥了一些牵强附会的想象之说与立于蠡测的不实之辞。章罗生认为，老舍的纪实文学相当丰富，对现实的书写达到了举重若轻，很多作品都具有诗史的价值。李永东围绕老舍笔下的假洋鬼子形象的人性与文化意义，探讨了老舍小说的批判性。捷克的李强迪就老舍小说中的丑类与英雄进行分类释读，认为老舍的目的是让中国人甚至是世界人看到侵略者的丑态，因此人物显得黑白分明，而这正是历史背景的需要。高晓瑞探讨了地域文化在老舍创作中的体现，揭示了其中所蕴含的文化意义。隋清娥认为，老舍抗战期间钟情于旧体诗创作的外因是抗战为他提供了特异的生命体验和丰富的创作题材，尤其是旧体诗“兴观群怨”的独特功能，而内因则是老舍内心深处的遗民心态与难以明言的遗民意识。

三、老舍的创作个性及经典文本重释

吴小美认为，《四世同堂》在抗战阶段的小说创作中具有重要的地位，小说虽然没有直写刀光剑影，但更显得生活化、写实化、世俗化，因而也更富于小说的趣味，也正是从文化与人性角度深刻切入战争，成就了一部空前的史诗般的巨著。马晖、王万鹏重点探讨了《四世同堂》作为后抗战文学创作的范本价值，并借此检讨当下抗战题材创作中对通俗性处理存在的问题。孔小彬基于老舍《四世同堂》中的叙事问题，发现老舍是以道德意识形态而非政党政治意识形态来结构小说，以忠奸、善恶二元对立来展开故事，在叙事方式上有传统文化及通俗小说的影响，但又明显存在对通俗文学技巧的提升。石小寒通过对钱默吟形象的细致分析，探讨了老舍对理想人物塑造中所体现的情感倾向及深厚的文化、人格寄托。范亦豪认为，宗教情怀在老舍抗战期间的创作中有着极为深厚的表现，老舍由对国民人性的痛彻而希望中国有一个“但丁”，于是照着《神曲》的框架来构思《四世同堂》，其用意在以小说的形式来打开国民的心灵之门。

日本学者平松圭子对老舍《火葬》的日译本进行了解读，发现老舍自己和评论者认为的“失败之作”，其实内蕴着特别的价值。首先是开头战争背景的描写富于特色，有侦探小说的意味；其次是叙事结构在过去——现在——过去之间穿梭，寓意丰富。她认为《火葬》应算老舍的一部成功之作，“失败之作”的看法是不同接受时空中对作品理解上的差异所致，老舍通俗化叙事的背后其实大有深意。陈红旗从抗战题材、民族国家意识的缺失与启蒙现代性的彰显来重新解读了《国家至上》的内涵及意义，认为剧中回汉之间的矛盾与差异，是理解启蒙现代性与抗战的关键，老舍作为一个国家主义者，重点不是在揭示民族冲突，而是基于现代启蒙之下民族国家的建构。

哈迎飞以《骆驼祥子》为重点解读了老舍“越努力越失败”的小说创作母题，并从多方面探讨了形成的思想根源。陈思广从1936—2014年《骆驼祥子》的接受情况，反观一部经典与三个时代的关系，从接受视阈的生成与文化展示角度分析了读者如何加深对老舍作品的理解。日本学者杉野元子通过辨析老舍的《骆驼祥子》对香港影片《浪子双娃》中骆祥致形象的影响，认为电影主人公整体上只是形似而未达神似，进而论证小说的经典意义。日本学者大山洁立足老舍对《骆驼祥子》结尾的几次改写及他人的改编，借此探测社会思想及道德意识的变化，认为祥子的身上具有丰富的中国劳动人民的象征意义。

李扬运用后殖民理论解读《二马》，认为小说是东西方相互书写与想象的文本。曾利君认为老舍《二马》的意义在于中国形象塑造，意在消除西方对中国的歪曲与误读，表达的是老舍完善民族精神人格、刷新中国形象的期盼。杨晓河把老舍《微神》中的爱欲思想与但丁加以比较，重新阐释了《微神》的主题，发现老舍的《微神》并非纪念逝去的爱情，而是在与爱告别，认为老舍与但丁的爱欲思想在哲性与心灵、圣爱与欲望、追慕与怜惜、施爱与被爱、永恒与遗忘五个方面存在差异，老舍的爱欲思想最终走向的是遗忘与解脱，有明显的中国文化痕迹。于相风认为，老舍的《离婚》中“老李”的精神气质富于哈姆雷特型人格，具有重要的身份标识和独特的文化蕴含。刘永丽以《牺牲》《文博士》为中心考察了老舍作品中的解殖民倾向。汪亭存从满族历史与文化视角重读《断魂枪》，视其为老舍的民族传统文化预言，纠结着的是老舍对以“国术”立身的满民族的无限眷顾和对民国时代满族所受不公正待遇的痛苦心情。

杨迎平重点考辨了《茶馆》中对传统戏曲的继承与发扬，借此反观老舍创作的民族性与创造性。董克林通过对《茶馆》中大傻杨“数来宝”舞台效果的分析，认为老舍的戏剧创作中一直贯穿着丰富的民间元素，这正是老舍戏剧的魅力所在。马云对老舍话剧《残雾》中的“雾象”进行了新解，认为《残雾》不是自然之雾而是人之雾，剧作在艺术表现上富有美感与诗意，作为老舍第一部话剧创作尝试，之后的《茶馆》《龙须沟》等依然可见其影响。

日本的布施直子分析了老舍《月牙儿》和《阳光》中两个女性形象的关联，以此解析老舍人性观念的复杂性。方维保通过对于连、马丁、祥子几个中西个体英雄的差异对比，挖掘潜隐于其中的文化内涵及所体现的作家不同的情感状态。王卫平通过老舍、沈从文对传统文化不同态度的比较探讨了二者的当下意义，认为沈从文是在过去与当前对比中探讨民族得失，而老舍则多用横向对比，对西方或西派文化作风有褒有贬，其共同点是都体现出抑扬起伏的人性归趋。徐茜对老舍《离婚》与王蒙《组织部来了个年轻人》中小说人物的庸俗观念进行了对比，发现老舍是以实干去对抗庸俗，而王蒙则以单纯来对抗庸俗，两种对抗的失败都对读者充满思想的启示。张鸿声对作家在新中国如何用文学来建构新城市形象进行了考察，认为老舍的创作在人物关系及时空上体现的是一种现代性表述，借此改变和重构了新的城市形象。徐仲佳注意到老舍建国后的"赶任务"，实际上是老舍在政治热情中创作的复杂状态，由此而追溯了老舍作为一个国统区作家对政治表现出相当热情背后所隐含的历史因缘。

四、新材料的钩沉与诠释

作家的研究，除方法论外，还需要新材料发现的跟进，研讨会上有几位学者的发言，为我们提供了这方面的信息。一是史承钧对新版《老舍全集》一些资料缺陷的指呈，认为虽然新版《老舍全集》改变了旧版在编排上的一些随意，但也有重复存目和作品遗漏等情况，为《老舍全集》的修订提出了思路和建议。二是张桂兴对老舍在美国期间的英文书信及其当下意义的讨论，不仅为老舍年谱的修订提供了难得的资料，也激发了与会研究者对老舍域外生活与创作的讨论。三是澳门大学的朱寿桐细致辨析了老舍《猫城记》的命名与马来西亚"猫城"的微妙关联，并由此探测人生经验对老舍这篇小说构思的影响，认为小说写于中日民族矛盾急剧上升期，体现出现实对作者的催逼，作者通过大量的政治隐喻来讽刺和批判猫人的不抵抗与奴性，意在以幻想的形式表达现实的寄托。四是凌孟华对抗战时期老舍"文艺的创造"讲座资料的钩沉，通过当事人回忆和各种史料之间的互证，坐实了老舍演讲的存在及报刊所刊载文章的真实性，这对理解老舍的文艺思想具有十分重要的资料补阙意义。另外，钱果长对30年来研究老舍的博士论文从选题角度、成果创新、研究方法等方面进行了梳理，发现这些选题既呼应老舍研究的热点，也不乏对一些生僻角落的开拓，对老舍研究选题倾向的分析，不失为进入老舍研究的一个有意义的参照。

另外，这次研讨会还邀请了北京、青岛、北碚老舍纪念馆的学者参加。尉苗重点介绍了纪念馆如何通过自己的方式使老舍的文艺更好地服务社会，使之成为传播老舍文学的重要空间。郑小惠就散见于媒体中关于老舍的资料收集、整理和运用情况进行了总结。陆韵羽在发言中强调了纪念馆的社会文教功能，并介绍了一些具体的做法，认为这正是对老舍文艺要服务于社会精神的体现与传承。

总体来说，这次研讨会最大的收获，是通过"抗战"这个视阈，从新的理论维度对老舍的文艺观念、文艺创作、文学活动做了深入而细致的探讨，在一个新的时代从不同的角度重新解读了老舍的抗战文学作品，发掘出新的思想内涵、精神价值和审美意义，对老舍抗战文学创作的文学史、思想史地位，尤其是民族心灵史、精神史意义有了更丰富的理解和阐释，同时，也把抗战文艺研究在理论和方法论上做了一次推进和尝试。当然，任何一次研讨会都不可能穷尽自己的对象，这次研讨会也留下了一些遗憾。比如，新材料的搜集还显得较为薄弱，老舍全集的修订，对校本工作等都急需资料的跟进；对老舍在英美的活动情况、与非名人的人际交往，还需要资料的补证。比如，要保持研究视野的开放性，还需把多学科合作交叉研究引入老舍研究，研究老舍与西方文学的关系不能缺少西方哲学、心理学、文化学等背景；老舍是中国文学重要的组成部分，也是具有世界影响的作家，老舍的创作与中国的文化传统、与西方文学的关系，尤其是老舍文学的世界影响与传播，都还需认真加以梳理和研究。另外，研究中还存在重复选题、炒冷饭、原地踏步的情况，如何保持老舍研究的学术活力和现实影响力，还需学者们共同努力。

（作者单位：西南大学文学院）

编后记

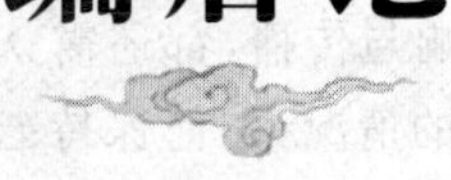

抗战使老舍和北碚结下了不解之缘，他在北碚的多鼠斋（现在的“四世同堂纪念馆”）写了两百多万字的作品，抗战文学的扛鼎之作《四世同堂》前两部就脱胎于此。2015 年 10 月 29 日至 11 月 2 日，由西南大学和中国老舍研究会主办，西南大学文学院、北碚区文化委员会承办，北京老舍文艺基金会、北京老舍纪念馆、北碚区博物馆协办的“老舍与纪念世界反法西斯战争胜利 70 周年暨第七届老舍国际学术研讨会”在重庆北碚的西南大学召开。此时此地召开学术盛会，是对先生最好的纪念和缅怀。来自日本明治大学、甲南大学、大东文化大学等多所海外高校，中国社会科学院、中国老舍研究会等多个研究单位，澳门大学、台湾大学、北京语言大学、四川大学、南开大学、华东师范大学、上海交通大学、首都师范大学、兰州大学、中国传媒大学等多所国内高校的 100 余位专家学者，以及文学评论、文艺争鸣、光明日报出版社、人民文学出版社等多家媒体参加了此次研讨会。

这次会议的中心主题是“老舍与纪念世界反法西斯战争胜利 70 周年”，具体分为老舍与重庆、老舍与抗战文艺、老舍与大众文艺、老舍与中国文化传统、老舍研究的问题与方法论反思以及老舍研究的其他论题六个方面，收到与会学者的论文及发言提要 80 多篇。会后编辑论文集是每次老舍国际学术研讨会的惯例，关于编订论文集的通知，在大会闭幕的时候就向各位专家发出了邀请，之后我们又以邮件的方式再次联系征集，得到学者们的热烈响应与支持，最终选出了 38 篇论文结集成册。这本论文集，汇聚的是大家的智慧和劳动，也凝聚着大家对老舍研究的一份美好的期待。

对所搜集到的论文文稿，在观点、文字表述上，我们充分尊重作者的意见，也奉行文责自负的通行原则，除个别错别字和明显的表述歧义外，没有进行大的修改；对文稿的字体、格式根据编辑的要求进行了修订和校改，主要是以符合出版的要求；对参考文献注释，有作者采用的是多种格式混用，我们统一修订为传统的标注格式，目的是为了保持文集的统一。

因为文稿的内容非常丰富和驳杂，有的是对老舍整体创作及思想的探讨，有的是对具体作品的解读，有的是对老舍文学活动的考察与辨析，有的是对老舍作品及与其他作家、作品的比较，就论文所包含的内容来看确实很难统一。为了阅读的方便，我们对文稿进行了大致的板块分类。第一部分主要是研究老舍抗战时期创作的整体状况及综合评价；第二部分是老舍文本的文本解读与创作阐释；第三部分是材料钩沉与文学活动。由于部分文章内容存在交叉，分类编排也并非十分严谨，而且主要是基于编者对文章内容的理解，若有不确切之处，敬请作者谅解。

虽然是现成的文稿，但编辑起来还是存在诸多困难。我们对文稿进行了反复的研读和修订，但依然可能存在一些疏漏和错误。文集存在的错讹和瑕疵，还请作者、读者批评指正。

论文集主要由王本朝和刘志华进行统稿，关纪新、魏韶华会长为文集的出版提出了不少意见和建议。西南大学文学院的研究生郑果、王长燕、李昊等，也为文集的整理和校对付出了辛勤的劳动，尤其是西南师范大学出版社的编辑钟小族，为文集的出版付出了不少心血。我们要为他们严谨认真的工作点赞。在此，对参会的各位专家、文稿作者，参与文集编辑工作的老师和同学们，表示真诚的感谢。

看到老舍研究队伍的日渐壮大，令人欣喜，相信老舍这座学术富矿，一定会产出更多更有影响的学术成果，老舍的作品也会迎来更多的阅读者。我们期待，这本论文集能为老舍的学术研究和文学传播尽一份绵薄的力量。

编者
2016 年 9 月
于重庆北碚西南大学文学院